安徽省高等学校“十二五”省级规划教材

行政法与行政诉讼法

主　　编：王春业

参编人员：周　伟　郭剑峰　葛先园

张　玮　徐湘明　张言民

（排名不分先后）

中国政法大学出版社

2014・北京

图书在版编目（CIP）数据

行政法与行政诉讼法/王春业主编.—北京:中国政法大学出版社，2014.4
ISBN 978-7-5620-5368-2

Ⅰ.①行… Ⅱ.①王… Ⅲ.①行政法-中国②行政诉讼法-中国 Ⅳ.①D922.1②D925.3

中国版本图书馆CIP数据核字(2014)第068018号

出版者　中国政法大学出版社

地　址　北京市海淀区西土城路25号

邮寄地址　北京100088信箱8034分箱　邮编100088

网　址　http://www.cuplpress.com (网络实名：中国政法大学出版社)

电　话　010-58908586(编辑部)　58908334(邮购部)

编辑邮箱　zhengfadch@126.com

承　印　固安华明印业有限公司

开　本　720mm×960mm　1/16

印　张　23.75

字　数　435千字

版　次　2014年4月第1版

印　次　2014年4月第1次印刷

定　价　49.00元

作者简介

王春业　男，1970年生，法学博士，法学博士后，现为河海大学法学院教授，硕士生导师。出版专著5部，主编教材2部，在《中国行政管理》、《中共中央党校学报》、《中国高教研究》、《现代法学》、《当代法学》、《行政法学研究》等期刊上发表论文120多篇。主持教育部规划项目、最高人民检察院项目、江苏省社科规划重点项目等省部级以上项目10多项。曾任淮北师范大学政法学院副院长，入选安徽省学术与技术带头人培养对象，获安徽省政府社会科学著作二等奖等各类奖项6项；曾担任安徽省行政法学研究会副会长、安徽省法学教育研究会副会长、安徽省六五普法讲师团成员、安徽省知识产权专家顾问团成员、淮北市法学会副会长等学术兼职。2014年5月正式加盟河海大学法学院。

周　伟　男，1967年生，法学博士，河南财经政法大学法学院副教授，主持、参与国家课题、国家重点课题各1项，主持、参与省部级课题10余项，获得省部级以上科研教学奖励2项。在《法学杂志》、《行政法学研究》等期刊上发表学术论文30余篇，多篇被人大复印资料、《高等学校文科学术文摘》转摘。

葛先园　男，1971年生，安徽财经大学法学院副教授，硕士生导师，苏州大学宪法学与行政法学专业在读博士，在《法律科学》、《苏州大学学报（哲学社会科学版）》等期刊发表论文近20篇，出版专著1部；参与国家社科基金重大项目1项，主持安徽省社科规划项目1项等。

张言民 男，1965 年生，法学硕士，淮北职业技术学院副教授，发表学术论文 30 余篇、主持和参与国家、省级及市级等课题 20 余项，出版法学专著 1 部。

张　玮 女，1975 年生，法学硕士，任教于中国矿业大学文学与法政学院，江苏省法学会会员，曾独著或参与数部作品。

郭剑峰 男，1967 年生，法学硕士，合肥学院思想政治理论课教学部讲师，在《江淮论坛》、《安徽大学学报》、《国家检察官学院学报》等学术刊物上发表学术论文数篇。

徐湘明 男，1976 年生，淮北师范大学讲师，南京师范大学宪法与行政法专业在读博士，主持与参与省部级青年项目和人文社科项目多项，公开发表论文多篇。

编写说明

本书是安徽省高校“十二五”规划教材。

本书全面、系统地阐释了行政法与行政诉讼法的基本概念、基本原理和基本知识。在编撰体例上，全书按照逻辑顺序将内容划分为行政法基础理论篇、行政法主体篇、行政过程篇、行政内部救济篇、行政诉讼篇等5编共19章。

在内容的写作上，力争突出以下特点：

第一，在全面系统阐释行政法与行政诉讼法学的基本概念、基本原理、基本知识的同时，力求使各编、章、节的重点内容或问题明确、突出。

第二，在注重对行政法与行政诉讼法的一般问题和基本理念作阐释的同时，也对有关的学术理论问题提出了作者自己的意见或见解，并努力吸收最新研究成果。

第三，注意补充最新的立法内容，如2012年生效的行政强制法、2013年生效的国家赔偿法、国家机构改革的最新内容、行政诉讼法修改的最新动态等。

本书撰写的具体分工如下：

郭剑峰：第三章第三、四节；

周　伟：第五章；

徐湘明：第十二章第四节；

张言民：第十四第二节；

张　玮：第十五章第四节；

葛先园：第十九章第四节；

王春业：编写了其余章节，并负责全书的统稿、定稿工作。

本教材适合高等院校法学专业、行政管理专业学生、从事行政法学研究和实务工作的人员使用。在编写过程中，本书参考了许多学者的教材和专著，在此向他们表示感谢。也感谢中国政法大学出版社以及丁春晖编辑的大力支持。由于水平有限，书中难免有错漏之处，恳请读者批评指正。

编　者

2014年4月20日

编写说明

目 录

第一编

行政法基础理论篇

第一章
行政法概述

第一节　行政、行政权及行政法

一、行政概念探析

要想理解和把握行政法的内涵，首先要对行政的概念有个清晰地了解和较为精准地把握。正如我国台湾学者翁岳生教授说：“行政法的学科旨趣，在于检讨行政应如何受到法的拘束，以确保人民的基本权利。”〔1〕因此，行政这一概念是研究行政法的逻辑起点。

“行政”这一术语的英文是“Administration”，本义是“治理、管理或执行”。在中国古代的文献典籍中，“行政”大多是指执掌国家的政务，如《史记·周公》中有“召公、周公二相行政”。在《现代汉语词典》中对“行政”一词的解释为：行使国家权力的活动；机关、企业、团体等的内部的管理工作。〔2〕

因此，“行政”一般解释为“管理、执行”之意。任何组织都有行政，“没有执行和管理，就没有组织的生存和发展”，〔3〕可从以下几个方面来理解行政法上的行政：

（一）行政法上行政的特点

1. 属于公行政。行政有“公行政”与“私行政”之分。私行政是指私人企业、组织、团体的执行、管理的活动。“公行政”具有公共性，涉及公共利益的追求。公共行政又分为国家行政和社会行政。国家行政是指特定的国家行政组织履行其管理、执行职能的活动。这里的国家行政组织既包括国家行政机关，也包括法律法规授权的其他行政组织，如履行部分卫生行政管理职能但仍属于事业性

〔1〕　翁岳生：《行政法》（上），中国法制出版社2002年版，第10页。

〔2〕　现代汉语词典编写组编：《现代汉语词典》，商务印书馆1996年版，第1409页。

〔3〕　姜明安：《行政法与行政诉讼法》（第5版），北京大学出版社、高等教育出版社2011年版，第1页。

单位的各级卫生防疫站等。社会行政是指非国家的公共组织的行政，如律师协会对律师行业的管理等。传统的行政法所研究的行政主要是国家行政，但现代行政法已经将国家行政以外的公行政也纳入了研究的范围。

2. 属于形式行政。行政法上行政属于"形式行政"。"形式行政"是指以行政机关作为划分行政的根据，只要是行政机关从事的职能活动都可以被认为是行政活动，无论它们是制定规则的、处理具体事项的还是裁决争议案件的活动。"实质行政"是指以国家机关的活动功能作为划分行政的根据，制定规则和裁决争议案件以外的执行性活动，无论它们是由哪个国家机关实施的。行政法所研究的行政属于形式意义上的行政。即是指国家行政机关所从事的执行与管理活动，不包括国家立法机关、国家司法机关内部的具有行政性质的执行、管理活动。

3. 行政的其他特点。①行政具有国家意志性。它是一种国家活动，以国家机关的名义进行并体现国家意志。②行政具有执行性。从本质上说，行政是一种执行活动，是行政机关执行权力机关意志的活动，行政机关对权力机关的意志只有执行的义务，而没有抗衡的权力。③行政具有法律性。要求一切行政都遵循法律所规定的条件、程序、方式、形式等，违反法律属于行政违法，违法的行政显然就没有法律效力。④行政具有强制性。行政主体所实施的行政行为，行政相对人必须服从、接受和协助，否则，行政主体可以借助法律手段来强制相对人执行和服从自己的行政决定。

（二）行政的分类

根据不同标准，可以对行政作不同的分类。依其目的不同，可以将行政分为积极行政与消极行政；依其性质不同，可分为规制行政与给付行政；依其方式不同，可分为权力行政与非权力行政；依其内容不同，还可分为负担行政与授益行政。

1. 积极行政与消极行政。所谓积极行政，是指积极主动地实施管理活动，例如环境保护一类的行政就属于积极行政。所谓消极行政是指作为管理者的行政机关尽量控制自己的积极判断，尽可能少地实施具体行政。

2. 规制行政与给付行政。根据行政的性质不同，可以将行政分为规制行政与给付行政。所谓规制行政是指以限制规范公民、法人等的权利、自由的方式达到行政目的的行政活动，例如经济规制、食品药品规制、交通规制、建筑业规制就属于这一类行政。所谓给付行政是指政府通过给予公民、法人等利益和便利等方式实现行政目的的活动，例如政府提供社会福利、社会保障、设置道路、桥梁、建造公园、住房等活动。

3. 权力行政与非权力行政。根据行政方式的不同，可以把行政分为权力行政与非权力行政。所谓权力行政是指通过强制性的支配力量实现行政目的的行政类型，在多数情况下，行政机关的行政活动属于权力行政。所谓非权力行政是指通过非权力方式，诸如劝告、建议、指导、契约等实现行政目的的行政类型。

4. 负担行政与授益行政。根据行政机关与相对一方之间的权利义务关系的不同，可以把行政划分为负担行政与授益行政。所谓负担行政是指剥夺、限制公民、法人等人身、财产权益的行政，如税收、处罚、强制、收费等行政均属负担行政，它给相对人设定了义务和负担，从而影响了相对人的人身自由和财产权益。所谓授益行政是指给予公民、法人等某种权益的行政，例如，提供社会补助金、实施许可、减免税金、建设道路等均属于授益行政。由于负担行政与授益行政对公民、法人等的权利义务调整方式不同，所以对之应采取不同的权力设定、程序运行等规则。

二、行政权的含义

行政作为一个动态的人类政治活动及过程，如果没有支撑和促其运行的动力，其目的和功能将无法得以实行。因此，行政权必与行政相伴而生，贯穿其始终。

（一）权力的含义

行政权是一种权力。所谓权力就是支配和强制的力量，旨在使被支配者服从。在通常的语境下，权力就是指国家所掌握的以物理性强制为后盾的政治权力。国家从原始社会脱胎出来并在社会中逐渐专门化和固定化，正如列宁所说的“国家一直是从社会中分化出来的一种机构，一直是由一批专门从事管理、几乎专门从事管理和主要从事管理的人组成的。人被分为管理者和专门的管理者，后者高居于社会之上，称为统治者，称为国家的代表。”〔1〕其中专门化体现为国家分为不同的职能机构，即原始社会不曾有的大兵、宪兵、警察、官僚、法官和监狱被设立。这些机构的设立保证了国家拥有物理性强制力量。在物理性强制力量上，权力和暴力是相同的，所不同的是权力意味着当事人认为其行使是正当合理的。换言之，权力的行使要有其法律依据。行政权的行使亦是如此。

早在两千年前，古希腊思想家亚里士多德在其著作《政治学》中指出，一切的政体都有议事、行政和审判三要素，如果三要素有良好的组织，那么政体也就是健全的。〔2〕然而，行政权真正从国家权力中独立出来，则是在资本主义社会。

---

〔1〕《列宁选集》第4卷，人民出版社1995年版，第30页。

〔2〕［古希腊］亚里士多德：《政治学》，吴寿彭译，商务印书馆1965年版，第214页。

众所周知，资产阶级启蒙思想家一致认为因为封建社会不存在分权，导致“封建君主专制的特征是‘既无法律，又无规章’，由单独一个人按自己的意志和反复无常的性情领导一切”。[1] 于是，有的资产阶级启蒙思想家主张将权力分立，如孟德斯鸠认为：“每一个国家有三种权力，（一）立法权力，（二）有关国际法事项的行政权力，（三）有关民政法规事项的行政权力”，并进一步指出“我们将称后者为司法权力，而第二种权力则简称为国家的行政权力”。[2] 随着资本主义制度的建立，将国家权力分为对立的三权并予以制度化。

一般而言，在资产阶级启蒙思想家们看来，行政权力的象征是国家，它是社会所需的但如果其权力滥用又会带来灾难。因此不难理解为何英国思想家霍布斯将国家称之为利维坦。对于行政权力的探讨并没有止步于资产阶级启蒙思想家所触及的深度和广度。事实上，人们对行政权力的认识是随着社会的变迁而逐步深入的，具体来说经历了以下两个时期。

（二）对行政权认识的两个时期

1. 自由主义发展时期。在自由主义时期，社会普遍认为市场是完美无缺的，在完全竞争市场下即使个人“所追求的仅仅是自己的安全或私利。但是，在他这样做的时候，有一只看不见的手在引导着他去帮助实现另外一种目标，尽管该目标并非是他的本意。追逐个人利益的结果，是他经常地增进社会的利益，其效果要比他真的想要增进社会的利益更好”。[3]“国家不应当介入冲突。这就是说，国家只需要制止暴力和欺骗，保障财产安全，并帮助人们履行契约。……根据这些条件，人们应该绝对自由地相互竞争，以便他们最好的能力得以发挥，每个人得以感到必须为指引自己的生活负责，并最大限度地发挥他的大丈夫气概。”[4] 在这样的社会背景下，政府不需要对经济生活进行干预和导引，其所要做的事只有三件，即保卫国家安全，免受他国的侵犯；保卫公民安全，免受被他人侵害和压迫；建设和维护私人不愿或无力办的公共事业和公共设施。[5] 因此，政府充当“守夜人”的角色，“管得最少的政府就是最好的政府”。于是这时期被称为夜警国家时代。

---

〔1〕张弘：《行政法与行政诉讼法》，辽宁大学出版社 2004 年版，第 13 页。

〔2〕［法］孟德斯鸠：《论法的精神》（上），张雁深译，商务印书馆 1961 年版，第 155 页。

〔3〕转引自［美］保罗·萨缪尔森、威廉·诺德豪斯：《经济学》，萧琛等译，人民邮电出版社 2007 年版，第 23 页。

〔4〕［英］霍布豪斯：《自由主义》，朱泽文译，商务印书馆 1996 年版，第 43 页。

〔5〕薛冰等：《行政学原理》，北京交通大学出版社 2005 年版，第 29 页。

在夜警国家时代，行政机关、立法机关和司法机关因为没有太多需要处理的事务，所以各机关有足够的时间来实现其职能。因此，在自由主义时期行政权是消极和被动地发生作用，体现在通过执行法律和管理国家行政事务来实现维护社会秩序和安全的目的。

历史上看，18 世纪到 20 世纪初，尽管行政权没有摆脱维护社会秩序和安全的窠臼，但如果行政权力过大行使，行政法赋予了公民享有排除违法请求权。

2. 现代福利国家时期。资本主义进入到垄断时期，特别是两次世界大战之后，随着科技革命的到来和社会生产的高度集中，由此引致了市场的失灵，失业、贫富差距日益成为社会难以克服的顽疾。特别是频繁发生的经济危机，市场万能的神话破灭，于是人们逐渐认识到市场是万能的其实就是市场经济不发达的体现，注意力也就转移到了如何克服市场的缺陷。这样，用政府这只有形的手来对市场经济进行干预和调节成了西方发达国家的普遍做法，其理论基础是凯恩斯主义。凯恩斯在《就业、利息和货币通论》一书中得出了这样的结论：全面加强国家的作用，政府积极地干预社会秩序和经济生活是克服市场经济缺陷的药方。在前述的社会语境下，行政权的触角就积极地伸到了社会生活的各个方面。

随着“福利国家”由理论转变为现实，“立法国家”也就转变为了“行政国家”。这一转变意味着由于政府要以积极的姿态对社会公共事务作出专业化的、技术性的反应，行政权和自由时期相比，无论是在量的方面还是在质的方面都极大地增加了。政府的职能不再是执行法律和管理社会公共事务，而是更多地从事社会保障、控制失业、社会救济等旨在提高社会福利的工作以及向社会提供各类公共服务。

（三）行政权的定义

行政权是由国家宪法、法律赋予的国家行政机关执行法律规范，实施行政管理活动的权力，是国家政权的组成部分。可从三个方面来理解：一是行政权来源于国家宪法和法律，它们的确认和设定是行政权存在和行使的合理基础；二是行政权是由国家行政机关和其他公共行政组织代表国家行使；三是行政权是国家治理和服务社会的公权力的一种，多含有强制或命令的性质。

行政权属于公权力的一个重要部分。公权力包括国家公权力、社会公权力和国际公权力，其中，最强大的是国家公权力。国家公权力包括国家立法权、国家行政权、国家司法权。行政权又是国家公权力中最主要的部分。

行政权不完全等同于行政职权。前者是行政机关依法管理国家行政事务的权力，其内容多而复杂；后者是具体行政机关和工作人员所拥有的，与其行政目标、职务和职位相适应的管理资格和权能，是行政权的具体配置和转化形式。

行政权和行政权限也有区别。行政权限是法律规定的行政机关及其工作人员行使职权不能逾越的范围、界限，是行政权的具体形式——行政职权的三个构成要素（权力主体、权力内容、权力范围）之一。行政机关行使职权超越行政权限，便构成行政越权，视为无效。

行政权具有几个特点：一是执行性，即行政机关是执行法律、执行权力机关意志的权力，它的运行必须对权力机关负责。二是强制性，即行政权的实施以国家强制力为保障，相对人有服从的义务，有关机关有协助的职责。三是法律性，行政权是法定权力，为法律所设定。行政权的行使必须合法。四是优益性，行政主体在行使行政权时，依法享有一定的行政优益权。五是不可处分性，即行政主体不得自由转让行政权，除非符合法定条件并经过法律程序；行政主体不得自由放弃行政权，否则，应视为失职行为，须承担法律责任。

三、行政法含义的理解

（一）行政法的概念

关于何为行政法，中外行政法学者有着不同的概括和总结。这一方面反映出了行政法的界限难以界定，另一方面也反映出了不同的行政法学理论必有其与之相对应的行政法概念。就国外而言，因法律传统不同而存在不同法系之间的差异。英美法系学者认为，行政法是一种控制行政权力运行程序的法律规则，他们甚至把行政法仅仅理解为程序法，侧重于对相对人权益的保护；大陆法系学者认为，行政法是有关公共行政的法律规范，既包括行政实体法也包括行政程序法。美国行政法学家古德诺认为："行政法是公法的一部分，它规定行政机关的组织和职权，并规定公民在受到行政行为侵害时的行政救济。"〔1〕英国行政法学家韦德认为："行政法是公法的一个部门，它是关于政府机构中从事管理活动的各种机构的组织、权力、职责、权利和义务的法。简言之，它是关于公共管理的法。……行政法……还包括有关社会服务的法、公共事业的法（例如水、汽油、邮政服务、运输），包括调整和规定公民个人活动的法。"〔2〕在我国主要有这样几种典型的定义：王珉灿先生认为："行政法学主要是以国家行政机关组织和活动的基本原则、工作方式、方法以及国家行政工作人员同公民等行政法关系当事人在依法行政关系中的权利和义务为研究对象，阐明行政法原理原则的一门独立学科，

---

〔1〕 Franklin J. Woodnow: *Comparative Administrative Law*, 1893, pp. 8 ~ 9.

〔2〕 转引自胡建淼：《行政法学》，法律出版社2003年版，第9页。

也是法学的一门分支学科。"〔1〕姜明安教授认为："行政法学是一门法律学科，是研究行政法现象的本质、渊源、历史发展、行政法规的内容、形式、体系及行政法规范所调整的社会关系的法律科学。"〔2〕罗豪才教授认为："行政法是国家重要的部门法之一，是调整行政关系以及在此基础产生的监督行政关系的法律规范和原则的总称，或者说是调整因行政主体行使其职权而发生的各种社会关系的法律规范和原则的总称。"〔3〕胡建淼教授认为："所谓行政法，是指有关国家行政管理的各种法律的总和，是以行政关系为调整对象、仅次于宪法的独立法律部门，其目的在于保障国家行政权运行的合法性和合理性。"〔4〕

结合前面的论述和借鉴各种行政法的定义，我们对行政法作如下的界定：行政法是指关于国家行政机关及由法律授权的社会公共组织的行政权的授予、行使以及对行政权加以监控与对其违法后果进行补救的各种法律规范的总和。可从以下几个方面来理解：

1. 行政法是调整行政关系的法。行政关系是国家行政机关实现其行政职能的社会形式，是国家行政机关在实施国家行政管理过程中发生的社会关系的总称。一般包括：行政管理关系，即行政主体在行使行政职权的过程中与行政相对人所发生的各种关系，这是最基本的行政关系；行政救济关系，即行政相对人认为行政主体及其公务人员的行政行为侵犯其合法权利而向行政救济主体申请救济过程中所发生的各种关系；内部行政关系，即行政主体内部发生的包括行政机关之间、行政机关与国家公务员之间的各种关系。

2. 行政法是控制行政权的法。绝对的权力必然导致绝对的腐败，如果不对其加以控制，极易被滥用从而侵害公民的权利，造成严重的后果。孟德斯鸠在《论法的精神》一书中如是总结道："一切有权力的人都容易滥用权力，这是万古不易的一条经验"，并提出了解决权力滥用的思路，即"从事物的性质来说，要防止权力滥用，就必须以权力约束权力"。〔5〕英国行政法学家韦德也表达了类似的观点。他如是说："所有的自由裁量权都可能被滥用，这仍是个至理名言。在公法中没有不受约束的自由裁量权。……绝对的和无约束的自由裁量权的观点受到

〔1〕王珉灿：《行政法概要》，法律出版社1983年版，第22页。

〔2〕姜明安：《行政法学》，山西人民出版社1985年版，第13页。

〔3〕罗豪才：《行政法学》，北京大学出版社2001年版，第5页。

〔4〕胡建淼：《行政法学》，法律出版社2003年版，第12页。

〔5〕［法］孟德斯鸠：《论法的精神》（上），张雁深译，商务印书馆2005年版，第184页。

否定。为公共目的所授予的法定权力类似于信托，而不是无条件地授予。”〔1〕行政法控权的发生有如下几种：一是通过赋权的发生来控权。例如，通过行政组织法赋予不同行政主体以不同的职权，行政主体只能在所赋的职权范围内行使权力，越权将导致无效并要承担相应的法律责任；二是通过程序来控权。行政程序法规定了行政主体行使行政权时必须遵守的步骤、手段、方式等，要求行政主体必须依法定程序，否则将导致行政行为有瑕疵而无效；三是通过禁止的方式来控权。即某些行政法律规范中要求行政主体不能为某些行为的，为行政权设定了外部边界；四是通过行政救济来控权。行政救济法规定了当行政主体违法行政时，行政相对人可以寻求救济，在对行政相对人权利救济的过程中，达到对行政权的控制。

3. 行政法是用以监督行政权力的法。行政权力在行使的过程中，可能影响公民、法人和其他组织的权利义务。如果行政主体违法或者不当行使行政权力，就会侵犯行政相对人的合法权益，破坏统一的法律秩序。为了防止这种情形的发生，就需要建立一套规则，对行政权力的获取、组织和运用等加以监督。由于行政监督主体和方式的多样性，因而行政监督规则也是多样的。例如，《宪法》规定了权力机关对行政权力的立法监督，《行政诉讼法》规定了人民法院对行政权力的司法监督，《行政监察法》规定了监察机关对行政权力的行政监督等。

4. 行政法是对行政权力运用后果予以补救的法。行政法不仅是规范行政权力运用的法，而且是对行政权力运用后果予以补救的法。当违法行政或者不当行政损害公民、法人和其他组织的合法权益时，行政相对人有权通过法律途径维护自己的合法权益，制止侵权行为的蔓延并获得损害赔偿。《行政诉讼法》、《国家赔偿法》、《行政复议法》等都属此类法律规范。

（二）行政法的特征

1. 行政法没有统一、完整的法典。行政法实体规范一般不集中地规定于一个法典式的法律文件中，而是分散地规定于不同行政领域和不同法律效力等级的法律文件当中。这主要是由于国家行政管理内容的复杂多变和管理层次繁多，难以在一个法律文件中作穷尽性列举规定，难以制定出一部统一、完整、具有综合性的法典。当然，行政法没有统一、完整的法典，并不意味着行政法没有法典，实际上已经有了不少局部的法典，如《行政组织法》、《行政复议法》等。而且没有统一、完整的法典，并不表明将来也没有统一的法典，法典化是一种趋势，实际上国外少数国家已经实现了行政法的法典化，如《荷兰行政法通则》就是一部影

〔1〕［英］威廉·韦德：“合理原则”，李湘如译，载《法学译丛》1991年第6期。

响较大的行政法法典。

2. 行政法的内容变动性较大。由于国家行政管理内容经常更新，所以行政管理所面临的是日新月异的社会需求，成文法难以对后来发生的事情准确预料，行政法律规范处于经常化的变动过程之中，以适应不断变化的情况并及时作出调整。

3. 行政法的内容广泛。行政活动涉及国家的国防、外交、经济、文化、教育、卫生、城乡建设等各方面的管理，因而行政法的内容也必然非常广泛。

4. 行政法通常将实体规范与程序规范合为一体。由于行政法的内容复杂、广泛，为了适用上的方便，行政法通常将实体规范与程序规范合为一体，规定在同一个法律文件之中。

（三）行政法在法律体系中的地位

概言之，行政法是仅次于宪法的独立的部门法。

1. 行政法仅次于宪法。行政法与宪法的关系非常密切，以至于有人把宪法看成“静态的行政法”，把行政法看成“动态的宪法”。宪法是国家根本法，是建立和发展行政法的根据和基础。同时，宪法中有关国家任务及权限、国家与公民关系的规定，都需要行政法进一步规范，才能实现。宪法规定的各项基本原则，都依赖行政机关的贯彻实现。因此，行政法是具体化的宪法，或者说行政法是行动中的宪法。当然，宪法与行政法的区别是很明显的。一是从效力等级上看，宪法是根本法，行政法是部门法；二是从稳定性上看，宪法规范必须具有相对稳定性，即相对于一定的历史时期、相对于一定的历史条件具有稳定性，而行政法则较执著于现实的社会生活条件，行政法必须及时顺应时代的需要，故行政法处于随时变化发展的状态之中。

2. 行政法是独立的部门法。行政法作为独立部门法的地位，取决于它所调整对象的独立性，即行政关系，它是一种以命令、服从为特征的国家行政管理关系。与其他法律关系如民事关系、刑事关系等不同。行政法是个独立的法律部门，表明它不依附于其他部门法，同时也不包含其他部门法。

第二节　行政法渊源

行政法渊源是指是指行政法的表现形式，是行政主体作出行政行为的法律规范依据。各国的行政法渊源存在差别，例如，德国的行政法渊源包括宪法、正式法律、法规命令和规章，习惯法，行政法的一般原则，法官法、行政规则和特别命令，国际法和欧共体法；[1] 法国的行政法渊源包括成文法渊源和不成文法渊源，前者包括宪法、法律、条约、行政法规和规章，后者包括法的一般原则、判例和习惯法；[2] 美国的行政法渊源则包括宪法、立法、总统的行政命令、行政规章、判例法；[3] 日本的行政法渊源也包括成文法渊源和不成文法渊源，其中成文法渊源包括宪法、条约、法律、命令、条例与规则、行政法解释，不成文法渊源包括习惯法、判例法、行政法的一般原则。[4]

我国的行政法的基本渊源主要包括宪法、法律、行政法规、地方性法规、自治条例和单行条例以及规章等。

一、宪法

宪法是国家的根本大法。宪法本身并非严格意义上的行政法，但宪法中对行政有直接或者间接意义的规定相当多，宪法中的行政法规范主要有：(1) 有关行政活动基本原则的规范。如《宪法》第3条规定："中华人民共和国的国家机构实行民主集中制的原则。"宪法还规定了法制统一原则、人民群众参与管理原则、法律面前人人平等原则等。(2) 有关行政区划和行政机关的设置及职权的规范。如《宪法》第30条对行政区划的规定，第89条对国务院职权的规定，第107、108条对县级以上地方各级人民政府职权的规定等。(3) 有关国家管理的行政事务的规范。国家的行政管理涉及国防、外事、经济、教育、科学、文化、卫生以及计划生育等各个方面。如《宪法》第19条规定："国家发展社会主义的教育事业，提高全国人民的科学文化水平。国家举办各种学校，普及初等义务教育，发展中等教育、职业教育和高等教育，并且发展学前教育。"(4) 有关公民基本权利和自由的规范。公民的基本权利和自由规定在《宪法》第二章中，如公民具有人身自由权、受教育权、言论自由权等。公民的基本权利与自由与行政法联系密切。一方面，宪法赋予公民的基本权利和自由大多要由行政法加以落实和具体化；另一方面，在行政权的设定和实施中，都不得损害公民的基本权利和自由。(5) 有关保护外国人合法权益和关于外国人义务的规定。如《宪法》第32条规定："中华人民共和国保护在中国境内的外国人的合法权利和利益，在中国境内的外国人必须遵守中华人民共和国的法律。中华人民共和国对于因为政治原因要

---

[1] [德] 哈特穆特·毛雷尔：《行政法学总论》，高家伟译，法律出版社2000年版，第55~81页。

[2] 王明扬：《法国行政法》，中国政法大学出版社1989年版，第15~16页。

[3] 王明扬：《美国行政法》，中国法制出版社1995年版，第46~47页。

[4] [日] 盐野宏：《行政法》，杨建顺译，法律出版社1999年版，第39~46页。

求避难的外国人，可以给予受庇护的权利。”（6）关于国有经济组织、集体经济组织、外资或合资经济组织、个体劳动者在行政法律关系中的权利与义务的规定等。

二、法律

狭义上的法律是指全国人民代表大会及其常务委员会制定的规范性文件。其中，全国人大制定、通过的规范性文件称为“基本法律”；全国人大常委会制定、通过的规范性文件称为“普通法律”。我国的法律中绝大多数涉及行政权的设定及行政组织、行政权的运作以及对行政的监督和救济，涉及公民的行政权益。这些规范都是行政法的重要组成部分。法律作为行政法的渊源的表现形式有：（1）法律在整体上具有行政法性质。如《国务院组织法》、《治安管理处罚法》、《行政处罚法》、《行政许可法》、《行政强制法》、《行政诉讼法》等。（2）法律中的部分规范具有行政法性质。如《婚姻法》中关于公民结婚、离婚要到婚姻登记机关登记等规定就属于行政法规范。

三、行政法规

行政法规是指由国务院根据宪法和法律，按照法定权限和法定程序制定、通过的规范性文件。根据《宪法》第89条第（一）项的规定，国务院可以根据宪法和法律，规定行政措施，制定行政法规，发布决定和命令。考虑新中国成立后我国立法程序的沿革情况，现行有效的行政法规有三种类型：一是国务院制定并公布的行政法规；二是《立法法》施行以前，按照当时有效的行政法规制定程序，经国务院批准、由国务院部门公布的行政法规〔1〕；三是在清理行政法规时由国务院确认的其他行政法规。〔2〕我国制定了大量的行政法规，其中绝大部分涉及行政管理，是行政法的重要渊源之一。行政法规的效力低于宪法、法律，高于地方性法规、规章和其他规范性文件。行政法规不得与宪法、法律相抵触，否则无效。

---

〔1〕《立法法》的施行导致《行政法规制定程序暂行条例》第15条的规定（经国务院常务会议审议通过或者经国务院总理审定的行政法规，由国务院发布，或者由国务院批准、国务院主管部门发布）因与《立法法》第61条（行政法规由总理签署国务院令公布）抵触而失效。《行政法规制定程序条例》于2002年1月1日施行，同时废止《行政法规制定程序暂行条例》。因此，在《立法法》施行以后，经国务院批准、由国务院部门公布的规范性文件，不再属于行政法规。

〔2〕引自最高人民法院《关于审理行政案件适用法律规范问题的座谈会纪要》（2004年5月18日法［2004］96号）。

四、地方性法规

地方性法规是指一定级别的地方权力机关按照法定权限和法定程序制定、通过的并在本行政区域实施的规范性文件。根据《立法法》的相关规定，有权制定地方性法规的主体有：省、自治区、直辖市的人民代表大会及其常务委员会；较大的市的人民代表大会及其常务委员会，包括省、自治区的人民政府所在地的市的人民代表大会及其常务委员会，经济特区所在地的市〔1〕的人民代表大会及其常务委员会，经国务院批准的较大的市〔2〕的人民代表大会及其常务委员会。地方性法规可以就下列事项作出规定：为执行法律、行政法规的规定，需要根据本行政区域的实际情况作具体规定的事项；属于地方性事务需要制定地方性法规的事项。

地方性法规调整的社会关系十分宽泛，其中与公民的行政权益相关，或者与行政权的设定、运作和对行政的监督有关的规范，都为行政法的渊源。地方性法规的法律效力低于宪法、法律、行政法规，高于地方政府规章。

五、自治条例和单行条例

自治条例和单行条例是指民族自治地方依照当地民族的政治、经济和文化的特点制定并在本民族自治地方实施的规范性文件。作为行政法渊源，只限于民族自治地方使用，直接规定我国民族自治地方行政法的内容。如宁夏回族自治区人民代人大会制定的《宁夏回族自治区各级人以代表大会和各级人民委员会组织条例》，就规定了宁夏地方行政组织法的内容。

自治条例、单行条例与地方性法规虽都是地方权力机关制定的，但存在明显区别：首先，地方性法规必须不同宪法、法律、行政法规相抵触，而自治条例、单行条例可依照当地民族的政治、经济和文化的特点制定，对某些法律和行政法规的规定，可以在报经上级机关批准后作一定变通；其次，制定主体有所不同。自治条例、单行条例由省一级的自治区、地市级的自治州及县一级的自治县的人民代表大会制定；最后，自治区的自治条例和单行条例，报全国人大常委会批准后生效。自治州、自治县的自治条例和单行条例，报省或者自治区的人大常委会批准后生效，并报全国人大常委会备案。

---

〔1〕有4个，即深圳、厦门、珠海、汕头。

〔2〕1984年至1993年共有18个，包括唐山市、大同市、包头市、大连市、鞍山市、抚顺市、本溪市、吉林市、齐齐哈尔市、青岛市、无锡市、淮南市、洛阳市、邯郸市、宁波市、苏州市、徐州市以及淄博市。

自治条例和单行条例中涉及行政管理方面的内容都属于行政法的范畴。自治条例和单行条例只在本行政区域内有效。

六、行政规章

行政规章分为部门规章和地方政府规章。部门规章是指国务院及国务院各部、委员会、中国人民银行、审计署和具有行政管理职能的直属机构等，按照法定权限和法定程序发布的规范性文件。地方政府规章是指省、自治区、直辖市、省、自治区的人民政府所在地的市、经济特区所在地的市和经国务院批准的较大的市的人民政府，根据法定权限和法定程序制定、通过的在本行政区域内施行的规范性文件。行政规章的效力低于宪法、法律、行政法规，地方规章的效力还低于本级的地方性法规。与法律、法规相比，行政规章的数量庞大，制定主体众多，因而行政规章作为行政法的渊源，必须首先强调其自身的合法性，违法的一律无效。

七、国际条约与协定

一般而言，以国家的名义签订的是国际条约，以政府的名义签订约是协定。我国参加和批准的国际条约或与其他国家签订的协定中涉及公民的行政权益或国内行政管理的，是我国行政法的渊源。例如，我国于2001年11月签署的《中华人民共和国加入世界贸易组织议定书》及其附件中就有关于行政审批、许可、反倾销、反补贴等行政行为的规定。至于国际条约与协定是直接作为法律渊源适用还是必须先转化为国内法才能适用，对此尚无明确规定。在该程序问题没有解决以前，一般承认国际条约与协定的直接效力。

八、法律解释

法律解释是指在法律适用过程中，有权机关对法律的有关概念、界限以及如何运用所作的解释。法律解释包括立法解释、司法解释、行政解释和地方解释。（1）法律解释。根据《立法法》第42条的规定，法律解释权属于全国人民代表大会常务委员会。法律有以下情况之一的，由全国人民代表大会常务委员会解释：①法律的规定需要进一步明确具体含义的；②法律指定后出现新的情况，需要明确适用法律依据的。（2）司法解释。凡属于法院审判工作中具体应用法律、法令的问题，由最高人民法院进行解释。凡属于检察院检察工作中具体应用法律、法令的问题，由最高人民检察院进行解释。最高人民法院和最高人民检察院的解释如果有原则性的分歧，报请全国人民代表大会常务委员会解释或决定。（3）行政解释。不属于审判和检察工作中的其他法律、法令如何具体应用的问题，由国务院及主管部门进行解释。（4）地方解释。凡属于地方性法规条文本身需要进一步明确界限或作补充规定的，由制定法规的省、自治区、直辖市人民代表大会常务委员会进行解释或作出规定。凡属于地方性法规如何具体应用的问题，由省、自治区、直辖市人民政府主管部门进行解释。

凡对行政法规范的法律解释都属于行政法的组成部分。法律解释的效力与所解释的法律文件相同。

第三节 行政法律关系

一、行政法律关系概述

（一）行政法律关系释义

行政法律关系与行政关系。行政法律关系与行政关系之间关系密切，行政法律关系是经行政法规范调整的行政关系，具体而言，行政法以行政关系为调整对象，行政关系经行政法调整后，便上升为行政法律关系。因此，可以说，行政法律关系是以行政关系为基础的，行政关系是行政法律关系的“前身”，行政法律关系是行政关系的“升华”。两者的区别在于：行政关系是行政法的调整对象，而行政法律关系是行政法调整的结果；行政法并不对所有行政关系作出规定或调整，只调整其主要部分，因此，行政法律关系的范围比行政关系窄小，但内容层次较高。

行政法律关系具有以下特征：

1. 行政法律关系是由行政法调整的利益关系。行政法所要调整的是体现为行政主体通过集合和分配公共利益而与行政相对人、第三人发生的利益关系。可以说，行政法律关系背后隐藏的利益关系，实质上就是行政主体在分配有限公共利益过程中而与行政相对人、第三人产生的利益实现关系。因此，同其民事法律关系相比，如果没有行政主体的参与就不可能形成行政法律关系。也就是说，在行政法律关系中，行政一方主体是恒定的，即代表国家集合和分配公共利益的主体。

行政法律关系与行政关系既互相联系又互相区别：一方面，行政关系是行政法律关系的基础，没有行政关系的存在，行政法律关系就无从产生；另一方面，行政关系与行政法律关系的性质不同，行政关系是一种物质利益关系，而行政法律关系则是一种思想意志关系，行政关系只有经行政法调整后才转化为行政法律关系，行政关系是行政法的调整对象，而行政法律关系是行政法的调整结果。

2. 行政法律关系主体间权利和义务的不对等性。行政法律关系是因行政法调整而产生的权利和义务的关系，但与以平等、等价、有偿为特征的民事法律关系不同的是，行政法律关系的双方当事人一般处于不平等的地位，其权利义务具有不对等性。具体而言，行政主体权利的享有和行使既不以与相对人意思表示一致为前提，也无须以履行相应的义务为对价，行政主体可以在不征得相对人同意、甚至违反相对人意志的情况下，单方面创设行政法律关系。反之，相对人义务的履行不能以相应权利的行使为对等条件。这主要是因为，在行政实体法律关系中，行政主体代表国家行使行政权力，是法律赋予它的一种单方面的权利，相对人必须无条件服从。

3. 行政法律关系中的国家权力具有不可处分性。在行政法律关系中，主体中相当一部分都是国家机关，其拥有并行使的都是国家权力。这些权力是作为国家的主人——全体人民赋予的，它不同于个人的私权利，一般不能由掌握这种权力的某个国家机关自身随意处分（除自由裁量权中允许行政主体自由决定的内容外），如不能放弃、转让等，在应当运用时必须运用，在不应当运用时则不得运用。由于这一特征，决定了这种权力对拥有它的国家机关来说，行政主体的职权和职责是一个密不可分的统一体，它可以依法行使职权，也必须依法行使职权，既不能转让，也不能放弃，放弃了就是对国家的失职，要承担相应的法律责任。而一般民事主体的权利义务是分离的，其权利可以依法转让或放弃。

依据上面的分析，我们可以对行政法律关系的涵义作如此界定：所谓的行政法律关系就是指有行政法调整的以权利和义务为内容的并由国家强制力保障的利益关系。

（二）行政法律关系的分类

按照不同的标准，可以对行政法律关系作不同的分类。在学理上主要是从以下角度对行政法律关系进行划分：

1. 行政实体法律关系和行政程序法律关系。按照行政法律关系的属性不同，行政法律关系分为行政实体法律关系和行政程序法律关系。行政实体法律关系是指由行政实体法律规范调整的旨在处分行政实体上的权利和义务的行政法律关系，如税务机关与纳税人之间的征税权利和纳税义务关系就是具有本质属性的实体法律关系。行政程序法律关系是指由行政程序法律规范调整的旨在确定行政程序上的权利和义务的行政法律关系，是保障实体性权利义务关系得以形成和正常运行的权利义务关系，是手段性或过程性权利义务关系。

2. 内部行政法律关系和外部行政法律关系。按照行政主体的隶属关系可将行政法律关系分为内部行政法律关系和外部行政法律关系。内部行政法律关系是指当事人均是国家行政系统内的，表现为自我管理的行政法律关系，如行政主体之间或者行政主体与所属的公务人员之间因内部行政管理活动而形成的权利义务关系。外部行政法律关系是指有一方当事人不是国家行政系统内的，表现为国家对社会管理的行政法律关系，如行政主体与行政相对人之间因外部行政活动而形成的权利义务关系。

3. 上下级行政主体之间的命令关系、同级行政主体之间的配合关系、行政主体与其公务人员的管理与被管理关系、行政主体与行政相对人之间的管理与服从关系、监督主体与行政主体的监督与被监督关系。这种分类的标准依据是行政法律关系的主体的类型。

4. 明示的行政法律关系和暗示的行政法律关系。按照行政法律关系的形成方式，行政法律关系可分为明示的行政法律关系和暗示的行政法律关系。明示的行政法律关系是指行政主体作出的行政行为有明确的行政相对人的行政法律关系。暗示的行政法律关系是指行政主体作出的行政行为虽然没有明确的行政相对人，但能够影响第三人的合法权益的行政法律关系。

5. 积极的行政法律关系和消极的行政法律关系。按照行政法律关系的功能，可将其分为积极的行政法律关系和消极的行政法律关系。积极的行政法律关系是行政主体为实现国家职能，在积极组织发展经济、文化事业的建设、干预社会生活时与有关相对一方形成的权利义务关系。消极的行政法律关系是行政主体仅为维护行政秩序、制裁违法者时与有关相对人形成的权利义务关系。

二、行政法律关系的要素

行政法律关系是由行政法律关系的主体、客体和内容三要素构成的。

（一）行政法律关系的主体

行政法关系的主体又称为行政法主体或行政法律关系当事人，是指在行政法律关系中享有权利和履行义务的组织或个人。在一个具体的行政法律关系中，有具体的权利和义务相对立的双方当事人，主要是行政主体和行政相对人。其中，行政主体是指享有行政权，能够独立承担行政行为所产生的法律后果的主体。行政相对人是指不享有行政权，与行政主体相对应的主体，包括内部相对人和外部相对人。作为行政法律关系的主体必须具备两个能力：一是行政法上的权利能力，是指行政法律关系的当事人依法享有行政法上的权利和承担行政法上的义务的能力或资格；二是行政法上的行为能力，是指行政法律关系的当事人能够以自己的行为，依法行使行政法上的权利和承担行政法上的义务的能力。

行政法律关系主体有两个显著特征，即行政法律关系主体的恒定性和法定性。行政法律关系主体的恒定性是指在行政法律关系的一方当事人必然是行政主体。这是因为，行政法律关系本是行政主体在实现行政职能时发生的一定社会关系的法律化，没有行政主体就不可能发生这类社会关系。而行政机关与公民或组织在民事合同中所担当的角色就不是行政主体。行政主体的法定性是指行政法律关系主体是由行政法律规范预先设定好的。例如《药品管理法》规定，行政主体必须是行政相对人所在地的省、自治区、直辖市的卫生行政部门，行政相对人必须是申请开办药品生产企业的代表人。〔1〕

（二）行政法律关系的客体

行政法律关系的客体是指行政法律关系主体的权利和义务共同指向的对象，是行政法律关系发生权利和义务的联系中介。关于行政法律关系的客体，在学界有不同的主张，有的学者认为是物、行为与智力财富；〔2〕有的学者认为，除了物、行为与智力财富还包括人身；〔3〕有的学者认为是利益，包括物质利益和精神利益；〔4〕有的学者认为是权力、物、智力财富和行为。〔5〕

马克思曾指出："我只是由于表现自己，只是由于踏入现实的领域，我才进入受立法者支配的范围。对于法律来说，除了我的行为，我是根本不存在，我根本不是法律的对象。我的行为就是我同法律打交道的唯一领域，因为行为就是我为之要求生存权利，要求实现权利的唯一东西，而且因此我才受到现行法的支配。"〔6〕因此，我们认为行政法律关系的客体就是行为。同时我们还认为，将权利、物、智力财富、人身、利益等看作是行政法律关系的客体，是混淆了客体与标的的关系所导致的。所谓标的是法律行为所要达到的目的或法律行为所指向的对象。〔7〕上述的这些标的，确实存在于行政法律关系中，但它们都不是行政法律关系的主体的权利和义务所指向的对象，必须通过行政行为才能在行政法律关系中得以表现。

行为是指行政法律关系的主体有意识、有目的的身体动静，包括作为和不作为。作为就是法律要求行为人有所为而行为人有所为；不作为就是法律要求行为

〔1〕《药品管理法》第7条规定：开办药品生产企业，须经企业所在地省、自治区、直辖市人民政府药品监督管理部门批准并发给药品生产许可证，凭药品生产许可证到工商行政管理部门办理登记注册。无药品生产许可证的，不得生产药品。

〔2〕参见罗豪才：《行政法学》，中国政法大学出版社1999年版，第19页。

〔3〕参见胡建淼：《行政法学》，法律出版社2003年版，第27页。

〔4〕参见叶必丰：《行政法学》，武汉大学出版社2003年版，第121页。

〔5〕参见马怀德：《行政法学》，中国政法大学出版社2007年版，第34页。

〔6〕《马克思恩格斯全集》第1卷，人民出版社1956年版，第16～17页。

〔7〕参见周叶中：《宪法》，北京大学出版社、高等教育出版社2005年版，第153页。

人有所为而行为人有所不为。从主体的角度来看，行政法律关系的客体，既包括行政主体的行政行为，也包括行政相对人的行为。有一点需要指出，不论是行政主体的行政行为还是行政相对人的行为，都必须是合法的。因为行政法律关系本身就是一种合法的法律关系。有的学者认为作为行政法律关系客体的行为包括合法行为和违法行为。[1]这种错误的理解显然是混淆了客体与标的，违法行为是行政法律关系的标的，而非是行政法律关系的客体。

（三）行政法律关系的内容

行政法律关系的内容是指行政法律关系主体所享有的权利和履行的义务。也就是说行政法律关系的内容包括行政法律关系主体的权利和行政法律关系主体的义务两部分内容。行政法律关系主体的权利是指行政法律关系规范赋予行政法律关系当事人可以为或不为一定行为或者要求对方当事人为或不为一定行为的资格。行政法律关系主体的义务是指由行政法律规范规定的行政法律关系当事人必须为或不为一定行为的约束。

一般而言，行政法律关系主体主要是行政主体和行政相对人。于是行政法律关系的内容包括：

1. 行政主体的权利。行政主体的权利，通常称作行政职权，是指行政法律规范赋予行政主体在管理社会公共事务所必需的各种强制力的总称。概括地讲，行政主体的权利主要有：

（1）行政决定权，即行政主体享有对特定的公民、社会组织或者特定的事项所作出的法律行为的权利。

（2）行政处罚权，即行政主体对违反行政法律规范，但未构成犯罪的公民、社会组织，追究其行政责任的权利。

（3）行政强制权，即行政主体为了制止违法行为或者在紧急、危险情况下按照行政法律规定和程序，对行政相对人的人身或财产暂时实施强行控制的权利。

（4）行政裁决权，即行政主体依据法律的授权，对平等主体之间发生的与行政管理密切的事项作出行政决断的权利。

（5）行政立法权，即特定的行政主体依据法律的授权制定行政法规、规章的权利。

2. 行政相对人的权利。行政相对人的权利是指行政相对人依据有关行政法律规范的规定所享有的主张和维护其合法权益的权利。概括地讲，行政相对人的权利主要有：

---

〔1〕 参见马怀德：《行政法学》，中国政法大学出版社2007年版，第35页。

（1）参与国家管理的权利，主要包括选举和被选举国家行政公务人员的权利、对行政工作的批评权利、通过竞争考试担任行政公务员的权利等。

（2）获得保障的权利，即行政相对人要求行政主体为或不为一定行为，旨在实现其法律权益的权利。

（3）诉权，主要包括行政相对人的合法权益受到行政主体侵害时，享有的检举、控告、申诉、申请行政复议权利以及获得国家赔偿等权利。

3. 行政主体的义务。行政主体的义务，通常称作行政职责，是指法律规定的行政主体在履行行政职责时所要承担的责任。概括地讲，行政主体的义务主要有：

（1）依法行政的义务，即按照法律的授权、法律规定的方式、方法和程序行使行政权、执行行政职务的义务。

（2）接受监督的义务，主要是接受监督机关的监督，接受党、公民及社会组织的监督。

（3）补偿损失、赔偿损害的义务，即行政主体在实施行政行为过程或违法实施实行过程中给行政相对人或第三人的合法权益造成损失或损害时，分别承担补偿和赔偿的义务。

4. 行政相对人的义务。行政相对人的义务是指行政相对人按照行政法律规范的规定，为了促使行政主体职权的实现为或不为一定行为的义务。概括地讲，行政相对人的义务主要有：

（1）遵守行政法律规范、按照行政法律规范的要求行为的义务。

（2）行政主体在履行行政职务过程中要求行政相对人协助时，行政相对人有协助的义务。

（3）服从行政主体具有法律效力的决定的义务。对于行政主体行使行政权力作出的具有法律效力的各种决定，行政相对人有服从、履行的义务。

（4）国家委托的任务或者下达的计划指标，行政相对人有接受并尽力完成的义务。

三、行政法律关系的变动形态

行政法律关系的变动是指基于特定的法律事实而引起行政法律关系的产生、变更和消灭。这表明，第一，行政法律关系的变动是由特定法律事实引起的；第二，行政法律关系的变动的形态分为产生、变更和消灭。

（一）法律事实概述

从逻辑上讲，要想认识行政法律关系首先要认识法律事实。所谓法律事实是指由法律规定的能够引起行政法律关系产生、变更和消灭的客观现象。在行政法律规范结构中，法律事实实质上是假定部分。例如，《药品管理法》第7条规定："开办药品生产企业，须经企业所在地省、自治区、直辖市人民政府药品监督管理部门批准并发给《药品生产许可证》，凭《药品生产许可证》到工商行政管理部门办理登记注册。无《药品生产许可证》的，不得生产药品。""批准并发给《药品生产许可证》"就是该条款的假定部分，如果符合假定部分的事实出现时，就产生了开办药品生产的企业与工商行政部门之间的行政法律关系。

法律事实包括法律事件和法律行为。法律事件分为社会事件和自然事件，是不以人们的意志为转移的客观现象。社会事件即社会变革，自然事件是自然的变化。其中自然变化是产生行政法律关系较常见的原因。如人的出生、衰老就是人的自然变化，而人的出生能导致户口登记法律关系的产生，人的衰老能导致社会保障行政法律关系的产生。再如自然灾害等自然界的客观变化，而自然灾害的发生能导致行政救助法律关系的产生。法律行为是指能够引起行政法律关系产生、变更和消灭的有意识的身体动静，包括作为和不作为。例如，结婚登记的作为行为，不纳税的不作为行为。

（二）行政法律关系的产生

行政法律关系的产生是指基于特定的法律事实出现，行政主体与行政相对人或第三人依法形成的行政法律权利和义务关系，即有法律规定的应然行政法律权利和义务关系转变为有具体行政法律关系主体享有权利和履行义务。根据定义，具备了以下两个条件时行政法律关系才能产生：

（1）行政法规范设立了权利和义务。这是行政法律关系产生的前提条件和法律依据。

（2）能够适用行政法律规范的设立的权利和义务的条件已成就，即法律事实的出现。我们知道，能够引起行政法律关系产生的是法律事实。法律事实分为法律事件和法律行为。法律事件，例如，人的出生，引起户籍登记的行政法律关系，使得监护人等有向户籍管理部门申请登记的义务，户籍登记部门对于符合法律规定的有予以登记的义务。法律行为，例如，出现了违反《治安管理处罚法》的行为，使得治安管理处罚的行政法律关系得以产生。

（三）行政法律关系的变更

行政法律关系的变更是指某种行政法律关系产生后，在存续期间内由于一定原因而导致其发生了局部的变化。从逻辑上讲，行政法律关系的变更可分为主体的变更、客体的变更和内容的变更。我国有的学者也主张这点。[1] 然而细究起

---

〔1〕 参见罗豪才：《行政法学》，北京大学出版社1996年版，第23页。

来，不难发现行政法律关系的变更不能包括内容的变更。因为行政法律关系的内容的变更，一方面意味着原有的行政法律法律关系的消灭，另一方面意味着形成新的行政法律关系。有的学者主张内容上的变更是指行政主体行政职权的变化和行政相对人义务的增减。[1] 以行政相对人义务增减为例，其义务的增加或减少从程序上都要否认原来的行政法律关系后才能实现，由此产生新的行政法律关系。因此，行政法律关系的变更只能是主体的变更和客体的变更。

1. 主体的变更。主体的变更是指主体发生了变化，但不影响原行政法律关系的权利和义务。主体的变化通常是形式上的变化。主体变化通常有两种形式：

（1）行政法律关系主体在数量上的增减，即原来由一个主体享有权利或履行义务，改变为由多个主体享有权利或履行义务；原来由多个主体享有权利或履行义务，改变为由一个主体享有权利或履行义务。导致这类变化的原因主要有行政机关的合并、分立或者企事业单位的合并或分立等。

（2）主体在接替上的变化，即行政法律关系中原来的主体被更替，由更替后的主体承受原主体所享有的权利和履行义务的变化。例如，行政机关的职权的“下放”或者“收回”。

2. 客体的变更。客体的变更是指客体发生了变化，但不影响原行政法律关系的权利和义务。客体的变化通常是可替代性的变化。

学者们认为，能发生改变的客体主要有两类：与特定人身没有联系的财物和作为行为。客体的变更也就只指这两种形式。[2] 根据我们在前面的分析，行为才是行政法律关系的客体，与特定人身没有联系的财物由同等价值物替代是标的的变更而非客体的变更。因此，客体的变更是指与特定人身没有联系的作为行为的变更。

与特定人身没有联系的作为行为的变更，一般是具有体力的性质，可以由他人的作为行为来替代。这种替代可能是主动自愿的，如有植树的指标的单位，可以雇佣他人代为植树。也可能是被动、被迫的，如当一公民应对自己的违章建筑拆除而又不拆除时，行政主体可请他人代为拆除，然后强制该公民缴纳与他人出劳力等价值的款项。

因为不作为行为不能由他人替代，故不存在变更的问题。

---

〔1〕 张弘：《行政法与行政诉讼法》，辽宁大学出版社2004年版，第88页。

〔2〕 参见方世荣：《行政法与行政诉讼法学》，人民法院出版社、中国人民公安大学出版社2003年版，第38页。

（四）行政法律关系的消灭

行政法律关系的消灭是指原行政法律关系关系主体之间的权利和义务的完全消灭。行政法律关系的主体、客体和内容，只要有一个要素消灭了，行政法律关系都有归于消灭的可能。

行政法律关系消灭的情况有：（1）原来的行政法律关系没有意义或没有存在的必要性而归于消灭；（2）原来的行政关系已完成而归于消灭；（3）因行政法律规范废除而使行政法律关系消灭；（4）因行政相对人放弃其权利而使行政法法律关系消灭。

具体而言，以行政法律关系要素为标准，可将行政法律关系的消灭分为：

1. 行政法律关系主体的消灭。行政法律关系主体的消灭是指行政法律关系主体一方或双方丧失主体资格而导致行政法关系的消灭。主体消灭的情况是原主体消灭，没有新的主体接替或不能由新的主体接替。行政主体方面，主要有行政主体被撤销且没有主体承接或不能有承接主体等。行政相对人方面，主要有死亡、丧失意识、剥夺政治权利，且其他任何人都不能承接该行政相对人受处罚的义务等。

2. 行政法律关系客体的消灭。行政法律关系客体的消灭主要是作为行为消灭后，不能用他人的作为行为替代。如果原客体消灭后，能以另一种客体代替原客体，则原权利义务仍可实现而并没有消灭，行政法律关系只是有了一定变更。

3. 行政法律关系内容的消灭。行政法律关系内容的消灭即权利和义务的消灭。因为行政法律关系是一种以权利和义务为内容的利益关系，权利和义务的消灭，行政法律关系当然消灭。内容的消灭的原因主要有：行政法律规范被废除、权利或义务已分别行使和履行完毕、行政相对人放弃权利等。

第四节　行政法及行政法学的发展简史

一、行政法的历史发展

最早对行政法进行研究的是法国，这与法国最早建立行政审判制度有关。世界各国的行政法，尽管由于成为其存在基础的法律制度的性质不同而各异，但是，根据对行政案件审查制度的不同，大体可以分为大陆法系行政法和英美法系行政法，其发展的历程有所差异。

（一）大陆法系国家行政法发展历史

大陆法系主要是以“罗马法”为历史渊源，以《法国民法典》和《德国民法典》为主要标志的法律体系，其特点体现为成文法的特点，在行政法上也不例外。其主要代表为法国和德国及奥地利、比利时、荷兰等国家。

法国行政法的产生是以最高行政法院即国家参事院的成立为标志，法国最高行政法院的发展历史，实际上也就是法国行政法发展史的缩影。法国最高行政法院发展至今，大体经历了四个阶段：

第一阶段（1799～1872 年）为保留审批阶段。国家参事院成立之初，本身并不具备独立的行政审判权限，对管辖的行政案件，只能向国家元首提供解决的建议，审判权为国家元首所保留。

第二阶段（1872～1899 年）为委托审判权阶段。在普法战争中法国战败，1870 年，国家参事院曾一度被取消。1872 年 5 月 24 日恢复了国家参事院，同时规定国家参事院以法国人民的名义，独立作出判决，而不是行使国家元首所保留的审判权。从此，国家参事院不仅在事实上，而且在法律上成为国家的最高行政法院，取得相对独立于政府的地位。

第三阶段（1899～1953 年）为一般管辖权阶段。1872 年最高行政法院成为独立的审判机构，但在管辖权上还受到一个限制：当事人在向最高行政法院起诉前，必须先向部长申诉，不服部长的决定才能向最高行政法院起诉，此称为"部长法官制"。行政上的争议，凡是法律没有规定由其他法院受理的，都由最高行政法院管辖。这一制度一直延续到 1953 年。

第四阶段（1953 年至今）为特定管辖权阶段。1953 年法国对最高行政法院的管辖权作了一次重要的调整，一切行政诉讼案件凡法律没有规定由其他法院受理时，都由地方行政法院受理，地方行政法庭代替最高行政法院，成为行使行政诉讼一般管辖权的法院，最高行政法院所管辖的诉讼事项，以法律规定者为限，成为享有特定管辖权限的法院。至此，法国现代行政法院进入成熟期，以后虽有一些改革，如 1988 年，又在全国设立了 11 个上诉行政法院，以求尽快解决不服地方行政法庭判决的上诉案件，但都属法院内部关系的调整。[1]

（二）英美法系国家行政法发展历史

英国学者阿尔巴特·戴西（Albert Dicey，1835～1922）曾认为，英国不存在行政法。他将法国行政法院制度误认为是拥护行政官僚权利及特权的制度，认为英国不存在那种制度，应该感谢上帝。现代英国依然不存在以行政法院为核心、其自身成为一个完整体系、与其他法领域相分离的行政法体系。在这层意义上，可以说戴西过去的观点，对于现代英国来说仍然通用。不过，这并不意味着在英

〔1〕 张树义：《行政法学》（第 2 版），北京大学出版社 2012 年版，第 61 页。

国不存在行政及有关行政的法。〔1〕

与法国相比，英国行政法的发展由于受普通法制度的影响要缓慢得多，其获得突破性进展是在19世纪末。从18世纪末开始的英国工业革命，到19世纪末已取得了辉煌的成绩，现代工业得到高度发展，为了适应工业化发展的需要，国家行政活动方面发生了两个显著的变化：一是委任立法。为了应付工业发展所引起的社会问题，需要制定大量法律，而议会由于时间、技术等方面的原因，不能满足这个需要，不得不授予行政机关制定规范性文件，以补充议会立法的不足。1891年时，行政机关依法律授权所指定的规范性文件为议会的两倍多。从第一次世界大战开始，委任立法更是迅速发展，以应付经济问题和社会问题。二是行政裁判所的迅速发展。行政裁判所出现于20世纪初，由于政府对社会经济生活的干预加强，行政纠纷增多，行政裁判所的数量也随之增加。行政裁判所种类繁多，涉及社会生活的各个方面，其主要职能是行使部分司法权，受理行政机关和公民之间以及公民之间就劳动就业、失业保险、国民健康保险等问题产生的争端。上述两方面的变化引出大量的行政问题，如委任立法与议会立法的关系，议会如何保证行政机关的委任立法权不被滥用，行政裁判所与普通法院的关系等。此外，20世纪以来，人们对行政程序也给予了极大的关注。为了应付这些变化，司法审查制度得到了丰富和充实，即加强了司法对行政的控制，一切政府部门的行为都要受普通法院的监督，它有权对行政机关的行为进行合法性审查，对违法的行为有权予以撤销。英国的行政法在以委任立法、行政裁判所和加强法院对政府越权和滥用职权行为进行司法审查为核心内容的体系下发展起来，并不断完善。

美国行政法受英国行政法的影响较小，美国行政法的产生主要是同美国政府积极干预经济相联系的，一般而言，美国1887年成立的州际贸易委员会被认为是美国行政法的开始。自从第一个独立管制机构设立以来，由于现代管理的需要，类似的行政机构大量出现。它的出现引起人们对委任立法和准司法权行使的关注。其结果是加强司法对行政的控制，发展了司法复审制度。另一方面，美国对行政权的控制尤其注重从程序方面着手。而从20世纪30年代罗斯福“新政”开始，美国行政法迅速发展，到1946年，美国制定了其行政法上的一部划时代的法律——《联邦行政程序法》，该法以美国宪法中的正当法律程序为基础和基本原则，建立起了准司法的行政程序。

（三）我国行政法的发展史

与资本主义国家的行政法发展史相比，我国的行政法发展史相对来说较短。

---

〔1〕 杨建顺：“日本行政法及行政法学的历史发展及其特色”，载《法学家》1998年第4期。

然而，我国行政法随着我国社会的变迁和观念的更新，逐步从无到有，从不完善到完善。

我国历史上长期实行的是专制和独裁统治，所以传统上并不存在现代意义上的“行政法”，真正的行政法应当从新中国建立后才逐步建立的。根据我国行政法学者的看法，中国行政法的历史发展大致可以分为四个阶段：

第一阶段即1949年到1956年期间的“初创阶段”。这是我国民主与法制建设的初创阶段，没有制定系统的行政法体系，甚至对行政法的认识也是有限的。在当时的历史背景下，中国的法学研究并没有自己的独立地位，只是作为国家法学的一部分而存在的。[1] 但是，在初创未愈的环境下，我国行政法在发展，也取得了一定的建树，例如，从1949年至1956年，国家制定颁布了一大批有关行政组织方面的法律、法规和指示性文件，以此来规范国家行政机关的管理权限、管理方式等。

第二阶段是1957年到1978年期间的“停滞和遭受摧残阶段”。在这一时期，由于“反右”运动的扩大化和“文化大革命”的爆发，国家政治生活的发展越来越不正常，越来越偏离正常轨道，民主法治建设不断遭到破坏、践踏，人们不再遵循以往的法律法规，行政法学与其他部门法学一样，在当时占上风的“法律虚无主义”的恶劣政治环境中被抛弃，其发展受到严重阻碍，二十余年几无进展。

第三阶段是1978年到1989年期间的“重建和发展阶段”。从十一届三中全会开始，改革的春风也在行政法领域徐徐吹起，1982年宪法的制定和出台，标志着我国法律进入了恢复阶段，我国的民主法治建设也逐渐得到恢复和发展，在法制环境大改善的背景下，行政法也随之得到复兴和迅速发展。例如，我国在许多领域相继制定行政法律规范，1982年颁布的《民事诉讼法（试行）》规定人民法院依照《民事诉讼法》审理行政案件，而这一规定却有着跨时代的意义，标志着我国行政诉讼制度的诞生。

第四阶段即1989年至今的“发展和向新模式转化阶段”。[2] 新时期，我国行政法发展迅速，1989年颁布的《行政诉讼法》确立了司法权对行政权的制约机制，使公民的合法权利得到切实可及的保障，可以说，1989年的《行政诉讼法》标志着我国的行政法最终确立起来，成为中国特色社会主义法律体系中一个独立的法律部门。此后，一系列的行政法律、法规颁布，先后颁布了《行政复议条

〔1〕 周汉华：《行政法的新发展》，中国社会科学出版社2008年版，第3页。

〔2〕 姜明安：《行政法与行政诉讼法》，北京大学出版社、高等教育出版社2007年版，第80～94页。

例》、《公务员暂行条例》、《国家赔偿法》、《行政处罚法》、《行政许可法》、《治安管理处罚法》、《公务员法》、《行政强制法》等，使我国的行政法逐步达到完善。

二、行政法学的历史发展

在某种意义上，一部法律发达史也就是一部法学发达史。因为，法学以法律现象为研究对象，因此法律越发达，法学也就越有发展基础，行政法也概莫能外。“每个时代的理论思维，从而我们时代的理论思维，都是一种历史的产物，它在不同的时代具有完全不同的形式，同时具有完全不同的内容。”[1] 如果我们仅仅了解行政法史，而不对行政法学史尤其是著名行政法学家的思想有个大致了解，那么我们的认识就有残缺。

（一）大陆法系代表性国家行政法学的历史发展

从世界范围看，以法国和德国为代表的大陆法系国家较早对行政法就有了深入的认识。

法国被称为“行政法母国”，法国行政法学的发展是伴随着行政法院的建立和行政判例的增多而逐步发展起来的。行政审判的案例形成了重要的行政法律制度和行政法的重要原则，为行政法的发展奠定了基础，也为行政法学的发展创造了条件。在法国最初的行政法学著作是在19世纪20年代出现的。其中，热朗多男爵于1829～1830年连续出版了5册《法国行政纲要》，成为法国行政法学的创始人之一。从19世纪70年代后，行政法院的体制逐渐定型，行政判例大量出现，使法国行政法学的研究得到进一步的发展。法国行政法学，长期以来，根据行政法院的判例，以公共权力作为区分公法和私法的标准，“公共权力说”一直是法国行政法学的理论基础，其主要代表人物是弗拉里耶尔。到19世纪末期，随着行政机关活动的范围扩大，“公共权力说”被“公务说”所代替，以公务作为区分公法和私法的标准。“公务说”的代表人物是波尔多大学宪法学家狄骥。到20世纪50年代以后，随着行政活动的变化，“公务说”难以充分说明行政法的性质，也不能再作为行政法院管辖权的唯一标准，行政法学界又出现了“公共服务与公共权力统一”的学说。[2]

德国的行政法最初起源于警察法，与此相适应，德国的行政法学以强调国家的优越性为其理论基础，形成了以国家权力为中心的学说。德国行政法学的发

---

[1] 《马克思恩格斯选集》第4卷，人民出版社1995年版，第284页。

[2] 参见皮纯协：《行政法学》，群众出版社2000年版，第6～7页。

展，是在19世纪中叶随着法学家对行政活动合法性的关注的增长开始的。被称为“德国行政法之父”的奥托·迈尔（Otto Mayer），从先进的法国行政法中得到启发，于1895年及1896年出版了两册《德国行政法》，以法律学的方法构造了德国近代行政法学体系，创立了“依法律行政”和“法律优先原则”及“法律保留原则”，同时还提炼出了“行政行为”以及“具体行政行为”等概念，完成了“国家学”向“法学”的转变。行政法院的建立和发展对行政法及行政法学的发展也做出了贡献。1863年，巴登建立了一个独立的行政法院，这是德国第一个高等行政法院。1872~1875年，普鲁士改变过去的由普通法院管辖行政案件的传统，建立起独立的行政法院体系。一方面，行政法学理论依靠行政法院得以实现；另一方面，行政司法也创立和发展了行政法的基本原则。在希特勒法西斯时代，行政法院体制受到破坏，直到1946年10月，在德意志联邦共和国范围内才恢复了二战前的法院体系，并作了一些调整。1952年9月建立了一个联邦行政法院。1960年1月制定了《行政法院法》，规定在各邦建立统一的行政法院。战后行政法学界争论的主要问题有：法治国家原理或行政合法性原则问题；行政法关系中行政权与市民关系；以公法与私法的区别为前提的公权概念的有效性问题；公法上的契约问题等。70年代以后，上述问题的讨论取得了进展。1976年制定了《行政程序法》，标志着德国行政法的成熟。到90年代，休谋特·阿斯曼、体培鲁特等人提出对行政程序法进行改革，把行政法学改造为行政活动的管理学，原则上以“法关系论”为基础，协调行政与私人之间的利益纠纷。[1]

（二）英美法系代表性国家行政法学的历史发展

长期以来，英国对行政法的出现没有引起重视，许多法学家不承认行政法的存在。英国的行政法学真正成为一门独立的法律学科是在20世纪20年代，其理论基础是建立在如何控制行政权的滥用上。20世纪30年代后，特别是二战后，英国的委任立法和行政裁判所的大量出现，引起了行政法学界的极大关注。50年代以后，行政法学理论得到很大发展，主要涉及权力委任、行政机关权力与职责、司法审查、行政监督等内容。英国行政法学研究的主要问题是：委任立法、行政裁判、司法审查、行政责任、议会行政监察专员等。在行政法学中，自然正义原则、正当程序规则运用得较为普遍。[2]

美国第一部系统研究行政法学的著作，是古德诺1893年出版的《比较行政法》。1900年他又出版了《政治与行政》，1905年又出版了《美国行政法》。这些

---

〔1〕参见韩大元：《比较行政法》，中国人民大学出版社1998年版，第93~95页。

〔2〕参见王名扬：《英国行政法》，中国政法大学出版社1987年版，第6~9页。

著作着重介绍了英美行政法与大陆行政法的区别和联系，表现出美国传统行政法的特点。1903年，B. 怀曼出版了《支配政府官员关系的行政法原理》，该书涉及行政法的广泛内容。作者认为美国和欧洲大陆国家一样存在行政法，行政法分为内部行政法和外部行政法。1927年J. 迪金森出版的《美国的行政司法和法律最高》、1928年弗罗因德出版的《对人和财产行使的行政权力》，着重讨论了行政机关的权力，特别是立法权和司法权。20世纪30年代，为克服经济危机，国会设立了一些新的独立机构，集中立法、行政和司法权力，对经济进行控制。这些变化推动了行政法学研究。新政的支持者J. M. 兰迪斯1938年出版了《行政程序》一书，为行政机关的委任立法权、行政司法权和独立的行政控制机构的合法性进行辩护。沙夫曼出版了专门研究州际商业委员会的权力的立法基础、管辖范围、活动性质、组织和程序的著作。美国的行政法学研究从40年代以后，开始从重点研究宪法问题转向重点研究行政程序问题。随着《联邦行政程序法》、《联邦侵权赔偿法》、《情报自由法》、《咨询委员会法》、《隐私权法》、《阳光下的政府法》等法律的颁布，美国对行政法学的研究普遍展开，行政法学著作大量出现。行政法学著作一般涉及的主要问题有：分权、权力委任、调查程序、制定法规程序、行政裁决程序、司法审查、行政赔偿责任、总统控制、国会控制、行政公开等。[1]

（三）我国行政法学的发展简史

在国民政府时期，曾有学者研究过行政法学，也出版过几部行政法学教科书或其他行政法学著作；[2] 在一些高等院校也曾有若干法律院系开设过行政法学的专门课程。但行政法学作为法律学科专门进行研究，一般认为是从新中国建立以后开始的。新中国行政法学的发展历程大体可以分为如下几个阶段。

1. 起步阶段（1949~1957年）。新中国成立后开始了对行政法学的研究，主要是介绍苏联行政法学理论，翻译出版了一系列苏联行政法论著。随着1954年《中华人民共和国宪法》的颁布，行政法学研究进入了一个新阶段，开始结合中国国情进行行政法学研究。1955年8月，中国政法学会成立了国家法、行政法研究组，开展对行政法学的研究。之后，陆续有少量文章，提出一系列的行政法学问题，呼吁加强行政法学研究。此阶段我国行政法学研究已经开始起步。

2. 严重破坏阶段（1957~1978年）。1957年之后，由于一系列政治运动和法律虚无主义的影响，刚刚开始产生的行政法学研究又遭中断，就连“苏维埃行政法”课程也不开设。尤其是在十年“文化大革命”期间，法制被破坏殆尽，行政

[1] 参见王名扬：《美国行政法》，中国法制出版社1995年版，第62~68页。

[2] 如马君硕的《中国行政法总论》、管欧的《行政法总论》、林纪东的《行政法提要》等。

法学与其他法学一样，也难遭厄运，使行政法学研究遭到全面破坏。

3. 恢复与发展阶段（1978～1989 年）。中共十一届三中全会后，一些高等学校法律院系的学者开始研究行政法学，并在大学本科和研究生中开设行政法课程，主要讲授外国行政法，同时也将当时我国零散的尚处于恢复和逐步建立的行政法制加以整理归纳，抽象出若干原则，编写成中国行政法讲义向学生讲授。1981 年司法部、教育部决定将行政法学列入法学教材。1983 年 6 月，第一本全国统编行政法学教材《行政法概要》以及与之配套的《行政法参考资料选编》出版，同年 10 月，《中国大百科全书·法学卷》出版。1985 年以后，行政法学迅速在全国发展起来，就行政法著述来说，已达几十种之多。既有研究中国行政法的著作，又有研究外国行政法的著作；既有行政法的论著，又有译著，更有大量的论文、译文。这个时期，行政法学教学科研人员的队伍也迅速扩大，一大批年轻的法律学者加入到这个队伍。此外，在实践部门，也迅速成长起来一批既具有实际工作经验，又具有行政法学理论素养的专家。中国法学会行政法学研究会于 1985 年 5 月在江苏省常州市成立。它们由专业领域中的优秀工作者和学者组成，这无疑有利于推进行政法的研究。而 1989 年 4 月颁布的《中华人民共和国行政诉讼法》（以下简称《行政诉讼法》），成为我国行政法制建设和行政法学研究的一个里程碑。总之，我国行政法到 20 世纪 80 年代末基本概念已经形成、调整范围基本确立、体系结构基本形成、理论基础初步提出，行政法学作为一门科学已初步形成。

4. 深入发展阶段（1989 年至今）。1989 年 4 月颁布了《行政诉讼法》，使我国行政法制建设进入了一个新的发展时期，行政法学在质量和深度上有了突飞猛进的发展。具体表现如下：其一，行政法学从一般性研究进入到专题性研究，产生了一大批专题性研究成果；其二，行政诉讼法的研究在行政法学中越来越占有特殊重要的地位，逐渐发展成行政法学中相对独立的一门分支学科；其三，行政法学的研究比以前更注重运用理论解决行政法的立法、执法以及行政审判中的各种实际问题；其四，行政法学研究的深入导致了若干学术流派的出现，学术争鸣促进了行政法学理论的成熟；其五，一批中青年学者开始紧跟国际前沿，拓展行政法学的疆域，研究“新行政法”，〔1〕出现了一些新的理论、知识和方法。

〔1〕 姜明安教授将“新行政法”的“新”概括为“三新”：调整范围的新、调整方式的新、法源形式的新。参见姜明安、余凌云主编：《行政法》，科学出版社 2010 年版，第 12～16 页。更有学者主张行政法学的结构性变革，参见朱新力、宋华琳：“现代行政法学的建构与政府规制研究的兴起”，载《法律科学》2005 年第 5 期；参见朱新力、唐明良：“现代行政活动方式的开发性研究”，载《中国法学》2007 年第 2 期。

特别是随着一系列的行政法律、法规颁布，相关的行政法学研究不断深入，例如，加强了监督行政理论、行政责任理论、行政救济理论的研究；深入进行公民权利保护理论、行政侵权责任理论的研究；行政法学研究范围扩大，视野开阔，如行政立法、行政许可、行政处罚、行政强制、行政司法、行政合同、行政指导、行政程序、行政情报公开等领域，都开始进行深入研究；行政法的基础理论研究更加深入，如行政法的理论基础、自由裁量权的法律控制、行政法的基本原则、行政法的价值等开始深入研究；行政法比较研究的对象不断增多、范围逐渐扩大、内容也不断深入。

当下，行政法学研究已经表现出一些新的特点：融合传统宪法学与行政法学研究领域的新公法学、公法基础理论正在酝酿中；经济学、政治学、社会学、行政管理学等其他学科的方法论大量引进行政法学的话语体系；对行政主体、行政行为一般理论、行政复议、行政诉讼等方面反省的理论研究渐成一种普遍性趋势；程序行政法研究正在成为我国行政法学研究的一个重要领域。

第二章
行政法的基本原则

第一节　行政法基本原则概述

一、行政法基本原则的含义

行政法的基本原则是指贯穿于行政法始终、指导行政法的制定和实施的基本准则，是人们在制定、实施和遵守行政法过程时必须遵循的基本准则。

行政法的基本原则具有以下特点：

1. 行政法基本原则具有普遍性。在行政法中有许多不同层次的原则，有的原则只调整某一部门的行政法律规范，有的原则却调整一切行政法律规范。行政法的基本原则必须能够适用于行政法的各个领域，能统率和指导一切行政法律规范，是行政法中最主要的、最具普遍性的原则，是行政法的基石，离开了这些原则，行政法就无从谈起。

2. 行政法基本原则具有基础性。行政法基本原则是行政法中其他原则的基础，行政法的其他原则来源于并服从于行政法的基本原则。

3. 行政法的基本原则具有自身的特殊性。由于行政法所调整的社会关系的特殊性，使行政法在体现我国法的基本原则的同时，必须符合行政法调整对象的特殊要求，反映出行政法律规范区别于其他法律规范的本质特征。也就是说，行政法基本原则是行政法这一独立法律部门所特有的原则，只对行政法规范起着统率和指导作用，而不是适用于一切法律规范的原则。行政法基本原则与一切法律原则是个别与一般的关系。

二、行政法基本原则的功能

行政法基本原则是行政法精神实质的体现，是行政法律规范或规则存在的基础，对行政法的发展与完善具有以下几个功能：

1. 对行政法体系的统一、协调与稳定的功能。行政管理领域和行政活动的广泛性、多样性和复杂性的特点，决定了行政法律规范的广泛性、多样性和复杂性。但是，由于调整性质相同的社会关系同属于一个法律部门，这些广泛、多样和复杂的法律规范必然要体现统一的基本精神，彼此之间要相互协调。同时，虽然行政活动的特点决定了具体行政法律规范易于变动，但从总体上讲，行政法又要维持相对的稳定性，不能朝令夕改。行政法的基本原则正是体现行政法的基本精神，能够统一协调不同的行政法律规范。这种法理功能主要是通过统率、指导行政法律规范的制定、修改及废止工作，保证不同层次的各种行政法律渊源的协调一致来实现的。

2. 保证行政法律规范统一协调实施的功能。行政法律规范和行政法律关系主体的广泛性和复杂性，决定了行政法实施的复杂性。如果没有行政法基本原则的统率和指导，其混乱无序状况无法设想。行政法的基本原则对行政法律规范的统一与协调作用主要体现在：一是规范行政法律关系主体的行为，保证他们能够按照统一的标准和要求适用和遵守行政法律规范，实现行政法的调整目标；二是为准确地理解、适用和遵守行政法律规范提供依据。行政法基本原则作为贯穿于行政法律体系，对行政法律规范的制定和实施起统率指导作用的基本原理或准则，有助于人们认识行政法的实质，准确理解行政法律规范，从而保证适用和遵守行政法律规范的准确和统一；三是能够发现并及时纠正行政法体系中的不协调现象，防止发生有悖于行政法整体调整目标实现的事件。

3. 弥补行政法律规范的疏漏，保证行政法律关系得到有效调整。由于人们认识上的局限性和社会情况的不断发展等主客观原因，行政法律体系不可避免地存在疏漏与不足，使一些有必要由行政法律规范调整的社会关系得不到及时必要的调整。行政法的基本原则则可以弥补这种疏漏或不足，供行政法律关系主体适用或遵守，以保证既能发挥行政法律关系主体在这些领域的主观能动性，又能防止发生有悖于行政法整体调整目标的事件，从而实现科学构建我国的行政法律制度。

三、对行政法基本原则的内容理解的各种观点

行政法的基本原则作为行政法学最主要的原理之一，历来被各国学者所研究。由于各国的行政法制的背景和理念的不同，各国学者提出的行政法基本原则各不相同。在法国，行政法的基本原则是行政法治原则，有三层意义：第一，行政行为必须依据法律；第二，行政行为必须符合法律；第三，行政机关必须采取行动保证法律规范的实施。[1] 在德国，行政法的基本原则有两项：依法行政原

---

〔1〕 王名扬：《法国行政法》，中国政法大学出版社 1988 年版，第 204 ~ 206 页。

则和比例原则。[1] 在英国，行政法的基本原则有四项：政府守法原则、越权无效原则、依法行政原则和议会主权原则。美国，行政法的基本原则主要是基本权利原则和正当程序原则。在日本，公认的行政基本原则是行政法治原则，其内容包括法律保留、法律优先和司法审查。[2]

在我国，20 世纪 70 年代末 80 年代初，才开始研究行政法的基本原则，经过多年的研究，已经得到不断发展和深化。在早期，例如我国第一本行政法教科书《行政法概要》提出行政法的基本原则有七项：即在党的统一领导下实行党政分工和党企分工；广泛吸收人民群众参加国家的行政管理；贯彻民主集中制；实行精简的原则；坚持各民族一律平等；按照客观规律办事，实行有效的行政管理；维护社会主义法治的统一和尊严，坚持依法办事。[3] 显然，其混淆了在行政法基本原则与宪法基本原则、行政管理原则的区别。80 年代末期，我国出版的第二本行政法教科书《行政法学》，将行政法基本原则概括为合法原则和合理原则，[4] 真正地体现出了行政法的特色。之后，我国行政法学理论界对行政法基本原则继续探索，学者们相继提出了不同的主张。例如，罗豪才教授主张行政法的基本原则是：行政合法原则、行政合理原则和行政应急原则。[5] 姜明安教授主张我国行政法的实体性基本原则主要包括依法行政原则、尊重和保障人权原则、越权无效原则、信赖保护原则和比例原则；行政法的程序性基本原则主要包括正当法律程序原则、行政公开原则、行政公正原则、行政公平原则。[6] 方世荣教授认为，行政法基本原则有保障公民自由与权利原则、依法行政原则、比例原则和行政效益原则。[7] 胡建淼教授认为行政法的基本原则只有两项：行政合法性原则和行政合理原则。[8] 从目前出版的各类行政法学教科书和专著来看，我国关于行政法基本原则的认识有达成共识的趋势。

行政法基本原则究竟有哪些？我们认为，首先要明确确立行政法基本原则的标准是什么。关于确立行政法基本原则的标准，学者们有不同的主张。如张焕光教授

---

〔1〕 于安：《德国行政法》，清华大学出版社 1999 年版，第 25 页。

〔2〕 ［日］南博方：《日本行政法》，杨建顺、周作彩译，中国人民大学出版社 1988 年版，第 10 页。

〔3〕 王珉灿：《行政法概要》，法律出版社 1983 年版，第 43 ~ 60 页。

〔4〕 罗豪才：《行政法学》，中国政法大学出版社 1989 年版，第 34 ~ 45 页。

〔5〕 罗豪才：《行政法学》，北京大学出版社 2001 年版，第 22 ~ 24 页。

〔6〕 姜明安："行政法基本原则新探"，载《湖南社会科学》2005 年第 2 期。

〔7〕 方世荣：《行政法与行政诉讼法》，中国政法大学出版社 2007 年版，第 32 页。

〔8〕 胡建淼：《行政法学》，法律出版社 2003 年版，第 50 ~ 67 页。

和胡建淼教授认为是：①应考虑行政法基本原则的特殊性；②应考虑行政法基本原则的普遍性；③应考虑行政法基本原则的层次性；④应考虑行政法基本原则的法律意义；⑤应考虑行政法基本原则表述上的规范性。[1]石佑启教授认为是：①法律性；②特定性；③普遍性；④适用性。[2]我们认为，石佑启教授确立的标准比较科学，因为行政法基本原则必须具备这些特征。

基于上述标准并综合各国的行政法原则以及我国学者们的主张，我们认为，行政法的基本原则就两项：行政合法原则和行政合理原则。

此外，我国学者们还提到的行政法基本原则还有比例原则、信赖保护原则、正当程序原则和行政责任原则。但我们认为，这些原则都能被行政合法原则和行政合理原则所涵盖，如正当程序原则和行政责任原则被行政合法原则所涵盖，比例原则和信赖保护原则可以被行政合理原则所涵盖。

第二节　行政合法性原则

一、行政合法性原则的涵义和内容概述

行政合法性原则是行政法治的核心内容。它是指行政主体的设立、行政权力的运用必须有法律依据，符合法律要求，不能与法律相抵触。它是法治原则在行政法领域中的具体体现和要求。

因此，行政合法原则的内容必然要符合和体现法治原则的要求。

法治原则要求依法治国，法律面前人人平等，任何组织和个人不得享有法律之外的特权。例如，我国现行《宪法》第5条规定："中华人民共和国实行依法治国，建设社会主义法治国家。国家维护社会主义法制的统一和尊严。一切法律、行政法规和地方性法规都不得同宪法相抵触。一切国家机关和武装力量、各政党和各社会团体、各企业事业组织都必须遵守宪法和法律。一切违反宪法和法律的行为，必须予以追究。任何组织或者个人都不得有超越宪法和法律的特权。"

法治原则还要求民主和保护公民权利。民主就是要求国家行政管理要尊重公民的意愿，接受群众的监督。因为国家"垄断着一个指定国家中所存在的强制权力。因此，国家才能而且必须确保对统治者以外其他人格所适用的法律规则并作

---

〔1〕张焕光、胡建淼：《行政法学原理》，劳动人事出版社1989年版，第71～72页。

〔2〕方世荣：《行政法与行政诉讼法学》，人民法院出版社、中国人民公安大学出版社2003年版，第49～50页。

出制裁。但国家是国家法，统治者的法；因此人们就不能想出反对国家行使的一种公法的直接制裁的方式”。〔1〕所以，握有强制权力的行政机关是否遵守体现人民意志的宪法以及尊重民意，直接决定着行政合法原则的存在与否。保护公民权利首先要求公民权利尤其是基本权利只能由法律和宪法规定；其次要求“作为共同体的成员，一个人对他的伙伴成员负有责任，它不仅要使共同的利益优先于他个人的自我利益，而且要竭力尽所能做一切有助于增进共同体利益的事”，〔2〕行政主体更应如此。

从上面的分析，我们可以知道行政合法原则的内容，即行政法规范只能依据法律制定，并且不能规定公民的权利，行政权的运用不得与法律尤其是宪法相抵触。在行政法学理论界，对于行政合法原则的内容有不同的观点和主张。德国行政法学之父奥托·迈耶认为：“法治是由三部分构成的：形成法律规范的能力，法律优先及法律保留。由此形成的法律的特别作用力，是法律与其一定表现形式普遍联系的能力。至于具体法律在多大范围内形成这种作用力，这当然取决于其法律意志的具体内容。”〔3〕我国学者据此概括出行政法合法原则的三项内容：法律的规范创造力原则、法律优先原则和法律保留原则。法律的规范创造力原则意指行政法规范的制定是由法律授权的；法律优先原则意指行政法的运用不得与法律相冲突；法律保留原则意指公民权利只能由法律规定，不能由或交由行政法规范规定。〔4〕关于行政合法原则的内容还有不同的主张，例如罗豪才教授认为：第一，行政职权必须基于法律的授予才能存在；第二，行政职权必须依据法律形式；第三；行政授权、行政委托必须有法律依据、符合法律要旨。〔5〕胡建淼教授认为：第一，行政主体的行政职权有法设定与依法授予；第二，行政主体实施行政行为必须依照和遵守行政法律规范；第三，行政主体的行政行为违法无效；第四，行政主体必须对违法的行政行为承担相应的法律责任；第五，行政主体的一切行政行为（法律另有规定的除外）必须接受人大监督、行政监督和司法监督。〔6〕张正钊教授认为，行政合法性原则的内容包括：行政主体的设立必须合法、行政职权的拥有应当合法、行政职权的行使必须合法、违法行使行政职权应当承担法

---

〔1〕［法］狄骥：《宪法论》，钱克新译，商务印书馆1962年版，第504页。

〔2〕［英］米尔恩：《人的权利与人的多样性——人权哲学》，夏勇等译，中国大百科全书出版社1995年版，第52页。

〔3〕［德］奥托·迈耶：《德国行政法》，刘飞译，商务印书馆2002年版，第67～68页。

〔4〕参见叶必丰：《行政法学》，武汉大学出版社2003年版，第99页。

〔5〕罗豪才：《行政法学》，北京大学出版社2001年版，第22页。

〔6〕胡建淼：《行政法学》，法律出版社2003年版，第60～61页。

律责任。〔1〕当然，尽管我国学者的主张不同，但不可否认，随着我国行政法制的健全和行政法学的发展，我国的行政合法原则的内容必然会更加充实。

基于上面的分析，我们认为法律的规范创造力原则、法律优先原则和法律保留原则是行政法合法原则的内容。

二、法律的规范创造力原则

伴随着近代以来国家职能的巨变，行政立法制度应运产生并得以发展。自英国资产阶级启蒙思想家洛克提出国家权力不单是行政权以来，在相当长的时期内一直认为只有立法机关才有立法（包括行政方面的立法）权力。但随着国家职能多样化，立法机关很难及时制定出满足社会需要的法律。为了解决这一困境，便出现了行政立法，行政机关拥有一定的立法权力。

在16世纪的英国，行政立法就出现了。1539年英国议会通过了《公告法》，授予国王享有可以通过发行公告的形式来限制议会法律生效的权力，也就是这个时候，国王的公告具有和议会制定的法律同样的法律效力。此外，当时的国王亨利八世还颁布了《官吏法》，国王享有任命政府特派员并授予其制定具有法律效力的法规、条例、法令的权力。然而，从17世纪初至19世纪末，议会在与国王的斗争中获胜，剥夺了国王的立法和征税的权力。于是在18世纪以后的相当一个时期，委任立法逐渐减少。然而进入了垄断资本主义时期，为了适应社会的需要，行政立法成了一种必然的社会现象。

"传统的观念认为，行政立法是一个不得不予以容忍的祸害，它对于分权是一种不幸而又不可避免的破坏。"〔2〕为了使行政立法控制在法治的框架内，行政法规范的制定必须要由法律授权或委任。换言之，行政机关没有法律的授权或委任不能创造行政法规范。这就是法律的规范创造力原则。

我国《立法法》对法律创造规范有相应的规定，具体而言，体现在授权立法和职权立法两方面。关于授权立法，《立法法》第10条第1款、第2款、第11条分别规定："授权决定应当明确授权的目的、范围。被授权机关应当严格按照授权目的和范围行使该项权力。""授权立法事项，经过实践检验，制定法律的条件成熟时，由全国人民代表大会及其常务委员会及时制定法律。法律制定后，相应立法事项的授权终止。"关于职权立法，《立法法》第10条第3款规定："被授权机关不得将该项权力转授给其他机关。"也就是说，法律授权的行政机关有权依

〔1〕张正钊、胡锦光：《行政法与行政诉讼法》，中国人民大学出版社2009年版，第23~24页。

〔2〕［英］威廉·韦德：《行政法》，徐炳等译，中国大百科全书出版社1997年版，第558页。

照职权立法，但其享有的立法权限不得转给其他行政机关，反面观之，可以转交则是一种无限制的授权立法，是与法治原则相背离的。

根据上面分析，不难知道，在我国，行政合法原则包含了法律的规范创造力原则。而且法律的规范创造力原则已在我国法律中有了明确的规定。

三、法律优先原则

法律优先原则又称法律优位原则。“法律优先”一词为德国行政法之父奥托·迈耶所创，他认为：“行政则是一种自行形成的国家意志，并不只是服务于法律，而是能自行从不同程度优势地位出发决定什么是正确的。这里又出现了一个独立的、在司法中默示适用的规则：以法律形式出现的国家意志依法优先于所有以其他形式表达的国家意志；法律只能以法律形式才能废止，而法律却能废止所有与之相冲突的意志表达，或使之根本不起作用。这就是我们所说的法律优先。”〔1〕除奥托·迈耶外，各国其他的学者也探讨过法律优先原则。例如，德国学者哈特穆特·毛雷尔认为：“法律优先原则是指行政应当受现行的法律拘束，不得采取任何违反法律的措施。”〔2〕日本学者南博方认为：“法律的优先，即一切行政行为都不得违反法律，且行政措施不得在事实上废止、变更法律。这一原理仅适用于权力性行为、非权力性行为、侵益行为，以及事实行为等一切行政活动。”〔3〕我国有学者认为：“在我国，一切权力属于人民，人民行使国家权力的机关是人民代表大会，全国人民代表大会是最高国家权力机关，全国人大常委会是其常设机构，全国人大及其常委会所制定的法律代表人民的意志，除宪法外，具有最高的效力，居于最高的位阶。一切行政机关都是权力机关的执行机关，一切行政法规和规章都不能与之相抵触。除此之外，法治原则及基本权利原则也是法律优先的根据，因为要实现法治和公民的基本权利必然要求法律优先。”〔4〕

综合各国学者对法律优先原则的认识，我们认为法律优先原则体现为：

1. 行政法律优先于行政活动。行政法律优先于行政活动是指行政活动必须在行政法律的支配下进行，不得与行政法律相抵触。尽管“‘行政（一般的国家活动）并不是等到有了法律规范才有的’，在历史上还不存在‘依法行政’及‘法

---

〔1〕［德］奥托·迈耶：《德国行政法》，刘飞译，商务印书馆2002年版，第70页。

〔2〕［德］哈特穆特·毛雷尔：《行政法学总论》，高家伟译，法律出版社2000年版，第103页。

〔3〕［日］南博方：《日本行政法》，杨建顺、周作彩译，中国人民大学出版社1988年版，第10～11页。

〔4〕曾祥华：“法律优先与法律保留”，载《政治与法律》2005年第4期。

治主义'等观念的时代里，类似于现代行政的国家活动已经存在。"〔1〕但那时的行政仅仅是为了实现君主或国王对人民进行统治的一种方式，与我们现在所讲的行政有本质的区别。在法治社会里"优先的是行政法，而不是行政，行政与行政法的关系中，肯定是行政法优先"。〔2〕也就说，行政权是法律设定和授予的，相应地行政机关行使权政权实施行政活动必然要受到行政法的支配，即行政法律优先于行政活动。

2. 行政法律优先于行政法规和规章。我们都知道，在我国宪法具有最高的法律效力，一切行政法规和行政规章都不得同宪法相抵触。法律的效力高于行政法规和行政规章。行政法规的效力高于地方性法规和行政规章。地方性法规高于本级和下级地方政府规章。因此，行政法律必然要优先于行政法规和规章。行政法律优先于行政法规和规章除了意味着行政法规和规章不得与行政法律相抵触外，还意味着行政法律对授权的行政立法的控制。

在我国，违背行政法律优先于行政法规和规章的事件屡有发生。典型表现为增加行政处罚、增加行政相对人义务、扩大实施机关权力的情况。例如，国务院颁布的《中华人民共和国矿山安全法实施条例》与《中华人民共和国矿山安全法》，相比，扩大了应受行政处罚的行为的范围，该条例第54条规定："违反本条例第十五条、第十六条、第十七条、第十八条、第十九条、第二十条、第二十一条、第二十二条、第二十三条、第二十五条规定的，由劳动行政主管部门责令改正，可以处2万元以下的罚款"，但依据《中华人民共和国矿山安全法》，这些行为是不予处罚的。又如，《中华人民共和国行政处罚法》第42条规定："行政机关作出责令停产停业、吊销许可证或者执照、较大数额罚款等行政处罚决定之前，应当告知当事人有要求举行听证的权利"，而在《国务院关于贯彻实施行政处罚若干问题的意见》有关行政机关听证范围的规定中，责令停产停业、吊销许可证或者执照、较大数额罚款等行政罚款后的"等"字不见了，这就缩小了行政处罚听证的范围。再如，在《中华人民共和国义务教育法》中，对不送适龄儿童入学接受教育的行为并没有设定处罚，但国务院批准的《中华人民共和国义务教育法实施细则》对这一行为规定了"乡级人民政府可以给予罚款"，等等。

四、法律保留原则

法律保留原则有两层意思：其一就指行政机关的行政活动必须有法律设定或

---

〔1〕［日］藤田宙靖："行政与法"，李连贵等译，载《中外法学》1996年第3期。

〔2〕［日］藤田宙靖："行政与法"，李连贵等译，载《中外法学》1996年第3期。

授予的行政权，否则违法；其二，公民权利只能是由法律规定，不能交由行政法规和规章规定。法律保留是德国行政法之父奥托·迈耶在《法国行政法原理》一书中提出的一个概念。后来，迈耶在《德国行政法》一书中指出："法律是司法活动的必要基础，任何裁判都必须以法律规定为依据。没有法律，就没有处罚。行政活动则不是这样具有依附性。因此合乎宪法的法律只是对一些特别重要的国家事务而言是必要基础。在其他所有方面对执行权则无限制，行政以自有的力量作用，而不是依据法律。我们把这个在特定范围内对行政自行作用的排除称之为法律保留"。〔1〕按照迈耶的理解："法律保留原则意指：一方面，任何对人民权利的剥夺、利益的侵害或使负担义务，非有法律之依据不可；另一方面，亦所以限制行政权之泛滥。同时，法律保留仅限于行政权活动的一定范围，法律是必要条件。"〔2〕

因为公民的权利容易遭受国家行政权的侵害，"通过对基本权利的明示或默示保留，保障公民个人自由、财产不可侵犯及其他权力不受侵犯，除非有法律作出规定或给予法定理由才可以对上述权利进行干涉"。〔3〕我国法律保留范围不仅仅包括公民权利，还包括财产。这点充分体现在我国《立法法》第8条。我国《立法法》第8条规定："下列事项只能制定法律：（一）国家主权的事项；（二）各级人民代表大会、人民政府、人民法院和人民检察院的产生、组织和职权；（三）民族区域自治制度、特别行政区制度、基层群众自治制度；（四）犯罪和刑罚；（五）对公民政治权利的剥夺、限制人身自由的强制措施和处罚；（六）对非国有财产的征收；（七）民事基本制度；（八）基本经济制度以及财政、税收、海关、金融和外贸的基本制度；（九）诉讼和仲裁制度；（十）必须由全国人民代表大会及其常务委员会制定法律的其他事项。"

第三节　行政合理性原则

一、行政合理性原则的涵义和内容概述

行政合理性原则是指行政主体的行政行为内容要客观、适度、符合公平正义以及保护公民信赖利益的原则。与行政合法原则一样，行政合理原则也体现了法

〔1〕［德］奥托·迈耶：《德国行政法》，刘飞译，商务印书馆2002年版，第72页。

〔2〕关保英：《行政法认识史》，中国政法大学出版社2008年版，第17页。

〔3〕［德］奥托·迈耶：《德国行政法》，刘飞译，商务印书馆2002年版，第72页。

治的要求。因为“在任何法律制度中，法治的内容是：对立法权的限制；反对滥用行政权力的保护措施，获得法律的忠告、帮助和保护的大量的和平等的机会；对个人和团体以及各种权利和自由的正当保护；以及在法律面前人人平等。在超国家的和国际的社会中，法治指对不同社会的不同传统、愿望和要求的承认，以及发展的协调权利要求，解决争议和冲突，清除暴力的方法。它不是强调政府要维护和执行法律及秩序，而是说政府本身要服从法律制度而不能不顾法律或重新制定适应本身利益的法律”。[1] 纵观历史，行政合理原则是针对行政自由裁量权扩张而存在的。

起初，人民普遍认为行政自由裁量权的存在是对自由的威胁。随着时代的发展，“过去，人民通常认为，广泛的自由裁量权与法不相容，这是传统的宪法原则。但是这种武断的观点在今天是不能被接受的，确实它也并不含有什么道理。法治所要求的并不是消除广泛的自由裁量权，而是法律应当能够控制它的行使。现代统治要求尽可能多且尽可能广泛的自由裁量权；议会文件起草者也竭力寻找能使自由裁量权变得更为广泛的新的措辞形式，而且议会在通过这些法案时也无意多加思量”。[2] 我们不能从立法上规避行政裁量权，防止行政裁量权被滥用的危险也就成了行政法重点解决的难题，于是，“一部行政法的历史，就是围绕强化自由裁量权与控制自由裁量权两种因素此消彼长或相互结合的历史”。[3]

对自由裁量权进行控制就是要求行政主体要合理地行使行政权。因为行政自由裁量权很难从立法方面进行控制，要实现对其控制只能是行政法原则。因为法律原则可以成为审判的依据，而且其覆盖面广。因此，英国行政法学家韦德认为“合理原则已成为近年赋予行政法生命力最积极和最著名的理论之一”。[4]

行政合理性的标准和内容，各国行政法学界有不同主张。英国行政法学家韦德认为，行政合理性原则“在实体方面对行政法的贡献与自然公正原则在程序方面相同……实质上，几乎所有的行政决定都有其可理解的理由，从这一意义上讲它们都是合理的，但问题是它们是否符合合理的法律标准。为了清晰，也为了相一致，使用‘不合理’作为关键词是最好的，并且似乎事实上，法院一直这样做。‘专横和反复无常’有时被视为‘不合理的’同义词使用。在一个案件中，

〔1〕［英］戴维·沃克：《牛津法律大辞典》，北京科技与社会研究所译，光明日报出版社 1988 年版，第 790 页。

〔2〕［英］威廉·韦德：《行政法》，徐炳等译，中国大百科全书出版社 1997 年版，第 55 页。

〔3〕袁曙宏：《行政处罚法的创设、实施和救济》，中国法制出版社 1994 年版，第 71 页。

〔4〕［英］威廉·韦德：《行政法》，徐炳等译，中国大百科全书出版社 1997 年版，第 67 页。

它已变为‘无意义的或无根据的’和‘反复无常的或无根据的’。但所有这样表示的意思必须相同，因为真正的问题总是法定权利是否被滥用了”。〔1〕从这句话中，我们可以归纳出不合理性的标准和内容有：行政机关行反复无常、专横刚愎、没有法律依据或法律依据不完善地行使行政自由裁量权。美国行政法学家施瓦茨认为，滥用行政自由权的情形有：①不正当的目的；②错误的和不相干原因；③错误的法律或事实根据；④遗忘了其他有关事项；⑤不作为或迟延；⑥违背了既定的判例或习惯。〔2〕在德国，滥用行政自由裁量权的形式主要有：①违反比例性、适度性和必要性原则；②不正确的目的；③不相关的因素；④违反客观性；⑤违反平等对待原则。〔3〕在我国，罗豪才教授认为行政合理性原则的具体内容是：①行政行为应符合立法目的；②行政行为应建立在正当考虑的基础上，不得考虑不相关因素；③平等适用法律规范，不得对相同事实给予不同对待；④符合自然规律；⑤符合社会道德。〔4〕胡建淼教授认为行政合理性原则包括三项基本内容，即正当性、平衡性和情理性。〔5〕

综合各国学者对行政合理原则内容的认识，我们认为，行政合理性原则的内容至少包括平等对待原则、比例原则和信赖原则这三项原则。

二、平等对待原则

平等对待原则是指行政主体平等地对待多个行政相对人实施行政行为的原则。行政法领域中，平等是指比例平等。所谓的“比例平等原则要求：(a) 某种待遇在一种特定的场合是恰当的，那么在与这种待遇相关的特定方面是相等的所有情况，必须受到平等对待；(b) 在与这种待遇相关的特定方面是不相等的所有情况，必须受到不平等的对待；(c) 待遇的相对不平等必须与情况的相对不同成比例”。〔6〕因此，在行政法领域中，平等包括同等情况同等对待、不同情况区别对待和比例对待这三种情形。相应地，平等对待原则包含同等情况同等对待规则、不同情况区别对待规则和比例对待规则这三种规则。

---

〔1〕［英］威廉·韦德：《行政法》，徐炳等译，中国大百科全书出版社1997年版，第67～68页。

〔2〕［美］施瓦茨：《行政法》，徐炳译，群众出版社1986年版，第571页。

〔3〕刘兆兴：《德国行政法——与中国的比较》，世界知识出版社2000年版，第219～222页。

〔4〕罗豪才：《行政法学》，北京大学出版社2001年版，第24页。

〔5〕胡建淼：《行政法学》，法律出版社2003年版，第66～67页。

〔6〕［英］米尔恩：《人的权利与人的多样性——人权哲学》，夏勇等译，中国大百科全书出版社1995年版，第59页。

（一）同等情况同等对待规则

概括地讲，同等情况同等对待主要有两种情况：第一，处于同一行政法律关系中的不同行政相对人，行政主体应一视同仁地对待，不得歧视某一行政相对人。例如，张三、李四相互斗殴，过错相同且伤害级别相同即都是轻微伤，行政主体应该处以同样的行政处罚。第二，对于不同时间段出现的性质相同或相似的行政法律关系，行政主体应以对待以往行政相对人的标准来对待现在的行政相对人，当然法律另有规定的除外。例如，某一村庄，前一天张三、李四相互斗殴，各是轻微伤；后一天，王五、刘六相互斗殴，同样各是轻微伤。在这种情况下，行政主体对王五和刘六的处罚应与对张三和李四的处罚相同。

（二）不同情况区别对待规则

列宁曾指出："马克思主义的最本质的东西、马克思主义的活的灵魂：具体地分析具体的情况。"〔1〕因为事物都有其特殊性，我们应当具体问题具体分析，在行政法领域亦是如此。不同情况如果用同一标准来对待，表面来看是平等实质上是不平等。例如，张三、李四相互斗殴，张三是轻微伤，李四是轻伤，如果对他们处以同样行政处罚，势必会导致对李四的不公平。

（三）比例对待规则

古希腊思想家亚里士多德曾指出："所谓平等有两类，一类为其数量相等，另一类为比值相等。'数量相等'的意义是你所得到的相同事物在数目和容量上与他人所得相等；'比值相等'的意义是根据个人的真价值，按比例分配与之相衡称的事物。举例来说，3 多于 2 与 2 多于 1 这其数相等；但 4 多于 2 与 2 多于 1 者，比例相等，两者都是 2∶1，即所超过的都为一倍。"〔2〕比例对待规则就是要求行政主体应按照不同情况设定行政相对人享有权利和履行义务的比重，在同一行政法律关系中，行政相对人按照其所起的作用的大小来享有权利和承担义务。

三、比例原则

比例原则是指行政主体要以最小损害行政相对人合法权益实施行政行为的一项原则。在德国行政法中，比例原则包括适当性原则、必要性原则和狭义比例原则。适当性原则意指行政主体所实施的行政行为必须要符合法律目的。必要性原则意指行政主体在实施行政行为时如果迫不得已要损害行政相对人的合法权益时，应将这种损害控制在最小限度内。狭义比例原则意指行政主体在实施行政行

〔1〕《列宁选集》第 4 卷，人民出版社 1995 年版，第 290 页。

〔2〕［古希腊］亚里士多德：《政治学》，吴寿彭译，商务印书馆 1983 年版，第 234 页。

为时，对行政相对人合法权益的干预不得超过其所要追求的行政目的的价值。不难看出，适当性原则属于行政合法性原则的内容。因此，比例原则只包括两项内容，即必要性原则和狭义比例原则。

（一）必要性原则

必要性原则有两层含义：其一，行政主体可以对行政相对人的合法权益依法加以限制，同时还可以对行政相对人设定义务；其二，行政主体限制行政相对人的合法权益或者设定行政相对人的义务，必须要使得给行政相对人造成的损害控制在最小限度范围内。必要性原则一方面承认了行政主体应对瞬息万变的社会情势是运用行政权所必需的灵活性，另一方面也宣誓着公民的合法权益要予以保护。可以说，必要性原则是平衡的结果。

（二）狭义比例原则

狭义比例原则和必要性原则一样，同样有两层含义：其一，行政主体为了公共利益可以损害行政相对人的合法权益；其二，对行政相对人的损害以必须不得超过行政主体所追求行政目的价值为限。根据狭义比例原则对我国的城市房屋拆迁惨案进行检视，我们不难发现某些政府的行政行为显然违背了这一原则。例如，2010年9月10日上午，江西省抚州市宜黄县为了兴建河东新区客运站，在拆迁协议未达成的情况下强行拆迁，导致三人自焚，严重烧伤，其中一个因伤势过重抢救无效死亡。

四、信赖保护原则

信赖保护原则是在法律优先原则基础上发展出来的一项行政法原则。资本主义社会进入垄断资本主义阶段，尤其是二战以后，社会的高速发展，不确定因素隐藏在行政过程中的每一个环节，由此带来行政法律频繁地修改。“为了使社会成员不会因信赖上述因素（不确定性因素——引者）的稳定性而蒙受利益或权利上的损害，有必要对其正当权益设置一定的保护屏障，正是在这种背景下和前提下，信赖保护原则被人们重视起来，它也是对当时现实需要的一种制度回应。”〔1〕信赖保护原则的核心思想是为了维护法律秩序的安定性。

信赖保护原则最终在二战后的德国确立为一项行政法的基本原则。需要指出的是，在德国，信赖保护原则是一项宪法性原则，具有宪法原则的地位。〔2〕所谓信赖保护原则是指“基于维护法律秩序的安定性和保护社会成员正当权益的考虑，

---

〔1〕关保英：《行政法认识史》，中国政法大学出版社2008年版，第21页。

〔2〕参见周佑勇：“论德国行政法的基本原则”，载《行政法学研究》2004年第2期。

当社会成员对行政过程中某些因素的不变性形成合理信赖，并且这种信赖值得保护时，行政主体不得变动上述因素，或在变动上述因素后必须合理补偿社会成员的信赖损失”。〔1〕

为了保护公民对行政法的信赖利益，信赖原则贯穿于行政过程的始终。在实践中损害公民信赖利益的形式最主要是行政行为的变动。因此，行政信赖保护原则主要体现在行政行为变更和行政行为废止或撤销之中。

（一）行政行为变更中的行政信赖保护

行政主体虽然有行政行为的变更权，但必须受到限制，即学者们所说的行政行为的跨程序拘束力。所谓行政行为的跨程序拘束力是指行政主体虽然享有行政行为的变更权，但不能致使社会成员处于更不利的境地。因此，行政信赖保护原则要求行政行为的变更不得使得社会成员的境地恶化。换言之，在行政行为变更时，信赖保护原则以跨程序拘束力的形式来保护社会成员的信赖利益。

（二）行政行为废止或撤销中的行政信赖保护

尽管行政行为的废止或撤销针对的是违法和合法的行政行为，但都有可能损害社会成员的信赖利益。为了保障社会成员的信赖利益，行政信赖保护原则要求行政行为具有存续力，以此来限制行政主体享有的对行政行为的废止权和撤销权。所谓行政行为存续力就是指行政主体首先要对授益性行为进行权衡，然后决定是否废止或撤销作出新的行政行为，如果确实要废止或撤销，这一行政决定不具有溯及既往的法律效力以及对行政相对人所遭受的信赖利益给予合理的补偿。

---

〔1〕 李春燕：“行政信赖保护原则研究”，载《行政法学研究》2001年第3期。

第二编

行政法主体篇

第三章
行政主体

第一节　行政主体概述

一、行政主体的概念

行政主体是一个重要的行政法学概念，被许多国家采用，并非我国的发明，而是从法国、日本传入的。法国的行政主体是指具有行政权并负担因行使职权而引起的权利和义务主体。德国的行政主体虽然在表示符号上与法国不同，但其含义是相同的。日本的行政主体是指行政法律关系中处于支配地位的管理者，包括国家和公共团体。在英美国家，行政法学中更多地使用“行政机关”，但含义接近于行政主体。

（一）对行政主体含义的理解

按照我国行政法学界已形成的共识，行政主体是指享有国家行政权，能以自己的名义行使行政权，并能独立地承担因此产生的相应法律责任的组织。关于这一定义，我们可以从以下几个方面来理解：

1. 行政主体是一种组织。所谓组织是两人以上的组合体。组织在一定条件下可以成为行政主体，但个人不能成为行政主体。尽管具体的管理行为大多由国家机关公务员实施，但他们都是以组织的名义而不是以个人的名义进行。

2. 行政主体是依法拥有行政职权的组织。并非一切组织都能成为行政主体，只有依法拥有行政职权的国家机关或社会组织才能成为行政主体，不拥有行政职权的国家立法、审判和检察机关以及不拥有行政职权的普通社会组织都不能成为行政主体。

3. 行政主体是参加行政法律关系的组织。依法拥有行政职权的组织并非都是行政主体，只有参与到具体行政法律关系中去，才能成为行政主体。因此，参加行政法律关系，是该组织成为行政主体的前提，不参加行政法律关系，任何组织都不可能成为行政主体。而且如果某组织不参加行政法律关系而是参加其他法律关系，也不能成为行政主体，如其参加民事法律关系时，只能成为民事法律关系的主体。

4. 行政主体是能以自己的名义行使行政职权的组织。所谓以自己的名义行使行政职权，是指有关国家机关或社会组织能在法律规定的范围内依照自己的判断做出决定，发布命令，独立做出行政行为，以自己的职责保障这些决定和命令的实施等。是否能够以自己的名义行使行政职权，是判断某一组织能否成为行政主体的重要标准。

5. 行政主体是能独立对自己行使行政职权所产生的后果承担相应法律责任的组织。能否独立承担法律责任，也是判断国家机关或社会组织能否成为行政主体的一个关键性条件。某一国家机关或社会组织仅仅行使行政职权，实施行政管理活动，但并不承担因行政职权的行使而产生的法律责任，则不是行政主体。独立承担法律责任一般表现为其能够作为被申请人独立地参加行政复议活动和作为被告独立地参加行政诉讼活动。依据这一条件，行政机关或社会组织的内设机构不能成为行政主体；受委托的组织在行使被委托的行政职权时，也不能成为行政主体。

（二）行政主体与相关概念的区别

1. 行政主体与行政法主体。行政法主体就是行政法律关系主体，通常是指一切能够在行政法上享有权利和承担义务的主体。它包括行政法律关系中的双方当事人，一方是行政主体，另一方是行政相对人。行政主体只是行政法律关系的一方当事人。可以说行政主体必定是行政法主体，但行政法主体不都是行政主体。

2. 行政主体与行政机关。一般说来，行政机关是一种行政主体，而且是基本的、主要的行政主体。但它们还是有区别的。首先，行政主体是学理概念，而行政机关是法律概念。其次，行政机关只有当其行使行政权时，其身份才是行政主体，因此，行政机关能否成为行政主体，要看其究竟以何种身份从事活动。如在民事活动场合，行政机关以民事主体的身份从事活动时，就不是行政主体。又如，当卫生行政机关申请建造新的办公楼时，就需要向国土规划部门申请，由后者对其申请进行审批。此时，卫生行政机关就是以行政相对人的身份出现的。再次，能够成为行政主体的，不仅有行政机关，还有法律、法规授权的能以自己名义行使行政政权的组织。因此，行政机关只是行政主体中的一部分。

3. 行政主体与行政组织。只要弄清楚行政机关和行政组织之间的关系，就自然能够弄清行政主体和行政组织之间的关系。在行政学上有这样一种提法：一级人民政府（如国务院、省级人民政府、市人民政府、县人民政府、乡镇人民政府等）称“行政机关”；各级人民政府的职能机构（如政府所属的部、委、厅、局、处、室等）称“行政机构”；行政机关和行政机构合称为“行政组织”。因此，行政组织可以概括为担当行政事务、享有行政权的各级人民政府及其设置的行政机关的综合体。鉴于此，行政主体与行政组织之间的关系完全可以适用它与行政机关之间的关系。

4. 行政主体与行为主体。行为主体是指直接具体实施行政的组织或个人。通常情况下，行政主体与行为主体统一于同一个组织之中，但当行政主体不是自己亲自实施该行政行为，而是委托其他组织或个人实施该行政行为时，就会出现“行政主体”与“行为主体”的分离。行政主体与行为主体的区别在于：(1) 行政主体能以自己名义行使行政职权，而行为主体只能以别人的名义（即行政主体的名义）行使行政职权；(2) 行政主体应由自己来承担自己行为的后果，而行为主体则由他人即行政主体，来承担自己行为的后果；(3) 行政主体在行政诉讼中能作为被告参加诉讼，而行为主体不能作为行政诉讼中的被告。

5. 行政主体与国家公务员。国家公务员是依法享有以行政主体名义行使行政权的自然人。行政主体虽然能以自己的名义行使行政权，并自行承担法律责任，但它只是一个组织，其行使职权的行为只能由一个个具体的行政公务员来操作完成。行政公务员行使行政权不以自身作为自然人的名义，而以行政主体的名义，因此不承担由此而产生的法律后果。当然，如果公务员自身有过错，则应由行政主体行使追偿权，依法追究其个人的责任。因此，国家公务员不是行政主体，但行政主体离不开国家公务员。

二、行政主体的特征

（一）从权力来源看，行政主体所享有的权力是法律赋予的

行政主体的权力有的来自于宪法或有关组织法的规定，如行政机关；有的来自于除宪法、有关组织法之外的其他法律、法规的授权，如授权组织。行政主体的权力来自于法律，反映出民主与法治的要求，体现了行政主体理论的现代性，是依法行政的权力之源。

（二）从权力性质看，行政主体所享有的权力是国家行政权

享有立法权的是立法机关，享有审判权的是审判机关，享有检察权的是检察机关。由于其他国家机关不享有宪法和法律所赋予的国家行政权，故不是行政主体，可见享有国家行政权是行政主体的决定性条件或必要条件。

（三）从责任归属上看，行政主体是独立承担法律责任的组织

这是判断特定组织能否成为行政主体的一个关键性的条件。如果一个组织虽

然从事某项公务，行使国家行政权，但并不承担由此产生的法律责任，那么该组织也不是行政主体，如行政机关的内部机构、受行政机关委托的组织。只有以自己的名义行使国家行政权，实施行政管理活动，并独立地承担由此产生的法律责任的组织才是行政主体。

（四）从责任性质上看，我国行政主体所承担的法律责任是形式意义上的法律责任

行政主体所承担的法律责任具体表现为：赔礼道歉、恢复名誉、消除影响、履行职务、撤销违法、纠正不当、恢复原状、行政赔偿等。上述责任形式有的与财产并无直接关联，有的财产责任是由国家承担的，而同行政主体的固有财产并无直接的关联。我国行政法学中的行政主体所承担的是一种形式意义上的而非实质意义上的法律责任。作为行政主体主干的行政机关，其经费均来自于国家财政，本身无独立的财产，况且法律也规定行政赔偿费用由国家承担。行政机关只是赔偿义务机关，国家才是实质意义上的法律责任的承担者。

（五）从法律人格看，行政主体是以自己的名义实施行政管理活动的组织

能否以自己的名义行使职权是享有独立的法律人格的重要标志，也是与其他行为主体相区别的基本特征。事实上，这一特征是国家行政权的自然延伸，享有国家行政权是行政主体依法应当享有的权力，故理所应当是以自己的名义实施行政行为。某些个人或组织虽然也在从事着行政管理活动，但无权对外以自己的名义实施行政行为，那么它就不是行政主体。这一特征的主要意义在于将行政主体与行政机关内部的多种组成机构和受行政机关委托执行某些行政管理任务的组织与个人区别开来。

三、行政主体的类型

依据不同的标准，可以对行政主体作不同分类。

（一）外部行政主体与内部行政主体

根据行政主体实施行政职权的范围，行政主体可分为外部行政主体和内部行政主体两大类型。外部行政主体是指依法对本行政主体之外的行政相对人实施行政管理权的行政主体。内部行政主体是指依法对本行政主体内的组成机构、公务员或隶属于本行政主体的其他组织实施行政管理权的行政主体。在实际行政管理活动中，有的行政主体具有内部与外部主体的双重身份，既是外部行政主体又是内部行政主体，比如人民政府，既有权对辖区内的社会组织和个人实施管理，同时又有权对下属行政机构实施领导和监督。

实际上，行政机关、行政机构或社会组织并不是在任何情况下都是内部行政

主体或外部行政主体的，只有具备行政主体的资格并参加到某一具体行政法律关系中时，才会真正成为内部或外部行政主体。

由于行政主体是代表国家对社会行使行政管理职能，以管理公共事务为主，因此行政主体大多表现为外部行政主体。

将行政主体分为内部行政主体与外部行政主体，对于保证行政主体依法行使行政职权，保证行政相对人对行政主体行使行政职权的活动进行有效监督具有非常重要的意义。因为根据行政法的基本原理，除了同时拥有内部行政主体和外部行政主体双重身份的行政主体之外，内部行政主体不得行使外部行政职权，外部行政主体不得行使内部行政职权。而只有分清了内部行政主体和外部行政主体，不同的行政主体才能依法各行其权，行政相对人才能对之分别进行有效的监督。

（二）中央行政主体与地方行政主体

根据行政主体行使职权的地域范围的不同，行政主体可分为中央行政主体和地方行政主体。中央行政主体是指行使行政职权的范围及于全国，行使的职权具有全国性功效的机关或组织。如国务院、国务院各部委、国务院直属机构、国务院各部委管理的国家局等。地方行政主体是指行使职权的范围仅限于本行政区的机关或组织。如地方各级人民政府、各级政府的职能部门等。

将行政主体分为中央行政主体与地方行政主体的意义在于：明确各类行政主体的管辖范围，有助于确定行政行为的有效性；明确行政主体各自的职权范围及相互关系，有利于行政的统一和协调。

（三）职权行政主体与授权行政主体

根据行政主体职权的性质与法律来源的不同，可把行政主体分为职权行政主体与授权行政主体。职权行政主体是依据宪法和组织法的规定，在其成立时应具有行政职权并取得行政主体资格的组织。如中央和地方各级人民政府及其职能部门。授权行政主体是因宪法、组织法以外的法律、法规的规定而获得行政职权、取得行政主体资格的组织。如有一些行政性公司，如烟草公司、煤气公司等，本身除具有经营功能外，还根据法律或法规授权承担某方面的行政管理职能。

把行政主体分为职权行政主体与授权行政主体，对于保证行政主体依法行政，防止越权具有重要意义。对于职权行政主体，可以通过核实产生职权的宪法、组织法的内容，监督并保证其依法行政；对于授权行政主体，则可以通过核实其有无授权依据及具体授权的内容，监督并保证其依法行政。此外，职权行政主体与授权行政主体的划分还具有行政诉讼的意义：因为，职权行政主体与授权行政主体的权力来源方式不同，法院对其进行司法审查时，审查的侧重点也有所不同。对授权行政主体行政行为合法性的审查应包括侧重于授权关系是否成立，是否在授权范围内行使职权等。

（四）地域性行政主体与公务性行政主体

根据管辖对象的不同，行政主体可分为地域性行政主体与公务性行政主体。地域性行政主体是指以行政地域为基础，其行使行政职权的范围及对象与行政主体所处的行政地域紧密联系的组织，如我国的各级人民政府及其职能部门。而公务性行政主体是指依法从事一定公务活动，不以地域为设立标准，独立享有行政法上的权利与义务的行政主体，如我国的海关管理机关。我国的地域性行政主体居多，而公务性行政主体较少。

（五）本行政主体与派出行政主体

根据行政主体之间是否存在着派设关系，可以将行政主体划分为本行政主体和派出行政主体。凡一个行政主体是另一行政主体所派设，称之为派出行政主体，而有权派设行政主体的行政主体则为本行政主体。

派出行政主体有两类：一类是相应的人民政府的派出机关，如行政公署（省、自治区人民政府派设）、区公所（县、自治县人民政府派设）和街道办事处（市辖区人民政府和不设区的市人民政府派设）。从性质上讲，派出机关不是一级人民政府，但是，它们行使一定区域内行政事务的组织与管理权，能够以自己的名义作出行政行为并对行为后果承担法律责任，因此具有行政主体资格。另一类是依照法律、法规授权设置的派出机构，如公安派出所、工商所、税务所等。派出机构成为行政主体是有条件的。如根据《中华人民共和国治安管理处罚法》的规定，公安派出所享有一定的行政处罚权，具有行政主体资格。

四、行政主体的资格要件及确认

（一）行政主体的资格要件

行政主体资格是指作为行政主体应当具备的条件。行政组织是行政权的承担者，但不是行政组织中所有的行政机关都具备行政主体资格。目前，法律对行政主体的资格要件没有明文规定，学术界的认识也不一致。我们认为，行政主体的资格要件包括组织要件和法律要件两类：

1. 组织要件。即作为行政主体的组织自身应具备的条件。由于行政机关和法律、法规授权组织的设立依据和目的不同，因而其组织要件也不相同。行政机关的组织要件一般应包括以下内容：行政机关的设立有法律依据，属于国务院行政组织序列；行政机关的成立经有权机关批准；行政机关已被正式对外公告其成立；行政机关已有法定编制和人员；行政机关已有独立的行政经费预算；行政机关已具备必要的办公条件。

法律、法规授权组织作为行政主体应具备两个组织要件：该组织应具有法人资格；该组织一般是不以赢利为目的的事业单位、社会团体和群众组织。

2. 法律要件。即作为行政主体的组织在法律上应具备的条件。从目前的行政主体理论看，行政主体的法律要件只有一项，即必须具有法律、法规的明确授权。这里既包括宪法和行政组织法对中央和地方各级人民政府的授权，也包括法律、法规对其他行政机关和行政机关以外的组织的授权。没有法律、法规的明确授权，任何组织和个人都无权对外行使职权，当然不能成为行政主体。

（二）行政主体资格的确认

严格地说，一个组织是否具备行政主体资格，只要从组织要件和法律要件两个方面加以判断即可。但由于我国目前的行政组织法不够完备，行政主体需要具备哪些组织要件没有明确规定，因而实践中往往侧重于从法律要件上予以确认。因此，对行政主体资格的确认具有重要意义：一是对行政主体资格的确认，有助于明确一个组织的法律地位；二是对行政主体资格的确认，有助于确定行政行为的效力；三是对行政主体资格的确认，有助于确认行政诉讼的被告。

在大多数情况下，行政主体为依法享有行政职权的行政机关，比较容易确认。但在以下几种特殊情况下，行政主体的确认较为复杂，可作如下确认：

1. 行政授权中的行政主体。在实践中，行政授权不够规范。有法律、法规授权，也有规章授权。按照行政主体理论，行政机关外的组织经规章授权后也可以成为行政主体。

2. 委托行政中的行政主体。行政委托是指一个行政主体因工作需要等原因委托其他组织或个人以其名义进行管理活动，其行为后果归属于委托行政主体的法律制度。在行政委托关系中，委托人是行政主体，受委托的组织或个人是行政主体的代理人，但其不因委托而享有行政主体资格。

3. 行政派出关系中的行政主体。我国的派出组织有两种：派出机关和派出机构。其中，派出机构本身不一定是行政主体，要根据具体情况来确定，只有当法律、法规直接授权派出机构进行管理时，该派出组织才获得行政主体资格，否则，其行为后果归属于设立它的行政机关。

4. 非常设性机构是否为行政主体。非常设性机构又称临时机构，在《国务院部门机构设置编制条例》中称为议事协调机构，是行政机关为完成一定的任务或为协调各部门的工作而临时设置的组织。原则上，非常设性机构是代表设立它的行政机关行使职权，不具有行政主体资格。但当法律、法规明确授权非常设性机构进行管理时，该机构成为行政主体。

五、行政职权与行政职责

（一）行政职权

行政职权是行政主体依法管理国家事务和社会事务的资格及其权能，是国家行政权的具体表现形式。行政主体是依据其所具有的行政职权来实施各项行政管理活动的，因此，行政职权是行政主体研究的根本所在，它既是行政主体形成的条件之一，又是行政主体依法实施行政管理活动从而导致行政法律关系的产生、变更和消灭的前提。

1. 行政职权的内容。行政职权的内容和形式因行政主体的不同而有所差异，概括起来，行政职权大致包括如下内容：

（1）行政规范性文件制定权。行政规范性文件制定权包括制定行政法规、行政规章，规定行政措施，编制计划、规划和预算等行政规范性文件的职权。

（2）行政决定权。行政决定权的内容非常广泛，通过赋予、限制或剥夺等方式处理行政相对人的职权，包含行政许可权、行政确认权、行政奖励权等内容；对法律、行政法规和规章未明确的事项进行规定权。

（3）行政命令权。行政命令权是行政主体在国家行政管理过程中，通过书面或口头的形式依法做出决定，要求行政相对人为一定行为或不为一定行为的职权。

（4）行政执行权。行政执行权即行政主体根据有关法律、法规和规章的规定或者上级行政机关所做出的决定、命令等，在其职权范围内具体执行行政事务的权力。行政主体行使行政执行权，行政相对人必须协助或提供方便，任何单位和个人不得非法阻挠、妨碍。

（5）行政许可权。行政许可权是指行政主体依法赋予行政管理相对人依法从事某种事项的权利或资格。行政许可权的行使，以行政相对人的申请为前提。

（6）行政确认权。行政确认权是指行政主体确认或否认行政相对人权利、义务的权力。如交通事故、医疗事故的责任认定，伤残等级的确认等。

（7）行政制裁权。行政制裁权包括行政处罚和行政处分两种职权。行政处分主要针对违法行政行为作出的，行政主体与受处分者之间一般存在隶属关系；行政处罚主要针对违反行政法的行为做出，行政主体与被处罚者之间不存在隶属关系，是一种行政外部的制裁。

（8）行政强制执行权。行政强制执行权是指在行政管理过程中，法定义务人拒不履行法定义务时，行政主体依法可以采取强制措施，促使义务人履行法定义务。

(9) 行政司法权。行政司法权是指行政主体依法对他人之间的行政纠纷和部分民事纠纷进行调解、仲裁、裁决和复议的权力。

2. 行政职权的特征。作为行政主体拥有和行使的具体国家职权具有以下特征：

(1) 强制性。行政职权来源于国家权力，必然体现国家意志，以国家机器为实施后盾，具有国家强制力。在行政职权的管辖范围之内，一切社会组织和公民必须服从行政职权的约束，协助行政主体依法行使行政职权，对行政职权行为不得抗拒或妨碍，否则将受到法律制裁。

(2) 不可处分性。行政主体享有的行政职权是国家权力所赋予的，体现的是国家和人民的意志。行政主体应忠实地行使职权，维护国家、社会和人民的利益，对所拥有的行政职权不得任意处分，没有法定依据、未经法定程序行政主体不得放弃和转让行政职权，也不能滥用职权、超越职权范围作出行政行为。

(3) 单方性。行政职权通常以决定、命令的形式表现出来，行政主体行使职权，不需要征得行政相对人的同意，单方面作出即发生法律效力。

(4) 优先和受益性。所谓优先和受益性是指行政主体在行使行政职权时，依法享有一定的行政优先权和行政受益权。行政优先权主要是指行政主体在行使行政职权时依法享有职务上的优先条件，如在紧急情况下的优先处置权，获得社会协助权，优先通过、使用权，以及行政行为推定有效等。行政受益权是指行政主体在行使行政职权时享有国家所提供的各种物质优异条件，如财政经费、办公条件、交通工具等。优先和受益性源于行政主体担负着维护国家、社会和人民利益的职责，为及时有效地行使行政职权，必须赋予行政职权一种优先权，以排除干扰和妨害，顺利实现行政权的功能。

(二) 行政职责

由于行政职权具有主动性、广泛性、自由裁量性等特点，在行使中往往容易对行政相对人的权益造成侵害，根据权利和义务相一致的原则，有必要要求行政主体在拥有行政职权的同时，必须履行相应的行政职责。

行政职责是指行政主体在行使行政职权实施管理过程中依法所必须承担的义务。行政职责和行政职权是联系在一起的。依照法律的规定，任何国家机关、社会组织和个人在享有权力（权利）的同时必须承担相应的职责，履行应尽的义务。行政职责的核心是依法行政，依照我国法律的有关规定，行政职责主要包括以下内容：

1. 行政职责的内容。

(1) 依法履行职责，遵守权限规定。具体包括：行政主体享有的职权要有法律依据，不得违法行政；行政主体必须在法律规定的职权范围内履行职务，避免行政主体之间在行使行政职权时发生纠纷和冲突；行政主体履行职务必须尽职尽责，不得失职。

（2）符合法定目的，遵守法定程序。行政主体行使行政职权不仅应在法定范围内，还应符合法定目的。任何背离法律规定的本意，曲解法律、滥用行政职权的行为，都有可能违背社会公共利益，侵害公民和其他社会组织的合法权益，妨害法律意图的实现。行政主体行使职权还应严格遵守法定程序，公开、公正、科学、合理的行政程序是保证行政行为合法、有效的重要手段，也是维护和保障行政相对人合法权益的重要手段。

（3）遵循合理原则，避免不当行政。行使行政职权不仅要依法，还必须合理。违背合法性原则的行政行为属于违法行政，违反合理性原则的行政行为则属于不当行政，不当行政的危害性虽然不如违法行政大，还属于合法行政的范畴，但会影响行政目标的实现以及法定目的的实现，会影响到行政职权对公民、社会组织合法权益的保护。

2. 行政职责的特征。归纳行政职责的主要内容，可以发现行政职责具有以下两方面特征：

（1）行政职责具有不可推卸性。行政职权和行政职责紧密相连，不可或缺，行政主体在行使行政职权的过程中，必须履行行政义务，这是行政职权得以正确合理实施的重要保证。

（2）法定性和合理性。行政主体履行职责应严格依法进行，不得违反法定标准，但是在法律没有明确规定而行政主体根据实际情况又应当行使职权时，就需要行政主体在合理的前提下，从有利于国家、社会公共利益及维护公民和组织合法权益的角度出发，实事求是地履行职责。

六、行政主体的范围

（一）法国行政主体的范围

法国的行政主体有三类：第一类是国家，国家具有实施行政职务的权力，并承担由此产生的权利、义务与责任。第二类行政主体是地方团体。地方团体是一个以地域为基础的行政主体，目前法国的地方团体包括市镇、省和大区，前两者为宪法规定，后者为法律创设。第三类为公务法人，是国家和地方团体以外的一种行政主体。是国家为了实施某一种公务，把它从国家和地方团体的一般公务中分离出来，组成一个独立的实体，以自己的名义实施，并承担由此而产生的相应权利、义务和责任。法国创设公务法人是为了限制行政权的高度集中，避免官僚主义，以确保一定的灵活性。

（二）日本的行政主体

日本的行政主体分为三类：第一类是国家，包括以内阁为首的国家行政组织，此外，根据需要，府、省、委员会、厅可以依法在其管辖的区域内设置地方分支局，作为国家派出机关。第二类是地方公共团体，包括普通的地方公共团体，如，都道府县和市村町等团体，具有处理事务以及执行行政的职能，在法律规定的范围内可以制定条例，可以从事课赋租税、征收受益者负担金等规制性活动。还包括特别地方公共团体，都（即东京都）的特别区也属于地方公共团体，相当于市村町的地位。第三类为地方团体以外的其他公共团体，主要包括公共组织和行政法人等。这些行政主体的性质有别，有的是专为实施行政而设立，有的兼顾行政职能。

（三）我国的行政主体

我国的行政主体包括行政机关、法律法规规章授权组织。以下将专述。

第二节　行政机关

一、行政机关的涵义

行政机关是国家行政机关的简称，是指依宪法或行政组织法的规定而设置的依法行使国家行政权、管理国家行政事务的国家机关，是权力机关的执行机关。可从以下几个方面来理解：

1. 行政机关是国家机关，是由国家设置、代表国家行使国家职能的机关。这一点使它与政党、社会组织、团体相区别。政党，特别是执政党，虽然能对国家政治、经济的发展起重要的甚至是决定性的影响作用，但它们不是国家机关。社会组织、团体虽然经法律、法规、规章授权，也可以行使一定的国家行政职权，但它们不是由国家设置的专门代表国家行使国家职能的，因而不属于国家机关。

2. 行政机关是行使国家行政职能的国家机关。这一点使它与立法机关、司法机关相区别。立法机关、司法机关虽然也都是国家机关，但立法机关行使的是国家立法职能，司法机关行使的是国家司法职能（国家审判职能和检察职能），而行政机关行使的是国家行政职能，即执行法律，管理国家内政、外交事务的职能。

3. 行政机关是依宪法或行政组织法的规定而设置的行使国家行政职能的国家机关。这一点使它与法律、法规授权的组织区别开来。法律、法规授权的组织不是依宪法或行政组织法设置的，它们行使一定的职权是基于具体法律、法规的授权。因此，行政机关是固定的、基本的行政主体，而法律、法规授权的组织只有在行使其被授职权时才具有行政主体的地位。

4. 行政机关是权力机关的执行机关。在实行权力分立的国家，行政机关与立法机关、司法机关相互独立、相互制衡。在我国，国家权力属于人民，全国人民代表大会是我国的最高权力机关，而行政机关从属于权力机关，是权力机关的执行机关，行使国家管理权，对国家权力机关负责并报告工作，行政机关实施行政行为，必须依照宪法和法律的规定进行。

二、行政机关的分类

1. 根据行政机关职能管辖的范围，行政机关分成中央行政机关和地方行政机关。中央行政机关是其活动范围及于全国的行政机关，如我国的国务院、国务院各部委与各直属机构。地方行政机关是其活动范围仅及于一定行政地域范围的行政机关，如我国各级人民政府及其职能部门。在我国，无论是中央行政机关还是地方行政机关都是国家行政机关。地方行政机关是国家在地方的代表，但地方行政机关同时也是地方权力机关的执行机关，当地方行政机关执行本地权力机关的决议时，代表的是地方的利益。

划分中央行政机关和地方行政机关的意义是明确各自的地域管辖范围。此外为保证行政的统一，地方行政机关原则上要服从中央行政机关的领导。

2. 根据工作权限的不同，可以划分为一般权限的行政机关和部门权限的行政机关。一般权限的行政机关是指对本行政区域范围内的行政事务进行宏观管理的行政机关，主要是指各级人民政府。包括国务院、省级人民政府、市级人民政府、县级人民政府和乡镇级人民政府。部门权限的行政机关是指根据宪法和法律的规定对本行政区域范围内的某些特定的、专门的行政事务进行管理的行政机关，主要是指各级人民政府所设置的职能机构。包括国务院各部委、省级人民政府所设厅（局）、市级人民政府所设局（处、办）、县级人民政府所设局（科）。在我国，乡级人民政府内不设具体办事机构。

一般权限行政机关的权限是全方位的，涉及各个行政领域和各种行政事务，如国务院和地方各级人民政府，而部门权限行政机关的权限是局部性的，仅涉及特定行政领域和特定行政事项，如国务院各部委，地方人民政府的各工作部门。一般权限行政机关和部门权限行政机关都是独立的行政主体，能以自己的名义对外行使职权并由其本身承担相应的法律责任。但部门权限行政机关受一般权限行政机关的领导，一般权限行政机关有权向部门权限行政机关发布命令、指令、指示，部门权限行政机关有服从的义务。

3. 根据行政机关管理的客体和内容的不同，可分为职能性行政机关和专业性行政机关。职能性行政机关管理的客体和内容是综合性的、跨部门、跨行业的，如工商、税务、统计、环保、财政、人事、计划、审计、监察等行政机关。专业性行政机关管理的客体和内容是专门性、部门性、行业性的，如电子、机械、石油、煤炭、农业、林业、矿产、水电等行政机关。

4. 根据行政机关行使职能适用法律的情况以及与行政相对人的关系的不同，行政机关分为专门执法行政机关与普通管理行政机关。专门执法行政机关通常直接与行政相对人打交道，直接适用法律、法规、规章，对行政相对人作出具体行政行为，如公安、工商、税务、土地、环保、海关、卫生等行政机关；而普通管理行政机关通常不直接与相对人打交道，其行使职权通常依行政从属关系而不直接适用法律、法规、规章，如人事、财政、计划以及工业、农业、商业、交通、邮政等行政管理机关。

5. 根据行政机关的管理对象的不同，行政机关可以分为外部管理行政机关和内部管理行政机关。外部管理行政机关管理的对象是作为外部行政相对人的个人、组织，如公安、工商、海关、民政等行政机关。内部管理行政机关管理的对象是行政机关内部机构人员，如办公厅、机关事务局、编制委员会、研究室、档案局以及人事、财务、后勤等工作机关。行政机关分为外部、内部机关只是相对的，在外部行政机关内也必然设有内部管理机构，在内部行政机关内也必然同时设有管理本机关外部事务的机构和管理本机关内部事务的机构。如公安部是外部行政机关，但它也设有管理内部人事、财务、文秘事务的“内部”机构；国家人力资源和社会保障部是内部行政机关，但它既设有管理国务院各部委人力资源的“外部”机构，同时设有管理本部事务的“内部”机构。

区分外部管理行政机关和内部管理行政机关的意义在于，不同的行政机关作出的行政行为的效力是不同的。外部管理行政机关的行政行为的效力可以及于相对人，而内部管理行政机关的行政行为的效力只及于行政机关的内部，不能及于相对人。

三、中央行政机关和地方行政机关

中央行政机关包括国务院和国务院所属行政机构。

（一）国务院

国务院即中央人民政府，是最高国家权力机关的执行机关，是最高国家行政机关。国务院由全国人民代表大会产生，对全国人民代表大会负责，受全国人民代表大会及其常务委员会监督。国务院由总理、副总理、国务委员、各部部长、各委员会主任、审计长、秘书长组成，实行总理负责制。国务院设有全体会议和常务会议两种会议。国务院全体会议由国务院全体成员组成，国务院常务会议由总理、副总理、国务委员、秘书长组成。总理召集和主持国务院全体会议和国务院常务会议。国务院工作中的重大问题，必须经国务院常务会议或国务院全体会议讨论决定。国务院发布的决定、命令和行政法规，向全国人大常委会提出的议案，任免人员，由总理签署。

根据《宪法》第89条的规定，国务院享有18项职权，概括起来，国务院享有以下四类职权：一是制定行政法规权；二是领导全国各项行政工作权；三是领导各级国家行政机关权；四是国家最高权力机关授予的其他职权。

（二）国务院组成部门

国务院各部、委员会是负责国家行政管理某一方面事务或具体职能的工作机构。根据《宪法》和《国务院组织法》，国务院各部、委对国务院所辖工作的某一方面或某一类行政事务享有全国范围内的管理权限。国务院组成部门包括各部、各委员会、中国人民银行和审计署等，其依法分别履行国务院基本的行政管理职能，故又叫国务院的职能部门。此外，根据第十二届全国人大一次会议《国务院机构改革和职能转变方案》，国务院除办公厅外设25个部、委、行、署。分别是：外交部、国防部、国家发展和改革委员会、教育部、科学技术部、工业和信息化部、国家民族事务委员会、公安部、国家安全部、监察部、民政部、司法部、财政部、人力资源和社会保障部、国土资源部、环境保护部、住房和城乡建设部、交通运输部、水利部、农业部、商务部、文化部、国家卫生和计划生育委员会、中国人民银行、审计署。

部、委、行、署的设立经总理提出，由全国人民代表大会决定；在全国人民代表大会闭会期间，由全国人民代表大会常务委员会决定。部、委、行、署实行首长负责制。部、委、行、署工作中的方针、政策、计划和重大行政措施，应向国务院请示、报告，由国务院决定。部、委、行、署上报国务院的重要请示、报告和下达的命令、指示，由首长签署。国务院的组成部门接受国务院的领导和监督，执行国务院的行政法规、决定和命令，同时在其法定的职权范围内，就自己所管辖的事项，独立地作出行政行为，并承担由此产生的法律后果。

国务院的组成部门主要有以下行政职权：根据法律、行政法规制定部门规章，发布命令、指示；管理本部门所辖的行政事务；管理本部门的机构和人员。

（三）国务院直属机构

根据宪法的规定，国务院可以根据工作需要设立直属机构，由国务院直接领导。国务院现设有16个直属机构（包括1个直属特设机构）。分别是海关总署、国家税务总局、国家工商行政管理总局、国家质量监督检验检疫总局、国家新闻出版广电总局、国家体育总局、国家安全生产监督管理总局、国家食品药品监督管理总局、国家统计局、国家林业局、国家知识产权局、国家旅游局、国家宗教事务局、国务院参事室、国家机关事务管理局和一个国务院直属特设机构即国务院国有资产监督管理委员会。〔1〕

直属机构具有独立的行政职权，它们主要负责领导和管理全国某一方面的行政事务，在其权限内规定行政措施，发布全国遵循的规范性文件。直属机构的法律地位低于国务院各部、委，其行政首长不是国务院的组成人员。

（四）国务院各部、委管理的国家局

部、委管理的国家局是指国务院设置的主管专门业务，由部、委归口管理但又具有相对独立性的行政机关。根据《国务院组织法》的规定，国务院可以根据国家行政事务的需要，设立若干行政主管职能部门，负责国家某一方面工作，由相应的国家部、委负责管理。目前，国务院现设有部、委管理的国家局，例如，国家信访局（由国务院办公厅管理）、国家粮食局（由国家发展和改革委员会管理）、国家能源局（由国家发展和改革委员会管理）、国家国防科技工业局（由工业和信息化部管理）、国家烟草专卖局（由工业和信息化部管理）、国家外国专家局（由人力资源和社会保障部管理）、国家公务员局（由人力资源和社会保障部管理）、国家海洋局（由国土资源部管理）、国家测绘地理信息局（由国土资源部管理）、国家铁路局〔2〕（由交通运输部管理）、中国民用航空局（由交通运输部管理）、国家邮政局（由交通运输部管理）、国家文物局（由文化部管理）、国家中医药管理局（由国家卫生和计划生育委员会管理）、国家外汇管理局（由中国人民银行管理）、国家煤矿安全监察局（由国家安全生产监督管理总局管理）。〔3〕

国家局与管理其的部、委之间的关系尚无法律规定。根据国务院有关文件的精神，国家局的业务受所在部、委领导。凡重要的事项，如政策的制定，行政规

〔1〕国家预防腐败局列入国务院直属机构序列，在监察部加挂牌子。国家新闻出版广电总局加挂国家版权局牌子。

〔2〕2013年3月14日通过的中国国务院机构改革和职能转变方案表明，新一轮国务院机构改革启动，实行铁路政企分开，将铁道部拟定铁路发展规划和政策的行政职责划入交通运输部；组建国家铁路局，由交通运输部管理，承担铁道部的其他行政职责；组件中国铁路总公司，承担铁道部的企业职责；不再保留铁道部。

〔3〕国家档案局与中央档案馆、国家保密局与中央保密委员会办公室、国家密码管理局与中央密码工作领导小组办公室，一个机构两块牌子，列入中共中央直属机关的下属机构序列。

范的起草、修改以及重大业务问题要经部长、委员会主任批准才能上报国务院，或自行实施。国家局的人事编制和行政事业经费等由国家局自己负责。

这些国家局自成立时就具有独立的法律地位，依法行使对某项专门事务的管理权和争议裁决权，具有行政主体资格。

此外，国务院还设有一些直属事业单位、一定数量的议事协调机构和临时机构。

需要说明的是，国务院还有办事机构，主要是协助总理办理专门事项的辅助性机构。目前国务院共设有国务院侨务办公室、港澳事务办公室、法制办公室、研究室等4个办事机构。

与国务院的组成部门以及直属机构不同，办事机构的主要职能是协助总理办理具体事务，一般不享有独立对外管理的权限，不具有行政主体资格，但经法律、法规授权，可成为行政主体。

（五）地方行政机关

地方行政机关包括地方各级人民政府及其工作部门。地方各级人民政府是地方各级人民代表大会的执行机关，同时又在国务院的统一领导下，管理本辖区内的各项行政事务。

1. 地方人民政府。我国地方各级人民政府，根据其性质、地位和作用可以划分为：一般地方人民政府、民族区域自治地方人民政府和特别行政区地方人民政府三类。

（1）一般地方人民政府。一般地方人民政府是指各省、直辖市、市、县、乡、镇等地方各级人民政府。根据《宪法》和《地方各级人民代表大会和地方各级人民政府组织法》（以下简称《地方组织法》）的规定，我国根据地域和层级关系共划分为四级人民政府：第一级是省级人民政府，包括省人民政府和中央直辖市人民政府；第二级是设区的市级人民政府，包括省辖市人民政府和各直辖市的区人民政府；第三级是县级人民政府，包括不设区的市人民政府、县人民政府、省辖市的区人民政府；第四级是乡级人民政府，包括县、市下属的乡、镇人民政府。

根据《宪法》第105条、《地方组织法》第47、48条的规定，一般地方人民政府的性质是地方各级权力机关的执行机关。它们一方面对本级人民代表大会负责并报告工作，另一方面又都服从国务院的统一指挥。地方各级人民政府实行首长负责制，即地方各级人民政府实行省长、市长、县长、区长、乡长、镇长负责制。一般地方人民政府的职权由宪法和地方组织法直接设定。各级人民政府掌管本行政区行政事务。

（2）民族区域自治地方人民政府。民族区域自治地方人民政府是指我国境内各少数民族自治区、自治州（盟）、自治县（旗）的人民政府，是民族区域自治机关的组成部分，是民族区域自治地方人民代表大会的执行机关。民族区域自治地方的各级人民政府，分别由自治区主席、自治区副主席、自治州州长、副州长、自治县县长、副县长以及各厅厅长、局长、委员会主任、秘书长、科长等组成。自治区主席、自治州州长、自治县县长必须由实行民族区域自治民族的公民担任。民族区域自治地方的行政机关，实行行政首长负责制，即实行自治区主席、自治州州长、自治县县长负责制。民族区域自治地方的行政机关除行使一般地方的行政机关行使的各项职权外，还行使所辖区域内的民族自治权。民族区域自治地方人民政府对本级人民代表大会和上一级国家行政机关负责并报告工作，在本级人大闭会期间，对本级人民代表大会常务委员会负责并报告工作。各民族区域自治地方的人民政府都是国务院领导下的国家行政机关，都服从国务院的统一领导。

根据《地方组织法》的有关规定，地方各级人民政府具有以下行政职权：一是执行权。即执行本级人民代表大会及其常委会的决议和上级国家行政机关的决议和命令。二是行政命令、决定的发布权和规章的制定权。省、自治区、直辖市以及省、自治区人民政府所在地的市和经国务院批准的较大的市的人民政府，可以制定本地区的规章；县级以上地方政府可发布行政命令。三是行政管理权。地方各级人民政府领导所属各职能部门以及下级人民政府，管理本地区的经济、文化、教育、科学、卫生等事业，保护国家利益、集体利益和公民个人利益不受侵犯，保证宪法和法律的贯彻执行。

（3）特别行政区人民政府。1990 年和 1993 年，我国分别制定了《中华人民共和国香港特别行政区基本法》和《中华人民共和国澳门特别行政区基本法》。我国政府已分别于 1997 年 7 月 1 日、1999 年 12 月 20 日恢复对香港、澳门行使主权，分别设立香港特别行政区和澳门特别行政区。特别行政区直辖于中华人民共和国中央人民政府，并享有高度自治权，除外交和国防事务属于中央政府管辖外，特别行政区享有行政管理权、立法权、独立的司法权及终审权。根据两部基本法的有关规定，香港特别行政区政府、澳门特别行政区政府是香港特别行政区、澳门特别行政区的行政机关，在辖区内行使行政职权。

2. 地方人民政府的职能部门。根据《地方组织法》的规定，县级以上地方各级人民政府可以根据工作需要和精干的原则，设立若干工作部门，承担某一方面的行政事务的组织管理职能。其中，省级人民政府工作部门的设置（这里的设置包括设立、增加、减少以及合并）由本级人民政府报请国务院批准。其他各级人民政府工作部门的设置，由本级人民政府报请上一级人民政府批准。根据工作的需要而设立的地方各级人民政府的职能部门除受本级人民政府统一领导外，还受上级人民政府主管职能部门的领导和业务指导。

职能部门依照有关法律规定独立享有并行使行政职权，以自己名义做出决定，并承担相应的法律后果。就其职权来说，地方各级人民政府工作部门可以在本系统及行业内发布有关决定和命令，对所主管的行政事项做出处理。

3. 地方人民政府的派出机关。地方人民政府的派出机关是指由地方县级以上人民政府经由权力机关批准，在一定区域内设立的，代表该级人民政府组织和管理该区域内所有行政事务的行政机关。目前我国地方各级人民政府的派出机关有三类：一是省、自治区人民政府的派出机关，即行政公署；二是县人民政府的派出机关，即区公所；三是市辖区、不设区的市人民政府的派出机关，即街道办事处。根据《地方组织法》的规定，派出机关能以自己的名义做出行政行为并承担相应的法律责任，虽然不是一级人民政府，实际上却履行着一定的组织和管理职能。

需要说明的是，我国还存在不少派出机构。所谓派出机构，是享有独立对外进行行政管理职权的各级地方政府职能部门，根据工作需要在一定行政区域设置的管理某项行政事务的机构。派出机构是否具有行政主体的地位，在我国争论已久。《最高人民法院关于执行〈中华人民共和国行政诉讼法〉若干问题的解释》(以下简称《若干解释》)的出台，为这一争执划上权威性的句点。该解释第20条第2、3款规定："行政机关的内设机构或者派出机构在没有法律、法规或者规章授权的情况下，以自己名义作出具体行政行为，当事人不服提起诉讼的，应当以该行政机关为被告。法律、法规或者规章授权行使行政职权的行政机关内设机构、派出机构或者其他组织，超出法定授权范围实施行政行为，当事人不服提起诉讼的，应当以实施该行为的机构或者组织为被告。"可见，派出机构通常是由法律、法规、规章在具体的行政管理文件中设置的，它们是否有行政主体的资格关键看具体法律、法规、规章是否已明确授权。

第三节　法律法规授权组织

一、法律、法规授权组织的概念和特征

(一) 法律、法规授权组织的涵义

行政授权是指根据法律、法规的规定，将某项行政职权的部分或全部通过法

定形式授予某个组织的法律行为。法律、法规授权组织是指依法律、法规授权而行使特定行政职权的非国家机关组织。法律、法规授权组织具有如下特征：

1. 法律、法规授权组织是指非国家机关组织。它们不同于行政机关，不具有国家机关的地位。它们只有在行使法律、法规所授行政职能时，才享有国家行政权力和承担行政法律责任；在非行使法律、法规授权时，它们只是一般的民事主体，享有民事权利和承担民事义务。

2. 法律、法规授权组织行使的是特定行政职能而非一般行政职能。特定职能，即仅限于相应法律、法规明确规定的某项具体职能或某种具体事项。行政机关则行使国家的一般行政职权，不限于某种具体领域或某种具体事项。

3. 法律、法规授权组织行使的职能为法律、法规所授，而非行政组织所授。授权必须以法律、法规的方式进行。只有法律、行政法规和地方性法规等效力较高的规范性文件才能够进行授权。且具体法律、法规对相应组织的授权通常是有期限的或限于办理某一具体行政事务，该行政事务完成，相应授权即结束。被授权的组织只能在授权范围内行使行政权。而行政组织法对行政机关的授权则具有稳定性，只要该行政机关存在，它就一直行使所授职能。

（二）授权组织与受委托的组织的区别

需要指出的是，必须注意行政法上授权组织与受委托组织的区别。在现实生活中，行政机关及授权组织除了亲自行使对公共事务的管理职能以外，还可以依法将其委托给有关组织甚至个人行使。例如，根据我国《行政处罚法》第 18 条的规定，行政机关可以依照法律、法规、规章的规定，在其法定权限范围内委托符合条件的组织实施行政处罚。然而，受委托的组织与授权组织在行政法上的地位却是完全不同的，二者的区别主要体现在以下几个方面：一是权力来源不同。受委托的组织与授权组织虽然都能行使相应的职权，但这种职权的来源却是不同的，前者来源于行政机关的委托行为，而后者则来源于法律、法规的直接授予。二是法律地位不同。受委托的组织基于行政机关的委托而取得的行政权不能独立行使，它必须以委托机关的名义实施相应的活动，因而不是独立的行政主体；而授权组织则能够以自己的名义独立地实施行政管理活动，属于新的行政主体。三是法律后果不同。受委托的组织因不具有主体资格，其行为的一切后果均应由委托机关负责，委托机关需要加强对受委托组织的监管；而授权组织因具有独立的主体资格，其行为的一切后果自然由本组织负责。

二、被授权组织的类型

根据有关法律、法规的规定，被法律、法规授权的组织主要有以下几种：

1. 行政机构。行政机构是公共行政职权在行政机关内部分配的必然结果，其主要功能在于协助行政主体处理和具体办理各项行政事务和机关内部事务。在某些特定的情况下，行政机构可以根据法律、法规的授权成为行政主体。目前具有行政主体资格的行政机构主要有行政机关的内部机构和派出机构。派出机构是指政府中的职能部门根据工作需要在一定区域范围内设立的工作机构，代表该职能部门从事一定范围内的某些行政事项的管理工作。一般来说，派出机构不具备行政主体资格，但可经法定授权成为行政主体。

2. 行政性公司。行政性公司是指由行政机关设立的集经营与行政于一体的组织。这类行政性公司是经济体制改革的产物，由原政府主管部门转变或改建而成，如电信部门、烟草公司、自来水公司、煤气公司等。行政性公司虽已转变为经济实体，但仍按照法律、法规的授权行使行政职权。

3. 企事业单位。该类企事业单位是指经法定授权获得行使行政管理权的企事业单位。严格地说，企业单位不宜承担行政职能，因为企业以赢利为目的，难以确保授权行政的公正。但由于以往对授权行政没有严格规范，因而也存在授权企业单位管理的情况。如北京市电信局既是经济实体，又是通信工作的主管部门，经地方性法规授权而成为行政主体。作为被授权的企业单位的特点在于：一是通常是专业性、技术性较强的单位，经授权后仅兼职从事特定的行政业务管理；二是其主要功能在于配合行政机关进行管理，一般不具有强制执行权。

事业单位。根据授权从事一定行政职能活动的事业单位。典型的事业单位包括学校、医院、专利局、食品卫生检验单位等。其经授权后也可成为行政主体。如学校根据《学位条例》享有学位授予权。

4. 社会团体。社会团体如工会、消费者协会、律师协会、红十字会等，其经法定授权后都可以成为行政主体。如《中华人民共和国消费者权益保护法》第32条授权消费者协会对商品和服务进行监督、检查，并可对消费者投诉事项进行调查调解。

5. 群众性自治组织。根据我国《宪法》规定，城市居民委员会和农村村民委员会是群众性组织，但经地方行政机关的授权，它们也可以取得一定公共行政职权并从事行政管理。其从事的通常是与群众生活和社会治安密切相关的行政事务，如村民委员会可以给办理结婚登记的村民出具婚姻状况证明。群众性自治组织经行政授权，也可以成为行政主体。

三、法律、法规授权组织的法律地位

1. 被授权组织在行使法律、法规所授予的行政职能时，是行政主体，具有与行政机关相同的法律地位。被授权组织与行政机关同属行政主体，在行使所授予的行政职能时，具有与行政机关基本相同的行政法上的地位，可以发布行政命令、采取行政措施、实施行政行为，对违法不履行其义务或违反行政管理秩序的行政相对人采取行政强制措施或实施行政处罚。当然，被授权组织和行政机关的地位仍有一定区别：行政机关是一般行政主体，被授权组织只有在行使法律、法规所授予的行政职权时，才具有行政主体资格。行政机关享有的某些职权和管理手段是被授权组织不能享有的，如行政立法权，行政处罚权中的行政拘留权，行政复议受理、裁判权等。

2. 被授权组织以自己名义行使法律、法规所授予的行政职能，并由其本身就行使所授职能的行政行为对外独立承担法律责任。由于被授权组织是具有独立资格的行政主体，其行使行政职能直接以授权法为根据，故其行为能以自己的名义作出，从而对其行为的责任也只能由它自己承担。此外，被授权组织通常是具有法人地位的社会团体或企事业组织，其本身也具有对外承担法律责任的能力。

3. 被授权组织在非行使行政职能的场合，不享有行政权，不具有行政主体的地位。被授权组织的基本性质是法人或非法人组织，其只有在行使行政职能时才具有行政主体的地位。其在执行它作为社会团体、企业事业单位等本身的职能时，与其他法人或其他组织一样，享有民事主体或行政相对人的地位，而不是行政主体的地位。

第四节　受委托组织

一、受委托组织的概念和特征

受委托组织是指接受行政机关的委托而取得行政权限，以委托的行政机关名义实施行政行为，由委托的行政机关承担由此产生的法律责任的组织。受委托组织具有如下的特征：

1. 受委托组织的行政权限来源于行政机关的委托行为。行政机关可以根据实际工作的需要，以法律、法规和规章为依据，将其一部分行政职权委托给非行政机关的组织，受委托的组织由此取得相应的行政权限。

2. 受委托组织不具有行政主体资格。行政委托并不产生新的行政主体，即受委托组织并不因为接受了行政机关的委托而取得行政主体的资格。

3. 受委托组织不因接受行政机关的委托而获得法定的行政权限。受委托组织只能在受委托的范围内以委托的行政机关名义行使行政权限，行使行政权限所产生的法律后果由委托机关承担。

二、受委托组织的分类

对受委托组织可以做多种分类，其中，以下两种分类更具有现实意义：

1. 一次性的受委托组织和长期性的受委托组织。一次性的受委托组织是指根据行政机关的委托负责完成特定的、一次性行政事务的组织。特定事务完成后，行政委托关系也就随之结束。长期性的受委托组织是指根据行政机关的委托在较长的期间内处理某类行政事务的组织。

2. 正式的受委托组织和推定的受委托组织。正式的受委托组织是指行政机关以明确的委托协议或委托书授权处理行政事务的社会组织。从法律的要求角度看，行政机关将其一部分职能委托给社会组织行使必须要有明确的委托协议或委托书，但在现实中行政委托关系更多是以推定的行政委托表现出来的。推定的受委托组织是指根据行政机关的要求完成某项行政事务，在事后依法推定完成该项行政事务的为受委托的社会组织。

三、行政委托的要求

从我国普遍存在着推定的受委托组织的现实来看，当前行政委托必须符合以下的要求：

1. 要有明确的委托协议或者委托书。委托协议或委托书必须明确行政机关将其一部分行政权限交由社会组织行使，双方的权利义务是怎样的、解除委托的条件是什么、委托期限是多久以及违反委托应承担怎样的法律后果等。之所以要在委托协议或委托书中明确这些内容，是为了增强行政机关的法律意识以及发生了纠纷能够更顺利地解决。

2. 委托主体必须是行政机关，且委托自己的行政权限必须依照法律、法规和规章的要求进行。行政机关不应对自己所有的法定行政权限进行任意自行委托，不得将自己全部的行政权限予以委托。

3. 受委托组织应具备必要的条件。行政机关包括：必须是依法成立的管理公共事务的组织；具有熟悉有关法律、法规、规章和业务的工作人员；对需要进行技术检查或者技术鉴定的，应当有条件组织进行相应的技术检查或者技术鉴定。

第五节　行政公务员

一、公务员概述

（一）各国公务员的范围

各国公务人员的范围通常由其本国公务员法等相关法律通过列举确定范围。但各国公务员的范围是不同的。从世界各国公务员范围划分的实际来看，目前主要有三种情况：第一种是把国家从中央到地方政府机关的公职人员、各级立法机关、审判机关、检察机构、国立学校及医院、国有企业、事业等部门的所有正式工作人员，统称为公务员。法国、日本等国家的公务员范围基本属于这种类型。1946 年，法国国会通过了《公务员总法》，根据该法规定，法国公务员包括中央、地方政府及其所属的公共事业机构（如学校、医院等）的正式工作人员，还包括议会工作人员、法院的法官和军人等。日本把凡是通过国家公务员录用考试的，在国会、中央政府机关、司法、自卫队、国立学校、医院、国有公共事业等单位中任职的，从国库中领取工资的国家工作人员都称为国家公务员。第二种是把在国家政府机关中的所有工作人员统称为公务员，而不包括立法机关和审判机关的文职人员以及军事人员。美国和德国的公务员范围基本属于这种类型。美国公务员的范围包括总统、特种委员会成员、部长、副部长、部长助理以及独立机构的长官等政治任命官员和行政部门的所有工作人员，也包括在政府部门工作的工勤人员，但美国的国会议员和司法部门的法官不包括在公务员范畴之内。德国公务员是指在国家行政机构、国家文化、艺术、教育机构和科学研究机构、公共事业部门和企业工作的人员，如政府行政机关官员、工勤人员、大学教授、中小学教员、医院医生、护士、工人各占一半。德国《官员法》规定，凡是服务于联邦或与联邦直属的团体、机构或公法基金会的人员都是联邦的官员；凡是为联邦直属的团体、机构或公法基金会效劳的官员，是间接的联邦官员。第三种是把通过公开考试，择优录用，在政府机关长期任职的文职人员才称为公务员，而不包括由选举和政治任命产生的总理、大臣、政务次官等和国有企业、事业单位的工作人员，也不包括司法人员和军职人员。英国和英联邦国家的公务员范围基本属于这种类型。英国的国家公务员是指在中央政府各部门、国家税务系统和财务系统中工作的各类人员。

（二）我国公务员的含义与范围

2006 年 1 月 1 日，我国开始实施《中华人民共和国公务员法》（以下简称

《公务员法》)，其规定的公务员的概念和范围有了较大的变化。该法所称公务员，是指依法履行公职、纳入国家行政编制、由国家财政负担工资福利的工作人员。由此可见，现在列入公务员范围的人员必须同时具备三个条件：依法履行公职；纳入国家行政编制；由国家财政负担工资福利。按照上述概念，我国公务员应包括下列人员：

1. 中国共产党机关的工作人员。具体包括：中央和地方各级党委、纪检委的专职领导成员；中央和地方各级党委工作部门的工作人员；中央和地方各级纪检委内设机构的工作人员；街道、乡、镇党委机关的工作人员。党的各级代表大会代表、委员会委员、纪律检查委员会委员，以其所在部门和单位的性质决定其是否具有公务员身份。但企业、学校、科研院所等单位以及农村村级党的基层组织的工作人员，不列入公务员范围。

2. 人大机关的工作人员。具体包括：全国人大常委会委员长、专职副委员长、秘书长、专职常委，地方各级人大常委会主任、专职副主任、秘书长，乡镇人大专职主席、副主席；各级人大常委会工作机构［如办公厅（室）、法制工作委员会等］的工作人员；各级人大专门委员会的办事机构的工作人员。各级人大代表、常委会组成人员、专门委员会成员，整体上不列入公务员范围，按其所在部门和单位的干部人事管理制度决定是否具有公务员身份。

3. 行政机关的工作人员。下文将专门阐述。

4. 政协机关的工作人员。具体包括：政协各级委员会主席、专职副主席、秘书长；政协各级委员会工作机构（如办公厅、室等）的工作人员。政协专门委员会的办事机构的工作人员。政协各级委员会常委、委员和专门委员会成员，整体上不列入公务员范围，按其所在部门和单位的干部人事管理制度决定是否具有公务员身份。

5. 审判机关的工作人员。具体包括：最高人民法院、地方各级人民法院的法官、审判辅助人员和司法行政人员。

6. 检察机关的工作人员。具体包括：最高人民检察院、地方各级人民检察院的检察官、检察辅助人员和司法行政人员。

7. 民主党派机关的工作人员。具体包括：中国国民党革命委员会、中国民主同盟、中国民主建国会、中国民主促进会、中国农工民主党、中国致公党、九三学社、台湾民主自治同盟等民主党派中央和地方各级委员会主席（主委）、专职（驻会）副主席（副主委）、秘书长；中央和地方各级委员会职能部门和办事机构的工作人员。各民主党派中央和地方各级委员会委员、常委和专门委员会成员，整体上不列入公务员范围，实行所在部门和单位的干部人事管理制度决定其是否具有公务员身份。

（三）行政公务员的概念、特征

国家行政机关公务员指依法在中央和地方国家行政机关中任职、行使国家行政权、执行国家公务的工作人员。国家行政机关公务员具有如下特征：

1. 国家行政机关公务员任职于国家行政机关，属于国家行政机关行政编制之内。包括任职于中央行政机关和地方行政机关。

2. 国家行政机关公务员是在国家行政机关中行使国家行政权力、执行国家公务的人员。能否依法行使行政权、执行行政事务是公务员区别于其他人员的关键性标志，这就排除了行政机关内的工勤人员，如清洁工等。

3. 国家行政机关公务员是经过法定的方式和程序任用的国家行政机关的工作人员。根据相关法律的规定，国家行政机关公务员的任用方式主要有选任、委任、考任和聘任等，而且每种任用方式都有其相应的法定程序。国家行政机关公务员身份的取得必须依照法定的方式，经过法定的程序，凡是非经法定方式和程序都不能自动获得公务员的身份和资格。

需要说明的是，行政公务员不同于行政公务人员。行政公务人员是指依法享有职权或受行政主体委托，能以行政主体的名义进行管理，其行为后果归属于行政主体的个人。这一概念可从以下几方面理解：

1. 行政公务人员是个人。包括国家行政机关公务员和其他行政公务人员。所谓其他行政公务人员是指那些虽不具有国家公务员身份，但经行政主体委托或认可，也可以代表行政主体行使行政职权的个人。

2. 行政公务人员代表行政主体，以行政主体的名义进行管理。也就是说，行政公务人员受行政主体的委托行使职权，该权力并不归属于公务人员个人，不能以公务人员个人的名义行使，而是以行政主体的名义进行并出示有效证件表明其公务身份。

3. 行政公务人员所实施行为的后果由其所代表的行政主体承担。基于行政主体与所属行政公务人员之间的职务委托关系，行政公务人员实施的职务行为视为行政主体的行为，对行政主体具有约束力，同时，该行为的法律后果也应由其所代表的行政主体承担。

目前，行政公务人员包括行政公务员和其他行政公务人员。其中，后者指除国家行政机关公务员之外的其他执行国家行政公务的人员。具体包括：行政机关非固定性借用的执行公务的人员；在紧急情况下，经行政机关认可而协助执行公务的人员；在法律、法规及规章授权的组织中不属于国家行政编制的执行公务的人员；在受行政机关委托的组织中行使行政职权的人员；等等。他们虽然不具有国家公务员的身份，但其执行行政公务时与国家公务员处于基本相同的法律地位。

（四）行政公务员的分类

《公务员法》对公务员的分类一方面按事和岗位进行纵向划分，另一方面按职务层次和级别进行横向划分。这样一纵一横，可以准确定位每个公务员的职责、任务、待遇等，为科学管理提供了制度保证。具体而言，公务员分类如下：

1. 按职位分类。依据《公务员法》，依据公务员职位的性质、特点和管理需要，我国当前的公务员可分为综合管理类、专业技术类、行政执法类。

（1）综合管理类。主要是针对在综合管理和内部管理性的职位上履行职责的公务员而设立的职位。综合管理职位数量最多，主要从事人事决策、组织、指挥、规划、协调、监督、咨询和机关内部事务的管理工作。

（2）行政执法类。主要是针对在行政执法类职位上履行职责的公务员设立的职位。行政执法类公务员的职位的设置能够更好地实现依法治国的方略和法治政府的目标，能够更好地适应社会管理与市场监管的需要，为建立决策、执行、监督的政府架构奠定基础。

（3）专业技术类。主要是针对在专业技术类职位上履行职责的公务员设立的职位。设立专业技术类职务能够将各种专业技术人才吸引到公务员队伍中来，提高行政管理的专业水平，为具有并从事专业技术工作的公务员提供更加宽广的职业发展空间。

2. 按职务级别分类。如《公务员法》第16条规定，公务员职务分为领导职务和非领导职务。领导职务层次分为：国家级正职、国家级副职、省部级正职、省部级副职、厅局级正职、厅局级副职、县处级正职、县处级副职、乡科级正职、乡科级副级。非领导职务层次在厅局级以下设置。公务员的职务还要对应相应的级别。这样，公务员有了领导职务公务员和非领导职务公务员之分。此外，还有领导成员公务员和非领导成员公务员，选任制公务员、委任制公务员和聘任制公务员等划分。

（五）行政公务员的法律地位

行政公务员的法律地位表现在以下两个方面：

1. 在行政公务员与国家的关系方面，行政公务员处于被委托的地位。行政公务员与国家之间存在着职务委托关系，即行政职务关系。基于这种关系，公务员享有法定的权利并承担相应的义务。国家与行政公务员的关系一经构成，便发生以下内容：①行政机关的职权、职责一概溯及行政公务员，并通过行政公务员的行为而实现；②行政机关有权对溯及到行政公务员身上的行政权、物进行“再分配”，即行政机关有权对公务员的职责权限作进一步划分；③行政公务员实施行政行为，在形式上必须以行政机关的名义进行，在实质上必须按行政机关的意志行事；④行政机关对公务员的违法行政行为承担责任，并保有对有故意和重大过失的公务员的追偿权；⑤行政机关有权对公务员进行监督和奖惩。

2. 在行政公务员与相对人关系方面，公务员处于管理者地位。具体表现在：①行政公务员有权以行政机关的名义依法对相对人实施管理，有义务履行职责，保护相对人的合法权益；②相对人有服从管理的义务，同时享有建议、批评、控告、申诉等权利。

（六）行政公务员制度的基本原则

为了有效地实现行政管理的目标，世界各国都建立了本国的公务员制度。就我国而言，行政公务员制度具有如下的基本原则：

1. 公开、平等、竞争、择优原则。《公务员法》第5条规定：“公务员的管理，坚持公开、平等、竞争、择优的原则，依照法定的权限、条件、标准和程序进行。”这条原则不仅是录用公务员的“入口”原则，也是涉及公务员管理制度一系列环节的基本指导原则。在这条原则中，“择优”是目的，“公开、平等、竞争”是手段，而“依照法定的权限、条件、标准和程序进行”则是做到“公开、平等、竞争、择优”的根本保障。

2. 监督约束与激励保障并重的原则。《公务员法》第6条规定：“公务员的管理，坚持监督约束与激励保障并重的原则。”公务员行使公共权力，易于造成对管理对象的伤害，故须对权力行使过程加强监督约束。《公务员法》规定了公务员的9项义务、16种纪律、6种处分，规定了引咎辞职、撤职、辞退等一系列问责制度以及离职从业限制，进一步完善了对公务员的监督约束机制，这对于防止公务员的“现行腐败”和“期权腐败”都具有重要作用。

3. 任人唯贤，德才兼备的原则。《公务员法》第7条规定：“公务员的任用，坚持任人唯贤，德才兼备的原则，注重工作实绩。”这是一条关于用人标准的原则。所谓任人唯贤，就是指在任用选拔晋升公务员时，以公务员本人的德才表现为主要依据，对德才表现优秀者加以晋升。所谓德才兼备，是指“德”与“才”的统一性及不可分割性，既要有德，又要有才，二者同时具备，不可偏废。所谓注重业绩，就是指把国家公务员的工作实绩和贡献作为考察其德才，进而决定其晋升的重要依据。其中，任人唯贤是总的原则，德才兼备是判断“贤人”的标准原则，至于“注重工作实绩”是对“德”和“才”的具体考核标准。

4. 分类管理、提高管理效能和科学化水平的原则。《公务员法》第8条规定：“国家对公务员实行分类管理，提高管理效能和科学化水平。”所谓分类管理是指将各类公务员根据其工作性质、特点和管理需要进行科学的划分，分别进行管理。所谓提高管理效能和科学化水平，就是指公务员管理必须致力于提高工作效能、提高服务水平，使整个公务员队伍运转良好、有条不紊、科学合理。其中，分类管理是提高管理效能和科学化水平的前提和基础，提高管理效能和科学化水平是分类管理的目的和结果。

5. 依法履行职务行为和受法律保护的原则。《公务员法》第 9 条规定："公务员依法履行职务行为，受法律保护。"所谓依法履行职务，就是指公务员必须严格依照法律规定的条件、程序和方式履行公职，做到依法办事，防止滥用自由裁量权，否则承担相应的法律责任。所谓受法律保护，主要包括：行政公务员依法进行公务活动是受法律保护的；行政公务员依法执行职务时人身安全受法律保护。

二、行政公务员的权利和义务

权利和义务是法律关系的核心内容，行政公务员的权利和义务确定了公务员的法律地位。由于我国公务员处在特殊的法律关系中，有其独特的法律地位，因此，公务员的权利和义务也具有自己的特点。国家公务员既是普通公民，享有宪法和法律已规定的公民的各种权利，履行一般公民的各种义务；同时，国家公务员作为行使国家行政权力、执行国家公务的"特殊"公民，他们的权利义务内容与普通公民的权利义务又有所不同，公务员与执行职务有关的职权还受到国家纪律和公务员职业道德规范的约束。

（一）行政公务员权利的基本内容

我国行政公务员的基本权利包括三个方面：一是职务上的权利，二是关于个人的权利，三是对这些权利的保障。根据《公务员法》第 13 条规定，公务员享有下列权利：

1. 获得履行职责应当具有的工作条件。没有一定的工作条件，公务员就无法很好地执行公务，完成其工作任务。良好的工作条件是公务员正常履行公职、完成工作任务的保证，也有利于提高公务员的效率、提高公务员的工作质量。工作条件主要包括办公地点、办公用品、办公设备、通讯联络工具、交通工具以及医疗卫生条件等等。公务员有权要求国家提供必要的工作条件。公务员工作条件的保障应与公务员的职责相适应。首先，公务员的工作条件应当是其履行职责所必需的，公务员如果没有该工作条件就无法正常履行其职责。其次，公务员的工作条件不应超出履行职责所必需的范围，超出履行职责所需范围的工作条件对于公务员完成工作任务是无关的，也往往是滋生腐败的温床。最后，公务员的工作条件应当是公务员履行职责期间所使用的，不得将其用于私人活动。

2. 非经法定事由和非经法定程序不被免职、降职、辞退或者行政处分的权利。这项权利又称之为身份保障权。《公务员法》规定公务员的身份保障权是十分必要的。因为公务员在执行公务的过程中，可能会触犯某些个人或集团的利益，这些个人或集团就可能会对公务员进行报复，其中就有可能利用其职位、凭借其权力对公务员施加不正当影响和压力甚至迫害，造成公务员被非法免职、降职、辞退或处分。公务员的这一权利表明，只要公务员奉公守法，无过错，能履行其义务，他的职务就受到国家法律的保护，任何人无权以自己的好恶随便对公务员进行处分。即使公务员违法乱纪、渎职失职或有以权谋私及其他有违反公务员义务的行为应给予惩罚的，也应按法定程序进行，以确保惩处的公正。公务员的身份保障的重要意义在于：一是能保证公务员职业相对稳定，从而保持公务员队伍的相对稳定，保持国家行政管理的连续性和稳定性；二是能使公务员不畏权势，大胆负责，仗义执言，敢于同违法乱纪行为和一切不正之风作斗争，顺利执行公务，履行职责。

3. 获取工资报酬，享受保险福利待遇。行政公务员具有双重身份，一方面基于公务员的身份产生国家赋予管理国家和社会公共事务的权利和义务，另一方面基于自然人的身份产生宪法赋予公民的基本权利和义务，公务员基于其劳动具有要求国家支付对价的权利。公务员的劳动报酬，在我国一般表现为工资，公务员的工资包括基本工资、津贴、补贴和奖金。获得工资报酬权，首先意味着公务员的工资应按时足额发放，任何机关不得扣减或者拖欠公务员的工资。其次，国家实行工资调查制度，建立公务员工资的正常增长机制。任何机关不得违反国家规定擅自提高或降低公务员的工资。公务员享受福利、保险待遇是指：公务员按照国家规定享受休假，在法定工作日以外加班的，应当予以补休；公务员在退休、患病、工伤、生育、失业等情况下有权获得帮助和补偿；公务员因公致残的，享受国家规定的伤残待遇；公务员因公牺牲、因公死亡或者病故的，其亲属享受国家规定的抚恤和优待。公务员的福利待遇所需经费由国家财政予以保障。任何机关不得违反国家规定，擅自提高或者降低公务员的福利待遇。

4. 参加培训的权利。参加培训既是现代社会经济科技发展对公务员提出的必然要求，也是公务员自身发展的需要。为了保证公务员的培训权，国家建立专门的公务员培训机构，机关根据需要也可以委托其他培训机构承担公务员的培训任务。机关根据公务员工作职责的要求和提高公务员素质的需要，对公务员进行分级分类培训。公务员的培训实行登记管理。

5. 对国家行政机关和领导人员的工作提出批评和建议的权利。批评是针对行政机关及其领导人员工作中存在的缺点和不足提出的，是公务员责任心的表现。

建议则是公务员对改进工作提出的建设性意见，是公务员主动性的表现。批评建议权是公务员的一项重要权利，它有利于激发公务员的主人翁责任感，调动公务员工作的积极性、主动性和创造性，有利于各级机关克服官僚主义，提高工作效率，改善工作质量。任何机关的领导人都不能压制公务员的批评和建议，更不能打击报复，否则就是侵犯公务员的合法权利。

6. 提出申诉和控告。权利之所以被称为权利，是因为权利被侵犯以后，权利人可以寻求法律上的救济，无救济也就无权利。当公务员的权利受到侵害时，同样也可以寻求法律上的救济，即通过申诉和控告保护自己的合法权利。申诉权利，是指公务员对涉及本人的人事处理决定，包括纪律处分的决定和被降职、被辞退的决定等不服时，可以向原处理机关申请复核，同时有权向同级公务员主管部门或者作出该人事处理的机关的上一级机关提出申诉，其中对处分决定不服的，也可以向监察机关提出申诉。公务员的控告权利，是指公务员对于机关及其领导人员侵犯其合法权益的行为，有权向上级机关或者有关的专门机关提出控告。

7. 申请辞职的权利。当公务员由于主客观原因不愿继续担任行政职务时，可以辞职，这是公务员自主择业权的一个表现，法律应予尊重和保障。但应当注意，公务员的工作性质与一般工作不同，公务员辞职，应依法定程序向任免机关提出书面申请，经审查批准后，方可离职。如果在审批期间擅离职守，构成失职，要承担法律责任。

8. 法律规定的其他权利。除以上权利之外，公务员还享有宪法和法律规定的其他权利，主要包括两部分内容：一部分是法律规定的一般公民的权利，一部分是法律所特别指出的国家机关工作人员应享有的权利。规定公务员可以享受法律规定的其他权利，使得公务员的权利内容更加完整，体现了公务员权利的广泛性和全面性；同时又避免在《公务员法》里对宪法和法律规定的权利进行重复规定。

（二）行政公务员义务的基本内容

《公务员法》第12条明确规定了公务员应当履行下列的义务：

1. 模范遵守宪法和法律的义务。公务员是国家事务的具体执行者，因此，公务员较之普通公民，身份更为复杂。一方面，公务员本身又是公民，有公民的基本权利和义务，应当遵守国家法律；另一方面，由于公务员与国家存在行政职务关系，又具有公务员的义务和权利。作为公务员，他比普通公民拥有更多的权利，但依照权利和义务相一致的原理，公务员也负有更多的义务。因此，公务员更应遵守宪法、法律和法规，成为执法守法的模范。公务员没有任何理由成为超越法律的特殊公民。

2. 按照规定的权限和程序认真履行职责，努力提高工作效率。依法行政是对行政机关和公务员的基本要求。法律、法规说到底是党领导下的人民意志的体现，是调整各种社会关系的准则，行政机关及其公务员是执行人民意志的工具，其权力及其权力行使方式只有依法进行才有根据，才能不背离人民的意志，不脱离正确的航道，才能达到预期的法律效果，有效地执行公务。否则就是违法行为，就要承担一定的法律责任。努力提高工作效率是为了能够更好地为人民服务，也是依法行政的一项根本要求。因此，依照法律、法规执行公务，既是对公务员的规范性要求，又是衡量公务员公务执行质量的重要指标，更是公务员执行公务坚持正确方向的重要保证。

3. 为人民服务、接受群众监督的义务。我国《宪法》第 27 条第 2 款规定："一切国家机关和国家工作人员必须依靠人民的支持，经常保持同人民的密切联系，倾听人民的意见和建议，接受人民的监督，努力为人民服务。"人民群众是社会主义国家的主人，社会主义现代化建设事业必须依靠人民。国家机构及其工作人员的任务就是反映人民的愿望和要求，全心全意为人民服务。公务员应当接受公民的监督，这是由我国《宪法》规定的。我国《宪法》第 41 条第 1 款规定："中华人民共和国公民对于任何国家机关和国家工作人员，有提出批评和建议的权利；对于任何国家机关和国家工作人员的违法失职行为，有向有关国家机关提出申诉、控告或者检举的权利，但是不得捏造或者歪曲事实进行诬告陷害。"

4. 维护国家的安全、荣誉和利益的义务。国家的安全、荣誉和利益是维护国家的政权稳定和公民依法行使各项自由和权利的根本保障。公务员应当积极维护国家的安全、荣誉和利益，这是基于公民义务而产生的。

5. 忠于职守，勤勉尽责，服从和执行上级依法作出的决定和命令的义务。忠于职守要求公务员热爱本职工作，安心本职工作，献身本职工作，在任何条件下都必须坚守岗位，不能擅离职守。勤勉尽责要求在一定职位的公务员必须用自己的全部精力，兢兢业业、专心致志地工作，严格履行本职位的义务，负担起本职位的责任。服从和执行上级依法作出的决定和命令是关于公务员服从义务的规定。规定公务员的服从义务是十分必要的：首先，现代公务员体系的组织方式是科层制，一般公务员应当接受上级的指挥，以保证行政组织系统的权威性、统一性与效率性；其次，在法治化的政治体制和现代公务员制度下，公务员的首要职责是执行法律，其对上级不是人身依附关系，服从上级的决定与命令不过是执行法律的需要，服从上级的决定与命令是执行法律的手段和方式。

6. 保守秘密义务。公务员必须保守的秘密是国家秘密和工作秘密。履行保密义务的基本的要求是：不该说的国家秘密不说；不该问的国家秘密不问；不该看的国家秘密不看；不该记录的国家秘密不记录；不在私人交往中涉及国家秘密；不在公共场所办理、谈论属于国家秘密的事项；不在没有保密保障的地方和设备中存贮、处理国家秘密信息和载体；不通过普通电话、明码电报、普通邮局、计算机公用网和普通传真递送、传输国家秘密信息和载体；不携带密件、密品参观、游览和探亲访友。此外，公务员对已知的窃取或者泄露国家秘密的行为，应当予以制止并及时向有关方面举报。国家秘密和工作秘密是有一定联系的。

7. 遵守纪律，恪守职业道德，模范遵守社会公德的义务。例如，《公务员法》第53条规定的内容，包括公务员不得弄虚作假，欺骗领导和群众；不得贪污、盗窃、行贿、受贿或者利用职权为自己和他人牟取私利；不得挥霍公款，浪费国家资财；不得滥用职权，侵犯群众利益，损害政府和人民群众的关系；不得参与或者支持色情、吸毒、迷信、赌博等活动；不得有违反社会公德，造成不良影响的行为等。社会公德是要求一般人共同遵守的公共道德准则，包括遵守纪律、讲究礼貌、讲究卫生等。

8. 清正廉洁，公道正派的义务。所谓清正廉洁、公道正派，是要求公务员办事公正无私，廉洁自守，以个人利益服从国家利益，努力为人民服务。实现公务员的清正廉洁是党和国家的一贯要求，是维护政府的良好形象，加强政府同人民群众联系的重要措施。公务员代表国家执行公务，其权力是人民授予的，属于其所在的职位，不是属于个人的。公务员必须建立正确的权力观，正确运用手中的权力，为公共利益而工作，而不能利用职权搞不正之风，牟取私利。

9. 法律规定的其他义务。规定公务员必须履行“法律规定的其他义务”，其目的和意义在于：能够弥补因职业不同，导致《公务员法》无法详细列举的公务员的各项义务；能及时、准确、全面地依法确定国家对公务员的义务要求；依法确定公务员的活动范围和应尽的职责；使得公务员义务的内容更加全面完整、更具体，也更能够反映时代特征与时代精神。

（三）行政公务员权利和义务特征

行政公务员与其他非公务人员相比，其权利和义务具有如下特征：

1. 行政公务员法律地位的特殊性，决定了他们具有普通公民不享有的行政职务上的权利，同时决定了他们必须依法履行因该职务关系而产生的义务。这些权利和义务是由国家职务确定的，因此不得滥用权利和超越职权范围，也不得拒绝履行职务上的义务。对滥用职务上的权利、超越职权或不履行职务上的义务，就要追究法律责任，包括行政责任或刑事责任。

2. 行政公务员的个人权利因为受职务关系的影响，在一定程度上受到限制。

例如执行职务时，公务员的言论自由因职位的高低和公务性质不同而受到不同程度的限制，通常不能在执行职务时发表和政府相反的意见。

3. 行政公务员在职务上的权利和义务具有相互渗透性和相对性。公务员的职权是其权利和义务的统一体，公务员行使职权既是他们的权利，也是他们的义务。公务员行使职权，对他而言，是一种权利，任何人不得阻碍或剥夺公务员依法行使职权；而对国家而言，则是一种义务，公务员不得无故放弃职守，失职或渎职必定要追究公务员本人的法律责任。另外公务员的职位培训既是公务员的权利，也是其义务。

4. 行政公务员的义务与其职业道德规范有密切联系，公务员的法定义务属于法律范畴，公务员的职业道德规范属于伦理范畴，但由于公务员的职业威望，其职业道德往往会形成公务员的职业纪律，必须得到遵守。如公务员在私人生活中不应有引起公众议论、破坏声誉，与其职位尊严不相称的行为，公务员有保持良好品格和从政道德的义务。

5. 行政公务员职务上的权利和义务同其职务相统一。这类权利和义务的发生，开始于担任行政职务，并只有在担任行政职务时享有这些权利，履行这些义务。随着职务关系的消灭，职务上的权利也自然停止享有，职务上的义务也依法停止履行，但公务员保守国家秘密的义务等在法定期限内仍须履行。

三、行政公务员的基本管理制度

（一）行政公务员职务的取得

根据我国《公务员法》的规定以及实践中的做法，国家公职关系主要因以下几种方式形成：

1. 考任。公务员考试录用是指国家行政机关通过法定程序，采用公开考试、严格考察的办法和按照德才兼备的标准，选拔优秀人才担任主任科员以下的非领导职务公务员的人事制度。根据《公务员法》第21条的规定，录用担任主任科员以下及其他相当职务层次的非领导职务公务员，采取公开考试、严格考察、平等竞争、择优录取的办法。民族自治地方依照前款规定录用公务员时，依照法律和有关规定对少数民族报考者予以适当照顾。竞争考试是现代国家最常见的录用公务员的方式，它有助于国家吸收各种优秀人才加入公务员队伍。

参加公务员考试的公民必须具备的条件。《公务员法》第11条规定了肯定的条件，即具有中华人民共和国国籍；年满18周岁；拥护中华人民共和国宪法；具有良好的品行；具有正常履行职责的身体条件；具有符合职位要求的文化程度和工作能力；法律规定的其他条件。《公务员法》第24条规定了否定的条件，即下列人员不得录用为公务员：曾因犯罪受过刑事处罚的；曾被开除公职的；有法律规定不得录用为公务员的其他情形的。

以考任方式录用公务员的程序一般包括：发布招考公告；招录机关对报考者进行资格审查；笔试；面试；确定考察人选，并对其进行报考资格复审、考察和体检；提出拟录用人员名单，并予以公示；录用。

2. 选任。《公务员法》第38条规定，公务员职务实行选任制和委任制。所谓选任制，是指按照法定的民主程序自下而上选举（包括公民的直接选举和通过人民代表大会的间接选举）产生公务员的制度，一般适用于行政机关的主要领导人员。选任制公务员在选举结果生效时即任当选职务；任期届满不再连任，或者任期内辞职、被罢免、被撤职的，其所任职务即终止。

3. 委任。是指有权机关不通过选举方式而直接任命公民担任行政公职。委任可以由权力机关委任，也可以由行政机关委任。一般适用于行政机关内设机构的领导人员和其他公务员。委任制公务员遇有试用期满考核合格、职务发生变化、不再担任公务员职务以及其他情形需要任免职务的，应当按照管理权限和规定的程序任免其职务。

4. 聘任。聘任是指国家行政机关通过合同形式聘用公民担任公务员的制度。《公务员》第95～99条对聘任制公务员进行了规定。机关根据工作需要，经省级以上公务员主管部门批准，可以对专业性较强的职位和辅助性职位实行聘任制。但职位涉及国家秘密的，不实行聘任制。机关聘任公务员，应当按照平等自愿、协商一致的原则，签订书面的聘任合同，确定机关与所聘公务员双方的权利、义务。聘任合同经双方协商一致可以变更或者解除。

聘任合同的签订、变更或者解除，应当报同级公务员主管部门备案。聘任合同应当具备合同期限，职位及其职责要求，工资、福利、保险待遇，违约责任等条款。聘任合同期限为1年至5年。聘任合同可以约定试用期，试用期为1个月至6个月。聘任制公务员按照国家规定实行协议工资制。聘任制的优点在于可以双向选择，既有用人单位的选人权，也有被聘人员的择职权，有利于人才的合理流动和优化组合。

5. 调任。调任是指国家行政机关将行政系统外部的人员直接调入行政机关任职的制度。根据《公务员法》第64条的规定，国有企业事业单位、人民团体和群众团体中从事公务的人员可以调入机关担任领导职务或者副调研员以上及其他相当职务层次的非领导职务。调任人选应当具备本法第十一条规定的条件和拟任职位所要求的资格条件，并不得有本法第二十四条规定的情形。调任机关应当根据上述规定，对调任人选进行严格考察，并按照管理权限审批，必要时可以对调任人选进行考试。在我国，调任仅适用于行政机关担任领导职务或者助理调研员以上非领导职务的公务员。

（二）行政公务员职务的履行

公务员履行公职期间的管理制度主要有考核、奖励、惩戒、职务任免和职务升降、培训、交流与回避等。

1. 考核。考核是行政机关按照一定的程序对公务员的品行才能和实际表现等情况进行考查、审核，以确定其是否能够胜任现职以及决定是否对其任用的制度。我国公务员的考核制度包括以下几项具体内容：（1）考核范围：按照管理权限，全面考核公务员的德、能、勤、绩、廉，重点考核工作实绩；（2）考核方式：公务员的考核分为平时考核和定期考核。定期考核以平时考核为基础；（3）考核程序：对非领导成员公务员的定期考核采取年度考核的方式，先由个人按照职位职责和有关要求进行总结，主管领导在听取群众意见后，提出考核等次建议，由本机关负责人或者授权的考核委员会确定考核等次。对领导成员的定期考核，由主管机关按照有关规定办理；（4）考核结果：定期考核的结果分为优秀、称职、基本称职和不称职四个等次。定期考核的结果应当以书面形式通知公务员本人。定期考核的结果作为调整公务员职务、级别、工资以及公务员奖励、培训、辞退的依据。

2. 奖励。奖励是指行政机关对有突出贡献的公务员给予物质或精神奖励的制度。我国公务员的奖励制度包括以下具体内容：（1）奖励原则：对行政公务员的奖励，坚持精神鼓励与物质鼓励相结合的原则。（2）奖励对象：公务员有下列表现之一的，应当予以奖励：忠于职守，积极工作，成绩显著的；遵守纪律，廉洁奉公，作风正派，办事公道，模范作用突出的；在工作中有发明创造或者提出合理化建议，取得显著经济效益和社会效益的；为增进民族团结、维护社会稳定做出突出贡献的；爱护公共财产，节约国家资财有突出成绩的；防止或者挽救事故有功，使国家和人民群众利益免受或者减少损失的；在抢险、救灾等特定环境中奋不顾身，做出贡献的；同违法违纪行为作斗争有功绩的；在对外交往中为国家争得荣誉和利益的；有其他功绩的。（3）奖励方式：公务员的奖励分为嘉奖，记三等功、二等功、一等功，授予荣誉称号。对受奖励的公务员或者公务员集体予以表彰，并给予一次性奖金或者其他待遇。给予公务员或者公务员集体奖励，按照规定的权限和程序决定或者审批。

公务员或者公务员集体有下列情形之一的，撤销奖励：弄虚作假，骗取奖励的；申报奖励时隐瞒严重错误或者严重违反规定程序的；有法律、法规规定应当撤销奖励的其他情形的。

3. 惩戒。惩戒是指行政机关对违反政纪的公务员给予行政处分的制度。我国公务员的惩戒制度包括以下具体内容：（1）惩戒的行为：散布有损国家声誉的言论，组织或者参加旨在反对国家的集会、游行、示威等活动；组织或者参加非法组织，组织或者参加罢工；玩忽职守，贻误工作；拒绝执行上级依法作出的决定和命令；压制批评，打击报复；弄虚作假，误导、欺骗领导和公众；贪污、行贿、受贿，利用职务之便为自己或者他人牟取私利；违反财经纪律，浪费国家资财；滥用职权，侵害公民、法人或者其他组织的合法权益；泄露国家秘密或者工作秘密；在对外交往中损害国家荣誉和利益；参与或者支持色情、吸毒、赌博、迷信等活动；违反职业道德、社会公德；从事或者参与营利性活动，在企业或者其他营利性组织中兼任职务；旷工或者因公外出、请假期满无正当理由逾期不归；违反纪律的其他行为。（2）惩戒方式与期间。处分分为：警告、记过、记大过、降级、撤职、开除。受处分的期间为：警告，6个月；记过，12个月；记大过，18个月；降级、撤职，24个月。（3）惩戒程序：对公务员的处分，应当事实清楚、证据确凿、定性准确、处理恰当、程序合法、手续完备。公务员违纪的，应当由处分决定机关对公务员违纪的情况进行调查，并将调查认定的事实及拟给予处分的依据告知公务员本人。公务员有权进行陈述和申辩。处分决定机关认为对公务员应当给予处分的，应当在规定的期限内，按照管理权限和规定的程序作出处分决定。处分决定应当以书面形式通知公务员本人。（4）惩戒后果：公务员在受处分期间不得晋升职务和级别，其中受记过、记大过、降级、撤职处分的，不得晋升工资档次。受撤职处分的，按照规定降低级别。（5）惩戒的解除：公务员受开除以外的处分，在受处分期间有悔改表现，并且没有再发生违纪行为的，处分期满后，由处分决定机关解除处分并以书面形式通知本人。解除处分后，晋升工资档次、级别和职务不再受原处分的影响。但是，解除降级、撤职处分的，不视为恢复原级别、原职务。

4. 晋升。晋升是指行政机关依据法定的原则和程序提升公务员职务的制度。我国公务员的晋升制度包括以下具体内容：（1）晋升原则。公务员晋升职务，应当具备拟任职务所要求的思想政治素质、工作能力、文化程度和任职经历等方面的条件和资格。（2）晋升秩序。公务员晋升职务，应当逐级晋升。特别优秀的或者工作特殊要求的，可以按照规定破格或者越一级晋升职务。（3）晋升程序。公务员晋升领导职务，按照下列程序办理：民主推荐，确定考察对象，组织考察，研究提出任职建议方案，并根据需要在一定范围内进行酝酿；按照管理权限讨论决定；按照规定履行任职手续。公务员晋升非领导职务，参照前述规定的程序办理。公务员晋升领导职务的，应当按照有关规定实行任职前公示制度和任职试用期制度。公务员在定期考核中被确定为不称职的，按照规定程序降低一个职务层次任职。

5. 培训。培训是使公务员适应工作职责和素质需要的培养训练制度，公务员培训情况和学习成绩是公务员考核的内容和任职、晋升的依据之一，参加培训是公务员的基本权利之一。国家采取分级分类的公务员培训措施，即对新录用人员应当在试用期内进行初任培训；对晋升领导职务的公务员应当在任职前或者任职后一年内进行任职培训；对从事专项工作的公务员应当进行专门业务培训；对全体公务员应当进行更新知识、提高工作能力的在职培训，其中对担任专业技术职务的公务员，应当按照专业技术人员继续教育的要求，进行专业技术培训。国家有计划地加强对后备领导人员的培训。

6. 职务交流。国家实行公务员交流制度，公务员交流，是指国家行政机关根据工作需要，或者公务员的个人意愿，通过法定形式，变换公务员的工作岗位，从而使公务员职务关系或工作关系得以产生、变更或终止的一种人事管理活动。[1]公务员可以在公务员队伍内部交流，也可以与国有企业事业单位、人民团体和群众团体中从事公务的人员交流。交流方式包括调任、转任和挂职锻炼。调任是国有企业事业单位、人民团体和群众团体中从事公务的人员调入行政机关担任领导职务或者副主任科员以上及其他相当于职务层次的非领导职务。转任是指国家公务员因工作需要或者其他正当理由在国家行政机关内部的平级调动。如跨地区、跨部门的调动。转任意味着公务员原任职务的免除和新任职务的开始。《公务员法》第65条规定，公务员在不同职位之间转任应当具备拟任职位所要求的资格条件，在规定的编制限额和职数内进行。对省部级正职以下的领导成员应当有计划、有重点地实行跨地区、跨部门转任，对担任机关内设机构领导职务和工作性质特殊的非领导职务的公务员，应当有计划地在本机关内转任。挂职锻炼是以培养锻炼为目的选派公务员到下级或者上级机关、其他地区机关以及国有企业事业单位担任职务。公务员在挂职锻炼期间，不改变与原机关的人事关系。公务员应当服从机关的交流决定。

7. 回避。回避是指行政机关为保障公务员公正地执行公务，对具有法定情形的公务员进行特殊任职安排的制度。我国公务员的回避制度包括以下具体内容：（1）任职回避：国家公务员之间有夫妻关系、直系血亲关系、三代以内旁系血亲以及近姻亲关系的，不得在同一机关担任双方直接隶属于同一行政首长的职务或

---

〔1〕 陈斯喜、郑淑娜：《〈中华人民共和国公务员法〉释义及适用指南》，中国言实出版社2005年版，第170页。

者有直接上下级领导关系的职务，也不得在其中一方担任领导职务的机关从事组织、纪检、监察、审计、人事、财务工作。因地域或者工作性质特殊，需要变通执行任职回避的，由省级以上公务员主管部门规定。（2）公务回避：国家公务员执行公务时，涉及本人或者涉及与本人有公务员法所列亲属关系人员的利益关系的，影响公正执行公务或者有其他可能，必须回避。（3）地区回避：国家公务员担任县级以下地方人民政府领导职务的，一般不得在原籍任职，民族区域自治地方人民政府的国家公务员除外。法律另有规定的除外。公务员有应当回避情形的，本人应当申请回避；利害关系人有权申请公务员回避。其他人员可以向机关提供公务员需要回避的情况。

机关根据公务员本人或者利害关系人的申请，经审查后作出是否回避的决定，也可以不经申请直接作出回避决定。

（三）行政公务员职务的消灭

一般说来，引起国家公职关系消灭的法律事实包括以下几个方面：

1. 退休。公务员达到法律规定的年龄或者符合法律规定的其他条件，依法应当或者可以退休。当公务员退休之后，其与国家之间的公职关系即终止。根据《公务员法》第87、88条的规定，公务员达到国家规定的退休年龄或者完全丧失工作能力的，应当退休。公务员符合下列条件之一的，本人自愿提出申请，经任免机关批准，可以提前退休：（1）工作年限满30年的；（2）距国家规定的退休年龄不足5年，且工作年限满20年的；（3）符合国家规定的可以提前退休的其他情形的。

2. 辞职。辞职是指公务员因某种原因自愿辞去公职，进而彻底终止其与国家之间的公职关系。根据我国《公务员法》的规定，公务员享有辞职权。公务员辞职，应当向任免机关提出书面申请；任免机关应当自接到申请之日起30日内予以审批。对领导成员辞去公职的申请，应当自接到申请之日起90日内予以审批。公务员有下列情形之一的，不得辞去公职：未满国家规定的最低服务年限的；在涉及国家秘密等特殊职位任职或者离开上述职位不满国家规定的脱密期限的；重要公务尚未处理完毕，且须由本人继续处理的；正在接受审计、纪律审查，或者涉嫌犯罪，司法程序尚未终结的；法律、行政法规规定的其他不得辞去公职的情形。

担任领导职务的公务员，因工作变动依照法律规定需要辞去现任职务的，应当履行辞职手续。担任领导职务的公务员，因个人或者其他原因，可以自愿提出辞去领导职务。领导成员因工作严重失误、失职造成重大损失或者恶劣社会影响的，或者对重大事故负有领导责任的，应当引咎辞去领导职务。领导成员应当引咎辞职或者因其他原因不再适合担任现任领导职务，本人不提出辞职的，应当责令其辞去领导职务。

3. 辞退。辞退是指行政机关在具备法定条件下单方面解除其与公务员之间的公职关系。根据我国《公务员法》第 83 条规定，公务员有下列情形之一的，予以辞退：在年度考核中，连续两年被确定为不称职的；不胜任现职工作，又不接受其他安排的；因单位调整、撤销、合并或者缩减编制员额需要调整工作，本人拒绝合理安排的；旷工或者因公外出、请假期满无正当理由逾期不归连续超过 15 天，或者一年内累计超过 30 天的。但有下列情形之一的公务员，不得辞退：因公致残，被确认丧失或者部分丧失工作能力的；患病或者负伤，在规定的医疗期内的；女性公务员在孕期、产假、哺乳期内的；法律、行政法规规定的其他不得辞退的情形。辞退公务员，按照管理权限决定。辞退决定应当以书面形式通知被辞退的公务员。公务员辞职或者被辞退，离职前应当办理公务交接手续，必要时按照规定接受审计。

4. 开除。开除是行政机关对严重违法失职的公务员予以开除其国家公职和不再保留公务员资格的一种处分行为。公务员凡是被开除的，其与国家之间的公职关系即告终止。行政公务员被开除的条件即为上述的惩戒条件，具体开除的程序与要求，适用于《行政机关公务员处分条例》[1] 的规定。

5. 罢免。罢免是权力机关对其选举或者决定任命的公务员因违法失职而免去其行政职务和不再具有国家公务员身份的行为。公务员凡是被罢免的，其与国家之间的公职关系即告终止。

6. 丧失作为公务员的基本资格。公务员死亡或丧失行为能力，或丧失中国国籍或被判处刑罚时，即意味着他已失去作为公务员的基本资格，不能再担任行政公职，国家公职关系即告终止。

（四）行政公务员职务的物质保障

物质保障是指公务员的工资福利保险制度。

1. 工资。是国家根据按劳分配原则，以法定货币形式支付给公务员的劳动报酬，是公务员劳动创造价值的货币表现，用以保障公务员消费支出的需要，激励公务员更好地完成本职工作。

《公务员法》第 73～75 条规定，公务员实行国家统一的职务与级别相结合的工资制度。公务员工资制度贯彻按劳分配的原则，体现工作职责、工作能力、工作实绩、资历等因素，保持不同职务、级别之间的合理工资差距。公务员工资包括基本工资、津贴、补贴和奖金。公务员按照国家规定享受地区附加津贴、艰苦

---

〔1〕 该条例于 2007 年 4 月 4 日国务院第 173 次常务会议通过，自 2007 年 6 月 1 日起施行。

边远地区津贴、岗位津贴等津贴。公务员按照国家规定享受住房、医疗等补贴、补助。公务员在定期考核中被确定为优秀、称职的，按照国家规定享受年终奖金。公务员工资应当按时足额发放。公务员的工资水平应当与国民经济发展相协调、与社会进步相适应。国家实行工资调查制度，定期进行公务员和企业相当人员工资水平的调查比较，并将工资调查比较结果作为调整公务员工资水平的依据。任何机关不得扣减或者拖欠公务员的工资。

2. 福利。福利是对行政公务员的基本生活需要所给予的必要保障，是为解决公务员的生活困难而设立的一项制度，是公务员工资制度的补充。根据《公务员法》的相关规定，公务员享受福利待遇的项目有：公务员实行国家规定的工时制度；按照国家规定享受休假，公务员在法定工作日之外加班的，应当给予相应的补休；其他福利制度，主要包括由单位提供上下班交通服务及娱乐设施、食堂、卫生设施等集体性福利制度。行政公务员福利制度改革的趋势是，将提高工资与改善福利相结合，坚持福利货币化、透明化、规范化的方向，实行合理的福利待遇，使公务员的福利待遇与现行工资制度相配套，与时代同步，从而鼓励公务员长期为国家服务，乐于为人民服务。

3. 保险。公务员保险制度，是指国家通过立法程序建立的，对暂时或者永久丧失劳动能力的公务员给予物质帮助的社会保障制度。根据《公务员法》的规定，国家建立公务员保险制度，保障公务员在退休、患病、工伤、生育、失业等情况下获得帮助和补偿。公务员因公致残的，享受国家规定的伤残待遇。公务员因公牺牲、因公死亡或者病故的，其亲属享受国家规定的抚恤和优待。

为保障行政公务员履行职位所需要的物质保障，《公务员法》做出了明确的规定，即任何机关不得违反国家规定自行更改公务员工资、福利、保险政策，擅自提高或者降低公务员的工资、福利、保险待遇。公务员工资、福利、保险、退休金以及录用、培训、奖励、辞退等所需经费，应当列入财政预算，予以保障。

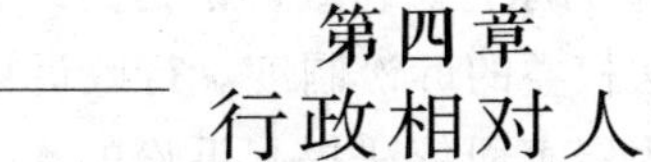

第四章 行政相对人

第一节 行政相对人概述

一、行政相对人的概念和特征

（一）行政相对人的概念

对行政相对人的涵义不同的教材有不同的表述，许多学者是从行政相对人与行政主体之间的权利义务关系这一本质联系进行界定的，它表达下列含义：

1. 行政相对人不是一般意义上的公民、法人或者其他组织，它是公民、法人或者其他组织的一种特定身份，这种身份只运用在行政活动中，表明他们是行政法律关系中与行政主体对应的另一方主体。

2. 行政相对人是参与行政法律关系的公民、法人或者其他组织。

3. 行政相对人是行政法律关系中不具备或不行使国家权力的公民、法人或者其他组织。例如，叶必丰教授在《行政法学》一书中指出：行政相对人简称相对人，是指在行政法律关系中不具有行政权或不行使行政权、与行政主体相对应的一方主体。〔1〕胡建淼教授也在《行政法学》中指出，相对人是行政相对人的简称。它是指在具体的行政管理关系中处于被管理一方的当事人，确切地说，是与行政主体及其行政人相对应的一方主体。〔2〕以上这些观点都是从行政相对人与行政主体之间的权利义务关系来进行界定的。

综合以上观点，我们认为，行政相对人简称相对人，是指在具体的行政法律关系中与行政主体相对应的另一方当事人，即处于被管理地位上的组织或个人。例如：在税收关系中，税务机关是行政主体，纳税的单位或个人就是相对人。

行政相对人是一个学理概念，而不是一个法律概念。我国《行政处罚法》、

〔1〕参见叶必丰：《行政法学》（修订版），武汉大学出版社2003年版，第154页。

〔2〕参见胡建淼：《行政法学》，法律出版社2003年版，第129页。

《行政复议法》、《行政诉讼法》和《国家赔偿法》中使用的“公民、法人和其他组织”一词，是与行政相对人的提法相通的，只是“公民、法人和其他组织”的提法是出自静态角度，“行政相对人”则是出自动态角度。

（二）行政相对人与相关概念的区别

1. 行政相对人与行政诉讼中的原告。行政诉讼是为纠正和理顺被扭曲的行政法律关系、保护行政相对人合法权益的诉讼制度。行政诉讼的原告是认为自己的合法权益受到行政主体行政行为侵害而依法提起诉讼的人。因此，具有原告资格的人在实体地位上都应是行政相对人，即只有行政相对人才能成为行政诉讼的原告。但是行政相对人又不等同于行政诉讼中的原告，行政相对人的范围要大于行政诉讼中原告的范围。这是因为：（1）有些行政案件依照《行政诉讼法》的规定不属于行政诉讼的范围，这使得一部分行政相对人不可能成为行政诉讼的原告；（2）一些行政相对人放弃或者由于耽误起诉期限等原因而丧失原告资格，因此这部分行政相对人也不能成为行政诉讼的原告；（3）我国现行行政诉讼法律制度规定，只有对具体行政行为不服而提起的诉讼才属于行政诉讼的受案范围。也就是说，只有具体行政相对人才具有行政诉讼原告的主体资格，而抽象行政相对人则不具备行政诉讼原告的主体资格；（4）在行政法律关系中，行政相对人对行政主体的行为没有异议，那么他们就不会对行政主体提起行政诉讼，他们也就不会是行政诉讼的原告。

2. 行政相对人与“公民、法人和其他组织”。我国行政立法上经常出现“公民、法人和其他组织”一词，并以此指称行政主体的相对一方。正是因为行政立法上的这种规定，人们往往倾向于把公民、法人和其他组织与行政相对人在同等的意义上加以使用。

公民、法人和其他组织虽然可能在其存续期间反复成为不同行政主体的行政相对人，但并不是任何公民、法人和其他组织在任何情况下都能成为行政相对人，换句话说，只有在特定情形下的公民、法人和其他组织才是行政相对人。因此，不能简单地把公民、法人和其他组织与行政相对人等同。

（三）行政相对人的特征

1. 行政相对人是在外部行政法律关系中与行政主体相对应的当事人，它与行政主体共同构成行政法律关系主体。行政相对人作为行政法律关系中的一方当事人，并不仅仅是指公民，它可以是法人或其他组织。

2. 行政相对人是在外部行政管理中处于被管理一方的当事人，不具有行政管理权，但这并不是说相对人就是行政法律关系中的义务人。虽然相对于行政主体而言，行政相对人处于被管理的一方，但被管理一方的当事人不能等同于义务人。行政相对人在行政法律关系中既履行义务也同样享有权利。而且，行政主体的权利义务与行政相对人的权利义务是相辅相成的，在行政法律关系中没有无权利只有义务的行政相对人，也不存在只有权利而没有义务的行政相对人。

3. 行政相对人是相对的，而不是绝对的。相对人只是在具体的外部行政法律关系中表明其地位的相对主体，而不是某种固定的、抽象的法律资格。我们说某个公民是行政相对人，只是说他在某一具体行政法律关系中是相对人，而在其他情况下，他可能是民事关系的当事人；说某一个行为机关是行政相对人，是指它在某一个具体的行政法律关系中为相对人，或许在另一个行政法律关系中它可能是行政主体。因此说某一个行政相对人不是一种永恒的无条件的相对人。

二、行政相对人的范围

依照法律、法规的规定，公民、法人和其他组织都能够成为行政相对人。在特定情况下，在我国的外国人、无国籍人、外国组织也可成为行政相对人。[1]

（一）公民

这里的“公民”是指具有中华人民共和国国籍的人，即中华人民共和国公民。公民是最主要、最经常、最广泛的行政相对人。行政主体实施行政管理的绝大多数领域，都将公民纳入行政管理的对象。因此，公民是行政法律关系中最常见的主体之一。

公民在行政法律关系中的地位是通过其与行政主体之间的权利和义务的内容体现出来的。宪法和法律是规定公民享受权利和履行义务的根本和基本的法律规范依据，行政法规和地方性法规是目前公民享受权利和履行义务的主要法律规范依据。作为被管理者，在不同的行政管理领域，依据各自相应的法律、法规规定，公民具有与各个行政机关相对应的权利和义务。甚至在有些领域，如治安、户籍、出入境等方面，只有公民才能成为行政相对人。

（二）法人

法人是与自然人相对称的一个法律概念。是指依法独立享有民事权利和承担民事义务的组织。法人也是行政法律关系中的主体，可以成为行政相对人。能够成为行政相对人的法人包括企业法人、事业法人、社团法人和机关法人。企业法人、事业法人和社团法人是经常性和普遍性的行政相对人，其法律地位和身份使其在社会活动中要接受政府有关部门的管理，形成行政管理关系。机关法人是指具备法人条件的国家机关。国家机关由于职能及其职权职责性质的关系，一般不

---

〔1〕 胡锦光：《行政法学概论》，中国人民大学出版社2006年版，第49～50页。

作为行政相对人，但在一定条件下也能成为行政相对人，如国家机关可以成为审计、物价、土地、城建等行政管理领域的行政相对人。

（三）其他组织

其他组织是由主管机关批准成立或认可，能够从事一定生产经营或其他活动但不具备法人资格的经济组织或社会组织。随着经济的发展，许多国家都出现了介于公民个人和法人之间的组织形态，被称为“非法人组织”、“非法人单位”、“其他经济组织”等，我国行政法律制度将其称为“其他组织”。其他组织在行政管理活动中，作为行政法律关系中的行政相对人，其类型主要有：经国家主管部门批准或认可的从事一定生产或经营活动的经济实体，如个人合伙组织、合伙联营组织、企业法人的分支机构等；经主管机关批准或认可的正处于筹备阶段的企业、事业单位和社会团体等。

（四）外国人、无国籍人和外国组织

某些特殊情况下，在我国境内依照我国法律规定享有行政法权利，承担行政法义务，参加行政诉讼时具有行政相对人同等诉讼权利与义务的外国人、无国籍人和外国组织，也可以成为我国的行政相对人。例如，《中华人民共和国外国人入境出境管理法》是专门调整关于外国人进出我国国境行为的行政管理关系的法律，在这一法律关系中，外国人就成为我国国境管理机关的相对一方。此外，在治安管理、征收个人所得税等行政管理领域，外国人都能成为行政相对人。

但是，将外国人、无国籍人和外国组织作为我国的行政相对人，使其具有行政相对人的权利和义务，即实行同等原则的同时，也应依法实行对等原则，即如果我国公民在某国受到某方面的权利限制，则该国公民在我国也要受到相应的权利限制。

三、行政相对人的分类

根据不同的标准，可以把行政相对人分为不同的种类。

（一）直接行政相对人和间接行政相对人

依据行政相对人与行政主体行政行为的关系为标准，可以把行政相对人分为直接行政相对人和间接行政相对人。直接行政相对人是行政主体行政行为的直接对象，其权益受到行政行为的直接影响，如行政许可、行政给付的申请人，行政征收的被征收人，行政处罚的被处罚人等。间接行政相对人是行政主体行政行为的间接对象，其权益受到行政行为的间接影响，如治安管理处罚关系中受到被处罚人行为侵害的被害人，行政许可关系中其权益可能受到许可行为不利影响的与申请人有利害关系的人，行政给付关系中依靠给付对象抚养的给付对象的直系亲属等。直接行政相对人和间接行政相对人都是行政相对人，其权益受到行政行为侵害都可以依法申请行政救济，但法律规定的救济途径、方式、地位会有所区别

（二）一般相对人与特定相对人

这是以行政行为的对象是否确定为标准划分的。一般相对人是指受行政主体依职权作出的行政行为影响的某一类不特定的公民、法人和其他组织，通常是抽象行政行为的相对人。如行政主体依职权对环境质量、产品质量、公共设施、社会治安等方面的管理而制定普遍适用的行政规范性文件的行为，都是针对某一类不特定的公民、法人和其他组织的。又如国家物价管理部门对某些物品的价格作出限定，它针对的就是不特定的相对人。特定的相对人是行政行为所指向的、可确定的对象，是与行政主体有特定权利义务关系的公民、法人和其他组织。这类相对人在范围上明确、具体，通常是具体行政行为的相对人。如公安机关对违反社会治安管理的违法者作出行政拘留的行政处罚，海关对报关人的货物进行查验等。

（三）个体行政相对人与组织行政相对人

依据行政相对人是否具有一定的组织形式为标准，可以把行政相对人分为个体行政相对人和组织行政相对人。个体行政相对人不一定是单个的个人，在一定的具体行政法律关系中，行政主体的行为可能涉及多个个人，只要这些个人不构成一定的组织实体，相互之间不存在组织上的联系，即使这些个人数量再多，它仍然是个体行政相对人，而不是组织行政相对人。

1. 个体行政相对人。作为行政相对人的个体主要是指自然人，如行政许可、行政征收、行政给付、行政强制等，自然人都可以成为这些行政行为的直接或间接对象，从而作为行政管理法律关系的行政相对人。

行政公务员在执行公务时是行政主体的代表，但其在非执行公务时则具有公民的身份，同样要接受各种有关的行政管理，成为行政管理法律关系中的行政相对人。

外国人和无国籍人处在中国境内时，必须服从中国的法律，接受中国的行政管理，从而要与行政主体发生各种行政法律关系，成为行政管理法律关系中的行政相对人。

2. 组织行政相对人。作为行政相对人的组织，主要指各种具有法人地位的企业组织、事业组织和社会团体，包括在我国取得法人资格的外国组织。首先，行政主体对社会、经济、文化等各项事业进行管理，其主要对象是各种法人组织。行政主体为实现行政管理目标，经常要对各种法人组织实施各种行政行为，如批准、许可、授予、免除、征收等。在这些行政行为所引起的行政管理法律关系中，

法人组织都处于行政相对人的地位。其次，除了法人以外，非法人组织也可以成为行政管理法律关系中的行政相对人。所谓“非法人组织”，是指仅有有关部门认可，准许其成立和从事某些业务活动，但不具备法人条件，没有取得法人资格的社会团体或经济组织，它们虽然设有代表人或负责人，但不一定具有独立的财产、营业机构和组织章程。

国家机关在行使相应国家职权时，是国家职权行为的主体，不能成为行政相对人。但国家机关实施非职权行为或处在非行使职权的场合、领域时，则同样要接受相应行政主体的管理，相应行政主体同样可以依法对之实施有关的行政行为。在这种场合，国家机关就处于与一般法人或非法人组织同样的地位，是作为行政相对人身份与行政主体发生法律关系。

第二节　行政相对人的法律地位

传统行政法中，行政法律关系的主要形态是单一的“命令－服从”模式，政府的角色只是“守夜人”。行政法主要是基于行政机关与相对人之间的对立性，无论大陆法系以行政权为主导的理念还是英美法系以限制行政权为主导的理念都是以不同方式反映这种对立性的。为了维护公共利益、建立稳定的社会秩序，行政主体与相对人直接的管理关系也就是必然的了。在这种直接的管理关系中，行政行为是行政机关作为主权者对公民所作的最终命令，因而，也就形成了人们很熟悉的“行政机关权力—相对人义务”的关系形式，它以命令与执行、决定与服从、强制与被强制为基本特征，是一种不对等的、以行政主体为主导的行政法律关系形式。行政相对人只是处于一种从属、消极、被动的法律地位。现代行政法中，行政相对人的法律地位已经有所转变，相对人已经转变成为拥有独立、积极、主动的法律地位。甚至可以说行政相对人是行政主体依法行政的约束力量和合作力量，这“使我们评判行政主体是否依法行政，着重点并不只限于行政主体是否自己守法，而应以行政主体是否依法对行政相对人行政”，〔1〕由此，行政相对人的法律地位从过去的从属、消极、被动转变为现代的独立、积极、主动，就其内容而言主要是行政相对人权利和义务的变化。

一、行政相对人的权利

行政相对人在行政法上享有的权利，是宪法赋予当事人的基本权利在行政管

---

〔1〕 方世荣：《论行政相对人》，中国政法大学出版社2000年版，第172～173页。

理领域中的具体化。关于行政相对人的权利，我们比较赞同方世荣教授的界定，即行政相对人的权利是由行政法所规定或确认的，在行政法律关系中由行政相对方享有、并与行政主体的义务相对应的各种权利。行政相对人的权利是行政法所设定或确认的相对人在行政程序中予以行使的权利，可以由相对人自由行使或放弃，这一点与行政权力不同。相对人的权利是与行政主体的义务相辅相成的，相对人的权利同时构成行政主体的义务。

根据我国有关的行政法律规范，行政相对人在行政法上大致有以下权利：

1. 行政参与权。行政相对人享有可通过合法途径参加国家行政管理活动以及参加行政程序的权利。行政参与权有三项内容：（1）参加国家行政管理的权利。如公民经国家公务员考试程序进入国家公务员队伍，参加国家行政管理；（2）参与行政程序的权利。我国《行政处罚法》所规定的听证制度便是相对人参与行政程序的一项内容；（3）了解行政信息的权利。相对人有权知道与己有关的行政信息，法律、法规另有规定的除外。

2. 行政协助权。行政相对人有主动协助国家行政管理的权利。该权利包括三项内容：（1）报告权。发现应该让行政主体知道并由行政主体处理的事件发生，相对人有权向行政主体报告；（2）制止权。相对人对一切违反行政法律规范的行为有权予以制止；（3）扭送权。相对人有权把正在发生实施行政违法或实施完毕正想逃跑的行为人依法扭送到有关国家机关。

3. 行政保护权。行政相对人的人身和财产有获得国家行政的合法、正当、平等保护的权利，所以，当相对人的人身权和财产权受到不法侵害时，被侵害人有权要求有关行政机关提供行政保护，否则，相对人有权依据《行政诉讼法》第11条的规定提起行政诉讼。

4. 行政受益权。行政相对人有权依据法律从行政主体中获得某种利益，这些利益可以包括财产利益、人身利益和其他各种利益。例如，行政相对人可以依法提出实施某种社会优待，如申请抚恤金、补助金、救济金等。行政相对人还可以申请发给有关证照或进行登记，如颁发许可证、营业执照等行政许可证件，或申报专利、商标注册、结婚登记、户口登记、姓名或名称变更登记等。

5. 隐私保护权。行政主体在行政活动中，非经法定程序，不得公开相对人的隐私。相对人享有对自己的隐私保密的权利，行政主体有为相对人的隐私保密的义务。

6. 行政监督权。行政相对人对国家行政工作享有监督权。根据我国《宪法》、《行政复议法》和《行政诉讼法》，公民、法人和其他组织享有对行政工作的建议和批评权，对不法工作人员的控告和揭发权，对具体行政行为的申请复议和提起行政诉讼的权利。

7. 抵制违法行政行为的权利。行政相对人对行政主体实施的明显违法的行政行为有权依法予以抵制。如《行政处罚法》第49条规定："行政机关及其执法人员当场收缴罚款的，必须向当事人出具省、自治区、直辖市财政部门统一制发的罚款收据；不出具财政部门统一制发的罚款收据的，当事人有权拒绝缴纳罚款。"

8. 申请救济权利。行政相对人对行政主体和行政公务人员行使职权和实施职务行为，认为违法侵犯其合法权益的，有请求保护和救济的权利。行政相对人对行政主体作出的具体行政行为不服，可以通过行政复议、提起行政诉讼、要求行政赔偿等途径解决。即使行政主体的行政行为合法，但却使行政相对人的合法权益受到损失的，行政相对人也有权依法获得相应补偿。

二、行政相对人的义务

没有无权利的义务，同样也没有无义务的权利。行政相对人在行政法上享有一定的权利，同时也必须履行行政法上的义务。

1. 遵守行政法律秩序的义务。行政法对社会关系的调整，形成了行政法律秩序，如交通秩序、教学秩序等。相对人有义务遵守这些行政法律秩序，否则将受到行政主体的处罚。

2. 服从行政命令的义务。行政主体管理意志通过各种行政命令表现出来，相对人必须服从行政主体的命令。遇行政命令不当或不合法时，在通过法律程序改变或撤销之前，相对人不能抗拒执行。

3. 协助行政管理的义务。对相对人来说，行政协助既是一项权利也是一项义务。行政主体从事国家行政管理活动事关社会和国家利益，因此，相对人有协助行政管理的义务，即对行政主体及行政公务人员的行为加以配合。例如《中华人民共和国药品管理法》第64条规定："药品监督管理部门有权按照法律、行政法规的规定对报经其审批的药品研制和药品的生产、经营以及医疗机构使用药品的事项进行监督检查，有关单位和个人不得拒绝和隐瞒。"

4. 遵循法定程序要求的义务。在请求行政主体作出一定行为时，如申请办理营业执照、申请行政复议等，或者行政主体要求其作出一定行为时，如纳税、征用财产等，行政相对人应遵循法律、法规规定的程序、手续和时限等的要求，否则会承担相应的法律责任。

5. 接受行政监督的义务。在行政管理活动中，行政相对人有义务向行政主体提供有关材料以及报表、账册等，有义务接受行政主体依法实施的检查、审查、检验、鉴定、登记、统计、审计等监督。

6. 履行生效行政决定的义务。行政行为的主要效力之一是行政行为的执行力，因此行政行为一经生效，行政相对人就应当履行行政行为中为其所规定的各项义务。例如，行政决定拆除违章建筑的自动拆除义务，行政处罚中缴纳罚款的义务等。

行政相对人的权利义务只是在行政活动范围内运用或履行的权利义务。当然，行政相对人由于存在的状态不同，所享有的权利和应当履行的义务也会有所不同。如自然人就由于其特定的属性享有人身自由权、生命健康权、申请结婚登记权等，企业法人享有申请颁发营业执照和经营自主权等，事业法人则享有自主发展权等。

三、完善行政相对人法律地位的法律制度

目前，我国已建立了一系列行政法律制度来保护相对人权益，发挥其积极性与主动性，提高其法律地位。尽管这些制度都起到了非常重要的作用，但仍存在一些不足，没有使相对人真正达到其应有的法律地位。为此，应进一步完善相对人法律地位的法律制度。

1. 行政立法的法律制度建设。目前，我国的行政立法制度仍缺乏民主性。行政立法的民主性主要是指行政立法民众参与和民意表达的程度，它是现代法治的民主化原则在行政立法环节的具体体现，是民主政治发展的必然要求。目前，我国行政立法程序基本上属于行政机关的内部工作程序，程序的“公开”、“民主”程度远未达到现代“行政法治”的要求。行政立法的民主参与，并非是一个绝对的原则，但是在制定涉及社会个体的切身利益、影响利益分配的行政法规或规章时，应切实考虑行政相对人的权利保护问题。

2. 行政程序法律制度建设。我国长期以来的法律传统是“重实体，轻程序”。随着民主、法治的发展，这一观念有所改变，但是行政程序法律制度仍很不完善，相对人的行政程序权利相对来说还是稀缺的，这使得相对人无法充分地表现其独立、积极、主动的一面，所以加强行政程序法律制度的建设对提高相对人的法律地位无疑具有重要的意义。

3. 行政监督机制的法律制度建设。我国对行政权的监督主要是通过相对人对具体行政行为提起行政复议和行政诉讼而完成的。不可否认，这两种监督，尤其是行政诉讼对相对人合法权益的保护、对行政权的监督、对维护行政法律秩序都起到了十分重大的作用。但是这两种监督机制还是存在着不足。在涉及相对人权利保障方面，两种监督方式均存在着受案范围过窄的问题。如抽象行政行为只是被有条件的纳入复议范围，而抽象行政行为目前还属于不可诉的范围。

因此，除了完善行政复议和行政诉讼外，我国还应进一步完善另外两种监督机制：一是权力机关的监督，二是社会公众的民主监督。这两种监督方式将会有效弥补行政复议和行政诉讼的不足，使行政权得到更合法合理的行使，同时也更好的保护行政相对人的合法权益。

4. 主要具体行政行为的法律制度建设。目前虽然有些具体行政行为有了具体的法律规范，如行政许可行为、行政处罚行为等。但还有一些主要类型的具体行政行为仍然缺乏必要规范，诸如行政强制、行政指导等具体行政行为都缺乏专门规范其权限、内容、程序、方式的法律。尽管从某种程度上讲，上述这些类型的具体行政行为并非完全缺乏依据，但是这些依据可以说是五花八门，从法律到法规，从规章到行政规范性文件，发布依据的机关更是参差不齐。因此，有必要建立健全规范这些类型具体行政行为的法律制度。

第三编

行政过程篇

第五章 行政行为概述

第一节　行政行为的概念

一、行政行为的概念

行政行为作为一个学术概念最先是由德国的行政法学鼻祖奥托·迈耶（Otto Mayer）进行提炼和概括的。目前它已成为各国行政法学中通用的一个基本范畴，但各国法律对其规定并不一致，学者们对其涵义的理解也不尽相同。应松年教授认为："行政行为是行政法中最重要、最复杂、最富实践意义、最有中国特色，又是研究最为薄弱的一环。"〔1〕我国行政法学界对行政行为的概念存在着多种不同的观点〔2〕，主要有行为主体说〔3〕、行政权说〔4〕、公法行为说〔5〕等。通说认为，行政行为是指具有行政权能的组织通过一定的意思表示行使行政职权或履行

〔1〕应松年：《行政行为法》，人民出版社 1993 年版，前言。

〔2〕参见姜明安：《行政法与行政诉讼法》，北京大学出版社、高等教育出版社 1999 年版，第 139～141 页。

〔3〕该说认为，行政行为是指行政机关的一切行为。也就是说，凡是行政机关的行为，包括行政机关运用行政权所作的事实行为和没有运用行政权所作的私法行为，都属于行政行为。如王名扬教授认为："以采取行为的机关为标准，行政行为行政机关所采取的全部行为，以区别于立法机关说采取的立法行为，和司法机关所采取的司法行为。"（参见王名扬：《法国行政法》，中国政法大学出版社 1989 年版，第 135 页。）

〔4〕该说认为，只有行使行政权的行为，即运用行政权所作的行为才是行政行为。行政权说认为行政行为是指行政机关运用行政权所作的行为，包括行政法律行为、行政事实行为和准法律行为，但不包括行政机关非运用行政权所作的私法行为。例如我国台湾学者张金鉴教授认为："行政行为系指行政机关或组织的构成人员依法推行职务及执行方案或计划的活动，换言之，亦是公务人员推行政令、处理公务的活动。"（参见张金鉴：《行政学新论》，三民书局 1982 年版，第 166 页。）

〔5〕公法行为说认为行政行为是指行政机关所作的具有公法（行政法）意义或效果的行为，此说将行政机关的私法行为和事实行为排除在行政行为的范畴之外。但因为对公法意义和效果的认识不同，该说又可以细分为全部公法行为说、行政立法行为除外说、具体行为说和合法行为说。

行政职责所实施的能产生法律效果（设定、变更或消灭行政法律关系）的法律行为。不具有行政权能的组织所作的行为，具有行政权能的组织非行使行政职权或履行行政职责所作的行为以及不产生法律效果的事实行为，一般都不属于行政行为。

二、行政行为的特征

特征，又称特点。特点一般都是通过比较的方式得出来的。我国的行政行为指的是行政法律行为。与行政法律行为最相近的概念是民事法律行为。和民事法律行为相比较，行政行为具有以下主要特征：

（一）从属性

我国的行政机关是国家权力机关的执行机关，其行政权与行政相对人的权利一样都来源于宪法和法律。行政行为作为具有行政权能的组织行使职权或履行职责的法律行为，其根本任务和目的是执行法律，因而行政行为（包括行政立法行为、行政执法行为和行政司法行为）必须根据并服从法律，受法律的监督，而不能凌驾于法律之上或游离于法律之外。因而和民事法律行为相比，我国的行政行为具有从属于与法律的性质，凡违背宪法和法律的行政行为必须承担相应的法律责任。

（二）公共服务性

传统行政法学认为行政行为在于管理，随着“以人为本”理念在我国的提出与落实，服务行政成为现代行政行为改革的方向。服务行政强调政府及其他公共行政主体必须为人民提供各种不同的服务，例如公共事业、社会救济、文教事业、社会保险等，使人民在衣、食、住、行等方面得到国家的“服务”与“照顾”，这种服务由保障公民的基本尊严到给公民提供尽可能多的帮助，服务行政无不体现以保障人权为核心价值。随着服务行政的出现，复杂的行政实践使得政府的强制作用逐步弱化，以弹性、柔和、便捷的方式，诸如行政合同、行政指导、预备性的行为、未完成的行政行为等非强制性、非正式的方式已经成为当代行政方式的新亮点，诸如行政机关所作出的与相对人或利害关系人之协议或对话、承诺或保证、行政调查、公告、提供信息、经济诱因行为、甚至私人行为等。因此行政行为目前并非单纯是一种主权者的命令，而是具有行政权能的组织在行政相对人的合作下所作的公共服务行为。民事法律行为也具有一定的服务性，但是民事法律行为的服务性不同于行政行为的服务性，行政行为追求的是国家和社会的公共利益，这与民事法律行为的主体主要追求自身利益是不同的。

（三）单方性

行政行为是具有行政权能的组织行使行政职权或履行行政职责而集合、维护和分配公共利益的活动，是由具有行政权能的组织代表公共利益所作的一种单方面意思表示。行政相对人虽然可以参与到行政行为的过程中，但其意志对于行政行为的成立不具有决定性的意义。尽管行政合同的出现显示出行政行为也有双方合意的成分，但和整个行政行为的庞大的体系相比，行政合同的双方合意性就显得微不足道了。另外，在行政合同行为中，行政主体还是享有很多单方性的特权。因此，与民事法律行为由双方当事人意思表示一致相比，行政行为具有单方性特点。

（四）强制性

行政行为是执行法律的活动，法律的强制性必然体现为行政行为的强制性。行政主体只能根据法律的规定作出意思表示，不具有完全的意志自由，行政相对人对行政行为必须服从和配合。如果行政相对人不予服从和配合，就会导致强制执行。尽管现代行政法学不再一味强调行政行为实施的强制性，而强调行政行为的可接受性和行政相对人的自愿接受，但这并不否定行政行为以强制性为后盾。这与民事法律行为的自愿性是不相同的。

（五）无偿性

行政行为是一种执行法律的公务活动，而执行公务活动的经费是国家无偿地向行政相对人征收的，既然行政相对人已经无偿地分担了公共负担，因而接受行政主体的公共服务也应当是无偿的。这与民事法律行为的有偿性是不同的。

三、行政行为的内容

行政行为的内容即行政行为所包含的意思和目的。行政行为作为一种法律行为，其法律意义上的作用就是产生、变更或消灭一定的法律关系，因此，行政行为的内容都与权利、义务有关。概括地讲，行政行为的内容主要包括以下几个方面。

（一）实现权利和义务

实现权利义务是指通过行政行为具体落实行政主体与相对一方各自的法定权利义务。法律、法规规定的权利义务需要一定的行为来得以实现，许多行政行为自然以实现权利义务为内容，其中行政主体的各种职权、职责均落实在其行政行为之中。如行政主体的行政处罚权就是通过行政主体的行政处罚行为来得以实现的，行政主体服务的义务则是通过其行政救助等行为来实现的。同时，在许多情况下行政相对人一方的法定权利义务也往往需要行政行为才能实现。这是因为，在行政管理中行政相对人有些法定的权利需要一定的程序才能实际享有，有些法定的义务需要一定的行政督促才能实际履行，这就需要行政行为发挥作用，行政主体的行政行为有相当一部分就是以实现相对一方权利义务为内容的。如行政许可行为就以实现申请人法定的应当准予获得的权利为内容；催缴和征税行为可以落实纳税人法定的应当履行的义务为内容。

（二）剥夺、限制权利和减、免义务

剥夺、限制权利是以行政行为取消、制约相对一方已经取得的某种权利。通常是相对一方有违法行为而予以的惩处，或是未及时履行应有的义务而予以的强制，也有的是因相对一方不再具备享有某种权利的前提条件而被取消权利。如没收财产、限制人身自由的行政处罚，查封、扣押财产的行政强制措施，停发政府救济金的行政决定等都是以此为内容的行政行为。减、免义务是以行政行为减、免相对一方原有的义务。通常是相对一方在承担原有法定义务之后，因外部情况发生变化，或因自身取得法定应受减免的条件，由行政主体依法予以义务上的减免。以减免义务为内容的行政行为如行政许可、行政决定等。

（三）确认和恢复权利、义务

确认和恢复权利义务是当权利义务出现争议纠纷时，以行政行为认定已被模糊和歪曲了的原有权利义务并使之恢复原状。以此为内容的行政行为主要有行政确认、行政裁决、行政复议、行政赔偿等等。

（四）确认法律事实

确认法律事实是以行政行为认定与某种权利义务有重要关系的法律事实。法律事实本身并不是权利义务，但它往往是得到某种权利义务的必要条件，通过行政行为确认之后，将必然地导致应有的权利义务关系。如行政主体对一公民作出属于未成年人的确认，就必然会使该公民进而享有未成年人应有的各种特定权利。行政主体以此为内容的行政行为有确认行为、鉴定行为、公证行为等等。

四、行政行为的分类

按照不同的标准可以对行政行为做不同的分类。

（一）抽象行政行为与具体行政行为

按行政行为针对的行政相对人是否特定为标准，可将行政行为分为抽象行政行为与具体行政行为。抽象行政行为是指具有行政权能的组织针对不特定行政相对人所作的具有普遍约束力的行政行为。它包括行政机关制定行政法规、行政规章和其他行政规范性文件的行为，主要是为不特定的行政相对人提供行为规范。具体行政行为是指具有行政权能的组织针对特定行政相对人适用行政法规范所作的，只对该特定行政相对人具有约束力的行政行为。具体行政行为包括行政执法行为和行政司法行为。行政执法行为是行政机关为了实现行政管理和行政服务而做出的行为，前者如公安机关对行政相对人的处罚行为，后者如为低保人员发放最低生活保障金行为。行政司法行为是行政机关居中做出裁决的行为，如行政裁决、行政仲裁、行政复议等行为。

划分抽象行政行为与具体行政行为具有重要的法律意义和理论意义。首先，它对确定和判断行政复议和行政诉讼的受案范围具有重要作用，决定着公民、法人或其他组织对行政行为不服能否提起行政复议和行政诉讼；其次，抽象行政行为与具体行政行为的主体、内容及效力的法律规定也是有所区别的；再次，划分抽象行政行为和具体行政行为，也是行政法学理论上对行政行为体系构成进行考察与研究的一种基本思路与方法。

（二）内部行政行为与外部行政行为

按行政相对人是否与行政主体具有行政上的隶属关系，可将行政行为分为内部行政行为与外部行政行为。内部行政行为是指行政主体对与自己具有行政上隶属关系的行政相对人就行政主体自身的内部行政事务所实施的行政行为，如行政主体对其公务人员所作的奖惩、任免等决定即是内部行政行为。外部行政行为是行政主体对与自己没有行政上隶属关系的行政相对人（社会上的公民、法人或其他组织）就行政主体自身以外的事务所作的行政行为，如行政机关实施的行政处罚、行政征收、行政强制和行政许可等行为，都是外部行政行为。

内部行政行为与外部行政行为的划分有其法律意义。按照《行政诉讼法》和《行政复议法》的规定，因外部行政行为引起的行政争议，行政相对人一般可以提起行政诉讼或申请行政复议。但对内部行政行为引起的行政争议，按我国《行政诉讼法》的规定，目前尚不能提起行政诉讼。对于内部人事行政争议，按照《公务员法》等法律的规定，内部行政相对人只能按照行政申诉的方式寻求救济。

（三）羁束行政行为与自由裁量行政行为

按行政主体在作出行政行为时受行政法规范约束的程度不同，可以将行政行为分为羁束行政行为与自由裁量行政行为。羁束行政行为是指行政法规范对行政行为的条件、范围和程序等方面均有明确、具体的规定，行政主体基本上没有选择、裁量余地，只能受行政法规范严格约束而作出的行政行为。如婚姻登记机关颁发结婚证的行政行为、税务机关按税法规定的税种和税率计征税额的行政行为等均是羁束行政行为。自由裁量行政行为是指行政法规范对行政行为的条件、范围和程序等方面的规定并不确定、具体，而是有一定的范围，行政主体在遵守行政法规范的同时，还具有一定的选择、裁量余地。行政主体可以根据实际情况在法定的范围内作出选择并作出相应的行政行为，如公安机关对具有违反治安管理行为的行政相对人，根据实际情况在《治安管理处罚法》规定的警告、罚款或拘留中选择具体的罚种，在1元以上200元以下选择具体的罚款数额，在1日以上15日以下选择具体的拘留日期等，都是自由裁量的行政行为。

羁束行政行为和自由裁量行政行为的分类，对分析和认定行政行为的合法性和公正性具有一定的意义。在法律适用上，羁束行政行为一般只存在合法性问题，而自由裁量行政行为不仅存在合法性问题，而且还存在合理性问题。

（四）依职权行政行为与依申请行政行为

按行政主体能否在没有行政相对人申请时主动实施行政行为，可以将行政行为分为依职行政行为和依申请行政行为。依职行政行为又称主动行政行为或积极行政行为，它是指行政主体无需行政相对人的申请就能根据自身职权主动实施的行政行为，如行政处罚行为、行政强制行为等。依申请行政行为，又称为被动行政行为或消极行政行为，它是指行政主体只有在行政相对人提出申请后才能被动实施的行政行为，如行政许可行为等。

依职权行政行为与依申请行政行为划分的法律意义在于，依职权的行政行为在法定的情形出现时，行政主体必须作出行政行为，不依法作出行政行为构成行政不作为。依申请行政行为只有在行政相对人提出申请后才能被动实施，行政主体不能主动作出行政行为，否则构成滥用职权。应当说明的是，行政相对人的申请尽管也是一种意思表示，但因为最终决定权仍掌握在行政主体手中，所以依申请行政行为并不是双方行政行为。

（五）单方行政行为与双方行政行为

按行政行为的成立是否需要行政主体与行政相对人双方意思表示一致为标准，可以将行政行为分为单方行政行为与双方行政行为。单方行政行为是指行政行为仅由行政主体单方面的意思表示即可成立的行政行为，如行政处罚、行政征收、行政强制等。双方行政行为是指行政行为必须由行政主体和行政相对人双方意思表示一致才能成立的行政行为，如行政合同、行政委托等。

行政行为的这一分类对于我们了解不同行政行为的成立和生效条件是很有意义的，单方行政行为只要有行政主体的意思表示就可以成立并生效，而双方行政行为必须在行政主体和行政相对人双方意思表示一致后才能成立并生效。

（六）附条件行政行为与不附条件行政行为

按行政行为的生效是否附有一定的条件为标准，可以将行政行为分为附条件行政行为与不附条件行政行为。附条件行政行为，又称附款行政行为，它是指行政主体根据实际需要在行政法规范规定以外附加一定生效条件的行政行为。不附条件行政行为，又称无附款行政行为，它是指行政主体对行政行为的生效在行政法规范以外没有附加其他条件的行政行为。行政行为所附的条件是指行政主体根据实际需要规定的、决定行政行为效力是否发生的、某种将来的不确定事实或行为，如一定的期限、上级行政机关的批准等。行政行为的这一分类，对于分析行政行为的效力何时产生、变更和消灭具有一定的意义。

（七）授益性行政行为与损益性行政行为

按行政行为的内容对行政相对人是否有利为标准，可以将行政行为分为授益性行政行为和损益性行政行为。授益性行政行为，又称有利行政行为，它是指能为行政相对人带来权利或利益的行政行为，通常表现为行政主体为行政相对人设定权益或免除义务，如行政奖励、行政许可、行政救助等即是授益性行政行为。损益性行政行为，又称为不利行政行为或负担性行政行为，它是指给行政相对人带来不利后果的行政行为，通常表现为行政主体为行政相对人设定义务或剥夺、限制其权益。

行政行为具有重要的法律意义，比如对于损益性行政行为，行政主体在作出前应当告知当事人即将作出该行为的事实依据和法律依据，给予对方已陈述和申辩的机会，如果作出行政行为的公务员与该行为有利害关系，还应当主动或依申请回避，即行政主体作出损益性行政行为时应当恪守正当程序。而对于行政主体作出的授益性行政行为，超过法定的时效期限后，即使违法，行政主体也不能随意加以撤销或变更。

（八）要式行政行为与非要式行政行为

按行政行为产生法律效力是否必须具备法定形式为标准，可以将行政行为分为要式行政行为与非要式行政行为。行政行为的法定形式有利于准确地载明行政主体的意思表示，体现行政行为的严肃性，分清责任，促进依法行政。要式行政行为是指行政法规范要求必须具备特定形式才能产生法律效力的行政行为，如发布行政法规必须采用国务院令的形式，行政许可必须具有特定的许可证形式等。非要式行政行为是指行政法规范没有要求产生法律效力必须具备特定形式的行政行为，如口头通知行为、表示同意或不同意的身体姿势等，都是非要式行政行为。行政行为的这一分类有利于正确把握不同行政行为的成立和生效条件。

（九）作为行政行为与不作为行政行为

按行政主体对待自己法定职权和职责的态度不同，可以将行政行为分为作为行政行为与不作为行政行为。作为行政行为是指行政主体积极运用行政法规范规定的职权或职责而形成的行政行为，如行政机关进行行政检查、行政征收、行政处罚、行政强制、颁发执照和许可证等，均是作为行政行为。不作为行政行为是指行政主体消极对待行政法规范规定的职权或职责，在法定期限或合理期限内拒不履行或拖延履行法定职责所形成的行政行为，如对行政相对人的请求不予答复等。行政行为的这一分类对于我们全面把握行政行为的各种形态，尤其是较为隐蔽的不作为行政行为，健全相应的审查规则，全面监督行政主体依法行使职权和履行职责具有十分重要的意义。

（十）平时行政行为与紧急行政行为

按实施行政行为背景条件的不同，可以将行政行为分为平时行政行为与紧急行政行为。平时行政行为是指行政主体在平常时期实施的行政行为，而紧急行政行为是指行政主体在紧急情况下所实施的行政行为。这一分类的意义在于，紧急行政行为可以不受一般条件下行政权运行规则的制约。

第二节　行政行为的成立要件与合法要件

一、行政行为的成立要件

行政行为的成立要件，是指构成一个行政行为所必须具备的条件，它是行政行为与非行政行为的判别标准。关于行政行为的成立要件，行政法学界存在着不同的认识。[1] 我们认为，行政行为的成立要件主要有以下几个方面：

（一）行政行为的主体必须是行使行政权能的组织

权能是指法律主体作出某种行为的权利能力或行为资格，而行政权能则是指某一法律主体执行法律，作出行政行为的权利能力或行为资格。行政权能是行政行为成立的主体要件或资格要件。行政权能与行政主体并不能完全等同，它可以由法律赋予行政机关和社会组织，也可以由行政主体分解、确定给内部行政机构和公务员，甚至还可以由行政主体委托给一定的组织或者个人。行政主体（行政机关和法律、法规授权的组织）当然是具有行政权能的组织，但不是行政主体的组织或个人，如行政机构、行政公务人员、受委托的组织或个人，在符合法定条件时都有可能成为具有行政权能的组织或个人，换句话说，具有行政权能的组织并不限于行政主体，行政主体以外的其他组织或个人也可能具有行政权能。具备行政权能的行政主体以外的组织或者个人，虽然不是行政主体，但其所作的行为却可能是一个行政行为。对于行政主体以外具有行政权能的组织或个人所作的行

---

〔1〕 参见王名扬：《法国行政法》，中国政法大学出版社 1989 年版，第 149 页；姜明安：《行政法与行政诉讼法》，北京大学出版社、高等教育出版社 1999 年版，第 149～153 页；方世荣：《论具体行政行为》，武汉大学出版社 1996 年版，第 26～31 页；陈新民：《行政法学总论》，三民书局 1995 年版，第 206～217 页；周伟："对行政行为概念的反思"，载《河南省政法管理干部学院学报》2008 年第 1 期。

政行为，为了确定其法律上的主体或责任的承担者，可以视为或推定为所在行政主体的行为，或者视为进行委托的行政主体的行为。正因为如此，我们仍然可以说行政行为是行政主体所作的行为。但只有在一个行为已经按行政权能要件可以认定为行政行为或职务行为的条件下，才能作这样的推定，在一个行为是否能够认定为行政行为或职务行为尚未确定的条件下，就不能作这样的推定。如果用一个性质不明的行为去推定一个不确定的主体，则会导致严重的法律错误。因此，作为行政行为的主体性构成要件，只能表述为“行政权能的存在”，而不能表述为“实施行为的主体是行政主体”。否则，在实践中就有可能导致把属于行政行为范畴的行为排除在行政行为之外的结果。所以，只有具备行政权能的组织或者个人所作的行为才可能是行政行为，不具备行政权能的组织或个人所作的行为就不是行政行为，是假行政行为，如超市与商场规定的偷一罚十、小区与村委会规定的“此地倒垃圾罚款100元”的规定，以及保安对公民作出的强制行为等就不是行政行为。

（二）行政行为的本质必须是行政权的实际运用

行政行为必须是对行政权的实际运用，即具有行政权能的组织行使行政职权或履行行政职责所作的行为。运用行政权是以享有行政权能为前提的。因此，只有享有行政权能并实际上运用行政权所作的行为才是行政行为；而具有行政权能的组织或个人所作的与行使行政职权或履行行政职责无关的行为，如行政机关购买办公用品或修建办公楼的行为，因为不是行政权的实际运用，所以就不是行政行为。对行政权的实际运用是行政行为成立的权力要件。应当注意的是，无权限的行为，并非都是行政行为，也并非都不是行政行为。因为无权限的行为包括根本没有行政权能的组织所作的行为，如普通公民或企业法人所作的行为；行政主体完全或明显超出事务管辖范围所作的行为，如教育行政机关根本不具有行政拘留权却作出拘留决定的行为；具有行政权能但不是行政主体的组织或个人（如行政机构或公务员）所作的行为。其中，根本没有行政权能的组织所作的行为肯定不是行政行为，行政主体完全或明显超出事务管辖范围所作的行为，具备行政行为成立的资格要件和权力要件，即具备行政权能并实际上已经运用了行政权（尽管所行使的行政权并不在自己法定权限范围内），如果同时具备行政行为的其他成立要件，就属于行政行为。当然，这是一种超越权限的违法行政行为。具有行政权能但不是行政主体的组织或个人所作的行为，是主体资格有瑕疵（非实质性资格欠缺）的行政行为，属于可补正（即可事后追认或确认）的行政行为。如果将非行政行为包括在行政行为的范围之内，会导致国家承担不应承担的赔偿责任；如果将属于行政行为的行为排除在行政行为的范围之外，则不利于保护行政相对人的合法权益。

（三）行政行为的内容必须是能产生法律效果的行为

行政行为作为一种法律行为，是具有行政权能的组织代表国家执行法律的一种内在意思表示，只有当这种意思表示具备了确认或证明某种法律事实和法律关系是否存在，或者为行政相对人设定、变更或消灭某种权利义务关系的内容和效果时，才具有法律意义而构成行政行为。法律效果的存在是行政行为成立的内容要件。如果一个行为没有设定、变更或消灭行政相对人的某种权利义务，或者尚未形成或完成对行政相对人的某种权利义务的设定、变更或消灭，则该行为不具有法律意义，不是行政行为。如果一个行为并不具有法律效果，即使该行为是由具有行政权能的组织或个人运用行政权所作的行为，如行政主体运用行政权所作的事实行为，也不是行政行为。需要特别指出的是，确认或证明某种权利义务关系，使其从不稳定或不明确状态趋于稳定或明确，也是一种产生法律效果的行为，例如交通事故责任认定、房屋产权登记等行政确认、行政证明行为均属于行政行为。

（四）行政行为必须是以一定的意识表示表现于外部的行为

行政行为是具有行政权能的组织或个人代表国家执行法律的一种内在意志，这种内在的意志必须通过一定的表示行为使其外在化和客观化，即应有一定的意思表示行为。这种意思表示行为的客观存在是行政行为成立的形式要件或客观要件。行政主体只有将自己的意志通过语言、文字、符号或行动等行为形式表示出来，并告知行政相对人后，才能成为一个行政行为。如果行政主体的意志还没有表现出来，或者还没有告知行政相对人，就无法被外界所识别，就应视为行政行为不存在或不成立。

总之，行政行为的成立必须同时具备主体要件、权力要件、内容要件和形式要件。否则，该行为就不成其为行政行为，而可能是行政法学上所称的“假行政行为”。

二、行政行为的合法要件

行政行为的合法要件，是指合法行政行为所必须具备的法定条件。具备合法要件的行政行为，才能最终稳定地产生法律效力，不符合或不完全符合合法要件的行政行为，即使事先推定其合法而具有效力，但终究要被有权机关依法定程序予以撤销，使其丧失效力。行政行为的合法要件分为一般合法要件和特殊合法要件，行政行为的特殊合法要件需在部门行政法中加以研究，此处只对行政行为的一般合法要件作些说明。行政行为的一般合法要件主要包括：

（一）行为主体必须合法

合法行政行为必须是由合法取得行政权能的组织作出的行政行为。具体地说，合法行政行为的主体必须是合法成立的国家行政机关、法律法规合法授权的组织或者行政机关依法委托的组织。此外，如果是合议制行政机关，还应由合法的公务员召集和主持会议讨论，出席会议的人员符合法定要求，并以法定多数表决通过。代表行政机关实施行政行为的公务人员，必须是合法取得公务人员身份的人员。不具备行政权能的组织或者个人所作的行为既然不是行政行为，当然也不可能是合法的行政行为。

（二）行政权限必须合法

合法行政行为必须是具有行政权能的组织在其法定的行政权限范围内实施的行政行为。行政机关之间依法具有一定的权限分工，不同的行政机关具有不同的行政权限，行政权限通常按照事务、地域和级别等方面确定。行政机关必须在自己的事务管辖权、地域管辖权和级别管辖权的范围内作出行政行为，被授权组织必须在授权范围内，被委托组织必须在委托范围内作出行政行为。具有行政权能的组织在法定的行政权限范围外作出的行政行为，是超越职权的不合法行政行为。

（三）行政行为的依据必须合法

行政机关作出具体行政行为，应当正确适用法律、法规。只有正确适用法律、法规，才能准确定性并作出相应的处理决定，可见，正确地适用法律、法规是具体行政行为合法有效的必备要件之一。不同的法律、法规以及法律、法规中不同的条文，是根据不同性质的情况和事实而设定的不同的规范。如果行政机关作出具体行政行为时，适用法律、法规错误，就意味着相应具体行政行为没有正确的法律根据或者缺少必要的法律根据，造成定性或者处理结果上的错误。所谓适用法律、法规错误，是指行政机关在作出具体行政行为时，适用了不应该适用的行政法规范。在行政管理实践中，由于行政事务的复杂性，行政法规范的多样性以及行政公务人员对行政法规范的认知程度有限等因素的影响，适用法律、法规错误的情形经常发生。

适用法律、法规错误的表现形式主要有：第一，本应适用此法律、法规却适用了彼法律或法规，如向个体户征收所得税，本应适用《个体企业所得税法》却适用了《集体企业所得税法》；第二，本应适用某法律、法规中的某个条款却适用了另外的条款，如某个体户对前来征税的执法人员予以殴打致其轻微伤，本应适用《治安管理处罚法》第 50 条以妨碍执行公务的行为进行处罚，却适用了《治安管理处罚法》第 43 条以殴打他人致轻微伤的行为进行处罚；第三，违反了法律规范冲突的选择适用规则，如应适用高位阶的行政法规范却适用了低位阶的行政法规范，本应适用新法却适用了旧法，本应适用特别法却适用了一般法，本应适用已生效的法却适用了尚未生效的法。从实质上讲，适用法律、法规错误，除了某些技术性的错误以外，通常表现为行政机关对事实的定性错误，对法律、法规适用范围或效力的把握错误，对法律、法规的原意、本质含义或法律精神理解、解释的错误，或者有意片面适用有关法律、法规等。

（四）行为程序必须合法

合法行政行为必须是符合法定程序的行政行为。行政程序是行政法规范规定的行政主体作出行政行为必须遵循的步骤、顺序、方式、方法和时限。行政行为程序合法要求行政主体实施行政行为不能缺少法定的步骤，不能颠倒法定的顺序，不能超过法定的期限。另外，行政行为程序合法还包括形式和方法合法。行政行为的形式是指行政法规范规定行政主体作出行政行为必须采取特定的书面形式，如行政法规必须采用国务院令的形式发布，行政处罚必须制作特定的行政处罚决定书。要式行政行为必须具备法律所要求的形式才是合法的行政行为，非要式的行政行为则没有这方面的要求。依法应听证而未举行听证，或者先裁决后调查取证的行政行为是违反法定程序的行政行为，都是不合法的行政行为，不能产生相应的法律效力。

（五）行为内容必须合法

合法行政行为必须是内容合法、适当、真实和明确的行政行为。行政行为的内容合法，是指行政行为对权利义务的处理必须完全符合法律、法规的规定，包括符合法律规定的目的、原则和条件等。行政行为内容适当，是指行政行为必须公正、合理、符合客观实际，不存在滥用职权的情况。行政行为的内容真实，是指行政行为必须基于行为主体的真实意思表示，行为主体因重大误解而作的行政行为，受行政相对人欺骗、胁迫而作的行政行为，行政公务人员故意歪曲行政主体的决定而作的行政行为等，都是行政主体非真实意思表示的行为，它们不具有合法性和有效性。行政行为的内容明确，是指行政行为所表达的内容清楚、具体，不存在模棱两可，使行政相对人无所适从的情形。

总之，合法行政行为必须同时具备上述要件。应特别说明的是，合法行政行为与有效行政行为是不能完全等同的。合法行政行为都是有效的，但有效行政行为并不一定都合法。这是因为，行政行为形式上或主体上的瑕疵，尽管也是一种违法，但都是可予补正的，经补正后其效力并不受影响。只有当行政行为具有权限和内容上的违法及严重的程序违法时，行政行为才不应发生法律效力。同时，对某些授益性的违法行政行为，行政相对人在法定救济期限内没有提起行政诉讼，从而使相应行政行为发生形式上的确定力，为了保护行政相对人的信赖利益，这种违法的行政行为也可以使其具有法律效力。

第三节　行政行为的效力

行政行为的效力是指行政行为所发生的法律效果。行政行为只有发生预期的法律效果才能达到其应有的目的和作用，因此，行政行为的效力是一个非常重要的问题。行政行为的效力通常表现为它产生特定的法律约束力和强制力。这种约束力和强制力要求行政主体和行政相对人双方都必须遵守和服从，否则就要承担法律责任。

一、行政行为的效力内容

行政行为的效力是行政行为所发生的法律效果，通常表现为某种特定的法律约束力和强制力。行政行为的效力内容是指已经成立的行政行为具有哪些法律效力。行政法学界对于行政行为的效力内容的看法并不一致，通说认为行政行为的效力内容包括公定力、确定力、拘束力和执行力四个方面。

（一）公定力

行政行为的公定力是指行政行为一经成立，不论是否合法，即对任何人都具有被推定为合法有效而予以尊重的一种法律效力。从时间方面看，行政行为的公定力发生在行政行为成立之后，而且行政行为一旦成立即具有这种效力。从对象方面看，行政行为的公定力是一种“对世”的法律效力，它并不仅仅是对行政主体和行政相对人双方而言的一种法律效力，而是对包括行政主体和行政相对人在内的任何机关、组织和个人而言的一种法律效力。公定力表现为一种尊重义务。它要求一切机关、组织或个人对行政主体所作的行政行为都予以尊重，不能任意否定。从性质方面看，行政行为的公定力是一种被推定或假定为合法有效的法律效力。一方面，已经成立的行政行为具有被推定为合法有效的法律效力，行政相对人必须服从，即使行政相对人认为行政行为违法，也不能直接抵制行政行为并否认其效力。除非行政行为具有重大、明显违法的情形，在法定机关依法定程序使之失效前，都应对行政行为作合法有效的推定，正像刑法上的无罪推定一样。另一方面，公定力毕竟是对行政行为合法有效的一种推定，并不意味着行政行为绝对合法有效，国家有权机关可以在法定权限内依法定程序宣布已经成立的行政行为违法或者无效。行政行为之所以具有公定力，一旦成立即被推定为合法有效，是因为“行政行为作为公共利益合法代表的行政主体所作的一种意思表示”，其目的是维护公共利益，社会对行政主体的地位和作用应予充分信任和尊重。只有在行政行为成立时推定其合法有效，才能迅速稳定权利义务关系，有效维护社会秩序，最大限度地实现公共利益。

应当指出的是，公定力不同于行政行为的先定力。先定力实际上就是行政行为的单方性。就内容而言，先定力是行政主体的意志对行政相对人意志的一种支配力。就时间而言，先定力发生在行政行为成立以前，是行政意志形成过程中即行政行为实施过程中的一种法律效力。就主体而言，先定力只能针对行政相对人。并且，先定力并不是一种推定的而是实在的法律效力。因为先定力发生在行政行为成立之前，所以，我们认为先定力不是行政行为的效力内容。

（二）确定力

行政行为的确定力，又称为行政行为的不可改变力，它是指已成立并生效的行政行为对行政主体和行政相对人所具有的不受任意改变的法律效力。行政行为的确定力以其公定力为前提，是从行政行为的公定力引申出来的一种重要法律效力。行政行为的确定力是一种对行政主体和行政相对人双方而言的法律效力。对行政主体的确定力，称为实质确定力，“自缚力”或者“一事不再理”。它要求行政主体不得任意撤销、变更、重作或废止自己所作的行政行为，否则应承担相应的法律责任。这是因为，行政行为是行政主体向行政相对人所作的设定、变更或消灭权利义务的一种承诺。行政主体有义务信守和兑现自己的承诺，否则就损害了行政相对人对这种承诺的信任。对行政相对人的确定力称为形式确定力或不可争力。它要求行政相对人不得任意请求撤销、变更、重作或废止已成立并生效的行政行为，否则，其请求将不被受理。这是因为，行政行为的内容必须得到及时的实现，行政相对人对此必须及时作出信任或接受与否的有效表示。

确定力是相对的。行政主体如果发现自己的行政行为确实具有违法情形，可依法予以撤销、变更、重作或废止，但对受损害的行政相对人应依法承担相应的法律责任。行政相对人也可以在法定期限内，按照法定程序向法定国家机关请求撤销、变更、重作或废止行政行为。

实质确定力有利于使个人利益免受反复无常的行政专横或行政随意性的损害，形式确定力则有利于行政意志的实现和权利义务的稳定。确定力的相对性，则有利于对真正有违法情形的行政行为的解除，使行政相对人免受一次性行政武断的持续危害。

（三）拘束力

行政行为的拘束力是指已成立并生效的行政行为所具有的约束和限制行政主体和行政相对人行为的法律效力。拘束力是对行政主体和行政相对人双方而言的，对他人不具有拘束力。拘束力是一种约束力、限制力，即要求行政主体和行政相对人遵守的法律效力。发生拘束力的是行政行为所设定的权利义务，而不是事实的认定、法律的适用。拘束力所直接指向的是行为，拘束力对行政主体而言，要求其对自己所作的行政行为应予以严格遵循而不得超越于该行为之外；对行政相对人而言，要求其行为应符合行政行为的规定而不得予以违反。具体而言，行政行为包括以下两个方面：

1. 对行政相对人的拘束力。行政行为主要是针对行政相对人的，它要对行政相对人的权利义务产生约束，而且行政相对人必须服从。行政相对人的行为如果违反了这种强制性规则，应承担相应的法律责任。

2. 对行政主体自身的拘束力。行政行为成立生效后，行政主体也受其拘束，必须依照行政行为的内容履行自己的职责，否则要承担相应的法律责任。

（四）执行力

执行力是指行政行为成立生效后，行政主体依法有权采取强制手段使行政行为的内容得以实现。行政行为的内容只有得到实现才具有实际意义，因而行政行为的执行力是行政行为效力的一个不可缺少的部分。行政行为的执行力与其他法律效力一样，是一种潜在于行政行为内部的法律效力，而不是根据这种执行力而采取的，表现于行政行为外部的执行行为或强制措施。执行力是对行政主体和行政相对人双方而言的一种法律效力。行政主体和行政相对人双方对行政行为所设定的内容都具有实现的权利义务。当该行政行为为行政相对人设定义务时，行政主体具有要求行政相对人履行义务的权利，行政相对人负有履行义务的义务。当该行政行为为行政相对人赋予权利即为行政主体设定义务时，行政相对人具有要求行政主体履行义务的权利，行政主体负有履行义务的义务。执行力作为实现行政行为内容的效力，其实现方式有两种，即自行履行和强制履行。其中，对行政相对人的强制履行，行政主体可依法直接强制执行或申请人民法院强制执行；对行政主体的强制履行通常应由行政相对人通过行政复议或行政诉讼实现。因此，执行力可以分为自执行力和强制执行（实现）力。

需要明确的是：（1）行政行为具有执行效力，并不等于行政行为都必须强制执行，如果行政相对人自动履行了行政行为所要求的义务，就不存在强制执行的问题。一般来说，必须是在行政相对人无正当理由而拒绝履行义务的情况下，行政行为才需要予以强制执行；（2）行政行为具有执行力，并不是说都要立即执行，有些行政行为可以立即执行，有些则可以根据条件暂缓执行。行政行为的执行力使行政行为的生效实行“不停止执行原则”，即行政行为一旦作出，除特殊例外情况可以有条件地暂停执行外，一般都不予停止执行。无论行政相对人对行政行为是否存在异议，或是相对人正处于申请行政复议、提起行政诉讼期间都是如此。这种对行政行为执行力的保障，主要是为了维护国家权力的威严，保证行政管理活动的连续性和稳定性。

二、行政行为的生效

行政行为的生效，分析的是行政行为的时间效力问题，即行政行为从何时起开始发生法律效力的问题。

行政行为的生效研究的是行政行为从何时开始发生法律效力的问题。一般而言，行政行为一经作出就具有法律效力，行政行为自作出之时即开始发生法律效力。但是，行政行为作出之时，行政相对人并不一定能立即知晓，行政相对人并不知晓的行政行为对其不能产生法律效力，因而，行政行为的生效时间根据情况不同可以分为即时生效、告知生效、受领生效和附款生效。

即时生效。即时生效是指行政行为一经作出立即产生法律效力。某些行政行为之所以能即时生效，是因为它们一经作出，行政相对人就能立即知晓。此类行政行为一般是行政主体当场作出的，或者是在紧急情况下作出的，其适用范围较窄，一般适用于紧急情况，如在特定地区强行驱散人群，对醉酒的人实施人身管束。即时生效的行政行为通常没有书面形式，行为作出就是生效的开始。

告知生效。告知生效是指行政行为作出之时并不立即生效，还要待行政主体向行政相对人告知行政行为的内容后，行政行为才能生效。告知是指行政主体采用一定的方式让行政相对人知道行政行为内容的行为。比较简单的行政行为可以用口头方式告知，而比较复杂的行政行为则要以书面的方式告知。一般说来，抽象行政行为自公布之日起生效，在抽象行政行为未明确规定生效时间时，视为自公布之时起生效。

受领生效。受领生效是指行政行为作出之时并不立即生效，还要待行政行为送达并经行政相对人受领之后才能生效。受领是行政相对人对行政行为的接收、知悉和领会。受领与告知的区别主要在于：告知所强调的是行政主体的告知行为，受领所强调的是行政相对人的接收、领会或真正知道。受领之时，即为行政相对人接收、知悉或领会之时。告知之时与受领之时，有时是一致的，但有时并不一致。其中，口头告知和公告告知的，告知之时多为受领之时。送达告知的，以行政相对人亲自或其成年家庭成员代为签收之时为受领之时，行政相对人为法人或其他组织时则以收发室（人员）签收之时为受领之时，送达的方式包括直接送达、留置送达、转交送达、邮寄送达和委托送达等。送达时，行政相对人拒绝签收的，则以证明人证明的送达之时为受领之时。行政行为一经送达即视为行政相对人受领，从而发生法律效力。具体行政行为多数是从受领之时起生效的。未告知生效时间的具体行政行为，则以行政相对人真正知道之时起生效。

附款生效。附款生效是指附款行政行为在作出时并不立即生效，而是要待附款所定法律事实发生之时才能生效。行政行为附款所定的法律事实，有的是事先能够确定或预定的，如一定期限的届满；有的则是事先无法完全预定的，如洪涝灾害的发生（洪涝灾害可以作为减免一定税收行政行为的附款）。

应当指出的是，上述生效时间是仅就行政相对人而言的，行政行为对行政主体的生效时间是行政行为的成立之时。也就是说，法律就行政行为的生效时间对行政主体规定了严格的要求。此外，行政行为的确定力、拘束力和执行力，可以自行政相对人受领或附款所定法律事实发生之时起开始发生，但行政行为的公定力均自行政行为成立之时起发生。

三、行政行为的瑕疵及其后果

行政行为的瑕疵是指行政行为不具备或不完全具备合法有效要件。有瑕疵的行政行为，因为其瑕疵的程度不同，所引起的效力后果也不同。

（一）行政行为的撤销

行政行为的撤销是指行政行为具有无效以外的其他违法情形，由有权国家机关作出撤销决定而使之失去法律效力。行政行为撤销不同于行政行为的无效，无效的行政行为，自始至终无效；而可撤销的行政行为只有在撤销之后才失去效力，尽管这种失效通常可以一直追溯到行政行为作出之日，但行政相对人却在撤销决定作出之前一直要受该行政行为约束。而且，可撤销的行政行为不一定必须被撤销，行政相对人申请行政复议或提起行政诉讼均有一定时限，超过此时限即不能申请撤销相应行政行为，除非行政机关主动撤销或有权机关通过法定监督途径撤销。

1. 行政行为撤销的条件。行政行为具有下列情形之一的，可以予以撤销：

（1）合法要件缺损。合法的行政行为必须具备主体合法、内容合法、权限合法、程序合法和形式合法等要件。某个行政行为如果缺损其中的一个或多个要件，就是可撤销的行政行为。

（2）不适当。不适当是指行政行为具有不合理、不公正、不符合现行政策、不合时宜、不合乎有关善良风俗习惯等情形。不适当的行政行为在很多情形下同时是不合法的行为，从而可以“违法”为由予以撤销。但在有些情况下，不适当的行政行为并不违法。因此，“不适当”亦可成为撤销行政行为的条件之一，应特别说明的是人民法院一般不能以“不适当”为由撤销行政行为。

2. 有权撤销行政行为的主体。有权撤销行政行为的主体包括：

（1）由国家权力机关行使监督权予以撤销；

（2）经行政复议机关作出复议决定予以变更和撤销；

（3）由上级行政主体行使监督权予以变更和撤销；

（4）经行政诉讼由人民法院判决予以撤销和变更；

（5）因发现确有错误，由作出该行政行为的行政主体自己变更和撤销。

3. 行政行为撤销后的法律结果。行政行为撤销后，将会产生以下几种法律结果：

（1）行政行为撤销通常使行为自始失去法律效力，但根据社会公共利益的需要或行政相对人是否存在过错等情况，撤销也可仅使行政行为自撤销之日起向后失去效力。

（2）如果行政行为的撤销是因行政主体的过错引起，而因社会公共利益的需要又必须使行政行为的撤销效力追溯到行为作出之日起，那么，由此给行政相对人造成的一切实际损失应由行政主体予以赔偿。例如，行政主体违法批地给某企业盖房建厂，某企业本身无过错，后违法批准行为被有权机关撤销，已盖好的厂房因不符合城市建设规划而必须拆迁。为此，违法批地的行政机关应赔偿拆迁企业的损失。

（3）如果行政行为的撤销是因行政相对人的过错（如其通过虚报、瞒报有关材料而获取行政主体的某种批准、许可行为等）或行政主体与相对人的共同过错（如行政行为是在相对人行贿，行政公务人员受贿的情况下作出的）所引起的，行政行为撤销的效力通常应追溯到行政行为作出之日。行政主体通过行政行为已给予相对人的利益、好处均要收回；行政相对人因行政行为撤销而遭受到的损失均由行政主体予以适当赔偿；行政公务人员对行政行为的撤销具有过错时，应承担一定的内部行政法律责任，如接受行政处分等。

（二）行政行为的变更

行政行为的变更是指有权国家机关对具有违法内容的行政行为中的可分离部分作出予以改变的决定，从而使行政行为的该部分内容失去效力。行政行为因部分内容违法而变更，该被变更的内容自行政行为作出之时失去效力。

（三）行政行为的补正

行政行为的补正是指行政行为本来有违法的地方，但其违法程度比较轻微，不值得作为撤销理由来考虑时，或者由于日后情况变化，本来欠缺的合法要件已经得以补充时，将其视为合法行政行为对待。

（四）行政行为的废止

行政行为的废止是指本来具备合法要件的行政行为，因法律和政策的变化而不再适应新的社会情况，而由有权国家机关宣布废除并不再发生法律效力。

行政行为废止的条件。行政行为具有下列情形之一的，可以予以废止：

（1）行政行为所依据的法律、法规、规章、政策被有权机关依法修改、废止或撤销。作为行政行为依据的法律、法规、规章或政策被依法修改、废止或撤销，则相应行政行为失去了合法存在的基础，它的继续存在将与新的法律、法规、规章、政策相抵触，所以，行政主体必须废止原行政行为。

（2）行政行为针对的事项已不复存在或因情况有了较大变化而被行政主体终止。如行政行为已经执行完毕、行政行为执行的条件已经不复存在、作为行政相对人的公民已经死亡、行政行为的标的物已经灭失（如应拆除的房屋已经倒塌）等等。

（3）行政行为已完成原定目标、任务，实现了其历史使命，从而没有继续存在的必要。为此，行政主体应该废止原行政行为。

（4）期限届满。行政行为在附有存续期限的情况下，一旦期限届满，行为的效力即行终止。

（5）行政行为附有一定的解除条件，一旦条件具备，其效力即被终止。行政行为因条件成就而终止的，其法律效力自条件成就之日起丧失。行政行为自生效之时起至失效之时止，具有持续的法律效力。

行政行为废止的法律后果。行政行为废止后，将会产生以下几种法律后果：

（1）行政行为废止后，其效力自废止之日起失效。行政主体在行政行为废止之前已给予行政相对人的利益、好处不再收回；行政相对人依原行政行为已履行的义务亦不能要求行政主体予以任何补偿。

（2）行政行为的废止如果是因法律、法规、规章、政策的废除、改变、撤销或形势变化而引起的，且此种废止给行政相对人的合法利益造成了比较大的损失，行政主体应对其损失予以适当补偿。

四、行政行为的无效

行政行为的无效，是指行政行为具有重大、明显的违法情形，从而使其自始至终不发生法律效力的行为。

（一）行政行为无效的条件

我国目前尚没有制定统一的行政程序法，对行政行为无效的条件并无明确、具体的规定。根据外国有关行政程序法的规定，行政行为具有重大、明显的违法情形时，构成行政行为的无效。一般而言，行政行为如果具有下列情形之一的，有权国家机关可宣布该行政行为无效，行政相对人亦可抵制该行政行为，不受其约束。

1. 行政行为具有特别重大的违法情形。例如，某市政府命令一个因有爆炸危险而停止向外供气的煤气供应站立即恢复向外供气，此行政命令如果执行，将给人民生命财产造成重大的无法挽回的损失。相应煤气供应站就可以而且应该视此行政行为为一个无效行政行为，并对其不予执行。

2. 行政行为具有明显的违法情形。例如，我国《行政诉讼法》明确规定，只有法律才能规定某类行政行为为终局行政行为，排除行政相对人对其提起行政诉讼，法规、规章和规章以下的行政规范性文件均无权作此种规定。而某县人民政府却作出一个行政决定，规定其所作出的某类行政行为（如强制拆迁行为）属终局行政行为，行政相对人不准对之提起行政诉讼。此行政决定明显违反《行政诉讼法》的规定，因此，应视为无效的行政行为，自始不发生法律效力。此外，完全没有法律依据的行政行为，也是明显违法的，因而也是无效的。

3. 行政行为的实施将导致犯罪。例如，某乡政府为了吸引外商在该地投资，命令村民捕杀若干国家保护的珍稀动物招待外商。因捕杀此类珍稀动物的行为属犯罪行为，故该乡政府命令他人实施此种将导致犯罪的行为的行政命令是无效行政行为，行政相对人有权抵制而不予执行。

4. 不可能实施的行政行为。例如，某市政府为了发展旅游事业，改善游客住宿条件，以吸引游客，命令该市所有宾馆、旅馆、饭店在3日内将它们的蹲式厕所全部改建成抽水马桶式厕所。这项改建工程即使具备其他所有条件，其劳务工作量也至少需10天才能完成。因此，该行政命令是根本不可行的，从而属无效行政行为。

5. 行政主体受行政相对人胁迫或欺骗作出的行政行为。例如，行政机关工作人员在行政相对人武力威胁下颁发的许可证、执照或所作出的批准行为等，均是无效行政行为。

6. 行政主体不明确或明显超越相应行政主体职权的行政行为。例如，行政主体实施行政行为不表明身份，在行政决定上不署相应行政主体的名称，不盖印章，使行政相对人不能确定该行政行为的行政主体是谁，在该行为侵犯其合法权益时亦无法对之申请复议或提起行政诉讼。因此，此种行为应该认定为无效行政行为。至于超越职权的行政行为，如果其越权不是很明显，一般不宜认定为无效行政行为，而应该将之归入可撤销的行政行为。只有明显无权限而越权的行为，才应该认定为无效行政行为。例如，文化行政机关吊销烟酒公司的营业执照，工商管理机关对公民实施拘留等，这些行为都是显而易见的越权行为，因而属于无效行政行为。

（二）行政行为无效的后果

1. 行政相对人不受该无效行政行为拘束。对于无效行政行为，行政相对人可以不受该行为拘束，可以不履行该行为所确定的任何义务，并且不履行该行为所确定的义务也不会引起任何法律责任。

2. 行政相对人可以在任何时候请求有权国家机关宣布该行为无效。对于无效行政行为，行政相对人可以在任何时候请求有权国家机关（原行政机关、原行政机关的上级行政机关、权力机关、人民法院）宣布该行为无效，不受行政复议和行政诉讼时效期限的限制。

3. 有权国家机关可在任何时候宣布其行政行为无效。对于无效行政行为，有权国家机关（原行政机关、原行政机关的上级行政机关、权力机关、人民法院）可在任何时候宣布其行政行为无效，因为无效行政行为不具有公定力。

4. 行政相对人因无效行政行为而受到的一切损害均应予以恢复。行政行为被宣布无效后，行政相对人因无效行政行为而受到的一切损害均应予以恢复，行政相对人因无效行政行为而获得的一切权益均应收回，如此种收回给善意的行政相对人或者第三人的合法权益造成了损害，行政主体应予以赔偿，如因行政相对人过错、违法导致行政行为无效，使国家和社会公共利益遭受损失的，行政相对人应予以赔偿。总之，行政行为被宣布无效后，被行政行为改变的状态应尽可能恢复到行为作出以前的状态。

第六章 抽象行政行为

第一节 抽象行政行为概述

一、抽象行政行为的概念和特征

按行政行为的对象是否特定为标准，行政行为分为抽象行政行为和具体行政行为。其中，抽象行政行为可以从动态和静态两个方面来进行考察。从动态方面来看，抽象行政行为是指国家行政机关针对不特定的人和不特定的事实施的能够反复适用的具有普遍约束力的行政规则的行为。从静态方面来看，抽象行政行为是指国家行政机关针对不特定的人和不特定的事制定的能够反复适用的具有普遍约束力的行政规则，包括行政法规、行政规章和其他规范性文件等。

抽象行政行为具有以下特征：

1. 单方行政行为。抽象行政行为必须是由具有相应法定职权的行政主体实施的。行政主体实施抽象行政行为不需要同行政相对人达成合意。

2. 对象的普遍性。抽象行政行为具有普遍约束力，其针对的对象是不特定的人和不特定的事。也可以说由于抽象行政行为对不特定的人和不特定的事都有拘束力，故而其才具有普遍的约束力。

3. 效力的普遍性和持续性。效力的普遍性体现在它对某一类人和事具有约束力。效力的持续性体现在它不仅适用于当时的行为和事件，还适用于在将来发生的同类行为和事件。

4. 具有不可诉性。从目前我国行政法律规范来看，抽象行政行为具有不可诉性。尽管我国《行政复议法》规定了在对具体行政行为申请复议时可以要求附带审查抽象行政行为，然而附带审查的对象只能是某些特定的规范性文件，而不是全部的抽象行政行为。因此，并没有改变抽象行政行为的不可诉性。

二、抽象行政行为的分类

依据不同的标准，可以对抽象行政行为作不同的分类。对抽象行政行为最常见的分类是依据规范程度和效力等级的不同，将其分为行政立法行为和制定其他规范性文件行为。

1. 行政立法行为。一般而言，行政立法行政是指特定国家行政机关制定行政法规和行政规章的行为。行政法规包括国务院制定、发布的规范性文件；行政规章包括国务院各部委以及各省、自治区、直辖市的人民政府和省、自治区的人民政府所在地的市以及国务院批准的较大市的人民政府根据宪法、法律和行政法规等制定和发布的规范性文件。其中，国务院各部委制定的称为部门行政规章，其余的称为地方行政规章。

2. 制定其他规范性文件的行为。其他行政规范性文件是指各类国家行政机关为实施法律、执行政策在法定权限内制定的除行政法规、行政规章以外的具有普遍约束力的决定、命令及行政措施等。

三、抽象行政行为有效成立的要件

抽象行政行为的有效成立是指抽象行政行为在其完成了法定程序和具备法定要件后正式对外产生法律效力的情形。抽象行政行为有效成立一般要具备以下要件：

1. 原则上经享有相应行政职权的行政机关讨论决定。行政立法行为必须要经享有相应行政职权的行政机关讨论决定。我国《国务院组织法》第 4 条规定："国务院工作中的重大问题，必须经国务院常务会议或者国务院全体会议讨论决定。"其中行政立法属于国务院工作中的重大问题。其他规范性文件的制定行为有的要经相应相关的正式会议（如政府常务会议）讨论决定，有的要经相应相关的非正式会议（如办公会议）讨论决定，有的直接由行政首长签署即可，其成立不以经享有相应行政职权的行政机关讨论决定为必要条件。

2. 行政首长签署。行政首长签署是所有抽象行政行为成立的必备条件。《国务院组织法》第 5 条规定："国务院发布的决定、命令和行政法规，向全国人民代表大会或者全国人民代表大会常务委员会提出的议案，任免人员，由总理签署。"其他抽象行政行为的成立也必须由行政首长签署。需要指出一点，行政立法的签署必须是有相应行政机关的正职首长签署，而其他的抽象行政行为正职或副职首长均可签署。

3. 公开发布。公开发布也是所有抽象行政行为成立的必要条件。行政立法必须以行政首长令发布，并在法定刊物上登载，而一般抽象行政行为则可以以一般行政公文的形式发布，既可在正式出版物上登载，也可以以布告、公告、通告等形式在一定的公共场所或行政办公场所张贴，或者通过当地广播、电视等播放。

第二节　行政立法行为

一、行政立法概述

（一）行政立法的概念

鉴于各国政治体制及法律传统的差异，不同国家对行政立法这一概念的理解有所区别。例如，法国在1958年的《第五共和宪法》中所确立的行政立法的含义是：行政机关无须相对人的同意，制定普遍适用的行为规则的单方行为。其中，总统和总理所制定的规则称为命令，其他行政机关所制定的规则称为规定〔1〕。英国因其是“议会主权”国家，认为立法权只属于议会，议会以外的机关如需立法须有议会委任，议会以外的机关依据议会的授权而进行的立法便被称为“委任立法”。较之法国，英国的行政立法具有更加广泛的含义，不仅指行政机关依据议会授权实施的立法，而且包括有关法院、教会、社会团体依据议会决定制定法规的活动〔2〕。

在我国，行政立法是一个学理概念而并非法律条文中的专门术语。目前理论与实践领域，关于“行政立法”主要有三种理解。第一种是广义的理解，是指国家机关（包括国家权力机关）依法制定和发布有关行政管理的普通性规范的行为，即“立行政之法”。第二种是狭义的理解，是指特定的国家行政机关依据宪法和法律制定行政法规和规章的行为，即“行政机关之立法”。第三种是最狭义的理解，仅指国家行政机关制定和发布有关国家行政管理规范文件的行为，即“行政机关立行政管理之法”。第一种理解将国家权力机关的部分立法活动纳入了行政立法概念之中，与行政法学的一些基本概念不相符，失之过宽。第三种理解未能全面涵盖行政立法的内涵，难以满足实践需要，未免失之过窄。因而对行政立法较为统一的认识是第二种意见。我们认为，行政立法是指国家行政机关依照法定的权限和程序，制定行政法规和行政规章的行为。根据《宪法》、《地方组织法》和《立法法》的规定，行政立法主要是指国务院制定行政法规的活动；国务院各部、委员会、中国人民银行、审计署和具有行政管理职能的直属机构，省、自治区、直辖市人民政府以及省、自治区人民政府所在地的市，经济特区所在地的市和经国务院批准的较大的市的人民政府制定行政规章的活动。行政机关制定

〔1〕王名扬：《法国行政法》，中国政法大学出版社1988年版，第142页。

〔2〕王名扬：《英国行政法》，中国政法大学出版社1987年版，第561页。

规章以下的规范性文件的活动不属于行政立法的范畴，但属于抽象行政行为。

可从以下几个方面理解：

1. 行政立法的主体是特定的国家行政机关。行政立法具有行政行为的一般特征，遵循越权无效的原则，其主体只能是享有制定行政法规和规章权力的行政机关，并非所有的行政机关都享有行政立法权。根据我国《宪法》第89条，《国务院组织法》第10条，《地方组织法》第60条及《立法法》第71、73条的规定，行政立法的主体包括以下行政机关：国务院，国务院各部委，国务院具有行政管理职能的直属机构，省、自治区、直辖市和较大的市的人民政府。

2. 国家行政机关的立法权限是法定的。并非所有的行政机关都享有立法权，而享有立法权的行政机关也并非能对所有问题进行行政立法。这就要求行政机关必须依据宪法、法律和有权机关明确具体的授权而进行立法活动，不能越权立法，否则会给行政专横、行政腐败留有可乘之机，破坏国家法治。

3. 行政机关的立法活动必须遵循法定的程序。根据《立法法》、《行政法规制定程序条例》以及《规章制定程序条例》的规定，行政立法必须经过起草、征求意见、讨论、通过和公布等立法程序。这使得行政立法与行政处罚、行政许可等可由行政机关单方面作出决定的行政行为有所不同。

需要指出一点，行政立法与权力机关立法是有区别的。行政立法虽然具有立法性质，但是它不同于权力机关的立法，其所立之"法"处于权力机关所制定的法律之下的地位，不得与法律相抵触，属从属性立法。两者的区别主要表现在以下几方面：

1. 立法权力性质不同。国家权力机关制定、发布行政法律规范的活动，其本质是代表国家行使立法权的行为；而行政立法行为则是国家行政机关代表国家行使行政权的行政行为。但并非所有行政机关都有权进行行政立法，只有享有行政立法权的行政机关才能进行行政立法。

2. 立法规范的内容不同。国家权力机关的立法与行政立法有其各自的调整范围。根据我国的法律规定和立法实践，应由国家权力机关立法调整的，通常是有关国家生活重要领域中的重大问题。如涉及公民的基本权利和义务方面的，有关国家政治、经济、文化生活的基本制度的，国家行政制度，行使国家行政权的基本程序，以及其他应由国家权力机关立法规定的事项等。国家行政机关立法调整的，一般是上述范围外的有关行政管理的事项。但若经特别授权，上述范围内的事项也可由行政机关立法。行政立法重点是对国家社会经济生活、文化事务实施管理的问题。

3. 立法的效力不同。国家权力机关制定的行政法律，其效力仅次于宪法，而高于行政法规、规章，它是行政机关制定行政规范或从事行政行为的依据；而行政机关制定的行政法规和规章，其效力低于法律，且不能与法律相抵触，地方政府的规章同时不得与地方法规相抵触，否则无效。

4. 立法的程序不同。国家权力机关制定行政法律规范必须遵循宪法规定的严格立法程序，比行政立法程序正规、严格，更注重民主；行政机关的行政立法行为必须遵循特别的制定行政规范的程序，一般较简便、灵活，更注重效率。

（二）行政立法的特征

行政立法行为是行政主体的行政行为，这一行为是具有法的各种属性的立法行为，是一种“准立法行为”，与其他行政行为相比，具有以下特征：

1. 行政立法行为是国家立法权的具体体现，只不过这里的立法权是经宪法和法律规定或立法机关的授权而由国家行政机关行使。行政主体制定的行政法规和行政规章，并非代表行政主体的单位利益或团体利益，而是以国家名义制定的对整个社会的行政管理都适用的行为规则。

2. 行政立法所制定的行政法规和行政规章属于法的范畴，是法源性规范文件，可以作为人民法院审理行政案件时的依据或参照，即行政法规和行政规章具有司法适用性。根据我国《行政诉讼法》第53、54条的规定，人民法院审理行政案件以行政法规为依据，以行政规章为参照。行政主体创制的其他规范性文件是非法源性文件，不属于法的范畴，不具有司法适用性。

3. 行政主体所制定的行政法规和行政规章并不像法律一样涉及国家社会生活的各个方面，仅仅是国家在行政管理方面的立法，而且其效力低于宪法和法律，不得与宪法和法律相抵触。

4. 行政立法具备不受司法审查的特性，不具有可诉性。我国《行政诉讼法》第12条第2款规定，对行政法规、规章或者行政机关制定、发布的具有普遍约束力的决定、命令等提起的诉讼，人民法院不予受理。

（三）行政立法的性质

行政立法是特定国家行政机关进行的立法活动，兼具了行政和立法的双重属性。但它既区别于一般的行政执行行为，又与纯粹的国家权力机关的立法行为有所不同。

1. 行政立法的行政性，是由行政立法的行政管理性质所决定的。这主要表现在：（1）行政立法的主体是行政机关。行政立法是行政机关基于行政管理的需要由宪法规定或通过授权而获得的，这种专项、有限的立法行为是行政管理整体行为的一个组成部分，并不能取代专门立法机关的活动。（2）行政立法的目的是履行执行机关的职责。行政机关作为国家权力机关的执行机关，其基本职责就是贯彻执行宪法、法律所设定的国家目的。行政立法的目的就是保证、推进由宪法和法律所确定的国家目的的具体化。（3）行政立法是应行政管理的需要而产生的，其所调整的对象主要是行政管理事务。

2. 行政立法的立法性，是由行政立法所产生的法的效力所决定的。这主要表现在：（1）行政立法是由特定的行政机关代表国家以国家的名义制定社会规范的行为，旨在维护国家或公共利益。（2）行政立法所制定的行政法规或行政规章具有普遍性、规范性和强制性等法的基本特征，是由国家强制力保障实施的。（3）行政立法的程序强调系统性、科学性、民主性和稳定性，具有立法的形式特征，必须经过立项、起草、审查、决定、公布和解释等立法的程序。

行政立法的立法性使之有别于具体行政行为：第一，主体范围不同。行政立法的主体是享有行政立法权的特定行政机关，并非所有的行政机关都享有行政立法的权力；但是所有的行政机关以及法律、法规授权的组织都有实施一定具体行政行为的权力。第二，调整对象不同。行政立法所针对的是不特定的人和事，其调整的对象具有普遍性；而具体行政行为针对的是特定的人和事，其调整的对象具有个别性。第三，适用程序不同。行政立法作为一种立法，其程序较为严格、正规；而具体行政行为所适用的程序则相对简便、灵活。第四，实施效力不同。行政立法的实施效力具有持续性，并能够反复适用；但具体行政行为的实施效力却通常是一次性的。

（四）行政立法的分类

1. 职权行政立法和授权行政立法。以行政立法权取得的方式为标准，行政立法可以分为职权行政立法和授权行政立法。

职权行政立法是指行政机关依据宪法和组织法所赋予的行政立法权而进行的行政立法活动。根据宪法和组织法的规定，国务院、国务院各部委及省、自治区、直辖市的人民政府和较大的市的人民政府可以进行职权立法。行政主体通过职权立法所制定的行政法规和规章一般不能变通法律、法规的规定。

授权行政立法是指行政机关依据单行法律、法规或授权决议所授予的立法权而进行的立法活动。授权立法依其所授之依据不同，又可以分为两类：（1）普通授权立法，是根据单行法律、法规所进行的授权立法；（2）特别授权立法，是根据国家权力机关专门的授权决议所进行的授权立法。行政机关通过授权立法而制定的行政法规和规章可以对法律或法规的规定进行变通和补充，但必须以法律、行政法规的明确授权为限。

2. 执行性立法和创制性立法。以行政立法的功能为标准，行政立法可以分为执行性立法和创制性立法。

执行性立法是指行政机关为了执行或实现特定的法律、法规的规定或是上级行政机关其他行政规范性文件的规定而进行的立法。执行性立法既可以依职权也可以依授权而进行，但所立之行政法规或规章必须依存于所要执行的法律、法规或上级其他行政规范性文件的存在，也不得任意增加或减少所要执行的法律、法规或上级其他行政规范性文件的内容。依执行性立法所制定的行政法规或行政规章通常称为“实施条例”、“实施细则”或“实施办法”。

创制性立法是指行政机关为了填补法律或法规的空白，或变通法律和法规的个别规定以实现行政职能而进行的立法。创制性立法依立法的目的不同，可以分为：(1) 自主性立法，是为了填补法律或法规的空白而进行的创制性立法，意即在尚没有相应法律、法规规定的情况下，行政主体运用宪法和组织法所赋予的立法权而进行的立法活动；(2) 补充性立法，是为了补充法律、法规的规定而进行的创制性立法。补充性立法要以法律、法规的特别授权为依据，所制定的行政法规和规章不因授权法律、法规的失效而当然失效，只要不与新的法律、法规相抵触就仍然具有法律效力。

3. 中央行政立法和地方行政立法。以行政立法的主体不同为标准，行政立法可以分为中央行政立法和地方行政立法。

在联邦制国家中，如在美国，联邦中央政府与组成联邦的各地方单位，其权力有严格的划分，联邦与作为各地方单位的各州的权力、权限由宪法加以明确规定。联邦政府只能就宪法规定的联邦所管辖的事务进行行政立法，各州只能就联邦宪法和各州宪法规定的行政事务进行行政立法。在单一制国家中，中央政府与地方政府的权力在宪法上也有规定。

在我国，中央行政立法是指中央行政机关依法制定和发布行政法规和规章的活动。国务院和国务院各部委所进行的行政立法，以及具有行政管理职能的国务院直属机构所进行的立法，都是中央行政立法。中央行政立法旨在调整全国范围内的普遍性问题和由中央作出统一规定的重大问题。中央行政机关所制定的行政法规和规章在全国范围内均具有法律效力。

地方行政立法是指地方行政机关依法制定和发布规章的活动。省、自治区、直辖市人民政府和较大的市的人民政府所进行的行政立法，都是地方行政立法。地方行政立法旨在立足于本地区的实际情况，将中央行政立法的规定具体化以及对有关地方的特殊问题作出具体规定。地方行政机关所制定的行政法规和规章只在本行政区域内发生法律效力。

4. 法规性立法和规章性立法。以行政立法的最终结果为标准，行政立法可以分为法规性立法和规章性立法。

法规性立法是指国务院依法制定和发布行政法规的活动。法规性立法的目的是执行法律，实现国务院对全国各项行政工作的领导。通过法规性立法所制定的行政法规，一般称为"条例"、"规定"、"办法"。

规章性立法是指法定的国务院主管部门和地方政府依法制定和发布行政规章的活动。规章的名称一般为"规定"、"办法"，但不得称"条例"。法定的国务院主管部门制定的规章，称为部门规章或部委规章；法定的地方人民政府制定的规章称为地方人民政府规章，简称为地方政府规章。

（五）行政立法的原则

行政立法的原则是指贯穿于行政立法过程的指导思想和基本准则。我国《立法法》、《行政法规制定程序条例》和《规章制定程序条例》阐明了行政立法必须遵循的原则。

1. 法律优先原则。所谓"法律优先"是指法律在效力等级上高于行政机关的规范性文件。任何其他法律规范，包括行政法规、地方性法规和规章，均不得与法律相抵触，须以法律为准绳。法律优先原则要求行政立法不得超越于法律之上，也不得与法律相抵触，行政立法应当依据法律规定制定行政法规、规章。

2. 法律保留原则。所谓法律保留原则是指某些法律事项依据宪法和法律的规定，只能由法律规定，行政机关不得干涉；或者某些法律事项只有在法律明确授权的情况下，行政机关才有权在其制定的行政法律规范中作出规定。法律保留分为绝对保留与相对保留：（1）绝对保留是指依宪法和法律规定，只能由法律规定；（2）相对保留是指必须在法律明确授权的情况下，行政机关才有权在其所制定的行政法律规范中作出规定。

3. 法制统一原则。法制统一旨在协调行政立法主体的行政立法活动，使得行政立法效益得到最大程度地发挥，是我国行政立法主体多元化、政府职能交叉导致行政执法冲突的必然要求。为此，首先，行政立法必须以宪法和法律为依据、依照法定的权限和程序，从国家整体利益出发，维护社会主义法制的统一和尊严。其次，行政立法主体必须在自己的立法权限范围内进行立法活动，不得越权立法，即行政机关立法必须与权力机关和上级行政机关的立法保持一致，不相隶属的行政立法主体之间也应相协调一致，使得整个法律体系统一完整。再次，各行政立法主体应及时掌握因现实客观情况的变化而引起的立法滞后状况，及时对行政法律规范进行变通以适应社会客观现实需要。

4. 民主立法原则。现代立法坚持民主原则，已成为人们的共识。确立这一原则，是实现人民主权所必需，是反映人民意志和客观规律所必需，也是对立法实行有效监督和制约、防止滥用立法职权、个人独断所必需。为此，行政立法的内容应具有人民性，以维护人民的利益为宗旨，注意确认和保障公民、法人及其他组织的合法权益；行政机关制定行政法规、规章，应当深入调查研究，总结实践经验，通过座谈会、论证会、听证会等多种形式广泛听取有关机关、组织和公民的意见，保障人民通过多种途径参与行政立法活动。

5. 权利与义务、职权与职责相统一原则。首先，行政立法应当从实际出发，科学合理地规定公民、法人和其他组织的权利与义务，切实保障公民、法人和其他组织的合法权益，在规定其应当履行的义务的同时，应当规定其相应的权利和保障权利实现的途径。其次，行政立法应当体现行政机关的职权和职责相统一的原则，在赋予有关行政机关必要的职权的同时，应当规定其行使职权的条件、程序和应承担的责任。

6. 改革、精简、统一、效能原则。行政立法应当体现改革精神，科学规范行政行为，促进政府职能向经济调节、社会管理和公共服务转变。同时，行政立法应当符合精简、统一、效能的原则，相同或者相近的职能应当规定由一个行政机关承担，简化行政管理手续。

（六）行政立法的法律效力层级

行政立法虽然仅包括行政法规、部门规章和地方政府规章，但是我们不能孤立地看待它的法律效力层级，应将其放在统一的法律体系中研究。我国相关法律、法规对行政立法的效力等级和规则冲突处理办法作出了明确规定。

1. 行政立法的效力等级。这是一个前提和基础性问题。宪法具有最高的法律效力，一切行政法规和行政规章都不得同宪法相抵触。法律（包括授权立法）的效力高于行政法规和行政规章。行政法规的效力高于地方性法规和行政规章。地方性法规高于本级和下级地方政府规章。省、自治区的人民政府制定的规章的效力高于本行政区域内的较大的市的人民政府制定的规章。部门规章之间、部门规章与地方政府规章之间具有同等效力，在各自的权限范围内施行。

立法的效力等级如下图所示：

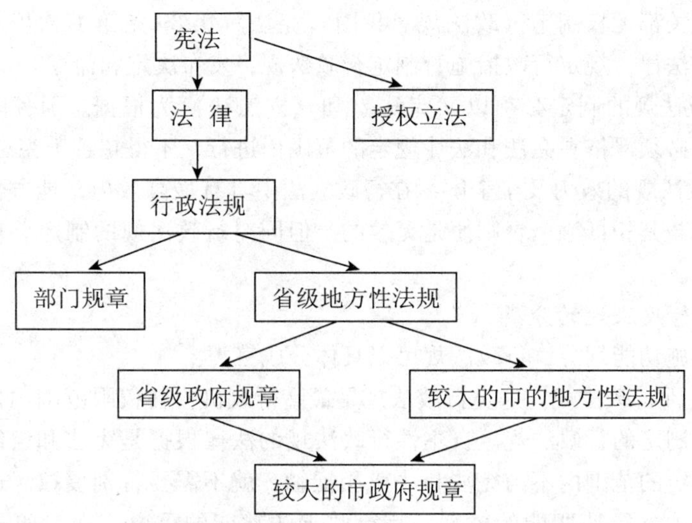

2. 行政立法的规则冲突处理办法。上述行政立法的效力等级是解决行政立法冲突的一般准则，《立法法》还规定了行政立法冲突的特殊解决方法：同一机关制定的行政法规、规章，特别规定与一般规定不一致的，适用特别规定；新的规定与旧的规定不一致的，适用新的规定。行政法规之间对同一事项的新的一般规定与旧的特别规定不一致，不能确定如何适用时，由国务院裁决。

此外，地方性法规、规章之间不一致时，由有关机关依照下列规定的权限作出裁决：（1）同一机关制定的新的一般规定与旧的特别规定不一致时，由制定机关裁决；（2）地方性法规与部门规章之间对同一事项的规定不一致，不能确定如何适用时由国务院提出意见，国务院认为应当适用地方性法规的，应当决定在该地方适用地方性法规的规定；认为应当适用部门规章的，应当提请全国人民代表大会常务委员会裁决；（3）部门规章之间、部门规章与地方政府规章之间对同一事项的规定不一致时，由国务院裁决；（4）根据授权制定的法规与法律规定不一致，不能确定如何适用时，由全国人民代表大会常务委员会裁决。

二、行政法规

（一）行政法规的概念与特征

行政法规是指我国最高国家行政机关国务院根据宪法和法律的规定，在其职权范围内所制定的有关行政管理的规范性文件。

行政法规具有如下特征：

1. 行政法规只能是我国最高国家行政机关国务院即中央人民政府制定，其他任何行政机关都无权制定行政法规。我国《宪法》第89条第1款规定：国务院根据宪法和法律，规定行政措施，制定行政法规，发布决定和命令。

2. 行政法规的制定必须以《宪法》和《立法法》为根据。国务院制定行政法规的行为必须严格在宪法和法律规定的范围内进行，不得超越于宪法和法律。

3. 行政法规的效力及于全国，在行政立法中具有最高效力，地方性法规和行政规章不得与其相抵触，否则便是无效的。但同时行政法规的制定要从属于权力机关的立法。

（二）行政法规的分类

按其实施功能划分，行政法规可以具体分成三类：

1. 自主性行政法规。这类行政法规是最高行政机构在权限范围内依法独立行使行政权而制定的行政法规。自主性行政法规的法律根据是宪法和组织法。国务院只要在规定的范围内不与宪法和法律相抵触，就不需要特别授权。这是行政体系内国务院独立行使职能的体现，是行政立法功能的重要方面。如《国库券条例》、《关于税收管理体制的规定》、《关于开展全民义务植树运动的决议》等等。

2. 执行性行政法规。这类行政法规是直接为了执行法律而制定的，它对法律的具体实施作出了规定。一般说来，这类法规不能在法律规定的内容以外增加新的法律规范。执行性行政法规通常称为实施办法、施行细则、执行措施等，如《外国企业所得税法施行细则》是根据《外国企业所得税法》制定的。

3. 补充性行政法规。这类行政法规是为了补充法律或其他行政法规而制定的。由于法律或行政法规在行政环境发生变化和产生新的行政需求时对于某些情况未曾预料到或有某些未尽事宜，不得不由国家行政机关加以补充，作出更加切合时宜的规定，使其更臻完满。这类行政法规的名称一般称之为补充规定、补充规则等。如《国务院关于劳动教养的补充规定》是对1957年8月通过的《国务院关于劳动教养问题的决定》的补充。

（三）行政法规制定权限

根据我国《宪法》第58条、第62条、第67条的规定，全国人大及其常委会行使国家立法权，全国人大制定和修改刑事、民事、国家机构等基本法律，全国人大常委会制定和修改应当由全国人民代表大会制定的法律以外的其他法律。这表明我国最高国家权力机关的立法范围原则上是没有限制的。但从立法实践看，对行政管理方面的事项，最高国家权力机关制定的法律只能调整一些最基本的、原则性的问题，而有关行政管理的其他问题，则由国务院制定行政法规予以调整。即行政管理方面的事项，除由权力机关立法的事项外，对于其他事项，国务院都可以制定行政法规。

依据我国《宪法》和《立法法》的规定，国务院制定行政法规的权限包括以下方面：

1. 为执行法律的规定需要制定行政法规的事项。

2. 《宪法》第89条规定的国务院行政管理职权的事项。《宪法》第89条规定，国务院可以规定各部委的任务和职责，统一领导各部委的工作，并且领导不属于各部和各委员会的全国性的行政工作；统一领导全国地方各级国家行政机关的工作；规定中央和各省、自治区、直辖市国家行政机关职权的具体划分；领导和管理经济工作和城乡建设；领导和管理教育、科学、文化、卫生、体育和计划生育工作；领导和管理民政、公安、司法、行政和监察工作；领导和管理国防建设事业；领导和管理民族事务，保障少数民族的平等权利和民族地方的自治权利；保护华侨的正当权利和利益，保护归侨和侨眷合法的权利和利益。这些规定表明，凡是国务院职权范围内的事项，国务院都可以进行行政立法。

3. 授权性立法事项。本应当由全国人民代表大会及其常委会制定的法律，而全国人民代表大会及其常委会授权国务院先行制定行政法规的事项。但是国务院在执行全国人大及其常委会的授权时，必须履行以下义务：第一，应当严格按照授权目的和范围行使该项权力（《立法法》第10条第2款）；第二，不得将该项权力转授给其他机关（《立法法》第10条第3款）；第三，经过实践检验，制定法律的条件成熟时，国务院应当及时提请全国人大及其常委会制定法律，法律制定之后相应立法事项的授权即终止（《立法法》第56条第3款）。

（四）行政法规制定程序

依照《立法法》和《行政法规制定程序条例》的规定，行政法规的制定程序主要包括以下几个步骤：

1. 立项。立项是行政法规制定程序的第一环节，它所要解决的问题是国务院是否应当就特定行政管理事务制定行政法规。国务院于每年年初编制本年度的立法工作计划。国务院有关部门认为需要制定行政法规的，应当于每年年初编制国务院年度立法工作计划前，向国务院报请立项。国务院有关部门报送的行政法规立项申请，应当说明立法项目所要解决的主要问题、依据的方针政策和拟确立的主要制度。国务院法制机构应当根据国家总体工作部署对部门报送的行政法规立项申请汇总研究，突出重点，统筹兼顾，拟订国务院年度立法工作计划，报国务院审批。列入国务院年度立法工作计划的行政法规项目应当符合下列要求：（1）适应改革、发展、稳定的需要；（2）有关的改革实践经验基本成熟；（3）所要解决的问题属于国务院职权范围并需要国务院制定行政法规的事项。对列入国务院年度立法工作计划的行政法规项目，承担起草任务的部门应当抓紧工作，按照要求上报国务院。国务院年度立法工作计划在执行中可以根据实际情况予以调整。

2. 起草。行政法规由国务院组织起草。国务院年度立法工作计划确定行政法规由国务院的一个部门或者几个部门具体负责起草工作，也可以确定由国务院法制机构起草或者组织起草。起草行政法规，除应当遵循《立法法》确定的立法原则，并符合宪法和法律的规定外，还应当符合下列要求：（1）体现改革精神，科学规范行政行为，促进政府职能向经济调节、社会管理、公共服务转变；（2）符合精简、统一、效能的原则，相同或者相近的职能规定由一个行政机关承担，简化行政管理手续；（3）切实保障公民、法人和其他组织的合法权益，在规定其应当履行的义务的同时，应当规定其相应的权利和保障权利实现的途径；（4）体现行政机关的职权与责任相统一的原则，在赋予有关行政机关必要的职权的同时，应当规定其行使职权的条件、程序和应承担的责任。起草行政法规，应当深入调查研究，总结实践经验，广泛听取有关机关、组织和公民的意见。听取意见可以采取召开座谈会、论证会、听证会等多种形式。起草行政法规，起草部门应当就涉及其他部门的职责或者与其他部门关系紧密的规定，与有关部门协商一致；经过充分协商不能取得一致意见的，应当在上报行政法规草案送审稿（以下简称行政法规送审稿）时说明情况和理由。起草行政法规，起草部门应当对涉及有关管理体制、方针政策等需要国务院决策的重大问题提出解决方案，报国务院决定。起草部门向国务院报送的行政法规送审稿，应当由起草部门主要负责人签署。几个部门共同起草的行政法规送审稿，应当由该几个部门主要负责人共同签署。起草部门将行政法规送审稿报送国务院审查时，应当一并报送行政法规送审稿的说明和有关材料。行政法规送审稿的说明应当对立法的必要性，确立的主要制度，各方面对送审稿主要问题的不同意见，征求有关机关、组织和公民意见的情况等作出说明。有关材料主要包括国内外的有关立法资料、调研报告、考察报告等。

3. 审查。报送国务院的行政法规送审稿，由国务院法制机构负责审查。国务院法制机构主要从以下方面对行政法规送审稿进行审查：（1）是否符合宪法、法律的规定和国家的方针政策；（2）是否符合起草的原则性要求；（3）是否与有关行政法规协调、衔接；（4）是否正确处理有关机关、组织和公民对送审稿主要问题的意见；（5）其他需要审查的内容。行政法规送审稿有下列情形之一的，国务院法制机构可以缓办或者退回起草部门：（1）制定行政法规的基本条件尚不成熟的；（2）有关部门对送审稿规定的主要制度存在较大争议，起草部门未与有关部门协商的；（3）上报送审稿不符合送审的形式要求。国务院法制机构应当将行政法规送审稿或者行政法规送审稿涉及的主要问题发送国务院有关部门、地方人民政府、有关组织和专家征求意见。国务院有关部门、地方人民政府反馈的书面意见，应当加盖本单位或者本单位办公厅（室）印章。重要的行政法规送审稿，经报国务院同意，向社会公布，征求意见。国务院法制机构应当就行政法规送审稿涉及的主要问题，深入基层进行实地调查研究，听取基层有关机关、组织和公民的意见。行政法规送审稿涉及重大、疑难问题的，国务院法制机构应当召开由有关单位、专家参加的座谈会、论证会，听取意见，研究论证。行政法规送审稿直接涉及公民、法人或者其他组织的切身利益的，国务院法制机构可以举行听证会，听取有关机关、组织和公民的意见。国务院有关部门对行政法规送审稿涉及的主要制度、方针政策、管理体制、权限分工等有不同意见的，国务院法制机构应当进行协调，力求达成一致意见；不能达成一致意见的，应当将争议的主要问题、有关部门的意见以及国务院法制机构的意见报国务院决定。国务院法制机构应当认真研究各方面的意见，与起草部门协商后，对行政法规送审稿进行修改，形成行政法规草案和对草案的说明。行政法规草案由国务院法制机构主要负责人提出提请国务院常务会议审议的建议；对调整范围单一、各方面意见一致或者依据法律制定的配套行政法规草案，可以采取传批方式，由国务院法制机构直接提请国务院审批。

4. 决定与公布。行政法规草案由国务院常务会议审议，或者由国务院审批。国务院常务会议审议行政法规草案时，由国务院法制机构或者起草部门作说明。国务院法制机构应当根据国务院对行政法规草案的审议意见，对行政法规草案进行修改，形成草案修改稿，报请总理签署国务院令公布施行。

公布是行政立法发生法律效力的必要条件，未经公布的行政立法对社会不产生约束力。签署公布行政法规的国务院令应载明该行政法规的施行日期。行政法规签署公布后，应及时在国务院公报和在全国范围内发行的报纸上刊登。国务院法制机构应当及时汇编出版行政法规的国家正式版本。在国务院公报上刊登的行政法规文本为标准文本。行政法规应当自公布之日起30日后施行；但是，涉及国家安全、外汇汇率、货币政策的确定以及公布后不立即施行将有碍行政法规施行的，可以自公布之日起施行。行政法规在公布后的30日内由国务院办公厅报全国人民代表大会常务委员会备案。

5. 解释。国务院享有对行政法规的解释权。行政法规的解释包括两方面的内容：（1）对于行政法规条文本身需要进一步明确界限或者作出补充规定的解释，由国务院负责解释。国务院法制机构研究行政法规解释草案，报国务院同意后，由国务院或者由国务院授权有关部门公布；国务院各部门和省、自治区、直辖市人民政府可以向国务院提出行政法规解释要求；行政法规的解释与行政法规具有同等效力。（2）对属于行政工作中具体应用行政法规的问题的解释。省、自治区、直辖市人民政府法制机构以及国务院有关部门法制机构请求国务院法制机构解释的，国务院法制机构可以研究答复；其中涉及重大问题的，由国务院法制机构提出意见，报国务院同意后答复。

三、行政规章

（一）行政规章的概念

“行政规章”作为一个法律术语，无论在西方法律文献里，还是在中国本土的立法语境里，都是一个含义颇为模糊的概念。在西方立法语境里，它等同于行政立法本身，其法律性质被限定为委任立法（授权立法）和执行立法，与中国的“规章”不存在涵义上的对应关系。澄清这一点，有助于考察我国行政规章的特征和数量范围，或者识别行政主体在何种程度上滥用了行政职权，或者在多大程度上保护和侵害了行政相对人的权益。〔1〕

在我国，行政规章是指特定行政机关根据法律、行政法规和地方性法规，按照法定程序制定的具有普遍约束力的规范性文件的总称。规章包括部门规章和地方政府规章。部门规章是国务院组成部门和具有行政管理职权的直属机构根据法律和行政法规、决定、命令在本部门的权限内按照规定的程序所制定的规定、办法、规则等规范性文件的总称。地方政府规章是由省、自治区、直辖市以及省、自治区人民政府所在地的市、经济特区所在地的市和经国务院批准的较大市的人民政府所制定的普遍适用于本地区行政管理工作的规定、办法、规则等规范性文件的总称。

（二）行政规章制定主体

行政规章分为部门规章和地方政府规章，其制定主体因类型不同而不同。

1. 部门规章制定主体。根据《宪法》第90条和《国务院组织法》第10条的规定，国务院各部、各委员会根据法律和国务院的行政法规、规定、命令，在本部门的权限内发布命令、指示和规章。由此可见，部门规章的制定主体包括国务院各部、委员会、中国人民银行、审计署和具有行政管理职能的直属机构。具有行政管理职能的直属机构享有制定权，是在《行政处罚法》赋予行政处罚规定权的基础上《立法法》新增加的内容，也是在现行宪法和组织法有关规定的基础上所作出的新的规定。

2. 地方政府规章制定主体。《地方组织法》第60条规定，省、自治区、直辖市以及省、自治区人民政府所在地的市和经国务院批准的较大的市的人民政府，

〔1〕 崔卓兰、于立深：《行政规章研究》，吉林人民出版社2002年版，第1~5页。

可以根据法律和国务院的行政法规，以及地方人民代表大会及其常委会的地方性法规制定规章。由此可见，地方政府规章制定主体包括省、自治区、直辖市人民政府；省、自治区人民政府所在地的市人民政府、经济特区所在地的市和经国务院批准的较大的市的人民政府。除这些地方政府规章制定主体之外，其他诸如省、自治区、直辖市人民政府的所属部门以及市、县、乡镇人民政府均没有规章制定权。

（三）行政规章制定权限

1. 部门规章制定权限。部门规章的制定权限直接涉及国务院与国务院部委之间以及国务院部委相互间的权限划分。《立法法》尚未对国务院与国务院各部委立法权限作出明确的划分；国务院各部门制定规章的权限问题，《立法法》也仅作了原则性的规定，还不够清晰和具体。根据《立法法》第71条的规定，部门规章制定权限为：

（1）执行法律和行政法规的事项。法律和行政法规是适用于全国各地区、各部门和各行业的法规，是各部门制定规章的依据。为了避免法律和行政法规过于冗长繁杂，保持法律、行政法规的相对稳定，我国的法律、行政法规一般都规定得比较原则、概括，而把一些具体的、专业性的问题，交由国务院和国务院各部门作出规定。

（2）执行国务院的决定和命令的事项。这里的决定和命令包括两种情况：一是国务院在行使行政管理职权的过程中，对有关行政管理事项发布的决定和命令。这些决定和命令一般不是直接针对某个部门而发的，但有关部门为执行这些决定和命令，可以制定相应的规章。二是国务院要求有关部门加强对某方面社会事务的行政管理而发出的决定和命令，或者要求相关部门就某个方面的行政管理事务加紧制定有关规章而发出的决定和命令。

部门规章是国务院部门和直属机构在自己的权限范围内制定的规范性文件。但在实践中，尤其在中国体制改革过程中，会遇到涉及两个或两个以上国务院部门职权范围的事项，即存在职权交叉问题，为此，《立法法》第72条规定，当涉及两个以上国务院部门职权范围的事项，应当提请国务院制定行政法规或者由国务院有关部门联合制定规章。

2. 地方政府规章制定权限。地方政府规章制定权限涉及国务院制定的行政法规与地方政府制定规章之间的立法权限划分、地方政府制定规章与地方权力机关制定地方性法规之间的权限划分。目前，《宪法》和《地方组织法》对中央行政机关与地方行政机关的立法范围有了原则性的规定，而地方政府规章与地方性法规之间的权限范围，法律则没有作出明确的规定。根据《立法法》第73条原则性的规定，地方政府规章制定权限包括以下两个方面：

（1）为执行法律、行政法规、地方性法规的规定需要制定规章的事项。这里有两种情况：一种是法律、行政法规和地方性法规明确规定由地方人民政府制定规章的事项。据此，地方人民政府可以根据授权，结合本地区的实际情况，就如何执行法律、行政法规、地方性法规的规定制定有关规章。另一种是，虽然法律、行政法规和地方性法规没有规定地方人民政府可以制定规章，但为执行法律、行政法规、地方性法规，需要制定一些配套措施和具体规定，在这种情况下，如果本地区的改革和建设确有需要，地方人民政府也可以根据法律、行政法规和地方性法规的规定以及本地区的实际情况制定有关规章。

（2）属于本行政区域的具体行政管理事项。在《宪法》和《地方组织法》规定的职权范围内，属于具体行政管理的事项，省、自治区、直辖市和较大的市的人民政府可以制定规章。不属于具体行政管理的事项，而是属于应当制定地方性法规的事项，则地方政府不能制定规章，而应当向本级人大及其常委会提出制定地方性法规的议案，由本级人大及其常委会依法制定地方性法规。关于具体行政管理事项，大体可以包括以下几个方面：一是有关行政程序方面的事项，包括办事流程、工作规范等；二是有关行政机关自身建设的事项，包括行政公务员行为操守、工作纪律、廉政建设等；三是不涉及创设公民权利义务的有关社会公共秩序、公共事务或事业的具体管理制度，如公共场所（如公园、电影院等）的管理规定，市场（如夜市、超市等）的管理秩序，学校秩序规定等。

（四）行政规章制定程序

关于行政规章的制定程序，《立法法》并没有作出详细的规定，而是授权国务院，参照行政法规的制定程序来规定。2002 年 1 月 1 日国务院制定的《规章制定程序条例》正式施行，该条例对行政规章的制定程序作出了明确具体的规定。综合《立法法》和《规章制定程序条例》的规定，行政规章的制定程序主要包括立项、起草、审查、决定、公布、解释等。

1. 立项与起草。立项是决定进行行政规章制定工作的程序。国务院部门内设机构或者其他机构认为需要制定部门规章的，应当向该部门报请立项。省、自治区、直辖市和较大的市的人民政府所属工作部门或者下级人民政府认为需要制定地方政府规章的，应当向该省、自治区、直辖市或者较大的市的人民政府报请立项。国务院部门法制机构，省、自治区、直辖市和较大的市的人民政府法制机构（以下简称法制机构），应当对制定规章的立项申请进行汇总研究，拟订本部门、本级人民政府年度规章制定工作计划，报本部门、本级人民政府批准后执行。国务院部门，省、自治区、直辖市和较大的市的人民政府，应当加强对执行年度规章制定工作计划的领导。对列入年度规章制定工作计划的项目，承担起草工作的单位应当抓紧工作，按照要求上报本部门或者本级人民政府决定。年度规章制定工作计划在执行中，可以根据实际情况予以调整，对拟增加的规章项目应当进行补充论证。

起草是提出规章初步方案形成送审稿的程序。部门规章由国务院部门组织起草，地方政府规章由省、自治区、直辖市和较大的市的人民政府组织起草。国务院部门可以确定规章由其一个或者几个内设机构或者其他机构具体负责起草工作，也可以确定由其法制机构起草或者组织起草。省、自治区、直辖市和较大的市的人民政府可以确定规章由其一个部门或者几个部门具体负责起草工作，也可以确定由其法制机构起草或者组织起草。起草规章可以邀请有关专家、组织参加，也可以委托有关专家、组织起草。起草规章，应当深入调查研究，总结实践经验，广泛听取有关机关、组织和公民的意见。听取意见可以采取书面征求意见、座谈会、论证会、听证会等多种形式。起草的规章直接涉及公民、法人或者其他组织切身利益，有关机关、组织或者公民对其有重大意见分歧的，应当向社会公布，征求社会各界的意见；起草单位也可以举行听证会。起草部门规章，涉及国务院其他部门的职责或者与国务院其他部门关系紧密的，起草单位应当充分征求国务院其他部门的意见。起草地方政府规章，涉及本级人民政府其他部门的职责或者与其他部门关系紧密的，起草单位应当充分征求其他部门的意见。起草单位与其他部门有不同意见的，应当充分协商；经过充分协商不能取得一致意见的，起草单位应当在上报规章草案送审稿（以下简称规章送审稿）时说明情况和理由。起草单位应当将规章送审稿及其说明、对规章送审稿主要问题的不同意见和其他有关材料按规定报送审查。报送审查的规章送审稿，应当由起草单位主要负责人签署；几个起草单位共同起草的规章送审稿，应当由该几个起草单位主要负责人共同签署。

2. 审查。审查是对送审稿进行修正形成行政规章草案的程序。起草单位应当将规章送审稿及其说明、对规章送审稿主要问题的不同意见和其他有关材料，按规定报送审查。

规章送审稿由法制机构负责统一审查。法制机构主要从以下方面对送审稿进行审查：(1) 是否符合《规章制定程序条例》第3、4、5条的规定；(2) 是否与有关规章协调、衔接；(3) 是否正确处理有关机关、组织和公民对规章送审稿主要问题的意见；(4) 是否符合立法技术要求等。

法制机构应当就规章送审稿或者规章送审稿涉及的主要问题发送有关机关、组织和专家征求意见；法制机构应当就规章送审稿涉及的主要问题，深入基层进行实地调查研究，听取基层有关机关、组织和公民的意见；规章送审稿涉及重大问题的，法制机构应当召开由有关单位、专家参加的座谈会、论证会，听取意见、研究论证；规章送审稿直接涉及公民、法人或者其他组织切身利益，有关机关、组织和公民对其有重大意见分歧，起草单位在起草过程中未向社会公布，也未举行听证会的，法制机构经过本部门批准，可以向社会公布，也可以举行听证会；有关机构或者部门对规章送审稿涉及的主要措施、管理体制、权限分工等问题有不同意见的，法制机构应当进行协调，达成一致意见。不能达成一致意见的，应当将主要问题、有关机构或者部门的意见和法制机构的意见上报本部门决定。

审查后的处理有以下几种情形：(1) 缓办或退回。规章送审稿有下列情形之一的，法制机构可以缓办或退回起草单位：制定规章的基本条件尚不成熟的；有关机构或者部门对规章送审稿规定的主要制度存在较大的争议，起草单位未与有关机构或者部门协商的；上报送审稿不符合其他程序性规定的。(2) 形成规章草案。法制机构应当认真研究各方面的意见，与起草单位协商后，对规章送审稿进行修改，形成规章草案和对草案的说明。说明应当包括制定规章拟解决的主要问题、确立的主要措施以及与有关部门的协调情况等。规章草案和说明由法制机构主要负责人签署，提出提请本部门有关会议审议的建议。

3. 决定和公布。决定是审议行政规章草案并作出最终决定的决策程序。公布是由特定的行政机关或人员，采用法律规定的方式将经过决定程序后已上升为行政规章的内容规定公之于众，使公众知晓的程序。部门规章应当由部门的部务会议或者委员会会议决定，由本部门首长签署命令予以公布。部门规章签署公布后，应当及时在国务院公报或者部门公报和在全国范围内发行的报纸上刊登。在部门公报或者国务院公报上刊登的规章文本为标准文本。地方政府规章应当经过政府常务会议或者全体会议决定，由省长或者自治区主席或者市长签署命令予以公布。地方政府规章签署公布后，应当及时在本地人民政府公报和本行政区域范围内发行的报纸上刊登，地方人民政府公报刊登的规章文本为标准文本。

4. 解释与备案。规章解释权属于规章制定机关。规章有下列情况之一的，由制定机关解释：(1) 规章的规定需要进一步明确具体含义的；(2) 规章制定后出现新的情况，需要明确适用规章依据的。规章解释由规章制定机关的法制机构参照规章送审稿审查程序提出意见，报请制定机关批准后公布。规章的解释同规章有同等的效力。规章应当自公布之日起 30 日内，由法制机构依照《立法法》和《法规规章备案条例》的规定向有关机关备案。

四、对行政立法的监督

（一）备案

备案是指有关立法部门根据法律规定将本部门制定、颁布的法规、规章，在其生效后的一定期限内，报请有关机关存档，以备审查的活动。备案制定有利于有关机关掌握立法情况，及时发现生效法规、规章的问题，进一步行使立法监督权。

《立法法》第89条规定，行政法规、规章应当在公布后的30日内依照有关规定报有关机关备案。行政法规应当报全国人大常委会备案。规章的备案分以下几种情况：一是部门规章和地方政府规章报国务院备案；二是地方政府规章应当同时报本级人大常委会备案；三是较大的市人民政府制定的规章应当同时报省、自治区的人民代表大会常务委员会和人民政府备案。

（二）审查

接受备案的部门有权利和义务对备案文件进行审查。

1. 中央军委、最高人民法院、最高人民检察院和各省、自治区、直辖市人民代表大会常务委员会认为行政法规同宪法或法律相抵触时，可以向全国人民代表大会常务委员会书面提出进行审查的要求，由常务委员会工作机构分送有关的专门委员会进行审查、提出意见。上述国家机关以外的其他国家机关和社会团体、企事业单位以及公民、法人认为行政法规、规章同宪法或者法律相抵触时，可以向全国人民代表大会常务委员会书面提出进行审查的建议，由常务委员会工作机构进行研究，必要时送有关的专门委员会进行审查、提出意见。

2. 全国人民代表大会常务委员会在审查中发现行政法规同宪法或者法律相抵触时，可以向制定机关提出书面审查意见；也可以由法律委员会与有关专门委员会召开联合审查会议，制定机关要到会说明情况，向制定机关提出书面审查意见。制定机关应当在两个月内研究提出是否修改的意见，并向全国人民代表大会法律委员会和有关的专门委员会反馈意见。全国人民代表大会和有关的专门委员会审查认为行政法规同宪法或者法律相抵触而制定机关不予修改的，可以向委员长会议提出书面审查意见和予以撤销的议案，由委员长会议决定是否提请常务委员会会议审议决定，经常委会审议决定是否撤销。

3. 其他接受备案的机关对报送备案的规章的审查程序，按照维护法制同一的原则，由接受备案的机关规定。

（三）改变或撤销

全国人大常委会有权改变或撤销国务院制定的同宪法和法律相抵触的行政法规。国务院有权改变或撤销国务院各部门制定的，违反宪法、法律和行政法规的部门规章；有权改变或撤销地方政府部门制定的，违反宪法、法律和行政法规的地方政府规章。地方权力机关有权改变或撤销同级地方政府制定的不适当的政府规章。

（四）裁决

同一机关制定的行政法规、规章，特别规定与一般规定不一致的，适用特别规定；新的规定与旧的规定不一致的，适用新的规定。行政法规之间对同一事项新的一般规定与旧的特别规定不一致，不能确定如何适用时，由国务院裁决。地方性法规、规章之间不一致时，由有关机关依照下列规定的权限作出裁决：同一机关制定的新的一般规定与旧的特别规定不一致时，由制定机关裁决；地方性法规与部门规章之间对同一事项的规定不一致，不能确定如何适用时，由国务院提出意见，国务院认为应当适用地方性法规的，应当决定在该地方适用地方性法规的规定；认为应当适用部门规章的，应当提请全国人民代表大会常务委员会裁决；部门规章之间、部门规章与地方政府规章之间对同一事项的规定不一致时，由国务院裁决。

（五）司法监督

我国《行政诉讼法》虽然没有将行政立法行为列入受案范围，但并不意味着法院对行政立法完全没有任何监督。我国《行政诉讼法》第53条已经明确规定了人民法院在审理行政案件中对规章的“参照”地位，对规章是参照而不是必须适用。这就意味着法院对规章可以进行有限审查，而且当法院在处理案件的过程中发现具体行政行为所依据的规章与法律法规相冲突抵触时，法院还可以将该规章送请国务院进行裁决。

第三节　制定其他规范性文件行为

一、其他行政规范性文件的概念与特征

（一）概念

其他行政规范性文件是指各类国家行政机关为实施法律、执行政策，在法定权限内制定的除行政法规、行政规章以外的具有普遍约束力的决定、命令及行政措施等。

可从以下几个方面来理解其他行政规范性文件的含义：

1. 制定主体只能是国家行政机关。非国家行政机关的国家机关、企事业单位、社会团体组织、政党都不具备主体资格。国家行政机关是指按照宪法和有关

组织法的设定，依法行使国家行政权，对国家各项行政事务进行组织和管理的机关。只有国家行政机关才能制定其他行政规范性文件，也只有国家行政机关制定的除行政法规、行政规章以外的规范性文件才能称为其他行政规范性文件。其他任何单位、组织都不能制定其他行政规范性文件，它们制定的规范性文件也不能称为其他行政规范性文件。

2. 从目的看，是为了实施法律规范和执行政策而制定的。《国家行政机关公文处理办法》第2条就明确规定了其目的："行政机关的公文，是行政机关在行政管理过程中形成的具有法定效力和规范体式的文书，是依法行政和进行公务活动的工具。"

3. 其他行政规范性文件在一定范围内具有普遍约束力。也就是说，其他行政规范性文件一经对外发布就具有外部法律效果。但其不属于立法的表现形式，既不同于行政立法，也区别于具体行政行为。

4. 从形式上看，主要包括：命令（令）、决定、指示、公告（通告）、通知、通报、报告、请示、批复、函、会议纪要，且每一种其他行政规范性文件都有规范的体式和适用。如"函"用于机关之间商洽工作、询问和答复问题，向无隶属关系的有关主管部门请求批准等。[1]

（二）其他行政规范性文件的特征

1. 主体的广泛性。制定其他行政规范性文件的主体是各级各类国家行政机关。根据《宪法》、《地方组织法》和有关法律的规定，国务院可以规定行政措施、发布决定和命令；各部、委可以发布命令、指示；县级以上各级人民政府及其工作部门可以规定行政措施、发布决定和命令；乡、镇人民政府可以发布决定和命令。

2. 效力的多层性。由于其他行政规范性文件制定主体的广泛性，必然导致其数量众多，在效力上与其制定主体的地位相对应。在我国，行政机关之间具有严密的上下级关系，即从中央到地方，国家行政机关存在若干层级，以国家最高行政机关为顶点，形成金字塔形的行政组织系统。这就决定了下级行政机关制定的行政规范性文件不能同上级行政机关制定的行政规范性文件的内容相抵触，由此它们的效力从上到下呈现出多层级性的特点。

3. 从属性。相对于行政立法，其他行政规范性文件具有从属性。首先，在内容上，从属于法律、法规、规章以及上级行政机关的其他行政规范性文件。只有依据法律、法规、规章和上级行政机关的其他行政规范性文件才能设定规范对

[1] 裴传永等：《现代公文写作与公文处理新编》，中共中央党校出版社2002年版，第27页。

象，尤其是对相对人的权利义务不得突破。其次，在效力上，其他行政规范性文件还分别从属于相应行政机关制定的行政法规和行政规章。也就是说，有权制定行政法规的国务院制定的其他行政规范性文件，其效力低于行政法规；有权制定规章的行政机关制定的其他行政规范性文件，其效力低于自己制定的行政规章。

4. 规范性。其他行政规范性文件，无论针对的是主体还是行为、内容还是结果，都是不特定的。它以客观行为为标准而存在，在适用范围上具有普遍性，其效力所及的单位和个人应当遵守，具有执行力。

二、其他行政规范性文件与行政立法的区别

其他行政规范性文件同行政立法一样都属于抽象行政行为，从表现形式看都具有规范性、普遍适用性。但其他行政规范性文件是不同于行政法规、规章等行政立法的，它们的区别主要表现在：

1. 制定的主体范围不同。行政法规、规章的制定主体是由宪法和法律规定的特定的行政机关，主体范围较其他行政规范性文件的主体范围要狭小得多。其他行政规范性文件的制定主体较为广泛，几乎包括了所有国家行政机关，既有行政立法的主体，也有不享有行政立法权的其他行政机关。

2. 效力的层级不同。行政法规、规章的效力高于其他行政规范性文件。其他行政规范性文件应以法律、法规、规章为依据，不得与法律、法规、规章相抵触、相违背。

3. 规范的内容不同。行政法规、规章可以在法定范围内设定权利（权力）和义务（责任），如可以拥有有限的行政处罚设定权，在法定的权限范围内对相对人设定某些权利和义务。但其他行政规范性文件无权作出涉及行政相对人权利与义务的规定，无权设定行政处罚。

4. 制定的程序不同。行政法规、规章的制定程序较为严格、正式，而其他行政规范性文件的制定程序则较为简单。

三、其他行政规范性文件的分类

依据制定和发布主体的不同，可以将其他行政规范性文件分为两类：享有行政立法权的行政机关制定发布的其他行政规范性文件和不享有行政立法权的行政机关制定发布的其他行政规范性文件。

（一）行政立法性的其他行政规范性文件

虽然其制定主体是享有行政立法权的行政机关，但因其不符合行政立法的法定标准，所以仍不属于行政立法的范畴。行政立法性的其他行政规范性文件包括行政法规性的其他行政规范性文件和行政规章性的其他行政规范性文件。行政法

规性的其他行政规范性文件是指由享有行政法规制定权的国务院所发布的、除了行政法规以外的其他行政规范性文件。由于这些规范性文件不具备行政法规的法定标准，因此，不属于行政立法。行政规章性的其他行政规范性文件是指享有行政规章制定权的行政机关制定的、除了行政规章以外的其他行政规范性文件。享有行政立法权的行政机关制定发布的其他行政规范性文件的效力要低于其本身制定的行政立法的效力，但是要高于其下级行政机关制定发布的规章的效力。

（二）一般性的其他行政规范性文件

是指在我国各级地方人民政府中，除了省级人民政府、省级人民政府所在地的市的人民政府，18 个较大的市和 4 个经济特区的市的人民政府（它们都享有制定规章权）外，其他数量众多的市、县和乡镇人民政府为了实现行政目的，结合本地区、本部门的实际情况，对不特定的人或事，所制定发布的具有普遍约束力的行政规范性文件。这类行政规范性文件在数量上远远超过行政法规和规章，调整的社会关系也极为广泛，对保障和促进国家各项事业的发展具有重要作用。

四、其他行政规范性文件的效力

行政机关制定的其他行政规范性文件在社会管理中起着非常重要的作用，其效力主要体现在以下四个方面：

（一）其他行政规范性文件对行政相对人具有约束力和执行力

随着行政权的扩张，其他行政规范性文件功能的日益扩大，外部化趋势日益明显，因而在行政管理中越来越多的其他行政规范性文件直接或间接的具有了外部效力。具体表现在：行政机关制定的其他行政规范性文件一经颁布，其管辖范围以内的组织和个人都要受到约束。其他行政规范性文件所规定的内容必须执行，任何违反行政规范性文件的行为，行政机关可以依法采取强制措施，强制其履行，并追究法律责任。

（二）其他行政规范性文件对行政机关具有确定力

其他行政规范性文件一经发布，行政机关非经法定程序不得任意撤销、改变、废止其他行政规范性文件。因合法原因撤销、改变、废止其他行政规范性文件，给行政相对人造成损害的要给予行政相对人补偿；因非法原因撤销、改变、废止其他行政规范性文件，给行政相对人造成损害的要给予行政相对人赔偿。其他行政规范性文件对制定机关和下级行政机关实施的具体行政行为具有适用的效力，行政机关必须依据相应的其他行政规范性文件才能作出具体行政行为。而非依据其他行政规范性文件作出的具体行政行为都是违法的行为。

（三）其他行政规范性文件是行政复议机关审理复议案件的依据

行政复议机关审理复议案件时，不仅要以法律、法规、规章为依据，还要以上级行政机关依法制定和发布的具有普遍约束力的决定、命令为依据。复议机关在审查依照其他行政规范性文件作出的具体行政行为时，如果发现其本身与较高层次的法律、法规、规章、其他行政规范性文件相抵触，可以在职权的范围内撤销该行政规范性文件，如无权撤销，则可以提请有权处理的机关依法处理。

（四）其他行政规范性文件在行政诉讼中可以作为法院审理案件的参考

在行政诉讼中，人民法院审理行政案件，以法律和行政法规、地方性法规为依据，以行政规章为参照，而其他行政规范性文件既不是“依据”，也不是“参照”，原则上可以不加考虑。但考虑到我国行政法治的程度较低，在目前和相当长的时期内，其他行政规范性文件在我国行政管理中将继续发挥着重要的作用，基于这一客观现实，人民法院在审理具体行政行为的合法性时，对其他行政规范性文件不加考虑是不可能的。因此，人民法院在行政诉讼中对其他行政规范性文件必要时作为审理行政案件的参考，只要其不与法律、法规、规章相抵触，就应认定其合法性，对根据这种其他行政规范性文件作出的具体行政行为也应予以维护。

五、其他行政规范性文件存在的主要问题

由于我国法律对于其他行政性文件的制定缺乏明确的规范，在现实中其他行政规范行文件存在诸多问题。这些问题主要有：

（一）制定主体混乱

我国法律规定可以制定其他行政规范性文件的主体很多，根据《地方组织法》第59条和第61条的规定，县级以上地方各级人民政府和乡、民族乡、镇人民政府是规范性文件的制定主体。而且，各级地方人民政府的职能部门也同样享有其他行政规范性文件的制定权。如《中华人民共和国劳动法》第9条第2款规定：“县级以上地方人民政府劳动行政主管部门主管本行政区域内的劳动工作。”从中可以看出县级以上地方人民政府所属的部门根据法定授权，可以制定其他行政规范性文件。从而导致制定主体纷繁复杂，呈现较为混乱的状态，进而导致其他行政规范性文件的内容不当或违法。

（二）程序不健全

对于行政立法的制定，目前我国颁布了《行政法规制定程序条例》、《规章制定程序条例》，但没有颁布关于其他行政规范性文件制定程序的法规，只在《规章制定程序条例》中规定：“依法不具有规章制定权的县级以上地方人民政府制定、发布具有普遍约束力的决定、命令，参照本条例规定的程序执行”。对于国

务院各部委和县级以下地方人民政府制定发布具有约束力的决定、命令的程序则是一个盲点。我国县级以下地方人民政府数量多，所制定的规范性文件的数量则更庞大，对行政相对人的影响更直接。但是由于缺乏相应的程序保障，这些规范性文件的合法性及对相对人合法权益保障的可能与否、充分与否令人质疑。〔1〕

（三）监督不力

对其他行政规范性文件监督不力，主要表现在：

1. 监督机制不完善，缺乏可供实际操作的程序和制度。依法律规定，各级权力机关、国务院、上级行政机关有权撤销不适当的决定、命令，但究竟通过什么样的程序、制度，采取什么样的办法来行使监督权，法律并无相关规定。国务院颁布了《行政法规规章备案条例》，对行政立法的备案制度做了详尽规定。然而对于其他行政规范性文件只有一些省、自治区、直辖市人民政府要求将其上报备案，还远没有在全国范围内通过法律法规的形式将它作为一项专门制度予以固定。制度的疏漏导致权力机关很少积极主动履行监督职责，加上行政机关的监督也只是基于上下级行政关系系统内部监督，致使监督不免流于形式，实难奏效。

2. 没有赋予行政相对人对其他行政规范性文件的单独复议权。《行政复议法》启动了对抽象行政行为的监督审查权不能不说是一个重大的进步和突破，但也存在自身局限性，即相对人一方对其他行政规范性文件的复议请求只能与违法具体行政行为一并提出。不难看出，对其他行政规范性文件的复议审查申请是以行政相对人合法权益即将或已经受到具体行政行为侵害为前提和代价，这样一种监督方式显得过于被动和消极。

3. 司法审查机制缺失。我国《行政诉讼法》第 12 条第 2 款明确规定人民法院不受理就“行政法规、规章或行政机关制定、发布的具有普遍约束力的决定、命令”提起的行政诉讼，把其他行政规范性文件排除在行政诉讼受案范围之外。而第 63 条又规定人民法院对规章参照适用，意味着法院对规章具有一定的选择适用权。那么，对其他行政规范性文件是否也可以认为参照适用呢？法律没有明文规定。〔2〕

---

〔1〕 参见周金娥：“论行政法规、规章以外的其他行政规范性文件存在的问题及其完善”，载《长江论坛》2003 年第 6 期。

〔2〕 参见彭扬、郑全新：“关于行政立法以外的其他行政规范性文件监督的思考”，载《行政论坛》2004 年第 1 期。

六、对其他行政规范性文件的监督

着力解决其他行政规范性文件存在的诸多问题，关键在于加强监督。

(一) 加强权力机关的监督

权力机关的监督是指由各级国家权力机关对其他行政规范性文件是否合宪、合法而实施的监督。根据《宪法》和《地方组织法》的规定，全国人大常委会有权撤销国务院制定的同宪法、法律相抵触的行政法规、决定和命令，地方各级人民代表大会及其常务委员会有权撤销本级人民政府的不适当的决定和命令。但目前实际操作中缺乏相应的配套法律程序撤销不适当的其他行政规范性文件。《中华人民共和国各级人民代表大会常务委员会监督法》(以下称《人大监督法》) 第29条规定："县级以上地方各级人民代表大会常务委员会审查、撤销……本级人民政府发布的不适当的决定、命令的程序，由省、自治区、直辖市的人民代表大会常务委员会参照立法法的有关规定，作出具体规定。"可见，《人大监督法》中虽然对其他行政规范性文件的监督作出了规定，但配套的法律程序却授权由省、自治区、直辖市的人大会常委会参照《立法法》作出，这一规定不但影响了我国法制的统一，而且各省、自治区、直辖市出台具体规定仍需时日。因此，有必要制定相应的法律对此作统一规定。

(二) 加强行政机关内部监督

在对其他行政规范性文件的监控机制中，行政监控应更为直接和有效。同时，由于上级行政机关具备了比其他国家机关更为熟悉某一专业领域行政管理的条件，对于某个其他行政规范性文件更加容易鉴别，因此实施监控更为有力。此外，对于违法的行政行为，通过行政系统的内部监督来纠正和解决，有利于改善行政机关与相对人之间的关系，树立和提高行政机关的形象。目前，这种行政系统内部监督，要通过完善其他行政规范性文件的备案审查制度、定期清理和编纂制度以及完善对其他行政规范性文件的复议审查制度来解决。

(三) 加强司法审查监督

我国目前对其他行政规范性文件的司法监控，主要是人民法院的审判监督。这种监督的具体体现是对被诉具体行政行为所依据的其他行政规范性文件的合法性进行判断。这种监控形式不仅很有限，而且缺乏主动性，无法适应对迅速发展的其他行政规范性文件的监控需要，更谈不上对其进行切实有效的监督了。因此，针对目前我国人民法院对其他行政规范性文件的司法监控中存在的不足，应当采取相应的对策，加强和完善这种监控形式，以充分发挥其优势和对其他行政规范性文件的监控效能。

（四）建立其他行政规范性文件自动失效制度[1]

针对我国其他行政规范性文件中的问题，借鉴国外尤其是美国“落日条款”的相关做法，在我国建立其他行政规范性文件的自动失效制度。对不同的其他行政规范性文件规定一个有效期限。对其他行政规范性文件具体适用期限，应由制定机关根据以下几种情况予以确定：对于执行事项时限性强的其他行政规范性文件，其有效期应为执行事项完成之后，这种时效应根据被执行事项本身的特点加以确定；对于包含变化频率高的数据的行政规范性文件，由于数据的确定具有当时的现实性，而且这种数据变化较快，因此，其自动失效期 2 年较为合适；对于应急性但存在争议的行政规范性文件，其有效期应更短，最好为 1 年；对于贯彻法律法规的落实型行政规范性文件，其有效期以 5 年为限。但无论如何，行政规范性文件的有效期自发布之日起原则上最长不得超过 5 年。有效期届满，行政规范性文件的效力自动终止。行政规范性文件有效期届满前的一定时间内，制定部门认为该文件需要继续实施的，应当重新审查，并重新发布。自动失效将迫使制定机关对即将到期的其他行政规范性文件进行必要的、及时的审查，以决定是否修改、废除抑或继续生效。自动失效制度有利于实现行政规范性文件的自动清理，建立长效的立法监督机制，也有利于对公民合法利益的保护。

---

〔1〕 参见王春业：“设立行政规范性文件的自动失效制度”，载《社会科学辑刊》2009 年第 6 期。

第七章
具体行政行为

具体行政行为是与抽象行政行为相对的一个概念，根据目前公认的观点，它是指行政主体基于行政职权或行政职责进行的对特定的行政相对人就特定的事项而直接产生法律效果的行为。常见的具体行政行为有：行政许可、行政奖励、行政给付、行政强制、行政征收、行政命令、行政处罚、行政确认、行政裁决、行政仲裁和行政合同等。具体行政行为分为单方具体行政行为和双方具体行政行为，前述的常见具体行政行为除了行政合同是双方具体行政行为外，其他的都是单方具体行政行为。其中，单方具体行政行为按照法律功能的角度来分类，可分为赋权的具体行政行为、限权的具体行政行为、确认的具体行政行为和裁决的具体行政行为。赋权的具体行政行为有行政许可、行政奖励和行政给付；限权的具体行政行为有行政处罚、行政强制、行政征收；确认的具体行政行为有行政确认；裁决的具体行政行为有行政裁决和行政仲裁。以下分别讨论。

第一节　赋权的具体行政行为

一、行政许可

《中华人民共和国行政许可法》由中华人民共和国第十届全国人民代表大会常务委员会第四次会议于2003年8月27日通过，现予公布，自2004年7月1日起施行。

（一）行政许可概述

1. 行政许可的概念和特征。行政许可是指行政机关根据公民、法人或者其他组织的申请，经依法审查，准予其从事特定活动的行为。行政许可有如下特征：

（1）行政许可是一种依申请的具体行政行为。行政相对人能够从事法律所一般禁止的行为，必须依法向有关行政主体提出申请。行政相对人依法向行政主体提起申请，是行政许可行为发生的前提。

（2）行政许可的内容是行政主体赋予行政相对人某种法律资格或权利。例如，行政主体颁发经营许可证就是赋予行政相对人可以从事某种行业的权利，颁发律师证就是赋予行政相对人从事律师事务的资格。

（3）行政许可是一种要式行为。这体现在行政许可是通过颁发许可证、执照等形式来实施的。

2. 关于行政许可的性质。概括起来有以下三种观点：

（1）“解禁说”。即认为在法律作出一般性禁止规定前，应当许可的事项是一种任何人都可以作为的行为，由于法律规定的结果，其自由受到限制，而行政许可则是对自由的恢复、是对一般禁止义务的解除。

（2）“赋权说”。即认为行政相对人本来没有该项权利，只是因为行政机关通过行政许可赋予被许可人特定的权利。

（3）“赋权与解禁统一说”。即认为行政许可是一个事物的两个方面，具有“赋权”和“限权”双重性质，对被许可人来说是一种赋权，因为被许可人通过行政许可取得了从事某种活动的权利，但对未获得许可的人来说则是一种禁止，是对行使某种权利的限制，未经许可不得从事某种特定活动。

3. 行政许可与相关概念的区别。

（1）行政许可与行政认可。行政许可，是有权机关对一般禁止的活动，在特定场合条件下解除限制并允许其作为或者不作为的行政行为。行政认可，则是行政确认中的一种方式，它是行政机关对行政相对人已有的法律地位和权利义务是否符合法律要求的认定，从而使其具有法律效力或者丧失法律效力的行为。主要区别：第一，行政许可是针对未获得行使某种权利、资格的请求进行的解除限制行为，而行政认可则是对已有权利、资格或者行为的法律承认和确定；第二，在行政许可中，申请人的目的是从事某种职业、享有某种权能、进行某种行为，而在行政认可中申请人的目的则是确定法律地位、获得法定效果，如对产品、质量的认定等；第三，未经许可而从事的行为将发生违法的后果并应受到制裁或者处罚，而未被认可的行为或者地位将发生无效的效果，不适用法律制裁。

（2）行政许可与行政登记。行政登记，是行政机关依据正在进行某种活动或者希望进行某种活动的行政相对人的申请依法予以书面记载的活动。行政登记一般只要求记载行政相对人的某种情况或事实，以便于行政管理部门备案可查，并确认其法律地位和权利义务。如我国税法规定的税务登记。行政许可与行政登记的区别表现为：行政许可以全面禁止为前提、个别解禁为内容，而行政登记则不一定以禁止为前提，也不一定是个别解禁的结果；行政许可是以限制某种活动的自由为目的，行政登记则是对某一事实的记录以便备查。但应指出，登记的用语被广泛运用于法律、法规的规定之中，如企业注册登记、企业名称登记、结婚登记、土地使用权登记等，因此行政登记与行政许可有时也难以从名称上加以区分，而需要从实质意义上加以判断。

（二）行政行为的分类

1. 以许可的范围为标准，行政许可分为一般许可和特殊许可。一般许可是指行政主体对符合法定条件的申请人直接颁发许可证而无特殊限制的许可。这类许可一般没有诸如数量等方面的限制。特殊许可是指除了符合一般法定许可条件外，还对申请人规定了特别限制的许可。如持枪许可是一种特殊许可。

2. 以许可的享有程度为标准，行政许可分为排他性许可和非排他性许可。排他性许可是指某个人或组织获得许可后，其他任何人不得再申请或获得，如专利许可、商标许可。非排他性许可是指许可机关对凡是符合一定法定条件的申请人，均可给予的许可，如营业许可、驾驶执照等。

3. 以许可是否附加必要履行的义务为标准，行政许可分为权利性许可和附义务行政许可。权利性许可是指申请人取得许可证后可以根据自己的意志决定是否行使该许可证赋予的法律资格或法律权利的行政许可，如持枪证、护照等。被许可的权利对权利行使人来说有权放弃，但权利行使人不得自由转让。附义务许可是指许可证持有人在获得被许可的权利的同时也承担了在一定期限内必须行使该项权利的义务。如果被许可人在规定的期限内没有从事被许可的活动（或行使权利），就要为此承担一定的不利后果。如取得商标许可的公民或法人，根据《商标法》第44条的规定，连续3年停止使用注册商标的，由商标局责令限期改正或者撤销其注册商标。

4. 以许可的内容为标准，行政许可分为行为许可和资格许可。行为许可是指允许行政相对人从事某种活动的行政许可，如开业、生产、经营许可。这类许可一般仅限于某种行为或活动，不含有资格权能的特别证明，申请该许可无须经过严格考试。资格许可是指行政主体依行政相对人的申请，经过相应的程序考试合格后颁发许可证，允许其享有某种资格或具备某种能力的行政许可，如法律资格职业证、建筑师证、导游证书、引航员证书、技术等级证书等。

5. 以行政许可的书面形式分类，行政许可分为独立的许可与附文件的许可。独立的许可，指相对人所获得的是单独的许可证或书面文件，许可证本身已就持有人活动的范围、方式、时间等作了明确规定，无须其他文件对此加以说明，如卫生许可证、驾驶执照等。附文件的行政许可，指需要附加文件加以说明的许可证或书面文件，如专利许可、商标许可等，这种许可证或书面文件本身不足以说明持有人得到许可的全部内容，需要某些附加文件补充说明。

（三）行政许可的原则

1. 行政许可法定原则。《行政许可法》第4条规定，设定和实施行政许可，应当依照法定的权限、范围、条件和程序。首先，行政许可的设定必须有其法律依据，其实施的过程的不得违反法律的规定；其次，行政主体应当按照法定的权限、条件和程序实施行政许可行为；最后，因行政许可发生的纠纷和主管机关的监督检查必须依法进行。

2. 便民和效率原则。《行政许可法》第6条规定，实施行政许可，应当遵循便民的原则，提高办事效率，提供优质服务。便民是指行政机关实施行政许可应当尽可能手续简化、方便快捷，从而确保许可申请人以最低的成本获得许可目的的实现。效率是要求行政机关在履行职责时应当以尽可能小的社会成本来实现既定的行政管理目标，使社会效益最大化。

3. 信赖保护原则。信赖保护原则是诚信原则在行政法中的运用，"苟无诚信原则，则民主宪政将无法实行，故诚信为一切行政权之准则，亦为其限界"。[1]根据《行政许可法》第8条的规定，公民、法人或者其他组织依法取得的行政许可受法律保护，行政机关不得擅自改变已经生效的行政许可。行政许可所依据的法律、法规、规章修改或者废止，或者准予行政许可所依据的客观情况发生重大变化的，为了公共利益的需要，行政机关可以依法变更或者撤回已经生效的行政许可。由此给公民、法人或者其他组织造成财产损失的，行政机关应当依法给予补偿。

4. 行政救济原则。根据《行政许可法》第7条规定，法人或者其他组织对行政机关实施行政许可，享有陈述权、申辩权；有权依法申请行政复议或者提起行政诉讼；其合法权益因行政机关违法实施行政许可受到损害的，有权依法要求赔偿。其中，陈述和申辩可被认为是事前救济途径，复议和诉讼可被认为是事后补救途径。

5. 公开、公平、公正原则。《行政许可法》第5条规定，设定和实施行政许可，应当遵循公开、公平、公正的原则。有关行政许可的规定应当公布；未经公布的，不得作为实施行政许可的依据。行政许可的实施和结果，除涉及国家秘密、商业秘密或者个人隐私的外，应当公开。符合法定条件、标准的，申请人有依法取得行政许可的平等权利，行政机关不得歧视。

6. 行政许可不得转让原则。依法取得行政许可，必须符合法定条件、标准，因此，被许可人取得的行政许可一般不得转让。只有特定事项依法取得的行政许

〔1〕罗传贤：《行政程序法基础理论》，五南图书出版公司1993年版，第65页。

可可以转让，但必须由法律、法规对这种转让作出明确规定。为此，《行政许可法》第9条规定，依法取得的行政许可，除法律、法规规定依照法定条件和程序可以转让的外，不得转让。

7. 行政监督原则。根据《行政许可法》第10条的规定，县级以上人民政府应当建立健全对行政机关实施行政许可的监督制度，加强对行政机关实施行政许可的监督检查。行政机关应当对公民、法人或者其他组织从事行政许可事项的活动实施有效监督。

（四）行政许可的设定

1. 行政许可设定的事项范围。行政许可设定的事项范围是指哪些事项可以设定行政许可，哪些事项不能设定行政许可。根据我国《行政许可法》的规定，设定行政许可，应当遵循经济和社会发展规律，有利于发挥公民、法人或者其他组织的积极性、主动性，维护公共利益和社会秩序，促进经济、社会和生态环境协调发展。可以设定行政许可事项有：直接涉及国家安全、公共安全、经济宏观调控、生态环境保护以及直接关系人身健康、生命财产安全等特定活动，需要按照法定条件予以批准的事项；有限自然资源开发利用、公共资源配置以及直接关系公共利益的特定行业的市场准入等，需要赋予特定权利的事项；提供公众服务并且直接关系公共利益的职业、行业，需要确定具备特殊信誉、特殊条件或者特殊技能等资格、资质的事项；直接关系公共安全、人身健康、生命财产安全的重要设备、设施、产品、物品，需要按照技术标准、技术规范，通过检验、检测、检疫等方式进行审定的事项；企业或者其他组织的设立等，需要确定主体资格的事项；法律、行政法规规定可以设定行政许可的其他事项。

可以不设定行政许可的事项有：公民、法人或者其他组织能够自主决定的；市场竞争机制能够有效调节的；行业组织或者中介机构能够自律管理的；行政机关采用事后监督等其他行政管理方式能够解决的。

2. 行政许可的设定权限。行政许可的设定权限要解决的问题是，针对《行政许可法》规定的可以设定行政许可的事项，具体哪些主体可以设定行政许可？

根据《行政许可法》第14、15条的规定，我国行政许可设定的主体及其权限为：（1）法律可以设定行政许可；（2）对依法可以设定行政许可的事项，尚未制定法律的，行政法规可以设定行政许可。必要时，国务院可以采用发布决定的方式设定行政许可。实施后，除临时性行政许可事项外，国务院应当及时提请全国人民代表大会及其常务委员会制定法律，或者自行制定行政法规；（3）如果尚未制定法律、行政法规的，地方性法规可以设定行政许可；（4）尚未制定法律、行政法规和地方性法规的，因行政管理的需要，确需立即实施行政许可的，省、自治区、直辖市人民政府规章可以设定临时性的行政许可。临时性的行政许可实施满一年需要继续实施的，应当提请本级人民代表大会及其常务委员会制定地方性法规。但地方性法规和省、自治区、直辖市人民政府规章，不得设定应当由国家统一确定的公民、法人或者其他组织的资格、资质的行政许可；不得设定企业或者其他组织的设立登记及其前置性行政许可。其设定的行政许可，不得限制其他地区的个人或者企业到本地区从事生产经营和提供服务，不得限制其他地区的商品进入本地区市场。其他规范性文件一律不得设定行政许可。

3. 行政许可设定规则。行政许可的设定规则包括行政许可设定内容、设定程序及设定评价等方面的具体要求。

（1）行政许可设定内容。行政许可设定的内容是指行政许可的设定主体对依法可以设定行政许可的事项设定行政许可时所应当规定的内容。《行政许可法》第 18 条规定，设定行政许可，应当规定行政许可的实施机关、条件、程序、期限。

（2）行政许可设定程序。《行政许可法》第 19 条规定，起草法律草案、法规草案和省、自治区、直辖市人民政府规章草案，拟设定行政许可的，起草单位应当采取听证会、论证会等形式听取意见，并向制定机关说明设定该行政许可的必要性、对经济和社会可能产生的影响以及听取和采纳意见的情况。

（3）行政许可设定评价。设定行政许可的必要性、范围的大小应当随经济社会环境的变化而变更。为此，《行政许可法》第 20 条规定，行政许可的设定机关应当定期对其设定的行政许可进行评价；对已设定的行政许可，认为通过公民、法人或者其他组织自主决定、市场竞争机制有效调节、行业组织或者中介机构自律管理的和行政机关采用事后监督等其他行政管理方式解决的，应当对设定该行政许可的规定及时予以修改或者废止。行政许可的实施机关可以对已设定的行政许可的实施情况及存在的必要性适时进行评价，并将意见报告该行政许可的设定机关。公民、法人或者其他组织可以向行政许可的设定机关和实施机关就行政许可的设定和实施提出意见和建议。

（五）行政许可的实施

1. 行政许可实施机关。行政许可的实施主体，是指依法享有行政许可职权，对行政相对人申请的行政许可事项，在其法定职权范围内进行审查，作出许可或不许可的行政决定，并进行事后监督的行政机关或法律、法规授权的组织。根据《行政许可法》第 22、23、24、25 条的规定，我国行政许可的实施主体有：法定的行政机关、被授权组织、受委托的行政机关、行使相对集中许可权的机构。具体规定为：（1）行政许可由具有行政许可权的行政机关在其法定职权范围内实施。（2）法律、法规授权的具有管理公共事务职能的组织，在法定授权范围内，以自己的名义实施行政许可。被授权的组织适用本法有关行政机关的规定。（3）行政机关在其法定职权范围内，依照法律、法规、规章的规定，可以委托其他行政机关实施行政许可。委托机关应当将受委托行政机关和受委托实施行政许可的内容予以公告。委托行政机关对受委托行政机关实施行政许可的行为应当负责监督，并对该行为的后果承担法律责任。受委托行政机关在委托范围内，以委托行政机关名义实施行政许可；不得再委托其他组织或者个人实施行政许可。（4）经国务院批准，省、自治区、直辖市人民政府根据精简、统一、效能的原则，可以决定一个行政机关行使有关行政机关的行政许可权。为避免行政许可存在多部门、多环节、重复执法的现象，《行政许可法》第26条规定，行政许可需要行政机关内设的多个机构办理的，该行政机关应当确定一个机构统一受理行政许可申请，统一送达行政许可决定。行政许可依法由地方人民政府两个以上部门分别实施的，本级人民政府可以确定一个部门受理行政许可申请并转告有关部门分别提出意见后统一办理，或者组织有关部门联合办理、集中办理。

2. 行政许可的实施程序。

（1）申请与受理。申请人提出许可申请是行政许可机关实施行政许可行为的前提条件。公民、法人或者其他组织从事特定活动，依法需要取得行政许可的，应当向行政机关提出申请。申请书需要采用格式文本的，行政机关应当向申请人提供行政许可申请书格式文本。申请人可以委托代理人提出行政许可申请。但是，依法应当由申请人到行政机关办公场所提出行政许可申请的除外。行政许可申请可以通过信函、电报、电传、传真、电子数据交换和电子邮件等方式提出。行政机关对申请人提出的行政许可申请，应当根据下列情况分别作出处理：申请事项依法不需要取得行政许可的，应当即时告知申请人不予受理；申请事项依法不属于本行政机关职权范围的，应当即时作出不予受理的决定，并告知申请人向有关行政机关申请；申请材料存在可以当场更正的错误的，应当允许申请人当场更正；申请材料不齐全或者不符合法定形式的，应当当场或者在5日内一次告知申请人需要补正的全部内容，逾期不告知的，自收到申请材料之日起即为受理；申请事项属于本行政机关职权范围，申请材料齐全、符合法定形式，或者申请人按照本行政机关的要求提交全部补正申请材料的，应当受理行政许可申请。

（2）审查与决定。行政机关应当对申请人提交的申请材料进行审查。申请人提交的申请材料齐全、符合法定形式，行政机关能够当场作出决定的，应当当场作出书面的行政许可决定。根据法定条件和程序，需要对申请材料的实质内容进行核实的，行政机关应当指派两名以上工作人员进行核查。依法应当先经下级行政机关审查后报上级行政机关决定的行政许可，下级行政机关应当在法定期限内将初步审查意见和全部申请材料直接报送上级行政机关。上级行政机关不得要求申请人重复提供申请材料。行政机关对行政许可申请进行审查时，发现行政许可事项直接关系他人重大利益的，应当告知该利害关系人。申请人、利害关系人有权进行陈述和申辩。行政机关应当听取申请人、利害关系人的意见。行政机关对行政许可申请进行审查后，除当场作出行政许可决定的外，应当在法定期限内按照规定程序作出行政许可决定。申请人的申请符合法定条件、标准的，行政机关应当依法作出准予行政许可的书面决定。行政机关依法作出不予行政许可的书面决定的，应当说明理由，并告知申请人享有依法申请行政复议或者提起行政诉讼的权利。

关于作出行政许可的期限，除可以当场作出行政许可决定的外，行政机关应当自受理行政许可申请之日起 20 日内作出行政许可决定。20 日内不能作出决定的，经本行政机关负责人批准，可以延长 10 日，并应当将延长期限的理由告知申请人。但是，法律、法规另有规定的，依照其规定。行政许可采取统一办理或者联合办理、集中办理的，办理的时间不得超过 45 日；45 日内不能办结的，经本级人民政府负责人批准，可以延长 15 日，并应当将延长期限的理由告知申请人。依法应当先经下级行政机关审查后报上级行政机关决定的行政许可，下级行政机关应当自其受理行政许可申请之日起 20 日内审查完毕。但是，法律、法规另有规定的，依照其规定。行政机关作出准予行政许可的决定，应当自作出决定之日起 10 日内向申请人颁发、送达行政许可证件，或者加贴标签、加盖检验、检测、检疫印章。行政机关作出行政许可决定，依法需要听证、招标、拍卖、检验、检测、检疫、鉴定和专家评审的，所需时间不计算在本节规定的期限内。行政机关应当将所需时间书面告知申请人。

（3）听证。法律、法规、规章规定实施行政许可应当听证的事项，或者行政机关认为需要听证的其他涉及公共利益的重大行政许可事项，行政机关应当向社会公告，并举行听证。行政许可直接涉及申请人与他人之间重大利益关系的，行政机关在作出行政许可决定前，应当告知申请人、利害关系人享有要求听证的权利；申请人、利害关系人在被告知听证权利之日起 5 日内提出听证申请的，行政机关应当在 20 日内组织听证。申请人、利害关系人不承担行政机关组织听证的费用。听证按照下列程序进行：行政机关应当于举行听证的 7 日前将举行听证的时间、地点通知申请人、利害关系人，必要时予以公告；听证应当公开举行；行政机关应当指定审查该行政许可申请的工作人员以外的人员为听证主持人，申请人、利害关系人认为主持人与该行政许可事项有直接利害关系的，有权申请回避；举行听证时，审查该行政许可申请的工作人员应当提供审查意见的证据、理由，申请人、利害关系人可以提出证据，并进行申辩和质证；听证应当制作笔录，听证笔录应当交听证参加人确认无误后签字或者盖章。行政机关应当根据听证笔录，作出行政许可决定。

（4）变更与延续。行政许可的变更和延续程序是行政许可实施程序的一个重要组成部分，是行政主体在作出行政许可决定后作出的与原行政许可决定具有密切联系的两种行政行为。根据《行政许可法》的规定，被许可人要求变更行政许可事项的，应当向作出行政许可决定的行政机关提出申请；符合法定条件、标准的，行政机关应当依法办理变更手续。被许可人需要延续依法取得的行政许可的有效期的，应当在该行政许可有效期届满30日前向作出行政许可决定的行政机关提出申请。但是，法律、法规、规章另有规定的，依照其规定。行政机关应当根据被许可人的申请，在该行政许可有效期届满前作出是否准予延续的决定；逾期未作决定的，视为准予延续。

（六）行政许可的撤销与注销

行政许可的撤销是指由于行政机关违法作出行政许可决定或者申请人违法获得行政许可后被有关机关宣布该许可自始不发生法律效力的情形。行政许可的注销是指因被许可人违反要求不再适宜保持行政许可或行政许可有效期届满等原因而导致该许可失去法律效力后，行政机关依法予以注销的情形。

作出行政许可决定的行政机关或者其上级行政机关，根据利害关系人的请求或者依据职权，在下列情形中可以撤销行政许可：行政机关工作人员滥用职权、玩忽职守作出准予行政许可决定的；超越法定职权作出准予行政许可决定的；违反法定程序作出准予行政许可决定的；对不具备申请资格或者不符合法定条件的申请人准予行政许可的；依法可以撤销行政许可的其他情形。被许可人以欺骗、贿赂等不正当手段取得行政许可的，应当予以撤销。需要注意，撤销行政许可可能对公共利益造成重大损害的，不予撤销。行政机关违法作出行政许可且被许可人没有过错，被许可人的合法权益受到损害的，行政机关应当依法给予赔偿。

行政机关应当依法办理有关行政许可注销手续的情形有：行政许可有效期届满未延续的；赋予公民特定资格的行政许可，该公民死亡或者丧失行为能力的；法人或者其他组织依法终止的；行政许可依法被撤销、撤回，或者行政许可证件依法被吊销的；因不可抗力导致行政许可事项无法实施的；法律、法规规定的应当注销行政许可的其他情形。

二、行政奖励

（一）行政奖励的概念和特征

行政奖励是指行政主体依法定的条件和程序，对符合行政目的的行为，为了表示对其肯定、鼓励、支持和倡导，赋予行为人以某种物质或精神上利益的行为。行政奖励有以下特征：

1. 实施行政奖励的主体是行政主体。具体而言，行政主体包括国家机关和法律、法规授权的社会组织。也就说，实施行政奖励的主体必须具备行政主体资格。

2. 行政奖励的内容是给予受奖励者某些物质利益或精神利益。国家给予奖励者物质利益或精神利益，其目的是表彰和鼓励先进，鞭策和推动后进，调动和激发人民群众的积极性和创造性。物质奖励和精神奖励可以分开使用，也可以合并使用。

3. 行政奖励是一种赋予受奖励者以奖励性权利的而无强制执行力的具体行政行为。行政奖励是一种法定的给予受奖励者奖励性权利的行为，受奖励者可以放弃行政主体给予的这种利益。

（二）行政奖励的内容和形式

行政奖励的内容是指行政主体实施行政奖励行为给予受奖励者的权利。根据我国有关行政奖励的法律规定，其内容主要有物质性方面的权益、精神性方面的权益和职务方面的权益。其中，物质性方面的权益主要表现为给受奖励者发一定数额的奖金和奖品。精神性方面的权益主要表现为受奖励者获得某种法定的并被国家和社会认可的荣誉。职务方面的奖励主要表现为给受奖励者晋升一定职务或一定档次的工资。

行政奖励的形式有多种形式，概括起来主要有：发给受奖励者奖金或奖品；通报表扬和通令嘉奖；记功；授予荣誉称号；晋升和晋职。这些奖励形式可单独适用，也可合并适用。

三、行政给付

（一）行政给付的概念和特征

行政给付是指行政机关给予某些特殊群体或个人以一定物质权益或与物质有关的权益的具体行政行为。行政给付有以下特征：

1. 行政给付行为的主体是有法定职责的行政机关和法律、法规授权的组织。行政机关是国家政务活动和财务管理的主体，代表着国家执掌财政收支，具有支配国家财力的职能，行政机关依法具有行政给付的资格和权能；其他组织只有在法律、法规规定职责的情况下，才可能成为实施行政给付的主体。在目前阶段，我国的行政给付主要由民政和劳动保障部门实施。

2. 行政给付的对象是特定的。行政给付只对出现了特殊困难和特殊情况的公民实施，如因失业、年老、疾病等导致丧失生活能力。组织一般不能成为行政给付的对象。

3. 行政给付的内容是赋予被帮助人以一定的物质权益或与物质相关的权益。行政给付的内容主要体现在物质权益上，被帮助人通过行政给付获得一定的物质以帮助自己解决困难。这种物质可以是直接的财物，也可以是与财物相关的其他利益，如免费受教育等。

（二）行政给付的形式

根据现行有关行政给付的法律、法规规定，结合行政给付的实际情况，行政给付有以下几种形式：

1. 抚恤金。抚恤金是行政相对人因公或者因病致残、死亡时，由国家发给本人或其家属用以维持其日常生活的费用，有死亡抚恤金、伤残抚恤金等。发放对象包括：牺牲、病故的军人，人民警察，参战民兵民工及党政机关工作人员的亲属，伤残军人和因公致残人员。

2. 离退休金。主要包括：由民政部门管理的军队离休干部、退休干部和无军籍退休职工的工资性、福利性等离退休金，由民政部门发放给地方退休人员的退休金，由民政部门发放给退职人员的生活费等。

3. 最低生活保障费。最低生活保障费是国家发给收入低于当地一定生活水平的自然人用以维持其最低生活标准的费用。目前，除了部分地区对农业户口的居民给予最低生活保障费外，绝大多数的保障对象是持有非农业户口的城市居民，发放对象主要有：无生活来源、无赡养人或赡养人无能力赡养、无抚养人或抚养人无能力抚养、失业人员或虽有家庭成员就业但其家庭平均收入仍低于最低生活保障标准的居民。

4. 自然灾害救济。当发生地震、洪涝、火灾、干旱等自然灾害时，为了解决灾民吃、穿、住及治病等困难，国家发放给灾民的救济金和物资。

5. 其他行政给付。行政给付的种类非常多，除以上常见的外，还有一些临时性或政策性的行政给付，如对农村独生子女家庭给付的生活补助，“关爱女孩”行动中对其父母一定条件下的补助等。

第二节　限权的具体行政行为

一、行政处罚

（一）行政处罚的概念和特征

行政处罚是指行政主体对实施了违法行为但尚未构成犯罪的公民、法人或其他组织，依法定程序剥夺或限制其一定权利加以惩戒的具体行政行为。行政处罚有以下特征：

1. 行政处罚的主体是行政机关或法律法规授权的组织或行政机关委托的组织。通常行政处罚权属于行政机关，但如果经过法律授权或行政机关委托，行政处罚权的实施权可以由被授权或被委托的组织行使。

2. 行政处罚的前提是公民、法人或其他组织实施了违法但尚未构成犯罪的行为。这里所说“违法”中的“法”是指行政法律规范。违法的程度不能达到构成犯罪的程度，否则行政主体就无权实施行政处罚行为。

3. 行政处罚是一种以惩戒违法为目的的具有制裁性质的具体行政行为。行政主体主要是通过对违法者的权益予以限制、剥夺或对其科以新的义务来实现惩戒目的。

为了更好地理解行政处罚的概念，有必要将行政处罚与行政处分作一区别。行政处分是指行政主体对其内部工作人员违反政纪而予以的惩戒。两者都属于行政法性质的法律制裁，都由行政主体予以实施，都是针对违反行政法规范的行为。但是，两者有着明显的区别：（1）所针对的对象不同。行政处罚是针对社会上的公民、法人或者其他组织，即外部行政相对人，他们与行政主体之间是没有隶属关系的；而行政处分针对的是行政主体内部的人员，即内部行政相对人，他们与行政主体一般有人事管理的隶属关系。（2）制裁的方法与手段不同。行政处罚多运用财产罚、能力罚、人身自由罚等多种多样的方式，如罚款、没收财产、吊销证照、拘留等；而行政处分所使用的方式与内部的人事管理相适应，如记过、记大过、降级、撤职、开除等。（3）制裁的依据不同。行政处罚的依据是行政机关据以管理国家和社会事务的各种行政法律规范；而行政处分的依据只是适用于行政机关内部的法律规范。（4）对惩处的救济途径不同。对行政处罚不服的，可以向复议机关申请行政复议或向人民法院提起行政诉讼；而对行政处分不服的，只能向主管行政机关或专门的行政监察机关申诉解决。

（二）行政处罚的原则

根据《行政处罚法》的规定，行政处罚的原则主要有：

1. 行政处罚法定原则。公民、法人或者其他组织违反行政管理秩序的行为，应当给予行政处罚的，必须有法律依据，并由行政机关依照法律规定的程序实施。没有法定依据或者不遵守法定程序的，行政处罚无效。

2. 惩罚与教育相结合原则。行政处罚的最终目的是教育人们遵纪守法，惩罚仅仅是一种实现目的的手段。为此，《行政处罚法》第 5 条规定：“实施行政处罚，纠正违法行为，应当坚持处罚与教育相结合，教育公民、法人或者其他组织自觉守法。”

3. 公正、公平原则。《行政处罚法》第4条第1款规定，行政处罚遵循公正、公开的原则。公正是要求处罚主体实施行政处罚必须做到客观、公平、合理。公开既包括有关行政处罚的规定要公布，也包括实施行政处罚的程序和处罚的结果要公开，以便人民群众知情并进行监督。

4. 行政处罚适当原则。《行政处罚法》第4条第2款规定：“设定和实施行政处罚必须以事实为依据，与违法行为的事实、性质、情节以及社会危害程度相当。”行政机关在行使处罚权时，享有较大的裁量权，表现在处罚罚则的选择、罚款数额的确定、违法情节的判定等方面。为此，行政机关在实施行政处罚时，应充分考虑违法行为的类型、违法行为的情节、违法行为对社会产生的危害程度，行政处罚的罚则和幅度应与违法行为的事实、性质、情节和社会危害程度相适应。

5. 行政处罚救济原则。公民、法人或者其他组织对行政机关所给予的行政处罚，享有陈述权、申辩权；对行政处罚不服的，有权依法申请行政复议或者提起行政诉讼。公民、法人或者其他组织因行政机关违法给予行政处罚受到损害的，有权依法提出赔偿要求。

6. 一事不再罚原则。一事不再罚是指对被处罚者的某一违法行为，不得给予两次以上的同类处罚。《行政处罚法》第24条规定：“对当事人的同一个违法行为，不得给予两次以上罚款的行政处罚。”

（三）行政处罚的种类和形式

依据被处罚者被剥夺或限制的权利类型的不同，行政处罚可以分为自由罚、行为罚、财产罚和声誉罚。

1. 自由罚。自由罚又称人身罚，是指以处罚当事人的人身自由为内容的行政处罚。自由罚原则上只适用于公民个人而不适用于法人，执法中对法人的法定代表人的拘留应视为对其个人违法行为的处罚，而不是对法人的处罚。自由罚是行政处罚中最严厉、对当事人权利损害最大的一种行政处罚。自由罚的形式主要有行政拘留，劳动教养，〔1〕以及对外国人的驱逐出境、禁止进境或出境、限制出

〔1〕 劳动教养简称“劳教”，是将违法尚不够刑罚处罚的人员，送进劳动教养管理所（场）进行强制性劳动教育改造的一种行政措施。与劳动改造不同，劳动教养并非《中华人民共和国刑法》规定的刑罚，而是依据国务院劳动教养相关法规的一种行政处罚，公安机关无须经法庭审讯定罪，即可对疑犯投入劳教场所实行最高期限为4年的限制人身自由、强迫劳动、思想教育等措施。2013年11月15日，《中共中央关于全面深化改革若干重大问题的决定》提出废止劳动教养制度。同年12月28日，全国人大常委会通过了关于废止有关劳动教养法律规定的决定，劳教制度被依法废止。

境。行政拘留是指公安机关对违反治安管理的相对人在短期内限制其人身自由的处罚；劳动教养是对严重违法行为人限制人身自由、强迫劳动、实行强制性教育改造的行政措施；驱逐出境、禁止进境或出境、限制出境是指公安、边防、安全机关对违反我国行政法律规范的外国人、无国籍人采取的强令其离开或禁止进入中国国境的处罚形式。

2. 行为罚。行为罚又称资格罚、能力罚，是指以限制或剥夺被处罚人从事特定行为资格和能力为内容的行政处罚。行为罚事关被处罚者某种利益的得失，因此对其设定和实施的要求相对很严格。行为罚具体表现为责令停产停业、暂扣或者吊销许可证、暂扣或者吊销执照等形式。其中，责令停产停业，是行政主体对违法从事生产经营活动的相对人，在一定期限和范围内限制或取消其生产经营活动资格的处罚；暂扣许可证和执照，是行政主体对持有许可证和执照，能从事该类活动的相对人，因其有违法行为而在一定期限内暂行扣押其执照和许可证，使之暂时失去从事该类活动资格的处罚；吊销许可证和执照，是行政主体对持有许可证和执照能从事该类活动的相对人，永久性地取消其许可证和执照，使其不再具有从事该类活动资格的处罚。

3. 财产罚。财产罚是指以剥夺被处罚人一定数量的财产为内容的行政处罚。财产罚的具体表现为罚款和没收。其中没收包括没收违法所得与没收非法财物。罚款是指行政主体科以违法相对人承担金钱给付义务并令其在一定期限内交纳的处罚形式；没收非法所得是指行政主体对违法者剥夺其因违法行为而获得的非法金钱收入，如违法经营所获得的非法利润；没收非法财物是指行政主体对相对人剥夺其与违法行为有关的财物，如实施违法行为的工具、违禁物品以及其他与违法行为有关的财物等。

4. 声誉罚。声誉罚又称为名誉罚，是指以降低被处罚人的社会评价为内容的行政处罚。声誉罚主要有警告、通报批评。其中，警告是指行政主体对那些违法行为极其轻微、没有造成社会危害后果的行为人的告诫和谴责，它既可以适用于公民个人，也可以适用于法人或其他组织。

（四）行政处罚权的设定

行政处罚权的设定是指国家机关依法定权限和程序创制何种行为应予处罚、给予何种处罚、应由哪个机关依照何种程序处罚等的权力。我国《行政处罚法》对行政处罚权设定规定了如下规则：

1. 法律可以设定各种行政处罚。其中，限制人身自由的行政处罚，只能由法律设定。

2. 行政法规可以设定除限制人身自由以外的行政处罚。法律对违法行为已经作出行政处罚规定，行政法规需要作出具体规定的，必须在法律规定的给予行政处罚的行为、种类和幅度的范围内规定。

3. 地方性法规可以设定除限制人身自由、吊销企业营业执照以外的行政处罚。法律、行政法规对违法行为已经作出行政处罚规定，地方性法规需要作出具体规定的，必须在法律、行政法规规定的给予行政处罚的行为、种类和幅度的范围内规定。

4. 国务院部、委员会制定的规章可以在法律、行政法规规定的给予行政处罚的行为、种类和幅度的范围内作出具体规定。尚未制定法律、行政法规的，国务院部、委员会制定的规章对违反行政管理秩序的行为，可以设定警告或者一定数量罚款的行政处罚。罚款的限额由国务院规定。国务院可以授权具有行政处罚权的直属机构依照关于部委的规定，规定行政处罚。

5. 省、自治区、直辖市人民政府和省、自治区人民政府所在地的市人民政府以及经国务院批准的较大的市人民政府制定的规章可以在法律、法规规定的给予行政处罚的行为、种类和幅度的范围内作出具体规定。尚未制定法律、法规的，这些级别的人民政府制定的规章对违反行政管理秩序的行为，可以设定警告或者一定数量罚款的行政处罚。罚款的限额由省、自治区、直辖市人民代表大会常务委员会规定。

此外，法律、行政法规、地方性法规和规章以外的其他规范性文件不得设定行政处罚。

（五）行政处罚的实施机关

行政处罚的实施机关所要解决的问题是哪些机关可以实施何种行政处罚。我国《行政处罚法》对行政处罚的实施机关作了如下规定：

行政处罚由具有行政处罚权的行政机关在法定职权范围内实施。国务院或者经国务院授权的省、自治区、直辖市人民政府可以决定一个行政机关行使有关行政机关的行政处罚权，但限制人身自由的行政处罚权只能由公安机关行使。法律、法规授权的具有管理公共事务职能的组织可以在法定授权范围内实施行政处罚。行政机关依照法律、法规或者规章的规定，可以在其法定权限内委托符合条件的组织〔1〕实施行政处罚。委托行政机关对受委托的组织实施行政处罚的行为应当负责监督，并对该行为的后果承担法律责任。受委托组织在委托范围内，以

〔1〕 受委托组织必须符合以下条件：依法成立的管理公共事务的事业组织；具有熟悉有关法律、法规、规章和业务的工作人员；对违法行为需要进行技术检查或者技术鉴定的，应当有条件组织进行相应的技术检查或者技术鉴定。

委托行政机关名义实施行政处罚；受委托组织不得再委托其他任何组织或者个人实施行政处罚。

（六）行政处罚的管辖和适用

行政处罚的管辖是指拥有行政处罚权的行政机关之间处理行政违法行为上的权限和分工。行政处罚的适用是指拥有行政处罚权的机关将行政法律规范规定的行政处罚原则、形式、具体方法等运用于具体行政违法案件的活动。

1. 行政处罚的管辖。《行政处罚法》对行政处罚的地域管辖、级别管辖、职能管辖和管辖的特殊情形都作了规定。行政处罚由违法行为发生地[1]的县级以上地方人民政府具有行政处罚权的行政机关管辖。法律、行政法规另有规定的除外。

如果行政机关对管辖发生争议的，报请共同的上一级行政机关指定管辖。违法行为构成犯罪的，不能适用行政处罚时，行政机关必须将案件移送司法机关，依法追究刑事责任。

2. 行政处罚的适用。

（1）适用原则。纠正违法原则，即行政机关实施行政处罚时，应当责令当事人改正或者限期改正违法行为；一事不再罚款原则，即对当事人的同一个违法行为，不得给予两次以上罚款的行政处罚。

（2）适用情节。包括不予处罚与免于处罚、应当处罚、从轻或减轻处罚和从重处罚等。不予以处罚的情形有：不满 14 周岁的人和精神病人在不能辨认或者不能控制自己行为时有违法行为的和违法行为轻微并及时纠正，没有造成危害后果的。对于盲人或者又聋又哑的人违反治安管理的，可以不予处罚。免于处罚的法定情节主要是行为人的违法行为是由行政公务人员过错导致的或因国家法律规范影响以及其他因素引起的。

《治安管理处罚法》规定应当处罚的情节有：间歇性的精神病人在精神正常的时候违反治安管理的和醉酒的人违反治安管理的。《行政处罚法》规定的是，间歇性精神病人在精神正常时有违法行为的。

从轻或减轻处罚分为应当从轻或减轻处罚和可以从轻或减轻处罚。《行政处罚法》规定当事人有下列情形之一的，应当依法从轻或者减轻：主动消除或者减轻违法行为危害后果的；受他人胁迫有违法行为的；配合行政机关查处违法行为有立功表现的；其他依法从轻或者减轻行政处罚的。

---

[1] 违法行为地包括违法行为着手地、经过地、实施（发生）地和危害结果发生地。违法行为发现地的行政机关都有管辖权，一般应由最先发现违法行为的行政机关管辖。

《行政处罚法》规定，违反治安管理有下列情形之一的，减轻处罚或者不予处罚：情节特别轻微的；主动消除或者减轻违法后果，并取得被侵害人谅解的；出于他人胁迫或者诱骗的；主动投案，向公安机关如实陈述自己的违法行为的；有立功表现的。

从重处罚是指行政主体在法定处罚方式和处罚幅度内对违法者在数种处罚方式中选择处罚较重的予以适用或在某一处罚方式允许的幅度范围内适用接近于处罚上限或上限的处罚。《治安管理处罚法》第20条规定，行为人违反治安管理时，从重处罚的情节有：有较严重后果的；教唆、胁迫、诱骗他人违反治安管理的；对报案人、控告人、举报人、证人打击报复的；6个月内曾受过治安管理处罚的。

此外，《行政处罚法》、《治安管理处罚法》还规定了单处和并处的适用情节。

（3）行政处罚折抵刑罚。违法行为构成犯罪，人民法院判处拘役或者有期徒刑时，行政机关已经给予当事人行政拘留的，应当依法折抵相应刑期。违法行为构成犯罪，人民法院判处罚金时，行政机关已经给予当事人罚款的，应当折抵相应罚金。

（4）追诉时效。违法行为在2年内未被发现的，不再给予行政处罚。法律另有规定的除外。这里规定的期限，从违法行为发生之日起计算；违法行为有连续或者继续状态的，从行为终了之日起计算。

（七）作出行政处罚的程序

作出行政处罚的程序，指处罚主体机关作出行政处罚决定的步骤和方式，主要包括简易程序、一般程序和听证程序。

1. 简易程序。所谓简易程序实质上就是当场处罚程序，是行政机关的执法人员在符合法定条件下，对某些违法行为人在违法现场即行处罚的制度。相对于一般程序而言，简易程序更为简单、方便、易行，即时决定即时完成，高效率。[1]

简易程序的适用条件。《行政处罚法》第33条规定："违法事实确凿并有法定依据，对公民处以五十元以下、对法人或者其他组织处以一千元以下罚款或者警告的行政处罚的，可以当场作出行政处罚决定。"《治安管理处罚法》第100条规定："违反治安管理行为事实清楚，证据确凿，处警告或者二百元以下罚款的，可以当场作出治安管理处罚决定。"可见，适用简易程序处罚的违法案件应同时具备以下几个条件：（1）在案情方面，违法事实确凿、清楚。（2）在处罚依据方面，有法定的依据。（3）在处罚程度上，只适用于警告和少量的罚款。在罚款数

〔1〕 杨小君：《行政处罚研究》，法律出版社2002年版，第255页。

额上，《行政处罚法》与《治安管理处罚法》有所差异，前者对公民是罚款是50元以下，对单位是1000元以下；后者规定为200元以下。

简易程序的处罚步骤。根据《行政处罚法》第34、35条的规定，执法人员当场作出行政处罚决定的，应当向当事人出示执法身份证件，填写预定格式、编有号码的行政处罚决定书。行政处罚决定书应当当场交付当事人。执法人员当场作出的行政处罚决定，必须报所属行政机关备案。当事人对当场作出的行政处罚决定不服的，可以依法申请行政复议或者提起行政诉讼。可见，简易程序的处罚步骤包括：（1）执法人员向当事人出示执法身份证件；（2）填写预定格式、编有号码的行政处罚决定书；（3）行政处罚决定书应当场交付当事人；（4）执法人员必须报所属行政机关备案；（5）告知当事人可以依法申请复议或提起诉讼。

2. 一般程序。一般程序又称为普通程序，是指除法律特别规定的适用简易程序和听证程序外，行政处罚所适用的程序。一般程序主要由以下步骤组成：

（1）立案。行政机关对于属于本机关管辖范围内且未过追究时效的违法行为和有重大违法嫌疑的情况，认为有调查取证必要的应当予以立案。

（2）调查取证。除当场作出行政处罚外，行政机关发现公民、法人或者其他组织有依法应当给予行政处罚的行为的，必须全面、客观、公正地调查，收集有关证据；必要时，依照法律、法规的规定，可以进行检查。行政机关在调查或者进行检查时，执法人员不得少于两人，并应当向当事人或者有关人员出示证件。当事人或者有关人员应当如实回答询问，并协助调查或者检查，不得阻挠。询问或者检查应当制作笔录。行政机关在收集证据时，可以采取抽样取证的方法；在证据可能灭失或者以后难以取得的情况下，经行政机关负责人批准，可以先行登记保存，并应当在7日内及时作出处理决定，在此期间，当事人或者有关人员不得销毁或者转移证据。执法人员与当事人有直接利害关系的，应当回避。

（3）说明理由、当事人陈述和申辩。行政机关在作出行政处罚决定之前，应当告知当事人作出行政处罚决定的事实、理由及依据，并告知当事人依法享有的权利。当事人有权进行陈述和申辩。行政机关必须充分听取当事人的意见，对当事人提出的事实、理由和证据，应当进行复核；当事人提出的事实、理由或者证据成立的，行政机关应当采纳。行政机关不得因当事人申辩而加重处罚。

（4）作出处罚决定。调查终结，行政机关负责人应当对调查结果进行审查，根据不同情况，分别作出如下决定：第一，确有应受行政处罚的违法行为的，根据情节轻重及具体情况，作出行政处罚决定；第二，违法行为轻微，依法可以不予行政处罚的，不予行政处罚；第三，违法事实不能成立的，不得给予行政处罚；第四，违法行为已构成犯罪的，移送司法机关。行政机关给予行政处罚，应当制作行政处罚决定书。

行政处罚决定书应当载明当事人的姓名或者名称、地址；违反法律、法规或者规章的事实和证据；行政处罚的种类和依据、履行方式和期限；不服行政处罚决定，申请行政复议或者提起行政诉讼的途径和期限；作出行政处罚决定的行政机关名称和作出决定的日期。行政处罚决定书必须盖有作出行政处罚决定的行政机关的印章。

（5）送达。行政处罚决定书应当在宣告后当场交付当事人；当事人不在场的，行政机关应当在7日内依照《民事诉讼法》的有关规定，将行政处罚决定书送达当事人。

3. 听证程序。严格地讲，听证程序不是一种独立、完整的行政处罚程序，而只是一般程序中针对个别行政处罚种类所增加的一个调查查证的特殊环节与特殊形式，是指对重大行政处罚决定作出之前，在违法案件调查人员一方和当事人一方的参加下，由行政机关专门人员主持听取当事人申辩、质证和意见，进一步核实证据和查清事实，以保证处理结果合法、公正的一种程序。

听证程序的适用范围：（1）责令停产停业的处罚；（2）吊销许可证或执照的处罚；（3）较大数额罚款的处罚等。行政机关在作出行政处罚决定之前，应当告知当事人有要求举行听证的权利；当事人要求听证的，行政机关应当组织听证。当事人不承担行政机关组织听证的费用。

听证程序的组织：当事人要求听证的，应当在行政机关告知后3日内提出；行政机关应当在听证的7日前，通知当事人举行听证的时间、地点；除涉及国家秘密、商业秘密或者个人隐私外，听证公开举行；听证由行政机关指定的非本案调查人员主持；当事人认为主持人与本案有直接利害关系的，有权申请回避；当事人可以亲自参加听证，也可以委托1至2人代理；举行听证时，调查人员提出当事人违法的事实、证据和行政处罚建议；当事人进行申辩和质证；听证应当制作笔录；笔录应当交当事人审核无误后签字或者盖章。

听证结束后，行政机关依法作出决定。

（八）行政处罚执行程序

行政处罚执行程序是确保行政处罚决定的内容能都得以实现的程序。行政处罚执行程序主要有三项内容：

1. 作出处罚决定的机关和收缴罚款机构分离。《行政处罚法》规定，除了可以当场收缴的罚款外，作出行政处罚决定的行政机关及其执法人员不得自行收缴罚款。当事人应当自收到行政处罚决定书之日起15日内，到指定的银行缴纳罚款。银行应当收受罚款，并将罚款直接上缴国库。

2. 严格实行收支两条线。执法人员当场收缴的罚款，应当自收缴罚款之日起2日内，交至行政机关；在水上当场收缴的罚款，应当自抵岸之日起2日内交至行政机关；行政机关应当在2日内将罚款缴付指定的银行。罚款、没收违法所得或者没收非法财物拍卖的款项，必须全部上缴国库，任何行政机关或者个人不得以任何形式截留、私分或者变相私分；财政部门不得以任何形式向作出行政处罚决定的行政机关返还罚款、没收的违法所得或者返还没收非法财物的拍卖款项。

3. 当场罚款的情形。在有些法定情形下，行政处罚需要当场执行，不能或者没有必要等到以后由别的机关执行。根据我国《行政处罚法》的规定，这些法定情形主要合：依法给予20元以下罚款的和不当场收缴事后难以执行的。另外，在边远、水上、交通不便地区，行政机关及其执法人员依照《行政处罚法》第33、38条的规定作出罚款决定后，当事人向指定的银行缴纳罚款确有困难，经当事人提出，行政机关及其执法人员可以当场收缴罚款。

在上几种情形下，行政执法人员可以在作出行政罚款决定后当场收缴罚款。行政执法人员当场收缴罚款，必须向当事人出具省、自治区、直辖市财政部门统一制发的罚款收据；不出具财政部门统一制发的罚款收据的，当事人有权拒绝缴纳罚款。对于执法机关进行处罚不使用收据或者使用非法定部门制发的罚款收据的，上级行政机关或者有关部门对使用的非法收据予以收缴销毁，对直接负责的主管人员和其他直接责任人员依法给予行政处分。

4. 行政处罚的强制执行。行政法上的强制执行，是指专门国家机关（如行政机关、人民法院）依法对不履行法定义务的行政相对人采取强制措施，以迫使其履行义务的活动，包括行政强制执行和司法强制执行。当事人逾期不履行行政处罚决定的，根据《行政处罚法》的规定，作出行政处罚决定的行政机关可以采取三种措施，即到期不缴纳罚款的，每日按罚款数额的3%加处罚款；根据法律规定，将查封、扣押的财物拍卖或者将冻结的存款划拨抵缴罚款；申请人民法院强制执行。

二、行政强制

行政强制是指行政主体为实现行政职能或目的在行政管理活动中采取强力方法的行政行为。为了规范行政强制的设定和实施，保障和监督行政机关依法履行职责，维护公共利益和社会秩序，保护公民、法人和其他组织的合法权益，第十一届全国人民代表大会常务委员会第二十一次会议于2011年6月30日通过了《中华人民共和国行政强制法》。该法自2012年1月1日起施行，共7章71条。

根据该法，行政强制包括行政强制措施和行政强制执行。

行政强制措施，是指行政机关在行政管理过程中，为制止违法行为、防止证据损毁、避免危害发生、控制危险扩大等情形，依法对公民的人身自由实施暂时性限制，或者对公民、法人或者其他组织的财物实施暂时性控制的行为。

行政强制执行，是指行政机关或者行政机关申请人民法院，对不履行行政决定的公民、法人或者其他组织，依法强制履行义务的行为。

（一）行政强制的原则

1. 行政强制法定原则。行政强制是一种强力的行政行为，可以限制人身自由，因而最应该服从行政合法原则。为此，《行政强制法》中规定，行政强制的设定和实施应依法进行。该原则包括的内容有：权限法定、主体和对象法定、手段法定和程序法定。

2. 行政强制适当原则。行政强制适当是行政合理性原则在行政强制行为方面的具体要求。行政强制适当具体表现为兼顾公共利益与当事人的合法权益、选择适当的方式、以达到目的为限度。从实体上说，行政主体依法实施行政强制应当以实现行政管理所要求的目标为限，应该冻结部分资金的，不能冻结整个账户。从程序上说，行政主体所采取的强制手段必须与要达到的目标之间有对应关系，要扣押商店里的违禁品，不能扣押违禁品以外的其他商品。

3. 教育与强制相结合的原则。《行政强制法》第 6 条规定，实施行政强制，应当坚持教育与强制相结合。行政强制只是促使当事人履行法定义务的一种手段，不是目的。当事人经教育自觉改正违法行为，履行法定义务的，就不应再采取行政强制。

4. 行政强制不得谋利原则。行政机关及其工作人员不得利用行政强制权为单位或者个人谋取利益。行政强制四大原则的确立，就是为了杜绝滥用行政强制权的行为发生。

5. 行政强制救济原则。行政强制行为是通过剥夺或限制当事人的合法权益来实现或体现的。为此，公民、法人或者其他组织对行政机关实施行政强制，享有陈述权、申辩权；有权依法申请行政复议或者提起行政诉讼；因行政机关违法实施行政强制受到损害的，有权依法要求赔偿。公民、法人或者其他组织因人民法院在强制执行中有违法行为或者扩大强制执行范围受到损害的，有权依法要求赔偿。

（二）行政强制的种类

1. 行政强制措施的种类：包括限制公民人身自由；查封场所、设施或者财物；扣押财物；冻结存款、汇款；其他行政强制措施。

2. 行政强制执行方式的种类：加处罚款或者滞纳金；划拨存款、汇款；拍卖或者依法处理查封、扣押的场所、设施或者财物；排除妨碍、恢复原状；代履行；其他强制执行方式。

（三）行政强制的设定

1. 行政强制措施的设定。行政强制措施由法律设定。尚未制定法律，且属于国务院行政管理职权事项的，行政法规可以设定除限制公民人身自由与冻结存款、汇款和应当由法律规定的行政强制措施以外的其他行政强制措施。尚未制定法律、行政法规，且属于地方性事务的，地方性法规可以设定查封场所、设施或者财物与扣押财物的行政强制措施。法律、法规以外的其他规范性文件不得设定行政强制措施。法律对行政强制措施的对象、条件、种类作了规定的，行政法规、地方性法规不得作出扩大规定。

法律中未设定行政强制措施的，行政法规、地方性法规不得设定行政强制措施。但是，法律规定特定事项由行政法规规定具体管理措施的，行政法规可以设定除限制公民人身自由与冻结存款、汇款和应当由法律规定的行政强制措施以外的其他行政强制措施。

以上规定明确了法律、行政法规和地方性法规分别可以设定的行政强制措施种类，同时杜绝了个别部门、党委、政府以规范性文件的形式擅自设定行政强制措施的情况。只有明确了行政强制的设定权，才能从源头上解决行政强制“乱”的问题。〔1〕

2. 行政强制执行的设定。行政强制执行由法律设定。法律没有规定行政机关强制执行的，作出行政决定的行政机关应当申请人民法院强制执行。与行政强制措施的设定不同的是，行政强制执行，必须且只能由法律设定，以防止设定的规范性文件过多而为行政权力的泛化和滥用提供根源。为此，2011 年 1 月 21 日起施行的《国有土地上房屋征收与补偿条例》就在《城市房屋拆迁管理条例》的基础上也删除了政府的行政强制执行权。

3. 行政强制设定的规则。起草法律草案、法规草案，拟设定行政强制的，起草单位应当采取听证会、论证会等形式听取意见，并向制定机关说明设定该行政强制的必要性、可能产生的影响以及听取和采纳意见的情况。

行政强制的设定机关应当定期对其设定的行政强制进行评价，并对不适当的

---

〔1〕 过去由于没有统一的行政强制法，立法法也没有对行政强制的设定权作出明确划分，行政强制设定权不明确，不仅法律、法规、规章在设定行政强制，甚至个别规范性文件也设定行政强制。其后果是，行政机关在实施管理过程中“滥”用行政强制，侵害了公民、法人或者其他组织的合法权益，也不符合依法行政的要求。

行政强制及时予以修改或者废止。

行政强制的实施机关可以对已设定的行政强制的实施情况及存在的必要性适时进行评价，并将意见报告该行政强制的设定机关。

公民、法人或者其他组织可以向行政强制的设定机关和实施机关就行政强制的设定和实施提出意见和建议。有关机关应当认真研究论证，并以适当方式予以反馈。

（四）行政强制措施实施程序

1. 行政强制措施实施的一般规定要求。

（1）实施机关。包括法定的行政机关和行使相对集中行政处罚权的行政机关。根据《行政强制法》的规定，行政强制措施由法律、法规规定的行政机关在法定职权范围内实施。行政强制措施权不得委托。依据《行政处罚法》的规定行使相对集中行政处罚权的行政机关，可以实施法律、法规规定的与行政处罚权有关的行政强制措施。行政强制措施应当由行政机关具备资格的行政执法人员实施，其他人员不得实施。

（2）行政机关实施行政强制措施应当遵守的规定。实施前须向行政机关负责人报告并经批准；由两名以上行政执法人员实施；出示执法身份证件；通知当事人到场；当场告知当事人采取行政强制措施的理由、依据以及当事人依法享有的权利、救济途径；听取当事人的陈述和申辩；制作现场笔录；现场笔录由当事人和行政执法人员签名或者盖章，当事人拒绝的，在笔录中予以注明；当事人不到场的，邀请见证人到场，由见证人和行政执法人员在现场笔录上签名或者盖章；法律、法规规定的其他程序。

情况紧急，需要当场实施行政强制措施的，行政执法人员应当在24小时内向行政机关负责人报告，并补办批准手续。行政机关负责人认为不应当采取行政强制措施的，应当立即解除。

依照法律规定实施限制公民人身自由的行政强制措施，除应当履行上述规定的程序外，还应当遵守下列规定：当场告知或者实施行政强制措施后立即通知当事人家属实施行政强制措施的行政机关、地点和期限；在紧急情况下当场实施行政强制措施的，在返回行政机关后，立即向行政机关负责人报告并补办批准手续；法律规定的其他程序。

实施限制人身自由的行政强制措施不得超过法定期限。实施行政强制措施的目的已经达到或者条件已经消失，应当立即解除。

违法行为涉嫌犯罪应当移送司法机关的，行政机关应当将查封、扣押、冻结的财物一并移送，并书面告知当事人。

2. 查封、扣押程序。查封、扣押应当由法律、法规规定的行政机关实施，其他任何行政机关或者组织不得实施。

查封、扣押限于涉案的场所、设施或者财物，不得查封、扣押与违法行为无关的场所、设施或者财物；不得查封、扣押公民个人及其所扶养家属的生活必需品。当事人的场所、设施或者财物已被其他国家机关依法查封的，不得重复查封。

行政机关决定实施查封、扣押的，应当履行法律规定的程序，制作并当场交付查封、扣押决定书和清单。查封、扣押决定书应当载明下列事项：当事人的姓名或者名称、地址；查封、扣押的理由、依据和期限；查封、扣押场所、设施或者财物的名称、数量等；申请行政复议或者提起行政诉讼的途径和期限；行政机关的名称、印章和日期。

查封、扣押的期限不得超过30日；情况复杂的，经行政机关负责人批准，可以延长，但是延长期限不得超过30日。法律、行政法规另有规定的除外。延长查封、扣押的决定应当及时书面告知当事人，并说明理由。对物品需要进行检测、检验、检疫或者技术鉴定的，查封、扣押的期间不包括检测、检验、检疫或者技术鉴定的期间。检测、检验、检疫或者技术鉴定的期间应当明确，并书面告知当事人。检测、检验、检疫或者技术鉴定的费用由行政机关承担。

对查封、扣押的场所、设施或者财物，行政机关应当妥善保管，不得使用或者损毁；造成损失的，应当承担赔偿责任。对查封的场所、设施或者财物，行政机关可以委托第三人保管，第三人不得损毁或者擅自转移、处置。因第三人的原因造成的损失，行政机关先行赔付后，有权向第三人追偿。因查封、扣押发生的保管费用由行政机关承担。

行政机关采取查封、扣押措施后，应当及时查清事实，在规定的期限内作出处理决定。对违法事实清楚，依法应当没收的非法财物予以没收；法律、行政法规规定应当销毁的，依法销毁；应当解除查封、扣押的，作出解除查封、扣押的决定。

有下列情形之一的，行政机关应当及时作出解除查封、扣押决定：当事人没有违法行为；查封、扣押的场所、设施或者财物与违法行为无关；行政机关对违法行为已经作出处理决定，不再需要查封、扣押；查封、扣押期限已经届满；其他不再需要采取查封、扣押措施的情形。

解除查封、扣押应当立即退还财物；已将鲜活物品或者其他不易保管的财物拍卖或者变卖的，退还拍卖或者变卖所得款项。变卖价格明显低于市场价格，给当事人造成损失的，应当给予补偿。

3. 冻结的程序。冻结存款、汇款应当由法律规定的行政机关实施，不得委托给其他行政机关或者组织；其他任何行政机关或者组织不得冻结存款、汇款。冻结存款、汇款的数额应当与违法行为涉及的金额相当；已被其他国家机关依法冻结的，不得重复冻结。

行政机关依照法律规定决定实施冻结存款、汇款的，应当履行规定的程序，并向金融机构交付冻结通知书。金融机构接到行政机关依法作出的冻结通知书后，应当立即予以冻结，不得拖延，不得在冻结前向当事人泄露信息。法律规定以外的行政机关或者组织要求冻结当事人存款、汇款的，金融机构应当拒绝。

依照法律规定冻结存款、汇款的，作出决定的行政机关应当在 3 日内向当事人交付冻结决定书。冻结决定书应当载明下列事项：当事人的姓名或者名称、地址；冻结的理由、依据和期限；冻结的账号和数额；申请行政复议或者提起行政诉讼的途径和期限；行政机关的名称、印章和日期。

自冻结存款、汇款之日起 30 日内，行政机关应当作出处理决定或者作出解除冻结决定；情况复杂的，经行政机关负责人批准，可以延长，但是延长期限不得超过 30 日。法律另有规定的除外。延长冻结的决定应当及时书面告知当事人，并说明理由。

有下列情形之一的，行政机关应当及时作出解除冻结决定：当事人没有违法行为；冻结的存款、汇款与违法行为无关；行政机关对违法行为已经作出处理决定，不再需要冻结；冻结期限已经届满；其他不再需要采取冻结措施的情形。行政机关作出解除冻结决定的，应当及时通知金融机构和当事人。金融机构接到通知后，应当立即解除冻结。行政机关逾期未作出处理决定或者解除冻结决定的，金融机构应当自冻结期满之日起解除冻结。

（五）行政机关强制执行程序

1. 行政强制执行的一般规定。行政机关依法作出行政决定后，当事人在行政机关决定的期限内不履行义务的，具有行政强制执行权的行政机关依法强制执行。

行政机关作出强制执行决定前，应当事先催告当事人履行义务。催告应当以书面形式作出，并载明下列事项：履行义务的期限；履行义务的方式；涉及金钱给付的，应当有明确的金额和给付方式；当事人依法享有的陈述权和申辩权。

当事人收到催告书后有权进行陈述和申辩。行政机关应当充分听取当事人的意见，对当事人提出的事实、理由和证据，应当进行记录、复核。当事人提出的事实、理由或者证据成立的，行政机关应当采纳。

经催告，当事人逾期仍不履行行政决定，且无正当理由的，行政机关可以作出强制执行决定。强制执行决定应当以书面形式作出，并载明下列事项：当事人的姓名或者名称、地址；强制执行的理由和依据；强制执行的方式和时间；申请行政复议或者提起行政诉讼的途径和期限；行政机关的名称、印章和日期。在催告期间，对有证据证明有转移或者隐匿财物迹象的，行政机关可以作出立即强制执行的决定。

催告书、行政强制执行决定书应当直接送达当事人。当事人拒绝接收或者无法直接送达当事人的，应当依照《民事诉讼法》的有关规定送达。

有下列情形之一的，中止执行：当事人履行行政决定确有困难或者暂无履行能力的；第三人对执行标的主张权利，确有理由的；执行可能造成难以弥补的损失，且中止执行不损害公共利益的；行政机关认为需要中止执行的其他情形。中止执行的情形消失后，行政机关应当恢复执行。对没有明显社会危害，当事人确无能力履行，中止执行满 3 年未恢复执行的，行政机关不再执行。

有下列情形之一的，终结执行：公民死亡，无遗产可供执行，又无义务承受人的；法人或者其他组织终止，无财产可供执行，又无义务承受人的；执行标的灭失的；据以执行的行政决定被撤销的；行政机关认为需要终结执行的其他情形。

在执行中或者执行完毕后，据以执行的行政决定被撤销、变更，或者执行错误的，应当恢复原状或者退还财物；不能恢复原状或者退还财物的，依法给予赔偿。

实施行政强制执行，行政机关可以在不损害公共利益和他人合法权益的情况下，与当事人达成执行协议。执行协议可以约定分阶段履行；当事人采取补救措施的，可以减免加处的罚款或者滞纳金。执行协议应当履行。当事人不履行执行协议的，行政机关应当恢复强制执行。

行政机关不得在夜间或者法定节假日实施行政强制执行。但是，情况紧急的除外。行政机关不得对居民生活采取停止供水、供电、供热、供燃气等方式迫使当事人履行相关行政决定。

对违法的建筑物、构筑物、设施等需要强制拆除的，应当由行政机关予以公告，责令当事人限期自行拆除。当事人在法定期限内不申请行政复议或者提起行政诉讼，又不拆除的，行政机关可以依法强制拆除。

2. 金钱给付义务的执行程序。行政机关依法作出金钱给付义务的行政决定，当事人逾期不履行的，行政机关可以依法加处罚款或者滞纳金。加处罚款或者滞纳金的标准应当告知当事人。加处罚款或者滞纳金的数额不得超出金钱给付义务的数额。

行政机关依法实施加处罚款或者滞纳金超过 30 日，经催告当事人仍不履行的，具有行政强制执行权的行政机关可以强制执行。行政机关实施强制执行前，需要采取查封、扣押、冻结措施的，依照该措施的规定办理。没有行政强制执行权的行政机关应当申请人民法院强制执行。但是，当事人在法定期限内不申请行政复议或者提起行政诉讼，经催告仍不履行的，在实施行政管理过程中已经采取查封、扣押措施的行政机关，可以将查封、扣押的财物依法拍卖抵缴罚款。

划拨存款、汇款应当由法律规定的行政机关决定，并书面通知金融机构。金融机构接到行政机关依法作出划拨存款、汇款的决定后，应当立即划拨。法律规定以外的行政机关或者组织要求划拨当事人存款、汇款的，金融机构应当拒绝。

依法拍卖财物，由行政机关委托拍卖机构依照《拍卖法》的规定办理。

划拨的存款、汇款以及拍卖和依法处理所得的款项应当上缴国库或者划入财政专户。任何行政机关或者个人不得以任何形式截留、私分或者变相私分。

3. 代履行。行政机关依法作出要求当事人履行排除妨碍、恢复原状等义务的行政决定，当事人逾期不履行，经催告仍不履行，其后果已经或者将危害交通安全、造成环境污染或者破坏自然资源的，行政机关可以代履行，或者委托没有利害关系的第三人代履行。

代履行应当遵守下列规定：代履行前送达决定书，代履行决定书应当载明当事人的姓名或者名称、地址，代履行的理由和依据、方式和时间、标的、费用预算以及代履行人；代履行3日前，催告当事人履行，当事人履行的，停止代履行；代履行时，作出决定的行政机关应当派员到场监督；代履行完毕，行政机关到场监督的工作人员、代履行人和当事人或者见证人应当在执行文书上签名或者盖章。

代履行的费用按照成本合理确定，由当事人承担。但是，法律另有规定的除外。代履行不得采用暴力、胁迫以及其他非法方式。

需要立即清除道路、河道、航道或者公共场所的遗洒物、障碍物或者污染物，当事人不能清除的，行政机关可以决定立即实施代履行；当事人不在场的，行政机关应当在事后立即通知当事人，并依法作出处理。

（六）申请人民法院强制执行

当事人在法定期限内不申请行政复议或者提起行政诉讼，又不履行行政决定的，没有行政强制执行权的行政机关可以自期限届满之日起3个月内，依法申请人民法院强制执行。

行政机关申请人民法院强制执行前，应当催告当事人履行义务。催告书送达10日后当事人仍未履行义务的，行政机关可以向所在地有管辖权的人民法院申请强制执行；执行对象是不动产的，向不动产所在地有管辖权的人民法院申请强制执行。

行政机关向人民法院申请强制执行，应当提供下列材料：强制执行申请书；行政决定书及作出决定的事实、理由和依据；当事人的意见及行政机关催告情况；申请强制执行标的情况；法律、行政法规规定的其他材料。强制执行申请书应当由行政机关负责人签名，加盖行政机关的印章，并注明日期。

人民法院接到行政机关强制执行的申请，应当在5日内受理。行政机关对人民法院不予受理的裁定有异议的，可以在15日内向上一级人民法院申请复议，上一级人民法院应当自收到复议申请之日起15日内作出是否受理的裁定。

人民法院对行政机关强制执行的申请进行书面审查，对符合法律规定，且行政决定具备法定执行效力的，人民法院应当自受理之日起7日内作出执行裁定。

人民法院发现有下列情形之一的，在作出裁定前可以听取被执行人和行政机关的意见：明显缺乏事实根据的；明显缺乏法律、法规依据的；其他明显违法并损害被执行人合法权益的。人民法院应当自受理之日起30日内作出是否执行的裁定。裁定不予执行的，应当说明理由，并在5日内将不予执行的裁定送达行政机关。行政机关对人民法院不予执行的裁定有异议的，可以自收到裁定之日起15日内向上一级人民法院申请复议，上一级人民法院应当自收到复议申请之日起30日内作出是否执行的裁定。

因情况紧急，为保障公共安全，行政机关可以申请人民法院立即执行。经人民法院院长批准，人民法院应当自作出执行裁定之日起5日内执行。

行政机关申请人民法院强制执行，不缴纳申请费。强制执行的费用由被执行人承担。人民法院以划拨、拍卖方式强制执行的，可以在划拨、拍卖后将强制执行的费用扣除。依法拍卖财物，由人民法院委托拍卖机构依照《拍卖法》的规定办理。划拨的存款、汇款以及拍卖和依法处理所得的款项应当上缴国库或者划入财政专户，不得以任何形式截留、私分或者变相私分。

三、行政征收

（一）行政征收的概念和特征

行政征收是指行政主体依据法律规定，以强制的方式无偿取得行政相对方财产的具体行政行为。行政征收的特征有：

1. 法定性。行政征收直接指向行政相对人的经济利益，为了确保行政相对人的合法权益不受违法行政征收行为的侵害，必须将行政征收的整个过程纳入法律调整的范围，使具体的行政征收行为，包括行政征收项目、行政征收金额、行政征收主体、行政征收对象、行政征收程序等都有法律上的明确依据，都受相对稳定的法律支配。因此，只有特定的具有法定征收资格的行政机关依照法定的程序在规定的范围内才能够进行行政征收活动。

2. 无偿性。行政征收是行政主体代表国家无偿地向行政相对人征收一定数额的金钱或实物的活动，是财产的单向流转，被征收的行政相对人一般不会因此得到补偿。这是由行政征收是为了满足国家和社会公共利益的需要这一性质所决定的。

3. 征收对象负有义务性。行政征收行为的实施前提是相对方负有行政法上的缴纳义务。从行政征收行为针对的相对人来看，行政征收的对象是那些负有法定缴纳义务的特定公民、组织。行政征收必须以相对人负有行政法上的缴纳义务为前提，行政机关只能对负有法定缴纳义务的相对人实施行政征收。

行政征收不同于行政征用。行政征用是行政主体基于公共利益的需要，依法定程序强制性使用行政相对方财产或劳务的具体行政行为。行政征收与行政征用都是行政机关针对特定相对人实施的具体行政行为，二者的区别在于：（1）适用范围不同。行政征收的内容一般只限于相对人的财产权益；而行政征用的内容既包括相对人的财产权益，也包括相对人提供劳务或行为上的作用；（2）适用情形不同。行政征收是在正常情况下适用的，具有固定性、延续性，一般不能随意变更；而行政征用则具有临时性、应急性，是在特殊紧急情况下适用的；（3）法律后果不同。行政征收的结果是将相对人的财产权益因征收而转归国家所有，所有权发生根本改变；而行政征用的财产是行政机关为了应急所用，只是暂时取得财产的使用权，并不发生财产所有权的转移。

（二）行政征收的内容

根据我国法律规范的规定，行政征收的内容主要有：

1. 行政征税。征税指国家税务机关凭借行政权力依法无偿取得财政收入的一种手段。我国现行税法中的税种主要有：增值税、消费税、营业税、企业所得税、外商投资企业和外国企业所得税、个人所得税、资源税、城镇土地使用税、耕地占用税、房产税、农业税、土地增值税、车船使用牌照税、契税、印花税、屠宰税、城市维护建设税等。通过行政征税，达到了多种功能，如筹集国家财政收入的功能，宏观调控的功能，微观调节社会经济生活的功能，监督管理社会经济活动的功能等。

2. 行政征费。征费是指一定的行政主体凭借国家行政权向行政相对人强制收取一定额度的费用。目前，行政征费大体可以分为三大类：一类是建设资金费的征收，如重点水利建设项目资金费的征收、重点交通建设资金费的征收等，主要用来保证国家重点项目的建设，解决重点建设资金不足的问题；第二类是资源使用费的征收，如矿产资源费的征收、渔业资源费的征收、水资源费的征收等，这种费用的征收有利于促进相关单位或者个人合理地、有节制地、充分地利用国有资源；第三类是管理费的征收，如工商管理费的征收、城建管理费的征收、运输管理费的征收等。这种费用的征收可用于满足实施行政管理，为被征收人提供公益服务的需要。

第三节　确认的具体行政行为

一、行政确认的概念和特征

（一）行政确认的概念

行政确认是指行政主体依法对行政相对方的法律地位、法律关系和法律事实进行甄别后给予确认、认可、证明（或否定）并予以宣告的具体行政行为。这一概念包含着以下三层含义：

1. 行政确认的主体是特定的行政机关和法律法规授权的组织。也就说行政机关委托的组织和个人不能实施行政确认行为。如新的《道路交通事故处理程序规定》[1]第46条规定："公安机关交通管理部门应当根据当事人的行为对发生道路交通事故所起的作用以及过错的严重程度，确定当事人的责任。"因此，道路交通事故责任认定的主体只能是公安机关交通管理部门。

2. 行政确认的内容是确定或否定相对方的法律地位和法律权利义务。例如，土地所有权确认的对象是土地；伤残等级确认的对象是伤残人的身体伤残状况。行政主体正是通过对这些特定的法律事实或法律关系进行审核、甄别来确定或否定行政相对人是否具有某种法律地位，是否享有某种权利或者应当承担某种义务。

3. 行政确认的性质是行政主体实施的具体行政行为。通常在行政确认中的主体是法律地位平等的，但行政确认一般是一种具有强制力的行政行为，有关当事人必须服从。

（二）行政确认的特征

同其他行政行为相比，行政确认具有以下特征：

1. 行政确认是一种要式的行政行为。行政确认的直接表现是对特定的法律事实或行政法律关系进行甄别后的宣告。所以，行政确认必须以书面的形式作出，

---

〔1〕该规定于2009年1月1日起施行，同时，2004年4月30日发布的《交通事故处理程序规定》（公安部令第70号）废止。

且时间、地点、日期、签名、印鉴等要件齐备，否则无法产生法律效力。

2. 行政行为是一种羁束性行政行为。行政确认行为是从客观事实出发，依法宣告特定的法律事实或法律关系是否存在，本身受到既存事实和技术性规范的制约，没有或者很少有自由裁量的余地，只能严格地按照法律规定和相关的技术规范操作。

3. 行政确认的外在表现形式往往是以技术鉴定书等形式出现的，在较大程度上要受到技术规范的制约。

（三）行政确认与行政许可的关系

行政确认与行政许可既有密切的联系又有严格的区别。行政确认与行政许可的关系：

1. 行政确认和行政许可的联系：（1）行政确认和行政许可往往是一种行为的不同侧面，例如，颁发驾驶执照，既是行政主体对行政相对人具有驾驶能力和条件的确认，又是对其可以从事驾驶活动的许可。（2）行政确认和行政许可往往是一种行为的前后步骤，一般情况下是确认在前，许可在后。行政确认是行政许可的前提，行政许可是行政确认的结果。例如，饮食业人员首先应当经过健康检查，由卫生行政机关确认其健康检查合格，然后才能取得卫生许可证，并持证上岗。

2. 行政确认与行政许可的区别：（1）行为的目的不同。行政确认的目的是肯定或否定某种法律事实或者法律关系，使行政相对人的法律地位与权利义务得以明确。行政许可的目的是使行政相对人取得从事某种活动或实施某种行为的权利或资格。（2）行为的效果不同。行政确认是一种对既存的法律事实、法律关系进行甄别后的确定行为，其法律效果具有前溯性。行政许可则是允许被许可人今后可以从事某种对一般人禁止的行为，其法律效果具有后及性。因此，可以说行政确认是一种事后行为，而行政许可是一种事前行为。

二、行政确认的主要分类

根据不同的标准，行政确认可以作以下分类：

（一）根据确认行为的内容不同，行政确认可以分为法律事实的确认和法律关系的确认

1. 法律事实的确认。法律事实的确认，是行政主体对特定事实的性质、状态、真伪、等级、数量、质量、规格等的确认。主要包括：技术鉴定，如产品质量鉴定、交通事故责任鉴定、专利技术鉴定、计量鉴定等；卫生检疫，如食品卫生检验、传染病监测、动植物检疫、餐饮业从业人员健康检查等；抚恤性质和等

级的鉴定，如因公、参战、作战牺牲的性质鉴定、伤残等级鉴定等。

2. 法律关系的确认。行政确认中的法律关系是一种特定的权利义务关系。对法律关系的行政确认主要包括：不动产所有权的确认，如行政机关对土地、草原、山林、水面等自然资源所有权的确认和对个人房屋所有权的确认等；不动产使用权的确认，如行政机关对自然资源使用权、房屋使用权的确认；专利权的确认，如专利管理机关通过颁发专利证书，对公民或社会组织的专利权的确认。

（二）根据确认行为的表现形式，行政确认可以分为确定、认定（认证）、证明、登记、鉴证

1. 确定。是指行政主体对公民或社会组织的法律地位和权利义务的确定。如颁发土地使用权证、房屋所有权证，以此确定行政相对人的财产权利的行政确认行为。

2. 认定（认证）。是指行政主体对公民或社会组织已有的法律地位与权利义务的判定以及对有关事项是否符合法律要求的承认与肯定。如作出道路交通事故责任的认定书、产品质量认证书的行政确认行为。

3. 证明。是指行政主体向其他人明确肯定被证明对象的法律地位、权利义务或某种情况。如颁发各种学历学位证明、居民身份证明、货物原产地证明、卫生合格证明等行政确认行为。

4. 登记。是指行政主体根据行政相对人的申请，在行政管理部门的相关登记账簿中记载其某种事实状况，以此确认其法律地位的行为。如工商企业登记、纳税登记、房屋产权登记、户口登记、婚姻登记等。

5. 鉴证。是指行政主体对某种法律关系的合法性进行审查后，确认或证明其效力的行为。如工商管理机关对经济合同所作的鉴证。

（三）根据确认行为的实施领域，行政确认可以分为公安行政确认、劳动行政确认、卫生行政确认、民政行政确认、经济行政确认

1. 公安行政确认。主要有公安机关对交通事故责任的认定；对交通事故等级的确认；对火灾事故责任的认定；对公安行政管理中某些人员的精神病鉴定等。

2. 劳动行政确认。主要有相关行政管理部门对劳动者伤亡事故责任的认定；对锅炉压力容器事故责任的认定；对重大责任事故的认定；对无效劳动合同的确认等。

3. 卫生行政确认。主要有卫生管理部门对新药或进口药品的认定；对食品卫生、化妆品卫生的确认等。

4. 民政行政确认。主要有对结婚、离婚条件的确认；对现役军人死亡性质、伤残性质的确认；对是否有权领取最低生活保障费的贫困人口的确认等。

5. 经济行政确认。主要有相关行政管理部门对产品标准化的认证；对计量器具的检定；对产品质量的认定；对专利权、商标权、著作权属的确认；对自然资源所有权和使用权的确认等。

三、行政确认的程序

行政确认的一般程序有以下几个环节和步骤构成的：

（一）立案或受理确认申请

办理立案手续是行政确认程序开始的标志。在该阶段，行政主体只需要对要确认的有关事项作形式上的审查。如果初步认为申请人符合法定条件且手续齐全就应当受理。

立案或受理确认申请必须满足以下条件：行政机关享有主体资格和管辖权；行政确认的内容符合法律规定；申请人符合法定条件；手续齐全、完备。

（二）调查取证

行政机关应当全面调查收集有关证据，申请人有义务协助行政机关调查收集证据。调查收集证据方式主要有询问证人、勘验、鉴定、听取当事人陈述等。

（三）作出行政确认决定，颁发确认证书

行政主体根据调查收集的全部证据材料对案件事实作出认定结论后，决定是否颁发行政确认证书。行政机关进行了行政确认的，应当向申请人颁发行政确认证书并予以宣告。

第四节　裁决的具体行政行为

一、行政裁决

（一）行政裁决的概念和特征

行政裁决是指行政主体依照法律授权，以第三者身份，对平等主体之间发生的民事纠纷进行审查并作出具有强制力处理的具体行政行为。行政裁决具有以下的特征：

1. 行政裁决的主体是特定行政机关。这种特定性体现在：首先，行使行政裁决的行政机关必须是对与民事纠纷有关的行政事项具有管理职责；其次，只有法律明确授权的行政机关才拥有行政裁决权。

2. 行政裁决的对象是民事纠纷。行政机关不能对所有的民事纠纷都行使行政裁决权，只能裁决那些与行政管理事项有关的民事纠纷，其目的主要是为了实现行政管理的目标。

3. 行政裁决是一种具有法律权威和效力的具体行政行为。行政机关通过行使行政裁决权，不论当事人是否接受或同意，均不会影响行政裁决的进行和成立。行政机关作出的行政裁决具有法律效力，当事人必须遵守。

4. 行政裁决的效力具有非终局性。行政裁决虽然在一定程度上具有解决特定民事纠纷的司法功能，具有准司法性，但其本质上仍然是一种具体行政行为。因此，如果当事人对行政裁决不服，可以依法提起诉讼，由司法机关行使解决纠纷的最终裁决权。

（二）行政裁决的原则

1. 公平公正原则。行政机关行使行政裁决权必须坚持公平公正原则。首先，行政机关必须以公断人的身份居间解决民事纠纷，不偏不倚，客观公正，同当事人没有利害关系；其次，行政机关如果同当事人有利害关系应当回避；最后，行政机关要在全面调查收集证据的基础上正确适用法律并公开进行裁决。

2. 简便高效原则。行政机关行使行政裁决权必须考虑行政效率，在能够确保裁决公平公正的前提下，尽量灵活地采取简便、迅捷的裁决程序。

3. 客观科学原则。行政机关作出行政裁决首先必须客观全面地认定事实，认真地调查取证，听取意见，严格地遵守科学技术规范，特别是在一些专业性、技术性比较强的领域，坚持和贯彻客观、科学的原则更为重要。

（三）行政裁决的种类

根据我国有关法律的规定，行政裁决主要有以下几类：

1. 损害赔偿裁决。损害赔偿裁决是指行政主体对在平等主体之间发生的因涉及与行政管理相关的合法权益遭受侵害而引起的赔偿争议所作的裁决。这种纠纷广泛存在于食品卫生、环境保护、药品管理、产品质量、医疗卫生、社会福利等领域。损害赔偿纠纷发生后，当事人可以依法要求行政机关进行裁决，确认损害赔偿责任和赔偿数额，使侵害的权益得到恢复和赔偿。

2. 补偿纠纷的裁决。补偿纠纷的裁决是指行政主体对一方当事人的合法行为造成了另一方当事人的合法权益受到损害，双方当事人因补偿问题达不成协议而产生的纠纷的裁决。补偿纠纷主要存在于房屋拆迁、土地征用、知识产权使用等领域。补偿纠纷发生后，双方当事人可以依法请求有关行政机关进行裁决，作出强制性补偿决定。

3. 权利归属纠纷裁决。权利归属纠纷裁决是指行政机关对平等主体之间因财产所有权和使用权归属发生的争议所作出的裁决。例如因土地、草原、矿产、水面、滩涂等自然资源的权属争议和房产权属争议等，双方当事人可以依法向有关行政机关请求确认，并作出裁决。

（四）行政裁决的程序

现在我国有不少的法律、法规涉及了行政裁决，然而大多是规定行政裁决权的确认，较少涉及行政裁决程序。从理论上来说，行政裁决程序主要包括以下几个环节和步骤：

1. 申请。这是行政裁决程序的开始，申请人提出行政裁决申请的，必须符合一定的条件：申请人必须是民事权益遭受损害而发生争议的当事人或其法定代理人、监护人；申请人的申请必须向有管辖权的行政机关提出；申请人的申请必须在法定期限内提出；申请以书面申请为主，口头申请为例外。

2. 受理。行政机关对申请人提出申请的条件进行形式审查后，认为符合法定条件的，应当予以受理；对不符合受理条件的，行政机关应当及时通知申请人并说明理由。

3. 调查、审理。行政机关受理后，应当将申请书的副本送交对方当事人。对方当事人应在受理机关通知的法定期限内作出答复。行政裁决的工作人员与案件有利害关系的应当自动回避。行政机关对与纠纷有关的证据和事实进行查证核实。如果事实不清，行政机关可以召集当事人进行询问和辩论，也可以向有关证人了解情况。如果证据不足，行政机关有权责令当事人举证或其自行调查收集证据。

4. 裁决。行政机关在通过审查后，认为事实清楚、证据确凿应及时作出裁决。裁决书应当载明双方当事人以及法定代理人或委托代理人的姓名、住址、身份、纠纷事由、争议裁决的依据和理由等。此外，还要告诉当事人是否起诉以及起诉期限和管辖法院。

二、行政仲裁

（一）行政仲裁的概念与特征

仲裁俗称“公断”，是指在法律准许或规定的范围内，争议双方在争议发生前或发生后达成协议，自愿将争议交给第三者作出裁决，第三者依据双方当事人的协议，在核定事实的基础上，按照一定的程序对纠纷作出裁决，双方有义务执行的一种解决争议的方法。仲裁制度作为世界各国为解决纠纷而普遍设立的一种法律制度，具有悠久的历史，被称为是解决当事人之间纠纷最古老的方法之一。在我国，仲裁作为解决纠纷的有效方法也早已为人们所认识和采用。

行政仲裁，是指国家行政机关根据当事人的申请，按照仲裁程序对当事人之间发生的特定争议作出具有法律约束力的判断或裁决的活动的一种仲裁类型。与其他仲裁相比，具有以下特点：

1. 仲裁机构的行政性。仲裁机构是行政机关组建的，甚至就是行政机关的一个组成部分，如我国以前在工商行政管理部门内部设立的“经济合同仲裁委员会”。

2. 无需仲裁协议。在纠纷发生以后，一方当事人申请仲裁并不需要双方当事人在争议发生前或发生后达成仲裁协议，即没有仲裁协议，当事人也可以申请仲裁，仲裁机构也应当受理。

3. 属于通过行政手段解决纠纷的方式。仲裁机构的仲裁依靠的是行政权力，仲裁机构之间有上下级领导关系，上级仲裁机构有权撤销下级仲裁机构的仲裁裁决。

4. 行政仲裁机关在本机关职权范围内进行仲裁。

目前，行政仲裁主要集中在劳动争议仲裁、人事仲裁、农村土地承包合同仲裁等。

（二）劳动仲裁

劳动仲裁是指劳动争议仲裁委员会依法对劳动争议居中裁断的活动。其中，劳动争议是指劳动者与用人单位之间因劳动关系上的权利与义务而发生的纠纷。

劳动仲裁具有以下特点：（1）劳动仲裁是强制仲裁，仅一方申请仲裁即可发生，另一方无论愿意与否，均应参加仲裁活动；（2）劳动争议仲裁委员会由劳动行政部门代表、同级工会代表、用人单位方面的代表组成，主任由劳动行政部门的代表担任，带有一定的行政色彩；（3）劳动仲裁的程序法定性较强，当事人选择余地较小；（4）劳动仲裁是劳动争议当事人向法院提起诉讼的法定前置程序；（5）劳动仲裁不向当事人收取仲裁费用。

1. 仲裁机构。根据《劳动争议调解仲裁法》的相关规定，劳动争议仲裁委员会按照统筹规划、合理布局和适应实际需要的原则设立。省、自治区人民政府可以决定在市、县设立；直辖市人民政府可以决定在区、县设立。直辖市、设区的市也可以设立一个或者若干个劳动争议仲裁委员会。劳动争议仲裁委员会不按行政区划层层设立。

劳动争议仲裁委员会由劳动行政部门代表、工会代表和企业方面代表组成。劳动争议仲裁委员会组成人员应当是单数。劳动争议仲裁委员会负责管辖本区域内发生的劳动争议。劳动争议仲裁委员会依法履行下列职责：聘任、解聘专职或者兼职仲裁员；受理劳动争议案件；讨论重大或者疑难的劳动争议案件；对仲裁活动进行监督。劳动争议仲裁委员会下设办事机构，负责办理劳动争议仲裁委员会的日常工作。

劳动争议仲裁委员会应当设仲裁员名册。仲裁员应当公道正派并符合下列条件之一：曾任审判员的；从事法律研究、教学工作并具有中级以上职称的；具有法律知识、从事人力资源管理或者工会等专业工作满5年的；律师执业满3年的。

仲裁委员会处理劳动争议，实行仲裁庭制度，由仲裁庭具体处理争议案件。仲裁庭由一名首席仲裁员、两名仲裁员组成。简单案件，仲裁委员会可指定一名仲裁员独任审理。

2. 劳动仲裁活动应遵循的原则。

（1）合法、公正、及时处理原则。合法原则，既包括实体合法，也包括程序合法，只有在权利义务认定上符合法律规定，在案件处理程序上也符合法律规定，才能保证案件的公正处理。劳动争议涉及的是劳动者的劳动权利义务，关系到他们的基本生存，因此，劳动争议的尽快解决，有利于减小争议带给当事人的损失，有利于企业生产经营活动的正常开展。

（2）注重调解原则。劳动争议是具有劳动关系的单位与职工之间的争议，劳动关系具有从属性，所以对双方发生的劳动争议注重调解，使双力的争议在心平气和中得到解决，有利于减少争议对劳动关系和谐带来的负面影响，有利于促进生产力发展，提高工作效率。

（3）当事人适用法律平等原则。

3. 仲裁基本程序。

（1）申请和受理。劳动争议的一方当事人在法定的期限内可向仲裁委员会提出仲裁请求。劳动争议申请仲裁的时效期间为1年。仲裁时效期间从当事人知道或者应当知道其权利被侵害之日起计算。仲裁时效可以因当事人一方向对方当事人主张权利，或者向有关部门请求权利救济，或者对方当事人同意履行义务而中断。从中断时起，仲裁时效期间重新计算。因不可抗力或者有其他正当理由，当事人不能在规定的仲裁时效期间申请仲裁的，仲裁时效中止。从中止时效的原因消除之日起，仲裁时效期间继续计算。劳动关系存续期间因拖欠劳动报酬发生争议的，劳动者申请仲裁不受一年的仲裁时效期间的限制；但是，劳动关系终止的，应当自劳动关系终止之日起1年内提出仲裁申请。

劳动争议仲裁委员会收到仲裁申请之日起5日内，认为符合受理条件的，应当受理，并通知申请人；认为不符合受理条件的，应当书面通知申请人不予受理，并说明理由。对劳动争议仲裁委员会不予受理或者逾期未作出决定的，申请人可以就该劳动争议事项向人民法院提起诉讼。劳动争议仲裁委员会受理仲裁申请后，应当在5日内将仲裁申请书副本送达被申请人。被申请人收到仲裁申请书副本后，应当在10日内向劳动争议仲裁委员会提交答辩书。劳动争议仲裁委员会收到答辩书后，应当在5日内将答辩书副本送达申请人。被申请人未提交答辩书的，不影响仲裁程序的进行。

（2）开庭和裁决。劳动争议仲裁委员会裁决劳动争议案件实行仲裁庭制。仲裁庭由3名仲裁员组成，设首席仲裁员。简单劳动争议案件可以由1名仲裁员独任仲裁。劳动争议仲裁委员会应当在受理仲裁申请之日起5日内将仲裁庭的组成情况书面通知当事人。仲裁员有下列情形之一，应当回避，当事人也有权以口头或者书面方式提出回避申请：是本案当事人或者当事人、代理人的近亲属的；与本案有利害关系的；与本案当事人、代理人有其他关系，可能影响公正裁决的；私自会见当事人、代理人，或者接受当事人、代理人的请客送礼的。劳动争议仲裁委员会对回避申请应当及时作出决定，并以口头或者书面方式通知当事人。

仲裁庭应当在开庭5日前，将开庭日期、地点书面通知双方当事人。当事人有正当理由的，可以在开庭3日前请求延期开庭。是否延期，由劳动争议仲裁委员会决定。申请人收到书面通知，无正当理由拒不到庭或者未经仲裁庭同意中途退庭的，可以视为撤回仲裁申请。被申请人收到书面通知，无正当理由拒不到庭或者未经仲裁庭同意中途退庭的，可以缺席裁决。

仲裁庭对专门性问题认为需要鉴定的，可以交由当事人约定的鉴定机构鉴定；当事人没有约定或者无法达成约定的，由仲裁庭指定的鉴定机构鉴定。

当事人在仲裁过程中有权进行质证和辩论。质证和辩论终结时，首席仲裁员或者独任仲裁员应当征询当事人的最后意见。

仲裁庭应当将开庭情况记入笔录。当事人和其他仲裁参加人认为对自己陈述的记录有遗漏或者差错的，有权申请补正。如果不予补正，应当记录该申请。笔录由仲裁员、记录人员、当事人和其他仲裁参加人签名或者盖章。

当事人申请劳动争议仲裁后，可以自行和解。达成和解协议的，可以撤回仲裁申请。仲裁庭在作出裁决前，应当先行调解。调解达成协议的，仲裁庭应当制作调解书。调解书应当写明仲裁请求和当事人协议的结果。调解书由仲裁员签名，加盖劳动争议仲裁委员会印章，送达双方当事人。调解书经双方当事人签收后，发生法律效力。调解不成或者调解书送达前，一方当事人反悔的，仲裁庭应当及时作出裁决。

仲裁庭裁决劳动争议案件，应当自劳动争议仲裁委员会受理仲裁申请之日起45日内结束。案情复杂需要延期的，经劳动争议仲裁委员会主任批准，可以延期并书面通知当事人，但是延长期限不得超过15日。逾期未作出仲裁裁决的，当事人可以就该劳动争议事项向人民法院提起诉讼。仲裁庭裁决劳动争议案件时，其中一部分事实已经清楚，可以就该部分先行裁决。

裁决应当按照多数仲裁员的意见作出，少数仲裁员的不同意见应当记入笔录。仲裁庭不能形成多数意见时，裁决应当按照首席仲裁员的意见作出。裁决书应当载明仲裁请求、争议事实、裁决理由、裁决结果和裁决日期。裁决书由仲裁员签名，加盖劳动争议仲裁委员会印章。对裁决持不同意见的仲裁员，可以签名，也可以不签名。

下列劳动争议，除《劳动争议调解仲裁法》另有规定外，仲裁裁决为终局裁决，裁决书自作出之日起发生法律效力：追索劳动报酬、工伤医疗费、经济补偿或者赔偿金，不超过当地月最低工资标准12个月金额的争议；因执行国家的劳动标准在工作时间、休息休假、社会保险等方面发生的争议。

用人单位有证据证明仲裁裁决有下列情形之一，可以自收到仲裁裁决书之日起30日内向劳动争议仲裁委员会所在地的中级人民法院申请撤销裁决：适用法律、法规确有错误的；劳动争议仲裁委员会无管辖权的；违反法定程序的；裁决所根据的证据是伪造的；对方当事人隐瞒了足以影响公正裁决的证据的；仲裁员在仲裁该案时有索贿受贿、徇私舞弊、枉法裁决行为的。人民法院经组成合议庭审查核实裁决有前款规定情形之一的，应当裁定撤销。仲裁裁决被人民法院裁定撤销的，当事人可以自收到裁定书之日起15日内就该劳动争议事项向人民法院提起诉讼。

除了法律另有规定外，当事人对劳动争议案件的仲裁裁决不服的，可以自收到仲裁裁决书之日起15日内向人民法院提起诉讼；期满不起诉的，裁决书发生法律效力。当事人对发生法律效力的调解书、裁决书，应当依照规定的期限履行。一方当事人逾期不履行的，另一方当事人可以依照《民事诉讼法》的有关规定向人民法院申请执行。受理申请的人民法院应当依法执行。

（三）人事仲裁

人事仲裁是指根据人事争议当事人双方或者单方的申请，人事争议仲裁机构对其争议进行调解或者裁决的活动。关于人事仲裁的具体规则，原国家人事部曾于1997年8月8日和1999年9月6日分别发布了《人事争议处理暂行规定》和《人事争议处理办案规则》，这两个文件又于2002年7月12日作了修改，后来又被中共中央组织部、人事部、总政治部关于印发的、于2007年10月1日实施的《人事争议处理规定》所替代。

1. 人事争议案件的受理范围。人事争议仲裁委员会的受案范围是指人事争议仲裁委员会的主管范围，或称是人事争议仲裁机构受理人事争议仲裁案件的范围。根据《人事争议处理规定》第2条的规定，人事争议范围包括：实施公务员法的机关与聘任制公务员之间、参照《公务员法》管理的机关（单位）与聘任工作人员之间因履行聘任合同发生的争议；事业单位与工作人员之间因解除人事关系、履行聘用合同发生的争议；社团组织与工作人员之间因解除人事关系、履行聘用合同发生的争议；军队聘用单位与文职人员之间因履行聘用合同发生的争议；依照法律、法规规定可以仲裁的其他人事争议。

2. 人事争议仲裁委员会。中央机关及所属事业单位人事争议仲裁委员会设在人事部，省（自治区、直辖市）、副省级市、地（市、州、盟）、县（市、区、旗）设立人事争议仲裁委员会。人事争议仲裁委员会独立办案，相互之间无隶属关系。

人事争议仲裁委员会由公务员主管部门代表、聘任（用）单位代表、工会组织代表、受聘人员代表以及人事、法律专家组成。人事争议仲裁委员会组成人员应当是单数，设主任1名、副主任2至4名、委员若干名。同级人民政府分管人事工作的负责人或者政府人事行政部门的主要负责人任人事争议仲裁委员会主任。

人事争议仲裁委员会的职责包括：负责处理管辖范围内的人事争议；决定仲裁员的聘任和解聘；法律、法规规定由人事争议仲裁委员会承担的其他职责。

人事争议仲裁委员会下设办事机构，其职责是：负责人事争议案件的受理、仲裁文书送达、档案管理以及仲裁员的考核、培训等日常工作，办理人事争议仲裁委员会授权的其他事宜。办事机构设在同级人民政府人事部门。

人事争议仲裁委员会处理人事争议案件实行仲裁庭制度，仲裁庭是人事争议仲裁委员会处理人事争议案件的基本形式。仲裁庭一般由3名仲裁员组成。人事争议仲裁委员会指定1名仲裁员担任首席仲裁员，主持仲裁庭工作；另两名仲裁员可由双方当事人各选定1名，也可由人事争议仲裁委员会指定。简单的人事争议案件，经双方当事人同意，人事争议仲裁委员会可以指定1名仲裁员独任处理。

人事争议仲裁委员会可以聘任有关部门的工作人员、专家学者和律师为专职或兼职仲裁员。兼职仲裁员与专职仲裁员在仲裁活动中享有同等权利。仲裁员的职责是：受人事争议仲裁委员会的委托或当事人的选择，负责人事争议案件的具体处理工作。

3. 人事仲裁程序。

（1）申请与受理。当事人从知道或应当知道其权利受到侵害之日起60日内，以书面形式向有管辖权的人事争议仲裁委员会申请仲裁。当事人因不可抗力或者有其他正当理由超过申请仲裁时效，经人事争议仲裁委员会调查确认的，人事争议仲裁委员会应当受理。

当事人向人事争议仲裁委员会申请仲裁，应当提交仲裁申请书，并按被申请人人数递交副本。仲裁申请书应当载明下列事项：申请人和被申请人姓名、性别、年龄、职业及职务、工作单位、住所和联系方式。申请人或被申请人是单位的，应写明单位的名称、住所、法定代表人或者主要负责人的姓名、职务和联系方式；仲裁请求和所依据的事实、理由；证据和证据来源、证人姓名和住所。发生人事争议的一方在5人以上，并且有共同的仲裁请求和理由的，可以推举1至2名代表参加仲裁活动。代表人放弃、变更仲裁请求或者承认对方的仲裁请求，进行和解，必须经过被代表的当事人同意。

人事争议仲裁委员会在收到仲裁申请书之日起10个工作日内，认为不符合受理条件的，应当书面通知申请人不予受理，并说明理由；认为符合受理条件的，应当受理，将受理通知书送达申请人，将仲裁申请书副本送达被申请人。被申请人应当在收到仲裁申请书副本之日起10个工作日内提交答辩书。被申请人没有按时提交或者不提交答辩书的，不影响仲裁的进行。

（2）开庭与裁决。仲裁应当公开开庭进行，涉及国家、军队秘密和个人隐私的除外。涉及商业秘密，当事人申请不公开开庭的，可以不公开开庭。当事人协议不开庭的，仲裁庭可以书面仲裁。

人事争议仲裁委员会应当在开庭审理人事争议案件5个工作日前，将开庭时间、地点、仲裁庭组成人员等书面通知当事人。申请人经书面通知无正当理由不到庭，或者到庭后未经仲裁庭许可中途退庭的，视为撤回仲裁申请。被申请人经书面通知无正当理由不到庭，或者未经仲裁庭许可中途退庭的，可以缺席裁决。当事人有正当理由的，在开庭前可以申请延期开庭，是否延期由仲裁庭决定。

仲裁庭处理人事争议应注重调解。自受理案件到作出裁决前，都要积极促使当事人双方自愿达成调解协议。当事人经调解自愿达成书面协议的，仲裁庭应当根据调解协议的内容制作仲裁调解书。协议内容不得违反法律法规，不得侵犯社会公共利益和他人的合法权益。调解书由仲裁庭成员署名，加盖人事争议仲裁委员会印章。调解书送达后，即发生法律效力。当庭调解未达成协议或者仲裁调解书送达前当事人反悔的，仲裁庭应当及时进行仲裁裁决。

当事人应当对自己的主张提供证据。当事人的举证材料应在仲裁庭上出示，并进行质证。只有经过质证认定的事实和证据，才能作为仲裁裁决的依据。

当事人在仲裁过程中有权进行辩论。辩论终结时，仲裁庭应当征询当事人的最后意见。

仲裁庭应当将开庭情况记入笔录。当事人和其他仲裁参与人认为对自己陈述的记录有遗漏或者差错的，有权申请补正。如果不予补正，应当记录该申请，并注明不予补正的原因。笔录由仲裁员、书记员、当事人和其他仲裁参与人署名或者盖章。仲裁裁决应当按照多数仲裁员的意见作出，少数仲裁员的不同意见应当记入笔录。

仲裁庭对重大、疑难以及仲裁庭不能形成多数处理意见案件的处理，应当提交人事争议仲裁委员会讨论决定。人事争议仲裁委员会作出的决定，仲裁庭必须执行。

仲裁庭应当在裁决作出后5个工作日内制作裁决书。裁决书由仲裁庭成员署名并加盖人事争议仲裁委员会印章。

仲裁庭处理人事争议案件，一般应当在受理案件之日起90日内结案。需要延期的，经人事争议仲裁委员会批准，可以适当延期，但是延长的期限不得超过30日。

当事人对仲裁裁决不服的，可以按照《公务员法》、《中国人民解放军文职人员条例》以及最高人民法院相关司法解释的规定，自收到裁决书之日起15日内向人民法院提起诉讼；逾期不起诉的，裁决书即发生法律效力。对发生法律效力的调解书或者裁决书，当事人必须履行。一方当事人逾期不履行的，另一方当事人可以依照国家有关法律法规和最高人民法院相关司法解释的规定申请人民法院执行。

（四）农村土地承包合同仲裁

《农村土地承包法》第51条规定：因土地承包经营发生纠纷的，双方当事人可以通过协商解决，也可以请求村民委员会、乡（镇）人民政府等解决。当事人不愿协商、调解或者协商、调解不成的，可以向农村土地仲裁机构申请仲裁，也可以直接向人民法院起诉。2009年6月27日第十一届全国人民代表大会常务委员会第九次会议通过的，并于2010年1月1日起施行的《农村土地承包经营纠纷调解仲裁法》，对公正、及时地解决农村土地承包经营纠纷，维护当事人的合法权益，促进农村经济发展和社会稳定，具有重要作用。

1. 受理范围。根据《农村土地承包经营纠纷调解仲裁法》第2条的规定，适用该法的农村土地承包经营纠纷包括：因订立、履行、变更、解除和终止农村土地承包合同发生的纠纷；因农村土地承包经营权转包、出租、互换、转让、入股等流转发生的纠纷；因收回、调整承包地发生的纠纷；因确认农村土地承包经营权发生的纠纷；因侵害农村土地承包经营权发生的纠纷；法律、法规规定的其他农村土地承包经营纠纷。

因征收集体所有的土地及其补偿发生的纠纷，不属于农村土地承包仲裁委员会的受理范围，可以通过行政复议或者诉讼等方式解决。

2. 仲裁机构。农村土地承包仲裁委员会，根据解决农村土地承包经营纠纷的实际需要设立。农村土地承包仲裁委员会可以在县和不设区的市设立，也可以在设区的市或者其市辖区设立。农村土地承包仲裁委员会在当地人民政府指导下设立。设立农村土地承包仲裁委员会的，其日常工作由当地农村土地承包管理部门承担。农村土地承包仲裁委员会由当地人民政府及其有关部门代表、有关人民团体代表、农村集体经济组织代表、农民代表和法律、经济等相关专业人员兼任组成，其中农民代表和法律、经济等相关专业人员不得少于组成人员的1/2。农村土地承包仲裁委员会设主任1人、副主任1至2人和委员若干人。主任、副主任由全体组成人员选举产生。

3. 申请和受理。农村土地承包经营纠纷申请仲裁的时效期间为2年，自当事人知道或者应当知道其权利被侵害之日起计算。农村土地承包经营纠纷仲裁的申请人、被申请人为当事人。家庭承包的，可以由农户代表人参加仲裁。当事人一方人数众多的，可以推选代表人参加仲裁。与案件处理结果有利害关系的，可以申请作为第三人参加仲裁，或者由农村土地承包仲裁委员会通知其参加仲裁。

申请农村土地承包经营纠纷仲裁应当符合下列条件：申请人与纠纷有直接的利害关系；有明确的被申请人；有具体的仲裁请求和事实、理由；属于农村土地承包仲裁委员会的受理范围。当事人申请仲裁，应当向纠纷涉及的土地所在地的农村土地承包仲裁委员会递交仲裁申请书。

农村土地承包仲裁委员会应当对仲裁申请予以审查，认为符合规定的，应当受理。有下列情形之一的，不予受理；已受理的，终止仲裁程序：不符合申请条件；人民法院已受理该纠纷；法律规定该纠纷应当由其他机构处理；对该纠纷已有生效的判决、裁定、仲裁裁决、行政处理决定等。

农村土地承包仲裁委员会决定受理的，应当自收到仲裁申请之日起5个工作日内，将受理通知书、仲裁规则和仲裁员名册送达申请人；决定不予受理或者终止仲裁程序的，应当自收到仲裁申请或者发现终止仲裁程序情形之日起5个工作日内书面通知申请人，并说明理由。

农村土地承包仲裁委员会应当自受理仲裁申请之日起5个工作日内，将受理通知书、仲裁申请书副本、仲裁规则和仲裁员名册送达被申请人。

被申请人应当自收到仲裁申请书副本之日起10日内向农村土地承包仲裁委员会提交答辩书；书面答辩确有困难的，可以口头答辩，由农村土地承包仲裁委员会记入笔录，经被申请人核实后由其签名、盖章或者按指印。农村土地承包仲裁委员会应当自收到答辩书之日起5个工作日内将答辩书副本送达申请人。被申请人未答辩的，不影响仲裁程序的进行。

一方当事人因另一方当事人的行为或者其他原因，可能使裁决不能执行或者难以执行的，可以申请财产保全。

当事人申请财产保全的，农村土地承包仲裁委员会应当将当事人的申请提交被申请人住所地或者财产所在地的基层人民法院。

申请有错误的，申请人应当赔偿被申请人因财产保全所遭受的损失。

4. 仲裁庭的组成。仲裁庭由3名仲裁员组成，首席仲裁员由当事人共同选定，其他2名仲裁员由当事人各自选定；当事人不能选定的，由农村土地承包仲裁委员会主任指定。事实清楚、权利义务关系明确、争议不大的农村土地承包经营纠纷，经双方当事人同意，可以由1名仲裁员仲裁。仲裁员由当事人共同选定或者由农村土地承包仲裁委员会主任指定。农村土地承包仲裁委员会应当自仲裁庭组成之日起2个工作日内将仲裁庭组成情况通知当事人。

仲裁员有下列情形之一的，必须回避，当事人也有权以口头或者书面方式申请其回避：是本案当事人或者当事人、代理人的近亲属；与本案有利害关系；与本案当事人、代理人有其他关系，可能影响公正仲裁；私自会见当事人、代理人，或者接受当事人、代理人的请客送礼。当事人提出回避申请，应当说明理由，在首次开庭前提出。回避事由在首次开庭后知道的，可以在最后一次开庭终结前提出。农村土地承包仲裁委员会对回避申请应当及时作出决定，以口头或者书面方式通知当事人，并说明理由。仲裁员是否回避，由农村土地承包仲裁委员会主任决定；农村土地承包仲裁委员会主任担任仲裁员时，由农村土地承包仲裁委员会集体决定。仲裁员因回避或者其他原因不能履行职责的，应当依照《农村土地承包经营纠纷调解仲裁法》规定重新选定或者指定仲裁员。

5. 开庭和裁决。农村土地承包经营纠纷仲裁应当开庭进行。开庭可以在纠纷涉及的土地所在地的乡（镇）或者村进行，也可以在农村土地承包仲裁委员会所在地进行。当事人双方要求在乡（镇）或者村开庭的，应当在该乡（镇）或者村开庭。开庭应当公开，但涉及国家秘密、商业秘密和个人隐私以及当事人约定不公开的除外。仲裁庭应当在开庭5个工作日前将开庭的时间、地点通知当事人和其他仲裁参与人。当事人有正当理由的，可以向仲裁庭请求变更开庭的时间、地点。是否变更，由仲裁庭决定。

当事人申请仲裁后，可以自行和解。达成和解协议的，可以请求仲裁庭根据和解协议作出裁决书，也可以撤回仲裁申请。申请人可以放弃或者变更仲裁请求。被申请人可以承认或者反驳仲裁请求，并有权提出反请求。仲裁庭作出裁决前，申请人撤回仲裁申请的，除被申请人提出反请求的外，仲裁庭应当终止仲裁。申请人经书面通知，无正当理由不到庭或者未经仲裁庭许可中途退庭的，可以视为撤回仲裁申请。被申请人经书面通知，无正当理由不到庭或者未经仲裁庭许可中途退庭的，可以缺席裁决。

当事人在开庭过程中有权发表意见、陈述事实和理由、提供证据、进行质证和辩论。对不通晓当地通用语言文字的当事人，农村土地承包仲裁委员会应当为其提供翻译。仲裁庭应当依照仲裁规则的规定开庭，给予双方当事人平等陈述、辩论的机会，并组织当事人进行质证。经仲裁庭查证属实的证据，应当作为认定事实的根据。

对权利义务关系明确的纠纷，经当事人申请，仲裁庭可以先行裁定维持现状、恢复农业生产以及停止取土、占地等行为。一方当事人不履行先行裁定的，另一方当事人可以向人民法院申请执行，但应当提供相应的担保。

仲裁庭应当将开庭情况记入笔录，由仲裁员、记录人员、当事人和其他仲裁参与人签名、盖章或者按指印。当事人和其他仲裁参与人认为对自己陈述的记录有遗漏或者差错的，有权申请补正。如果不予补正，应当记录该申请。仲裁庭应当根据认定的事实和法律以及国家政策作出裁决并制作裁决书。

当事人不服仲裁裁决的，可以自收到裁决书之日起 30 日内向人民法院起诉。逾期不起诉的，裁决书即发生法律效力。当事人对发生法律效力的调解书、裁决书，应当依照规定的期限履行。一方当事人逾期不履行的，另一方当事人可以向被申请人住所地或者财产所在地的基层人民法院申请执行。受理申请的人民法院应当依法执行。

第五节　行政合同

一、行政合同的概念和特征

在国外，行政合同一般称之为“行政契约”或“公法上的合同”，是指行政主体为实施行政职权或履行行政职能，实现特定的行政管理目标而与公民、法人或其他组织经过协商后达成的意思表示一致的协议。行政合同具有以下特征：

1. 行政合同的一方当事人必须是行政主体。也就是说，行政合同只能是行政主体同公民、法人或其他社会组织签订的。如果没有行政主体参加，则不能形成行政合同。公民之间签订的合同即使是有关执行公务的，也不能视为行政合同。

2. 行政合同的目的是为了实现国家的行政管理目标。例如行政机关为了国防、抢险救灾等紧急需要而同公民、法人或其他组织签订订购特别物资的合同。

3. 行政合同是以双方意思表示一致为前提订立的。行政合同属于双方行政行为，行政主体与行政相对人订立行政合同时，必须进行平等协商，任何一方不得将自己的意志强加于对方。这使得行政合同区别于一般的行政行为。一般的行政行为属于单方行政行为，仅有行政主体的意思表示就能成立。当然，在履行行政合同过程中，行政主体享有某些单方面的权利，如监督权。

4. 行政主体在行政合同的履行、变更或解除中享有行政优益权。在行政合同中双方当事人的地位不是完全平等的，这种不平等体现在，行政主体可以依据国家行政管理的需要，享有单方变更或解除合同的权利，如行政合同订立后妨碍合同实现的客观情况出现时行政主体可以依法单方面变更或解除合同，而另一方当事人即公民、法人或其他组织则不享有此权利。

5. 行政合同纠纷应当通过行政法的救济途径来解决。我国目前尚未建立行政合同救济制度，依据行政法的原理，行政合同纠纷应当通过行政救济途径来加以解决。

二、行政合同的种类

（一）行政合同的种类

1. 以行政合同的内容为标准，可分为：（1）承包合同，是指行政主体作为发包人就某些项目与承包人签订的协议，如农村土地承包合同；（2）承揽合同，是指行政主体同承揽人签订的关于按照行政主体要求完成一定工作、行政主体接受承揽方的工作成果并支付约定报酬的协议；（3）购销合同，是指行政主体作为一方当事人与行政相对人签订的关于某产品购销的协议，如国家农业主管部门同农民或集体签订的某农副产品的收购合同；（4）仓储保管合同，是指行政主体作为存货方与保管方签订的有关国有财产储存的协议；（5）货物运输合同，是指行政主体作为一方当事人就某项国有或公有货物与经营货物运输的企业签订的有关该货物运输的协议；（6）建设工程勘察设计合同，是指行政主体作为委托方与持有建设工程勘察设计证书的设计单位就完成某项公共工程或国有工程的勘察设计任务而签订的协议；（7）供电合同，是指行政主体作为用电方根据公共事务的需要同供电方签订的电力供应等内容的协议；（8）保险合同，是指行政主体作为投保人就某国有财产或利益为保险标的与保险企业签订的财产保险合同；（9）买卖合同，是指行政主体作为一方当事人就买卖国有资产与另一方当事人达成的协议；（10）财产租赁合同，是指行政主体作为一方当事人与另一方当事人就某项财产的租用达成的协议；（11）借款合同，是指行政主体作为借款方同银行等金融机构签订的借款协议；（12）转让合同，是指行政主体就某项权益或物品的转让而与另一方当事人达成的协议；（13）补偿合同，是指行政主体由于某种行政需要由此给公民、法人或其他组织的合法权益造成了损害，行政主体就其损害同受损方达成的协议；（14）防止公害合同，是指行政主体就防止公害而与行政相对人达成的协议。

此外，行政合同按照是否涉及金钱给付，可以分为有金钱给付内容的行政合同和无金钱给付内容的行政合同。按照行政关系的不同，行政合同可以分为内部合同和外部合同。

2. 我国常见的几种行政合同。在我国，行政合同主要有：

（1）国家科研合同。是指行政机关与科研机构之间就国家重大科研项目，由国家提供资助，科研机构提供科研成果签订的协议。国家科研合同往往是为了完成某项与国计民生有重大关系的科研技术项目的开发，由政府牵头参与，与科研机构签订合同，政府提供资助，科研机构完成项目开发后将成果交付政府。

（2）公用征收合同。是指行政主体为实现社会公共利益，在依法给予补偿的前提下，与相对人签订的以征收其财产为内容的行政合同。这种合同广泛运用于交通运输、城市建设、土地管理等领域。

（3）国有土地使用和开发合同。是行政主体以国有土地管理者的身份，与相对人签订的一定期限内使用和开发利用国有土地的行政合同。这类行政合同是行政主体代表国家向相对人出让国有土地的使用权和开采利用等权利，并由相对人向国家支付使用费而签订的协议。根据有关法律规定，土地使用权出让由土地管理部门与土地使用者签订合同，土地管理部门享有监督权，对未按合同规定的期限进行开发、利用、经营的，有权予以纠正，给予处罚，并有权批准改变土地用途。

（4）国有企业承包管理合同。是指政府指定的有关部门作为发包方，有关的企业作为承包方，双方经协商一致而签订的、确定双方权利义务的协议。这类行政合同使得国家、企业和个人之间的关系契约化，由原来政府按计划、按命令管理企业的行政隶属关系转变为政府与企业之间法律上的权利义务关系。

（5）公共工程承包合同。是指行政主体为了公共利益的需要，就某项公共设施的工程建设与建筑公司等企业之间经协商一致而签订的行政合同。如修建国道、飞机场、大型供水、供电、供气工程或大型通讯设施等工程的合同。

（6）国家定购合同。是国家为了保障基本供给、对重要物资实施控制或执行某项产业政策，与行政相对人签订的订购有关物资、产品的合同。在国家订购合同中，行政机关与行政相对人对完成工作的费用、双方的权利义务等事项，可以协商。国家往往需要给行政相对人提供优惠和补贴，并按合同的约定保障收购。目前我国的国家订购合同主要有粮食订购合同、棉花订购合同、烟草订购合同、重要物资和生产资料订购合同。

（7）BOT 政府特许经营合同。BOT 是 Build – Operate – Transfer（建设 – 经营 –

转让）形式的简称。BOT政府特许经营合同是指在某些社会公用产品或服务领域（统称公共品），由政府根据有关法律、法规的规定，通过市场竞争机制选择公用事业投资者或者经营者，并授权其在一定期限和范围内经营某种公用事业产品或者提供某项服务而与之签订的合同。政府通过颁发授权书的形式，授予企业特许权，由企业开采国家所有的资源或者建设政府监管的公共基础设施项目。企业在获得政府许可的经营权后，承担有关设施的修建、更新改造及经营责任，全部费用均由企业承担，从开发、利用资源中回收成本并赢得利润。在特许合同期满后，企业应当将所有设施交还政府有关部门。

三、行政合同中当事人的权利和义务

（一）行政主体的权利和义务

1. 行政主体的权利主要有：（1）选择合同当事人的权利，行政主体在决定订立行政合同时，有权根据实际情况选择合适的当事人；（2）对合同履行的指挥权和监督权，主要体现在行政主体为了确保行政合同正确和全面履行，可以指挥和监督行政相对人履行合同；（3）单方变更或解除合同权。行政主体有权根据社会公共利益的需要在不经相对人同意的情况下变更或解除合同；（4）制裁权，即行政主体有权在行政相对人违约时依法对其实施法律制裁。

2. 行政主体的义务主要有：（1）依法履行合同的义务；（2）按照合同约定，支付行政相对人报酬的义务；（3）行政主体在单方变更或解除合同给行政相对人造成损失时，有给予物质补偿或赔偿的义务；（4）保证兑现给予行政相对方优惠或照顾的义务。

（二）相对方的权利和义务

1. 相对方的权利主要有：（1）获得报酬的权利。相对方在完成了行政合同约定的任务后有权获得约定的报酬；（2）取得优惠权。为让相对人更好履行合同，行政机关往往给相对人提供一定的优惠条件，如价格优惠、政策优惠等，相对人有权取得行政机关提供的各种优惠条件；（3）损害赔偿请求权和损失补偿请求权。相对方在因行政主体违约或者行政主体基于社会公共利益的需要变更或解除合同时，有权请求损害赔偿或补偿；（4）不可预见的困难情况下的补偿权。在合同履行过程中如果出现了订立合同时所不能预见的情况或困难，履行合同已给相对方造成了极大损失，有权要求行政主体进行补偿。

2. 相对方的义务主要有：（1）按照合同约定的要求和期限认真全面地履行合同的义务。如果发生客观情况导致行政合同不能履行或者不能完全履行时，应当与行政主体协商一致后，才能变更或者解除行政合同；（2）接受行政主体指挥和监督的义务。即行政相对一方在履行行政合同过程中，必须接受行政主体实施的管理行为和接受其监督检查，无正当理由不得拒绝。

四、行政合同的订立、履行、变更、解除和终止

（一）行政合同的订立

行政合同的订立必须是出于行政管理的需要，同时还要遵守相应的规则。行政主体订立行政合同必须是在其法定职权范围之内，内容必须是符合法律规定。

行政合同的订立可以采取招标、拍卖、邀请发价和协议等方式。

1. 招标是指行政主体事先设定行政合同的标底，相对方依照程序进行竞标后，行政主体选择最优者订立合同的方式。

2. 拍卖是指行政主体通过事先安排好的拍卖程序，在竞拍人竞拍后选择与提出条件最优的相对方订立合同的方式。

3. 邀请发价是指行政主体基于维护社会公共利益等需要的考虑，在招标时不一定与要价最优的相对人订立合同，而是邀请选择其认为最恰当的相对人签订合同。

4. 协议是指行政主体根据行政合同的内容，与事先选择好的行政相对方就行政合同的内容进行协商一致后订立行政合同的一种方式，一般适用于专业性较强的事务。

（二）行政合同的履行

行政合同的履行必须遵守以下规则：

1. 全面履行规则。行政合同成立后，行政主体和相对方应当根据合同的要求认真全面地履行合同。全面履行是行政合同的主要规则。因为行政合同订立目的是为了实现社会公共利益，如果不全面履行必将会损害社会公共利益。在相对方不全面履行合同内容时，行政主体可以基于行政优益性在不经同相对方协商的情况下，变更或解除合同，同时追究相对方的法律责任。

2. 亲自履行规则。行政合同的签订，表明合同双方当事人有履行各自义务的能力。也就说，在行政合同成立后，相对方在没有经行政主体允许的情况下不得转给其他人代为履行。

（三）行政合同的变更

已订立的合同基于行政主体的自由裁量权或法律事实，行政主体在不改变合同性质的基础上，可以对合同的标的、内容以及合同主体进行相应的修改、补充和限制。合同变更主要基于两种理由：（1）基于社会公共利益的需要，行政主体的自由裁量权；（2）某种法律事实如不可抗力情况的出现。

（四）行政合同解除

行政合同解除是指合同尚未履行或全面履行，当事人提前结束约定的权利义务的行为。合同的解除分为单方解除和协议解除。单方解除主要是指行政主体行使自由裁量权解除合同的行为。协议解除是指行政主体同相对方协商达成一致后解除合同的行为。

（五）行政合同的终止

行政合同终止的原因主要有：（1）合同履行完毕或期限届满；（2）双方当事人协议解除合同；（3）行政主体单方解除合同；（4）因不可抗力等情况出现导致合同不能履行；（5）因一方或双方有过错被有权机关决定解除合同。

第八章 行政相关行为

第一节 行政指导

一、行政指导的概念和特征

行政指导是指行政主体在其职责、任务或其管辖的事项范围内，为了适应复杂多变的社会和经济发展需要，基于法律原则和国家政策，适时采取灵活的非强制性手段，旨在引导行政相对人自愿采取或不采取某种行为，以实现一定行政目的但不直接产生法律效果的行为。行政指导具有以下的特征：

1. 行政指导是行政主体管理社会的行为。只有具备行政主体资格的国家机关和法律、法规授权的组织才能实施行政指导行为。

2. 行政指导是一种具有行政活动性质的行为。行政指导是依据法律和政策实施的行政管理活动。它是发生在行政管理活动中的行政相关行为。该行为的实施者是行政主体，承受者是行政相对人。所以，行政指导属于行政法的调整范畴，是一种具有行政性的行为。

3. 行政指导是一种不具有法律强制力并且不产生法律效果的行为。行政指导主要是以指导、建议、劝告和鼓励等柔性的行为来进行的，不具有法律强制力。尽管行政指导的作用对象是行政相对人，但因为其不是基于法律规范而作的，因而不直接导致行政相对人权益的增减，不产生法律效果。

4. 行政指导属于"积极行政"范畴的行为。行政主体根据情势的变化，即使没有法律规定，只要遵守法律原则和国家政策就可以实施行政指导。行政主体可以依据行政相对人的申请实施行政指导，也可以依据职权主动实施行政指导。

5. 行政指导一是种不可诉的行为。行政相对人对行政主体实施的行政指导不服的不可以提起行政诉讼。根据最高人民法院《若干解释》第 1 条的规定，公民、法人或者其他组织对不具有强制力的行政指导行为不服提起诉讼的，不属于人民法院行政诉讼的受案范围。

二、行政指导的原则

（一）正当性原则

正当性原则是指行政指导行为必须最大限度地保障行政相对人对行政指导的可接受性。行政相对人接受行政指导是因为其能够产生对自己有利的法律效果。因而，行政指导能够在多大程度得到实现，取决于行政相对人对其的接受指导。正当性原则可以从这几方面来理解：（1）行政指导行为的正当性必须以合法性为前提，没有合法根据，行政指导的正当性就失去了根据；（2）正当性体现了行政指导是种以理服人的“软性”行政活动；也就是说行政指导是一个说理的过程；（3）正当性可以约束行政主体实施行政指导过程中滥用自由裁量权。

（二）自愿性原则

自愿性原则是指行政指导行为应为行政相对人认同和自愿接受。行政指导不是行政主体依职权实施的，不产生法律效果，对行政相对人不具有法律约束作用。因此，行政指导能否被遵守取决于行政相对人的自愿。自愿性原则可以从这几方面来理解：（1）自愿性意味着行政相对人接受行政指导完全出于自己的真实意思表示，不能是在受他人意志支配下作出的“接受”；（2）自愿性意味着行政相对人对行政指导是否接受具有选择权；（3）自愿性意味着行政相对人接受对自己不利的后果只能归咎于自己而不是行政主体。

（三）必要性原则

必要性原则是指行政主体采取行政指导行为比实施行政行为可能会产生更好的客观效果的一种主观认识。行政主体行使行政职权的基本目的在于维持正常的社会秩序，促进社会的全面进步。如果能通过非行政行为也能达到这一目的，或者可以降低行政成本，行政主体完全可以作出选择，采用非行政行为实现行政目的。因此，在行政指导中确立必要性原则，是基于行政效益理论。在现代社会中，行政管理的资源是有限的，有的甚至是稀缺的。为了减轻社会负担，行政机关应当通过主观努力，将有限的行政管理资源最大化。

三、行政指导的种类

依据不同的标准，可以对行政指导做不同的分类。对行政指导的分类主要有以下几种：

1. 以行政有无法律根据为标准，行政指导可分为有法律根据的行政指导和无法律根据的行政指导。有法律根据的行政指导是指法律、法规、规章明文规定的行政指导；无法律根据的行政指导是指没有法律明文规定的行政指导。

2. 以指导层次为标准，行政指导可分为宏观行政指导和个别行政指导。宏观行政指导是指行政主体对不特定的行业和行政相对人进行的行政指导；个别行政指导是指行政主体对特定的行业、地区或特定的行政相对人进行的行政指导。

3. 以行政指导的性质为标准，行政指导可分为促进性行政指导和限制性行政指导。促进性行政指导是指行政主体通过采取鼓励性措施和方式，促进行政相对人积极作为而进行的行政指导；限制性行政指导是指行政主体通过采取限制行政相对人行为的措施和方式而进行的行政指导。

4. 以行政指导的功能为标准，行政指导可分为管制性行政指导、调整性行政指导和促进性行政指导。

（1）管制性行政指导是指以对妨害公共秩序或公益的行为加以预防或抑制为内容的行政指导，如为防止物价暴涨所实施的指导性价格；为了城市规划对意欲盲目建设的行为予以劝诫、建议等。

（2）调整性行政指导是指以对行政相对人之间发生的自行协商不成的争议进行调停为内容的行政指导。通常行政主体提出几条解决争议的原则，让当事人自己协商具体问题，或者由行政机关主持，形成一个会议纪要的形式，三方都签字。

（3）促进性行政合同是指行政主体为了促使行政相对人的行为合法化所采取的行政指导，如农业技术指导、职业训练、经营指导、保健指导等等。一般情况下，当相对人提出申请，要求给予助成性行政指导时，只要没有正当理由，行政主体不得拒绝。

此外，根据行政指导行业或部门管理领域不同，行政指导可以分为教育行政指导、科技行政指导等。

四、行政指导的方法

1. 说服。说服是行政主体通过陈述情理希望行政相对人接受行政指导的一种方式。说服是以行政主体说理为前提，虽然行政行为也要求行政主体说理，但行政行为总是与强制连在一起的。由于行政指导没有以国家强制力为后盾，因此，使行政相对人接受行政指导的重要方式之一就是行政主体应当以理服人。

2. 建议。建议是行政主体根据行政管理目的的需要，将自己对实现行政管理目的方法、途径等形成的看法告诉给行政相对人，希望行政相对人响应其建议，从而有助于行政主体达成行政管理的目的。建议一般有具体的内容，行政相对人接受后具有可操作性。如果行政相对人在接受建议后需要行政主体帮助，行政主体应当给予满足。

3. 协商。协商是行政主体为了取得行政相对人的支持其实现某一行政管理目标，而与行政相对人就某一行政管理事项进行商讨，增进互相了解与沟通，谋求与相对人达成共识。

4. 奖励。奖励是行政主体通过给予行政相对人一定的物质和精神鼓励，引导行政相对人从事有助于行政主体达成行政管理目标的行为。物质鼓励是行政主体给予行政相对人一定数量的奖金或者奖品。精神鼓动是行政主体给予行政相对人一定的名誉。行政指导中的奖励方式是基于人从事社会活动具有谋利的本性。通过物质或者精神的刺激满足人的需要，可以使人从事某种特定的活动。

5. 帮助。帮助是行政主体通过为行政相对人提供某种便利的条件，引导行政相对人实施符合行政主体达成行政管理目标的活动。在现代社会中，行政主体因其所处的优越地位使其掌握许多政治、经济和文化发展的资讯，而行政相对人因处于被管理的地位，具有天然的被动性。如果行政主体在行政相对人从事各种活动时给予必要的帮助，必然可以引导行政相对人的行为朝行政主体确定的管理目标方向发展。

五、行政指导的作用

行政指导作为一种新的实现行政目标的方式，出现于第二次世界大战之后，特别是20世纪60年代以来，在实行市场经济的国家的行政管理中，行政指导得到了越来越广泛的应用，成为对传统行政法治的重要补充。这种新型的管理手段，在现代行政领域起着不可替代的作用，主要表现在以下几方面：

（一）行政指导是现代市场经济条件下行政管理方式的一种理性选择

在现代市场经济条件下，不可能完全取消政府对经济的干预，但此种干预又不能完全采用强制性的手段进行。市场经济必然要求灵活性而非僵硬性、民主性而非专制性的行政管理方式，以适应现代民主化潮流。行政指导以柔和的、富含民主的色彩，既体现了政府行为之目的性，又兼顾市场经济之自由性；既是现代行政法中合作、协商的民主精神发展的结果，也是现代市场经济发展过程中对市场调节失灵和政府干预失效双重缺陷的一种补救方法。[1] 为与市场经济发展的客观要求相适应，政府应采取积极灵活、注重效益、减少风险、适应时代发展要求的方式方法，来充分运用和合理配置其掌握的资源，并积极引导和影响社会资源的合理配置，以达到提高行政质量与效率、促进经济与社会发展的目的。因此，在现代市场经济条件下，政府在行政管理过程中积极采用具有柔性和灵活性特点的行政指导方式，就是面向现实和未来，适应市场经济和社会发展需要的一种理

〔1〕 姜明安：《行政法与行政诉讼法》，北京大学出版社、高等教育出版社1999年版，第247页。

性的行为选择。

（二）行政指导是对行政法治的一种补充和配合

现代社会的飞速发展引起政府职能的扩张，行政越来越及于整个经济与社会生活领域。而立法因其周期、费用、知识等方面的局限，其滞后性、抽象性是难以避免的，法律空白始终存在，有时还存在法律低效区域，不可能完全满足现代行政的需求，难以为行政法治提供详尽、周全、有效的法律依据。同时，针对各种新出现的社会问题，又迫切需要政府有所作为，如果以传统的“无法律即无行政”的法治原则来限制政府，则有些行政管理领域可能陷入瘫痪状态；如果以“有行政必有法律”为由，一味地多多立法，以期用法律规范解决一切社会问题，则不但无法可依之处难以尽除，手段成本也难以支付。而采用成本较低的非强制性的行政指导手段，以其作为法律强制手段的补充和替代而用之于“法律空白”领域和“法律低效”地带，进行积极有效和灵活机动的干预和调节，乃是必要与明智之举。这样做，一方面可以降低行政成本，另一方面也能更好地满足现代公共行政之客观需求。

（三）行政指导是协调政府与公众关系的有效手段

在我国，传统的行政管理可简单地归结为行政命令，其强制色彩极其浓厚，政府与公民之间几乎是一种纯粹的命令与服从的关系，行政活动的民主化程度极低，政府高高在上，发号施令。公民只有服从的义务，没有独立自主的身份和相应的权利，积极性与创造性难以激发出来。现代化与法治化要求现代政府应该是民主高效的政府。“民主”是改善政府与公众关系的最好媒介。行政指导作为一种新型的行政手段因其具有的民主性、柔和性、非强制性，较大程度地代表了平等、独立、民主、责任、宽容的人文精神，它以其制定时的公民参与、官民协商，以及执行时的灵活、简捷、便利、柔和等特性，调动了官民双方的积极性，有助于减少摩擦、降低行政成本，有效地实现行政目标。正因如此，行政指导这种新型的行政手段，被广泛运用于各个行政领域，是市场经济条件下政府施政的中心，在现代行政中有着重要地位。[1]

---

〔1〕 罗豪才、甘雯：“行政法的‘平衡’及‘平衡论’范畴”，载《中国法学》1996年第4期。

第二节　行政调解

一、行政调解的概念与特征

调解是指一定的组织或者个人，依照法律和政策的规定，对发生纠纷的双方当事人进行排解疏导、说服教育，促使发生纠纷的双方当事人互相协商、互谅互让，依法自愿达成协议，由此而解决纠纷的一种活动。按照我国现有法律规定，我国调解制度包括司法调解、人民调解和行政调解三大调解制度体系，此外还有仲裁调解、律师调解等。这些调解互有联系、互有区别，构成了我国一套完整的调解体系。

行政调解是指具有调解纠纷职能的行政主体，根据国家政策、法律，以自愿为原则，在分清责任、明辨是非的基础上，通过说服教育，促使双方当事人互谅互让，从而达成协议解决纠纷的活动。行政调解具有以下特征：

（一）行政调解是行政主体所主持的解决争议、消除纷争的调解活动

调解主体是行政主体，这既不同于法院所主持的司法调解，也不同于人民调解委员会所主持的人民调解。

（二）行政调解具有自愿性

行政调解虽然由行政主体主持，却不具有行政权力的强制性。发生纠纷后，必须出于当事人自愿，同意通过行政主体来调解解决；调解中达成的协议，必须是双方当事人协商一致的意见；调解协议的履行，必须出于当事人的自愿。可见，从调解的开始、进行到最后达成或不能达成调解协议，争议双方当事人的意志完全处于自治状态，行政主体始终处于“居中第三人”的地位，不能强迫。

（三）行政调解具有专业性和综合性

行政调解的专业性是指行政主体及其工作人员，依照法律法规的规定，对其专业管理职权范围内的争议纠纷进行调解，与人民调解相比，应当说行政调解更具有专业性。行政调解的综合性是指随着社会的不断发展，社会纠纷涉及的内容也越来越复杂，纠纷的形式呈现出多样性，行政调解的纠纷往往是具有行政、民事和技术等综合特色的纠纷。

（四）行政调解不具有法律上的强制力

行政调解中达成的调解协议一般不具有强制执行力，是否为当事人履行，完全由当事人自主决定，行政主体不得强迫。调解协议的效力主要靠双方当事人的承诺、信用和社会舆论等道德力量来维护。在这点上，它不同于行政主体所实施

的具有单方强制性质的行政行为，如行政裁决、行政命令等。

（五）行政调解是一种诉讼外的调解

它不是行政仲裁或行政诉讼的必经程序，当事人经过行政调解仍能申请行政仲裁或提起行政诉讼。

此外，行政调解的对象，既可由法律、法规规定，也可由相对方事先在合同或协议中约定；既可以是行政相对方之间发生的民事纠纷，也可以是行政主体与行政相对方之间发生的行政纠纷，如行政赔偿争议的调解。

二、行政调解与人民调解、司法调解的关系

在我国调解体系中，比较常用的三大调解制度即司法调解、人民调解和行政调解，它们同属于调解活动，有许多共同点，但区别也是明显的。为了更好地理解行政调解，有必要理清它们之间的关系。

行政调解是指具有调解纠纷职能的国家行政机关，根据国家政策、法律，以自愿为原则，在分清责任、明辨是非的基础上，通过说服教育，促使双方当事人互谅互让，从而达成协议解决纠纷的活动。人民调解是指在人民调解委员会的主持下，以国家法律、法规、规章、政策和社会公德为依据，对民间纠纷当事人进行说服教育、规劝疏导，促使纠纷各方互谅互让，平等协商，自愿达成协议，消除纷争的一种群众性活动。司法调解又称法院调解、诉讼调解，是指法院在审理各类案件时，由法院主持，当事人平等协商，达成协议，从而解决纠纷的活动。

（一）三者的共同点

（1）都是通过第三方的调停、说和，解决当事人之间的争议或者纠纷的活动；（2）前提必须是事实清楚、责任明确；（3）都必须坚持自愿原则；（4）内容均不得违反国家法律和政策

（二）三者的区别

1. 调解的主持人不同。行政调解的主持人是依法享有行政职权、代表国家进行行政管理的国家行政主体，主要是行政机关。人民调解的主持人是人民调解委员会，它是村民委员会、居民委员会或企事业单位下设的调解民间纠纷的群众性组织。而司法调解则是具有司法审判职能的人民法院在审理各类案件时主持的调解活动。

2. 参与人的当事人不同。行政调解的参与当事人是在管理过程中的相对人、受相对人侵害的受害人或其他相关人，参与面比较特定。人民调解的参与当事人是涉及民事权利义务争议的相关当事人，参与面比较广泛。而司法调解的参与当事人则仅限于案件的当事人，参与当事人最少。

3. 调解权的来源不同。行政调解的调解权是国家赋予行政主体在行政管理过程中解决民事纠纷和部分行政争议的一种手段。人民调解的调解权来源于一定范围内群众直接授予的民主自治权。而司法调解的调解权是国家赋予人民法院审判权的一种表现形式。

4. 调解活动的性质不同。行政调解是行政主体适应市场经济发展需要，转变行为方式、改变工作作风、坚持以人为本的表现，是行政行为的补充。人民调解是不具有诉讼性质的诉讼外民间纠纷解决机制。而司法调解是人民法院审理民事案件、行政赔偿案件和刑事自诉案件的一种结案方式，属于诉讼活动。

5. 调解的范围不同。行政调解的调解范围主要是民事争议和行政赔偿争议。人民调解委员会调解的民间纠纷包括一般纠纷、轻微刑事违法纠纷以及违反社会公德引起的纠纷。而在司法调解中，人民法院则可以通过调解方式处理民事纠纷、行政赔偿案件和法律规定的刑事自诉案件。

6. 调解后的效力不同。就行政调解和人民调解而言，两类调解达成的协议对当事人基本上没有法律拘束力，任何机关和组织不能强迫当事人履行。但两者还是有区别的，即如果一方拒绝全部履行或部分履行约定的义务，或者履行后反悔的，在起诉到人民法院时，就会出现不同的结果。经过行政调解的诉讼案件，人民法院只对原纠纷进行审理，不涉及行政调解的结果；经过人民调解的诉讼案件，由于该调解协议具有民事合同性质，人民法院只审查经过签字后的人民调解协议书，一般不审理原纠纷，只要人民调解协议书符合法定有效条件，一般就认定原调解结果有效。而司法调解达成的协议书或形成的调解书是国家审判机关行使审判权所形成的司法文书，一旦生效，如同法院的判决，对双方都具有法律拘束力，一方不履行，另一方可申请人民法院强制执行。

三、行政调解的种类

就目前而言，我国行政主体依法可以调解的种类很多。但常见的主要有：

（一）基层人民政府的调解

调解民事纠纷一直是我国基层人民政府的一项职责，这项工作主要是由乡镇人民政府和街道办事处的司法助理员负责。司法助理员是基层人民政府的组成人员，也是司法行政工作人员。他们除了指导人民调解委员会的工作和法制宣传外，还要亲自调解大量的纠纷。

（二）国家合同管理机关的调解

我国《合同法》第128规定，当事人可以通过和解或者调解解决合同争议。法律规定的合同管理机关，是国家工商行政管理局和地方各级工商行政管理局。

公民之间、法人之间、公民和法人之间的合同纠纷，都可以向工商行政管理机关申请调解。

(三) 公安机关的调解

我国《治安管理处罚法》第9条规定，对于因民间纠纷引起的打架斗殴或者损毁他人财物等违反治安管理的行为，情节较轻的，公安机关可以调解处理。经公安机关调解，当事人达成协议的，不予处罚。此外，我国有关道路交通事故处理的法律文件也有相应的关于公安交通管理机关调解交通事故损失赔偿的规定。法律、法规授予公安机关调解的职权，有利于及时、妥善解决纠纷，增进当事人之间的谅解。

(四) 婚姻登记机关的调解

我国《婚姻法》规定，男女一方要求离婚的，可由有关部门进行调解或直接向人民法院提出离婚诉讼；男、女双方自愿离婚的，应同时到婚姻登记机关申请。调解是离婚之前的必经步骤，婚姻登记机关在办理离婚手续时具有主持调解的职权和职责。

(五) 知识产权管理机关的调解

包括著作权纠纷的行政调解、专利权纠纷的行政调解和商标权纠纷的行政调解。如《著作权法》第54条规定："著作权纠纷可以调解。"无论是著作权侵权纠纷，还是著作权合同纠纷，当事人均可以通过调解解决。在调解过程中，著作权行政管理部门和其他部门通过说服教育，促使当事人双方自愿达成调解协议。再如《专利法》〔1〕第60条规定："未经专利权人许可，实施其专利，即侵犯其专利权，引起纠纷的，……也可以请求管理专利工作的部门处理。……进行处理的管理专利工作的部门应当事人的请求，可以就侵犯专利权的赔偿数额进行调解。"

此外，还有行政仲裁中对劳动争议、对农村土地承包经营纠纷的解决中，也可以适用行政调解。

四、行政调解的基本原则

行政调解的基本原则，是指从行政调解的法律法规和行政调解的实践中总结出来的、对行政调解工作具有普遍指导意义的行为准则。它贯穿于行政调解活动的全过程，体现了行政调解工作的指导思想，表明了行政调解的性质和特点，是做好行政调解工作不可少缺的规则。根据有关法律法规和行政调解的经验总结，

---

〔1〕《专利法》于1984年颁布，又于1992年、2000年、2008年先后进行了三次修正。

行政调解的基本原则有：

（一）平等原则

是指在行政调解中，双方当事人地位完全平等，不存在高低贵贱之分，都有自愿、充分、真实地表达自己的理由和意见的权利。负责调解的行政主体，必须坚持公正的立场，以平等的态度对待双方当事人，不能厚此薄彼，不得偏袒某一方。平等原则的另一方面是指当事人双方与调解人地位平等，不存在命令与服从、主动与被动的单向隶属关系。

（二）合理原则

是指行政主体在调解中，要从实际出发，实事求是地对待发生的纠纷，要考虑相关的因素，将行政调解建立在正当考虑的基础上。行政调解的内容应合乎情理，使享有权利的人得到应有的保护，负义务的人承担应负的责任。

（三）自愿原则

是指在进行行政调解时，要尊重双方当事人的意愿，如果当事人不愿经过调解，或者经过调解达不成协议，或者达成协议后又反悔的，一方或双方当事人都有权向人民法院起诉。这是法律赋予每个公民的诉讼权利。

（四）合法原则

（1）行政调解必须在法律规定的范围内进行。对法律规定不适用调解的，不得实施行政调解。（2）要依法调解。负责调解的行政主体要充分运用有关法律、法规，在查明事实、分清是非、明确责任的基础上，说服当事人互谅互让，依照法律、法规的规定，让双方当事人自愿达成协议解决争端，不能充当“和事佬”，不能无原则的“和稀泥”。（3）调解书的内容要符合法律规定。调解成功后，应制作调解书，调解书的内容不能违背法律法规的规定。

（五）效益原则

效益原则指行政调解既要讲求调解的效率，又要注重调解的实效，二者必须兼顾，不可偏废。

五、行政调解程序

（一）申请

一般情况下，行政调解需要由争议当事人一方或双方向特定的行政主体提出，可以是书面申请，也可以是口头申请。但有时纠纷发生时，在当事人未表示异议的情况下，行政主体也可主动介入调解，如治安管理处罚中的调解，就属于公安机关主动介入的情形。

（二）受理

行政主体的调解，都是根据法律法规的规定进行的，为此，所有行政主体的调解，都必须是在有明确法律法规规定的前提下，在各自管理权限范围内受理当事人的调解申请。比如基层人民政府的调解，是根据我国《土地管理法》与有关社会治安综合治理的规定等进行的；公安机关的调解，是根据《治安管理处罚法》等规定进行的；婚姻登记机关的调解，是根据《婚姻法》等规定进行的。

（三）调查取证

在调解之前，行政主体必须以事实为依据，在进行调查取证工作的基础上才能进行调解。因此，受理纠纷后，行政主体必须与争议的双方当事人接触，向他们询问纠纷的事实和情节，了解双方调解要求和理由，以断定是否存在调解的基础；根据需要可以向有关单位和人员调查核实，收集证据并对证据进行审查；对于争执标的属于房屋、宅基、水利设施、山林等的纠纷，还要到现场进行实地调查。

（四）调解

调解纠纷应当依据法律、法规、规章、政策，在查明事实、分清责任的基础上，根据当事人的特点和纠纷的性质、难易程度、发展变化情况，采取灵活多样的调解方式和方法。在认真倾听当事人的意见、弄清案情的基础上，促成当事人达成调解协议。

（五）制作调解协议书

调解达成协议的，应当制作调解书，其内容一般包括：申请人的请求、查证事实、适用的法律条文和协议内容等。调解书由当事人双方签字。经调解未达成协议的，应告知当事人可以就双方的争议依法向人民法院提起诉讼或寻求其他救济途径。

（六）送达调解书

协议书制作完成后，行政主体应送达给双方当事人，当事人双方应当自觉履行。调解达成协议后又反悔的，不再调解，当事人可向人民法院起诉。

六、行政调解与行政救济

根据《行政复议法》第 8 条的规定，不服行政主体对民事纠纷作出的调解或者其他处理的，不能申请行政复议。《行政诉讼法若干问题的解释》第 1 条也明确规定，行政调解不属行政诉讼的受案范围。

可见，当事人对行政调解不服的，不适用行政复议和行政诉讼。原因在于，行政调解虽然属于行政组织的一种行政管理行为，但不属于具体行政行为，不在行政复议和行政诉讼的受案范围之内。

第九章 行政程序

第一节 行政程序概述

一、行政程序的概念和特征

行政程序是指行政主体行使行政职权或履行行政职责、实施行政管理和提供服务过程中所遵循的方式、方法、步骤、时限等的规则。行政程序有广义和狭义之分。广义的行政程序包括行政活动程序、当事人参与程序和监督行政的程序。狭义的程序是指行政活动的程序。本书所指的行政程序是指狭义的行政程序。

行政程序有以下的特征：

1. 行政程序的法定性。行政程序的法定性是指规范行政行为的程序一般应通过预设的立法程序法律化，使其具有控制行政行为合法、正当运作的强制力量。行政程序法定性表明：（1）并非所有的行政程序都必须法定化。需要法定化的是那些能对行政行为产生控制功能的程序。（2）行政程序的法定性意味着无论是行政主体还是行政相对人在进行行政法律活动时都必须遵守事先设定的行政程序。任何违反法定行政程序的行为，都将产生对行为人不利的法律后果。尤其对行政主体来说，遵守法定行政程序更具有法治意义。

2. 行政程序的多样性。行政程序的多样性是指因行政行为在性质上存在差异导致所遵守的行政程序呈现多种多样并各自调整行政行为的格局。行政程序的多样性在客观上增加了制定行政程序法的难度，从而对立法技术等提出了更高要求。

3. 行政程序的分散性。行政程序的分散性是指因通过多种法律形式规定行政程序，从而使得行政程序分散于众多不同效力等级的法律文件之中。在制定了统一行政程序法典的国家，仍有不少行政程序散落于各个具体的行政实体法律文件中；在没有制定同一行政法典的国家，行政程序的分散性体现得更为明显。

二、行政程序的分类

从不同的角度可以对行政程序做不同的分类。常见的分类主要有以下几种：

1. 强制性程序和任意性程序。这是根据行政主体遵守行政程序是否具有一定的自主选择权为标准而进行的分类。强制性程序是指行政主体在实施行政行为时没有自主选择的余地，必须严格遵守，不得增加或减少行政行为的方法、步骤、时限，也不得颠倒顺序的程序。无选择性是强制性程序的最主要特点。如行政机关在作出责令停产停业的行政处罚决定前，必须告知当事人有要求听证的权利，否则，行政处罚决定无效。任意性程序是指行政主体在实施行政行为时法律规定了其可以根据具体情况酌情使用何种程序。例如，《行政许可法》第 34 条第 3 款规定，“根据法定条件和程序，需要对申请材料的实质内容进行核实的，行政机关应当指派两名以上工作人员进行核查”，这里是否要有核查程序，可以根据需要，属于任意程序。

2. 内部程序和外部程序。这是根据行政程序规范行政行为涉及的对象和范围为标准而进行的分类。内部程序是指行政主体对内部事务实施行政行为时所应当遵守的程序。如行政公务员的任免程序、公文处理程序等。外部程序是指行政主体对外部事务实施行政行为时应当遵守的程序。如行政处罚程序、行政许可程序、行政强制程序等。

3. 事前程序和事后程序。这是根据行政程序适用的时间顺序为标准而进行的分类。事前程序是指行政行为实施前或实施过程中应遵循的程序。如行政处罚过程中的告知与听证程序。事后行政程序是指行政行为实施后，为确定该行政行为的合法性与适当性以及纠正违法、不当行政行为而适用的程序。

4. 具体行政程序和抽象行政程序。这是根据行政程序所规范的行政行为是具体的还是抽象的为标准而进行的分类。具体行政程序是指为规范具体行政行为而设置的程序；抽象行政程序是指为规范抽象行政行为而设置的程序。具体行政程序的违法将给行政相对人的合法权益造成直接的影响；抽象行政程序的违法其危害范围远甚于具体行政程序的违法，因此，抽象行政程序越来越受到人们的关注。

5. 主要行政程序和次要行政程序。这是根据行政程序对行政相对人的影响是否具有实质性为标准而进行的分类。主要行政程序是指行政主体若不遵守该程序可能对行政相对人的合法权益产生实质影响的行政程序。如行政处罚程序中的告知程序、表明身份程序和听证程序等。主要行政程序欠缺，将直接影响行政行为的合法性。因此，对违反主要行政程序的行政行为，有权机关应当予以撤销。次要行政程序是指行政主体不遵守该程序并不会对行政相对人的合法权益产生实质影响的行政程序。次要行政程序欠缺，只需行政主体补正即可，而不会导致行政行为被撤销的法律后果。

三、行政程序的价值

1. 开辟公民直接参与行政权行使的新途径。20 世纪以后，随着行政权的扩张，国家权力重心由议会转到了政府，人们普遍感到了传统的民主政治已产生了危机。行政程序的内容之一，就是要求事先监督与事后监督并举，预防性监督与追惩性监督并重。在这个过程中，公民权可以成为约束行政权合法、正当行使的一种外在规范力量，并随时可以对行政权的行使是否合法、正当，在法律范围内提出抗辩，为行政机关行使职权提供一个反思的机制。这种合作与协商正是现代行政法治精神的体现。

2. 使行政相对人权利保障具体化。首先，行政程序侧重于将宪法、法律中所规定的公民权利转化为含有具体应用内容的可实际操作的权利，无疑是行政相对人在受制于行政管理之际取得主动、予以抗争的有力武器。其次，在行政程序法律关系中，行政相对人一般由实体法中所规定的义务承担者转化为程序方面权利的主体。例如，纳税人按行政实体法规定有纳税义务，同时也意味着依照行政程序享有对纳税额不服提出要求减免或抗辩申诉的程序性权利。因此，通过程序权利的行使，行政相对人可维护其实体权利不受行政行为侵害，同时防止其实体义务的非法增加。

3. 提高行政效率。行政行为的效率取决于多方面的因素，而行为方式的适当选择、环节的合理安排、过程的科学组合等都在很大程度上影响着行政效率。法定的行政程序是立法者为行政主体选择的尽可能科学合理的程序，除去了不必要的繁文缛节，减少了不必要的人力、物力和时间的耗费。同时，行政程序通过引导行政相对人依法行事、鼓励他们自觉地参与和配合行政管理行为，可以释放行政相对人因不理解而产生的怨气，减少行政行为的阻力和障碍，促进对行政行为的认同和自觉履行，从而有效地提高行政效率。

4. 监督行政主体依法行使职权。首先，行政程序为行政权力的合法运行规定了法定程序，意味着行政主体必须做和如何做，否则须由其承担某种否定性法律后果。其次，行政程序可以对行政自由裁量权实施可行性的监控。由于行政程序要求行政主体不得偏袒一方当事人或者不得谋求自身利益，并且有一整套公开的相关性程序制度，因而可以有效地监督和制约行政自由裁量权，并引导行政权趋于正当、合理。

第二节 行政程序的基本原则与基本制度

一、行政程序的基本原则

行政程序的基本原则是指对行政程序立法和行政主体在实施行政行为的过程具有指导意义并且贯穿于整个行政程序规范之中的基本准则。由于人们对行政程序理论和实践的认识不同，导致对行政程序基本原则的认识有所差异。概括起来，主要有以下几种代表性的观点：

其一，有的学者主张，因为各国的行政程序制度与现代民主相联系，从而体现和反映出行政程序一些共同的基本原则，主要是公开原则、公正原则、行为有据原则和效率原则。

其二，有的学者根据现代各国行政程序法的发展趋势并结合我国的国情，提出行政程序应包括公正原则、公开原则、听证原则、顺序原则和效率原则。

其三，有的学者主张，我国行政法学所确立的行政程序原则应当充分体现社会主义的民主性、真实性和效能性，其内容应包括程序法定、相对方参与、公正、顺序和时效。

其四，有的学者主张，不同时代的行政程序原则是不一样的，现代行政程序的基本原则包括：依法行政原则、民主原则、基本人权原则、公正原则和效率原则。

其五，有的学者主张，行政程序的基本原则是合法原则、合理原则、参与原则、顺序原则和效率原则。

上述的观点都有一定的道理，但有的将行政程序的基本原则和行政程序的基本制度混为一谈，有的将整个行政法领域的基本原则同行政程序的基本原则混为一谈。参照和借鉴上述观点的合理之处，本书认为行政程序的基本原则是程序法定原则、参与原则、效率原则、公正原则和公开原则。

（一）程序法定原则

程序法定原则是指行政活动的主要程序必须由法律规定，行政主体必须严格遵守，不得违反。程序法定原则是行政合法性原则的具体体现，它要求：（1）行政主体实施行政行为必须依法律预设的方式、步骤、顺序和时限进行；（2）行政主体实施行政行为如果违反了法定的行政程序，就应当承担法律责任。

（二）参与原则

参与原则是指行政主体在作出行政行为时，在程序上要保障公民的了解权与参与权得以实现。参与原则的内容主要通过行政相对人行使以下行政程序权利来体现：(1) 参与听证权。即行政主体作出影响行政相对人合法权益的行政行为之前，行政相对人有参与到行政行为的程序中表达自己意见的权利。通过听证，确保行政相对人充分地发表意见，从而保护自己的合法权益。(2) 陈述、申辩权。陈述权是指行政相对人就所知悉的事实向行政主体陈述的权利；申辩权是指行政相对人针对不利的指控，根据事实和法律进行反驳的权利。陈述、申辩权是行政相对人在行政程序中不可缺少的正当防卫权，它是行政程序控制行政权，防止其被滥用的一项重要制度。

（三）效率原则

效率原则是指行政程序应当适应行政发展的需要，通过简便、迅捷和经济的方式来保证行政行为顺利施行。行政效率是行政权的生命，没有基本的行政效率，行政权维护社会秩序的功能就不可能实现。因此，为了快速地保证社会公共利益的实现，行政程序必然要将有利于提高行政效率作为其原则和目的。当然，坚持行政程序的效率原则，必须是在保障行政相对人合法权益和不违反公平原则的前提下进行。

（四）公正原则

公正原则是指行政主体在实施行政行为时应合理地处理社会公共利益和个人合法利益的关系，在程序上公平地对待行政相对人。公正原则是行政法合法原则和合理原则的内在要求，它要求：(1) 平等地对待所有行政相对人；(2) 社会公共利益的实现和保障个人合法权益要尽可能地兼顾；(3) 作出对行政相对人权利义务有影响的行政决定要排除偏见；(4) 行政主体公正地查明与行政行为有关的一切事实真相。

（五）公开原则

公开原则是指行政主体在实施行政行为过程中，除法律另有规定，必须将行政行为在事前、事中、事后公开于行政相对方和有关利害关系人。公开原则主要体现在以下几个方面：一是法律依据公开。行政相对方在受到行政主体不当处理时，有权要求行政主体公开有关法律依据，行政主体不得拒绝。二是行政过程公开。要求在行政程序中几个决定或影响行政相对方合法权利和义务的阶段前后，让行政相对方有参与或者了解的机会。三是行政决定公开。行政主体作出影响行政相对方权益的行政决定，必须向行政相对方公开，不及时告知行政相对方的，该决定不能发生法律效力。

二、行政程序的基本制度

行政程序的基本制度是行政主体在行政活动过程中必须遵守的重要的程序制

度，主要有表明身份制度、告知制度、调查制度、听证制度、说明理由制度、辩论制度、回避制度、审裁分离制度、信息获取制度、证据制度、不单方接触制度和时效制度。

（一）表明身份制度

表明身份制度是指行政主体在进行调查或作出行政决定之前必须向当事人表明其身份，证明其有权从事该项活动的制度。表明身份是为了防止假冒、欺诈活动，从而维护和提升行政主体的威信，防止行政主体及其工作人员滥用职权。

（二）告知制度

告知制度是指行政主体在作出行政行为时将有关应该让行政相对人知晓的事项予以告知的制度。告知的内容主要是告知决定，如告知受理或不受理等；告知权利，如告知行政相对人有陈述、申辩的权利等；告知其他事项，如告知申诉的期限和受理申诉的机关等。

（三）调查制度

调查制度是指行政主体在作出行政决定之前，必须查明事实真相、收集相关证据的制度。调查的具体方式有：询问证人、查账、勘验、鉴定等。《行政处罚法》第36条规定，除依法规定可以当场作出的行政处罚外，行政机关发现公民、法人或者其他组织有依法应当给予行政处罚的行为的，必须全面、客观、公正地调查，收集有关证据；必要时，依照法律、法规的规定，可以进行检查。

（四）听证制度

听证制度是指行政主体在实施行政行为时尤其是作出对行政相对人不利的决定之前，应当听取行政相对人意见的制度。我国《行政处罚法》、《行政许可法》、《价格法》等法律设立了行政听证程序。

《行政处罚法》规定，行政机关作出责令停产停业、吊销许可证或者执照、较大数额罚款等行政处罚决定之前，应当告知当事人有要求举行听证的权利；当事人要求听证的，行政机关应当组织听证。《行政许可法》规定，法律、法规、规章规定实施行政许可应当听证的事项，或者行政机关认为需要听证的其他涉及公共利益的重大行政许可事项，行政机关应当向社会公告，并举行听证。《价格法》第23条规定，制定关系群众切身利益的公用事业价格、公益性服务价格、自然垄断经营的商品价格等政府指导价、政府定价，应当建立听证会制度，由政府价格主管部门主持，征求消费者、经营者和有关方面的意见，论证其必要性、可行性。

（五）说明理由制度

说明理由制度是指行政主体在作出影响行政相对人权利义务的行政决定时，

除非法律另有规定外，必须向行政相对人说明为何作出该决定的事实根据和法律依据的制度。行政主体要说明理由的内容包括事实根据和法律依据。

（六）辩论制度

辩论制度是指行政主体在裁决当事人之间的争议时，应当通知当事人到场在其主持下就有关事实问题和法律问题进行辩论的制度。辩论的目的是通过当事人之间的相互质证，澄清有关事实和法律问题。辩论制度给予了当事人充分陈述自己观点和理由的机会，有利于防止行政主体在进行裁决时偏听偏信，也有利于相对人接受和自觉履行行政决定。

（七）回避制度

回避制度是指行政主体在决定和处理其有权管辖的各种事项或裁决相应争议时，与所处理的事项或裁决的争议有利害关系的人员应当自行回避或应当事人的申请而回避的制度。如《行政监察法》规定："监察人员办理的监察事项与本人或者其近亲属有利害关系的应当回避。"《行政处罚法》规定："执法人员与当事人有直接利害关系的，应当回避。""听证由行政机关指定的非本案调查人员主持；当事人认为主持人与本案有直接利害关系的，有权申请回避。"设置回避制度就是为了保证行政主体能够公正处理或裁决。

（八）职能分离制度

职能分离制度是将行政机关的某些相互联系的职能加以分离，使之分属于不同的机关或不同的工作人员掌管和行使的制度。如行政机关在对违法相对人实施行政处罚时，其调查、控告职能就与作出处罚决定的职能分离，将这两种职能分属于不同的机构或不同的工作人员。这样做可以加强对行政权力的制约，防止行政机关及其工作人员以权谋私和滥用权力、侵犯相对人的合法权益。

（九）信息公开制度

信息公开或称情报公开、情报自由，是指凡是涉及行政相对方权利、义务的行政信息资料，除法律规定应予保密的以外，有关机构均应依法向社会公开，任何公民或组织均可依法查阅、复制。信息公开是公民行使法定权利、履行法定义务的重要条件，是相对人防止行政机关在行使职权时侵犯其合法权益的保障，也是公民知政、参政的重要途径。对此，《政府信息公开条例》[1]对政府信息公开的主体、公开的范围、公开的方式与程序以及监督与保障措施等都作了明确的规定。

---

〔1〕该条例于2007年1月17日国务院第165次常务会议通过，自2008年5月1日起施行。

（十）不单方接触制度

不单方接触制度是指行政主体在处理涉及两个或两个以上具有利益排斥关系的行政相对人案件时，不得在一方不在场的情况下单独接触另一方行政相对人的制度。不单方接触制度设置的目的是为了防止行政主体同一方当事人私下进行交易而导致腐败和防止行政主体先入为主作出对另一方不公正的行政决定。

（十一）时效制度

时效制度是指行政活动及其各个阶段要受到法定时限限制的制度。时效制度要求行政主体在实施行政行为，特别是直接涉及行政相对方合法权益的行为时，法律明确其时间限制。如行政主体对相对方申请许可的审查期限、决定时限、送达时限，行政主体实施行政处罚时作出处罚决定时限、送达处罚决定书的时限、执行的时限等。行政主体的行政行为（包括作为和不作为）超过一定时间，就得承担行政不作为的法律责任。时效对行政相对人也意味着不在时效内申请复议或提起行政诉讼，就丧失了获得相应救济的权利。

第三节　行政程序法治化的趋势

行政程序法治化是指把行政程序纳入现代法治建设的轨道，以现代法治精神来规范与整合多样化的行政程序，从而有效地实现行政目的，更好地保障行政相对人的合法权益。

一、世界各国行政程序法治化的概况

行政程序法的产生和发展是20世纪行政法发展的重要内容之一，而行政程序法治化的最突出标志是行政程序法的法典化。以行政程序法的法典化为标准，行政程序法的兴起和发展经历了三次高潮：第一次高潮是在20世纪的20年代和30年代。西班牙是最早以法典形式规定行政程序法的国家之一，它在1889年就制定了《行政程序法》。但内容完整、影响较大的是稍后的奥地利行政程序法。1925年奥地利颁布《普通行政程序法》，并以此为中心制定了《行政处罚法》、《行政处罚程序法》、《行政执行法》等各类行政程序法。这次高潮以规范行政权力、提高行政效率为主要目的。第二次高潮是在20世纪40～60年代，以美国为代表，很多国家制定了行政程序法，其中以美国1946年制定的《联邦行政程序法》最为完备。这次高潮以保障公民在行政权力运行中的权利为中心。第三次高潮是在20世纪90年代，以意大利、日本的行政程序立法为代表，其中又以日本的影响最大。其主题仍然是保证行政的公开、透明，保护公民在行政程序中的权利。总

之，行政程序法典化已呈现为一种国际化趋势。有学者甚至指出："21 世纪法律的发展，以程序法的发展为主要特色，其中行政程序法的发展必将成为先导。"〔1〕

二、我国行政程序法治化的概况

新中国建立后，我国制定了一些包含一定行政程序的法律规范，如上世纪 50 年代初，国家在《关于劳动争议解决程序的规定》和《政务院关于处理人民来信和接见人民工作的决定》等法律文件中，开始规定有关行政程序，但绝大部分行政行为仍然处于没有法定程序规范的状态中。十一届三中全会以后，随着社会主义法制建设的发展，不少法律、法规中规定了有关行政程序的法律规范，如有关规定行政执法程序的《治安管理处罚条例》（1986 年颁布，1994 年修订，被 2006 年实施的《治安管理处罚法》所取代）、《税收征收管理法》（1992 年颁布，1995 年、2001 修订）、《土地管理法》（1986 年颁布，2004 最新修改）、《国营企业劳动争议处理暂行规定》（1993 年颁布，现已失效）、《行政复议条例》（1994 年颁布，被 1999 年的《行政复议法》取代）。特别是 1989 年《行政诉讼法》的颁布，对我国行政程序立法起到了巨大的推动作用。《行政诉讼法》规定，行政机关违反法定程序构成人民法院撤销具体行政行为的理由。1996 年颁布的《行政处罚法》对行政处罚程序作了较完备的规定，尤其是首次规定了听证程序，标志着我国行政程序立法在向现代化的方向迈进。2003 年颁布的《行政许可法》对行政许可的程序作了较为明确具体的规定，并对违反行政许可程序的法律责任作了相应的规定。而 2012 年 1 月 1 日生效的《行政强制法》，对行政强制措施、行政强制执行等程序作了更为详细的规定。这些规定对我国推进依法行政具有重要的意义。当然，《行政处罚法》、《行政许可法》和《行政强制法》所规定的程序还只限于行政处罚、行政许可、行政强制领域，对于其他众多的行政行为来说，程序问题还有待进一步完善。

从已有的法律、法规的规定来看，我国行政程序立法在总体上还比较落后，还存在着较多的问题，主要有：许多行政行为还缺乏行政程序法规范，大部分行政程序尚未法律化；行政程序法所规定的程序内容过于概括、简单；有些行政程序侧重于赋予行政主体程序上的权利，而缺少行政义务和违反程序的法律后果与责任的规定；行政程序中缺乏保障公民合法权益的民主公正的制度，缺乏公开性和参与性；行政程序立法不统一，没有一部统一的行政程序法典。借鉴国外行政

〔1〕 应松年：《行政法学新论》，中国方正出版社 1999 年版，第 499 页。

程序立法的经验，结合我国的实际情况，在制定单行的行政程序法的同时，积极着手起草制定一部统一的行政程序法典等，以适应建立社会主义市场经济体制和民主与法治建设的需要，推进我国的行政法治进程。

就在中国行政程序法典化举步维艰之时，2008 年 4 月 9 日通过、2008 年 10 月 1 日实施的《湖南省行政程序规定》（以下称《规定》）却率先以地方立法的形式做出了第一步系统性的探索，填补了中国行政程序立法空白。该规定共 10 章 178 条，以“公民享有更多程序权利，政府承担更多程序义务”为立法思路，内容涉及行政程序中的主体、行政决策程序、行政执法程序、特别行为程序和应急程序、行政听证、行政公开、行政监督、责任追究等诸多方面。而无论是涉及行政决策、执法，还是行政听证、指导、监督检查等，公众均享有参与权。公开原则和公众参与贯彻始终。这部规章的出台，将极大地规范该省的行政行为，让行政相对人享受到法治的阳光和程序的正义，对整个中国行政程序法的制定，将起到很好的示范作用。

三、我国行政程序法治化的模式

行政程序法治化模式可以分为目标模式和法体模式。

（一）行政程序法治化的目标模式

行政程序法治化的目标模式是指行政程序法根据所需要达到的目标而形成的总体特征。从世界范围来看，行政程序法的目标模式主要有两种：一是效率模式。此种模式的行政程序法主要以提高行政效率为目标，在此基础上进行行政程序设计，形成相应的程序体系。效率模式的主要特点是：行政官员的自由裁量权大；行政行为的过程、步骤紧凑，简便易行；为了实现行政的高效率，在程序制度上特别注重时效制度、简易程序制度、紧急处置制度、申诉不停止执行制度等。[1] 二是权利模式。此种模式的行政程序法主要以控制行政权的滥用、保护公民的合法权益为目标，在此基础上进行行政程序设计，形成相应的程序体系。其主要特点是：注重对影响公民权利义务的行政行为的程序控制；注重行政职权行使中对公民权利的程序保障；注重相对人对行政行为的参与；重视行政救济程序；特别重视回避制度、听证制度、辩论制度、告知制度、职能分离制度、代理制度、救济制度等制度建设。

公正模式和效率模式反映了各国对行政程序法的立法宗旨与基本功能的态

〔1〕 杨海坤、黄学贤：《中国行政程序法典化——从比较法角度研究》，法律出版社 1999 年版，第 80 页。

度。从现代各国的行政程序立法来看，纯粹选择一种模式的比较少见，多数国家都是以一种模式为主兼采另一种模式的优点。

就我国而言，由于我国缺乏法治的传统，人治观念根深蒂固。特别是在市场经济发展过程中，社会不公正问题和权力寻租现象较为严重，侵害公民权益的问题比较突出。在这种情况下，如果以效率取代权利在行政程序立法模式中的优先地位，不仅对我国的行政程序立法而且对我国整个法治建设和社会进步将产生不利影响。选择以公民权利保护为主、兼顾效率作为我国行政程序立法的目标模式，既可以保护行政相对人的合法权益，保障其监督国家行政机关及其工作人员依法行政，从而真正体现人民当家做主的宪法原则，又可以通过行政机关及其工作人员合法、公正行使职权，来减少行政机关与相对人之间的摩擦，促进行政效率的提高。同时也顺应了日益重视保护行政相对人合法权益的现代行政程序法的发展趋势。

（二）行政程序法治化的法体模式

行政程序法治化的法体模式是指一国行政程序法律规范的载体所表现出来的总体特征。从各国立法情况来看，行政程序法的法体模式主要有两种：一是统一式，即一国制定一部统一的、适用于所有行政领域的、规范各部门、各类别行政行为基本程序的行政程序法典。二是分散式，即一国行政程序法规范分散规定于各单行法律、法规之中，不制定统一适用于各行政领域、各部门、各类别行政行为基本程序的专门行政程序法典。随着现代民主、法治的发展，目前世界上越来越多的国家都已制定或准备制定统一的行政程序法典，走统一式的行政程序立法道路。

就我国而言，行政程序立法亟待统一和规范，制定统一的行政程序法典是我国行政程序发展的必然趋势，是行政法治的基本要求。目前，湖南省已经在行政程序法典化方面做了较好的尝试，我们应积极总结经验，加强对全国统一行政程序立法的研究和起草工作，努力制定出一部统一的行政程序法典。

第四编

行政内部救济篇

第十章
行政复议

第一节　行政复议概述

一、行政复议的概念与特征

我国《行政复议法》第 2 条规定："公民、法人或者其他组织认为具体行政行为侵犯其合法权益，向行政机关提出行政复议申请，行政机关受理行政复议申请、作出行政复议决定，适用本法。"据此，行政复议可以定义为：公民、法人或者其他组织认为具体行政行为侵犯其合法权益，依法向规定的行政机关提出行政复议申请，受理的机关依据特定程序对原具体行政行为的合法性和适当性进行复查并作出裁决的活动和制度。行政复议具有以下特征：

（一）行政复议的申请人是行政相对人，被申请人是行政主体

行政复议这一特征表明：首先，行政复议是应行政相对人申请而引起的，采取"不告不理"的原则。作为行政相对人的公民、法人或其他组织，认为行政机关的具体行政行为侵犯其合法权益，从而与具体行政行为发生利害关系。如果行政机关依照职权主动对原具体行政行为进行复查，则不是行政复议。其次，行政复议的被申请人是行政主体，即作出具体行政行为的行政机关或法律法规授权的组织。其他国家机关，社会团体及公民个人均不能作为被申请人。

（二）行政复议是以引起争议的具体行政行为为主要审理对象

行政主体作出的行政行为可以分为具体行政行为和抽象行政行为。根据《行政复议法》的规定，行政复议是以具体行政行为为审查对象，抽象行政行为只能在对具体行政行为进行审查时附带审查，且附带审查的对象只能是某些特定的规范性文件，而不是全部的抽象行政行为。

（三）行政复议以书面审理为主要审查方式

这也是行政复议制度不同于司法审查制度的显著特征。所谓书面审理方式，是指行政复议机关通过对申请人提出的申请书和被申请人提交的答辩书以及有关

材料进行审查认定，在此基础上依法作出复议裁决。行政复议采用书面审理方式的目的，在于确保行政复议的效率。当然，行政复议并不排除在某些特殊情况下采取开庭审理的方式。如果行政案件的案情比较复杂，需要经过双方当事人的互辩才能弄清楚有关事实，则可以开庭审理。

二、行政复议的性质

在我国，对行政复议的性质有不同的观点。概括地讲有三种：一是“行政说”，主张行政复议是一种具体行政行为；二是“司法说”，主张从行政复议内容来看，它是一种司法活动；三是“行政司法说”或“准司法说”，主张行政复议兼有行政和司法的特征。〔1〕我们认为，行政复议的性质是多元的，不仅具有行政行为和司法行为性质，还具有救济和监督的特性。因此，行政复议的性质应从行政性、司法性、救济性和监督性来理解。

（一）行政性

行政复议的行政性体现在两方面：其一，行政复议是行政机关主持的行政活动，整个行政复议活动都是由行政机关所主导，行政复议主体、内容和程序无不体现出行政行为的属性。其二，行政复议主管机关一般都是作出原具体行政行为的机关的上级机关，因而在本质上行政复议是一种行政机关的内部监督活动，是行政机关行使职权的表现。

（二）司法性

行政复议的司法性主要体现在三个方面：其一，行政复议是由行政相对人提起的，行政相对人没有申请，行政机关不会主动启动行政复议程序。这一点不同于一般行政行为，而与司法活动相似。其二，行政复议是由第三方一般是作出具体行政行为主体的上一级机关对申请人与被申请人之间的行政争议做出裁决的活动。从形式上看，行政复议与司法活动是一样的，即由第三方居中对争议进行是非裁判。其三，行政复议是依照特定程序进行的活动，所适用的程序非常规范、严格，相当接近司法程序。

（三）监督性

行政复议是由行政系统内部的行政机关对下级或其所属的行政机关作出的违法或者不当的具体行政行为实施的一种监督和纠错行为。行政复议机关可以根据法定程序对行政主体作出的行政行为的合法性进行审查，并对违法的行政行为予

---

〔1〕 参见江必新、李江：《行政复议法述评——兼与行政复议条例之比较》，中国人民公安大学出版社 1999 年版，第 27～28 页。

以撤销，对不当的行政行为予以变更，对行政主体不履行法定职责的还可以责令其履行法定职责。因此，作为行政机关内部纠错机制环节的行政复议，兼顾了效率和公正，达到了监督行政主体依法行政的目的。

（四）救济性

我国《行政复议法》第1条就开宗明义指出立法目的是“为了防止和纠正违法的或者不当的具体行政行为，保护公民、法人和其他组织的合法权益，保障和监督行政机关依法行使职权”。通过行政复议可以撤销违法行政行为，变更不当行政行为，从而起到消灭违法、不当行政行为的作用，使其不再影响相对人的合法权益，最终达到切实保护相对人合法权益的目的。此外，在行政复议中被确认是违法的侵权行为，如果造成了相对人的实际损害，相对人可以据此请求国家赔偿。因此，从根本上说，行政复议是行政救济制度的重要组成部分，属于国家行政救济机制的重要环节。

三、行政复议的基本原则

行政复议基本原则是指贯穿于行政复议活动，行政机关在解决行政争议过程时必须遵循的基本准则。行政复议基本原则是《行政复议法》精神的集中体现和行政复议本质特征的突出表达。它在帮助人们正确理解行政复议的本质和特点，了解行政复议和行政诉讼的联系和区别，指导行政复议工作的顺利进行等方面发挥着重要的作用。

根据我国《行政复议法》第4条的规定：“行政复议机关履行行政复议职责，应当遵循合法、公正、公开、及时、便民的原则，坚持有错必纠，保障法律、法规的正确实施。”因此，我国行政复议的基本原则中包含了以下既相互独立又相互联系的内容：

（一）合法原则

合法原则要求行政复议机关及其工作人员应按照法定的权限和程序，对申请复议的具体行政行为和有关的抽象行政行为进行审查，并严格依照法律规定作出复议决定。包含三层意思：（1）行政复议机关及其职权应当合法。复议机关必须是依法成立并具有行政复议职权的行政机关；其复议活动必须严格依据法定的复议权限，否则就构成超越职权。（2）行政复议的依据应当合法。行政复议机关不仅要以现行有效的实体法作为复议根据，而且必须严格按照《行政复议法》或有关法律规定的程序和方式实施复议活动。（3）行政复议机关及其工作人员在复议活动中有违法行为的，应当严格依法追究其法律责任。

（二）公正原则

公正原则就是要求行政复议机关在行政复议过程要以中立的地位来处理申请

人与被申请人之间的行政争议，不得偏袒任何一方。公正原则是合法原则的必要补充。如果说合法原则是对行政复议机关履行行政复议职责的本质要求，那么公正原则就是对行政复议机关高质量地履行行政复议职责的具体要求。

（三）公开原则

公开原则要求行政复议从受理、调查、审理和决定等每一环节都应公开进行并且应尽可能地向当事人和社会公开，使人们知晓复议活动的基本情况。行政复议活动公开进行，既保障了当事人尤其是申请人的知情权利，又监督了行政复议机关，避免暗箱操作甚至腐败。

（四）及时原则

及时原则要求及时受理行政复议申请、在法定的审理期限内审结行政复议案件、及时作出行政复议决定以和及时处理当事人不履行行政复议问题。“迟来的正义为非正义”，如果对行政争议不及时予以处理，行政复议所体现的正义势必会“堕落”为非正义，也损害了行政复议制度的权威性和严肃性。

（五）便民原则

便民原则要求行政复议机关在施便于民的工作宗旨指导下，因地制宜地采取实用、经济有效的救济手段来解决行政争议，从而确保当事人行政复议目的的实现。在具体的行政复议活动中，行政复议机关要尽量方便行政相对人，使其不因行政复议活动而增加过大的负担，最大限度地节省他们所耗费的时间、精力和费用。

（六）有错必纠与保障法律、法规正确实施原则

行政机关违法或不适当地实施具体行政行为，在侵害了行政相对人合法权益的同时也导致了法律、法规的错误适用或不当适用，无法实现法律、法规所追求的价值。因此，有错必纠与保证法律、法规正确实施在价值取向上是一致的。我国《行政复议法》分则至少用两个条款来体现这一原则：一是第 27 条，即“行政复议机关在对被申请人作出的具体行政行为进行审查时，认为其依据不合法，本机关有权处理的，应当在三十日内依法处理；无权处理的，应当在七日内按照法定程序转送有权处理的国家机关依法处理。处理期间，中止对具体行政行为的审查”。二是第 29 条第 2 款，即“申请人在申请行政复议时没有提出行政赔偿请求的，行政复议机关在依法决定撤销或者变更罚款，撤销违法集资、没收财物、征收财物、摊派费用以及对财产的查封、扣押、冻结等具体行政行为时，应当同时责令被申请人返还财产，解除对财产的查封、扣押、冻结措施，或者赔偿相应的价款”。

四、中国行政复议法律制度的沿革

我国现代意义上的行政复议制度始于辛亥革命以后的行政诉愿制度。新中国的行政复议制度发端于20世纪50年代初。纵观新中国行政复议制度的发展史，可以大致分为三个阶段：

（一）行政复议制度的初步发展阶段

上世纪50年代是我国行政复议制度的初步发展阶段，主要体现在颁行了一些相应的法律、法规。

1950年11月15日财政部公布《中央人民政府财政部设置财政检查机构办法》，其中第6条规定："被检查部门，对检查机构之措施，认为不当时，得备具理由，向其上级检查机构，声请复核处理。"这条虽然没有用"行政复议"这一术语，但"复核处理"实际上就是行政复议。1950年12月15日，当时政务院颁行实施的《税务复议委员会组织通则》和《印花税暂行条例》，首次使用了"复议"一词。例如《税务复议委员会组织通则》第1条规定："为各大城市人民政府贯彻国家公平合理的税收政策，调整税务工作中的公私关系，本集体协商共同负责精神，得视实际需要，依本通则组织税务复议委员会。"1950年4月18日政务院公布《暂行海关法》，行政复议制度从税务领域扩大到了海关领域。

进入50年代中后期，行政复议的范围和领域进一步扩大。这一时期规定了行政复议内容的法律、法规主要有：1954年颁行的《国营企业内部劳动规则纲要》、1955年颁行的《农村粮食统购统销暂行办法》、1957年颁行的《国务院关于国家行政机关工作人员的奖惩暂行规定》、《治安管理处罚条例》和《国境卫生检疫条例》、1959年颁行的《农业税条例》等。这些法律、法规的出台和实施，极大地推动了我国行政复议制度的完善和发展。

（二）行政复议制度遭受破坏阶段

上世纪60年代到70年代末，受极"左"思想和法律虚无主义的影响，行政复议制度几乎被废止。在这将近20年内，仅有1971年交通部发布的《海损事故调查和处理规则（试行）》第13、14条涉及了行政复议。

（三）行政复议制度恢复和蓬勃发展时期

上世纪80年代，随着民主法制化的全面建设，行政复议制度恢复并蓬勃发展。越来越多的法律、法规规定了行政复议内容，并且将行政复议设置为行政诉讼的前置阶段。例如1987年9月17日国务院发布《投机倒把行政处罚暂行条例》，其中第11条规定："被处罚人对工商行政管理机关的处罚决定不服的，可以在收到处罚通知之日起15日内向上一级工商行政管理机关申请复议。上一级工商行政管理机关应当在收到复议申请之日起30日内作出复议决定。”

1989年4月4日颁布《行政诉讼法》之后，为了配合《行政诉讼法》中关于行政复议条款的施行，国务院于1990年12月通过《行政复议条例》，并于1991年1月1起日施行，这标志着我国完整的行政复议制度得以建立。该条例比较系统地规定了行政复议制度，并且根据社会形势的发展于1994年10月9日进行了一次较为完善的修订。《行政复议条例》施行8年之后，在总结我国行政复议制度实践经验的基础上，1999年4月29日第九届全国人民代表大会常务委员会第九次会议通过了《行政复议法》，该法于1999年10月1日起施行。《行政复议法》以法律的形式确立行政复议制度，强化了其在防止和纠正违法者不当的具体行政行为，保护公民、法人和其他组织的合法权益，保障和监督行政机关依法行使职权方面的作用，并在内容规定上比原《行政复议条例》更为全面、科学、合理，从而使我国的行政复议制度得到了进一步的发展和完善，也标志着我国行政复议制度已发展到了一个新的阶段。

第二节　行政复议的范围

行政复议的范围是指行政复议法律规范规定的行政复议机关可受理行政争议案件的范围，可简称为受案范围。纵观我国行政复议法律规范，不仅规定了可以申请行政复议的范围，还规定了排除行政复议的范围。

一、行政复议范围的确定方式

现代世界各国的立法体制在确定行政复议范围时，一般有三种方式，即概括式、列举式和混合式。

（一）概括式

概括式是由统一的行政复议法对复议范围作原则性的概括规定，通常规定为：公民、法人或者其他组织认为行政机关的违法或不当行政行为侵犯自己的合法权益时，有权向复议机关申请行政复议。这种确定方式的优点在于其复议范围简单、全面，不致发生遗漏，但其缺陷是过于宽泛和不易具体掌握。

（二）列举式

列举式是由法律逐一列举，明确规定复议机关受理行政复议案件的类型，凡是列举到的行政争议都可以提起行政复议。列举式有肯定的列举和否定的列举两种方法。肯定的列举是由行政复议法对属于行政复议范围的行政案件逐个列举，凡列举的都在行政复议范围之内；否定的列举也称排除式列举，是对不属于行政复议范围的事项加以逐个列举，凡列举的都不在行政复议范围之内，未作排除列举的则都是行政复议的范围。列举式这种确立方式的优点在于范围明确、具体，可以复议或不能复议的界限分明，易于掌握。其缺陷是复议范围难以列举穷尽。

（三）混合式

混合式是既有法律规定概括的标准，又有明确列举复议机关受理行政案件的类型，同时还列举复议机关不能受理行政案件的若干事项。这种确立方式是吸取了前两种方式的优点，避开其缺陷，不失为确定行政复议范围的较好方式。

我国在确定复议范围上采取的就是这种混合式的方式。首先是以概括的方式确立行政复议范围的基本界限，如第 2 条规定，“公民、法人或者其他组织认为具体行政行为侵犯其合法权益，向行政机关提出行政复议申请，行政机关受理行政复议申请、作出行政复议决定，适用本法”。接着以肯定列举的方式列出属于行政复议范围的各种具体行政案件，如《行政复议法》第 6 条第 1 项至第 10 项具体列举的各种行政案件。同时还对一些目前难以列举全面，且今后将可能逐步纳入行政复议范围的行政案件又运用概括的方式作为补充，如《行政复议法》第 6 条第 11 项概括规定的其他行政争议案件。最后以否定列举的方式对不属于行政复议范围的事项作了排除的规定，如《行政复议法》第 8 条对两种不受理事项的规定等。

二、可以申请行政复议的肯定范围

可以申请行政复议的事项包括两类：一类是可以申请复议的具体行政行为；一类是特定的规范性文件。

（一）可以申请行政复议的具体行政行为

根据我国《行政复议法》第 6 条的规定，可以申请行政复议的具体行政行为有以下几类：

1. 行政处罚所引发的争议。《行政复议法》第 6 条第 1 项规定，“对行政机关作出的警告、罚款、没收违法所得、没收非法财物、责令停产停业、暂扣或者吊销许可证、暂扣或者吊销执照、行政拘留等行政处罚决定不服的”，行政相对人可以申请行政复议。根据《行政处罚法》的规定，行政处罚形式除了上述条款列举的 8 种外，还包括法律、法规的其他处罚形式。如果行政相对人对法律、法规的其他处罚不服的，也同样可以申请行政复议。

2. 行政强制措施所引发的行政争议。《行政复议法》第 6 条第 2 项规定，“对行政机关作出的限制人身自由或者查封、扣押、冻结财产等行政强制措施决定不服的”，行政相对人可以申请行政复议。

3. 行政主体变更、中止、撤销许可证、执照、资质证、资格证等证书引发的行政争议。持有许可证等证书在法律上的意义是可以从事某种职业或活动或者获得某种资格。许可证等证书的变更、中止或撤销对行政相对人的利益势必产生一定的影响，因此《行政复议法》第6条第3项规定，“对行政机关作出的有关许可证、执照、资质证、资格证等证书变更、中止、撤销的决定不服的”，可以申请行政复议。

4. 行政主体确认行为所引发的争议。所谓行政机关确认行为是指行政机关依法对行政相对人之间的关于所有权或使用权归属争议予以裁决的行为。《行政复议法》第6条第4项规定，“对行政机关作出的关于确认土地、矿藏、水流、森林、山岭、草原、荒地、滩涂、海域等自然资源的所有权或者使用权的决定不服的”，行政相对人可以申请复议。

5. 行政主体侵犯合法经营自主权引发的争议。经营自主权是指公民、法人或其他组织对其经营事项和行为享有自主调整不被他人干涉的权利。《行政复议法》第6条第5项规定，“认为行政机关侵犯合法的经营自主权的”，行政相对人可以申请行政复议。

6. 行政主体变更或废止农业承包合同引发的争议。农业承包合同是以行政机关或集体经济组织为发包方与以农民为承包方签订的有关农业生产的合同，它规定了承包方与发包方的权利和义务。变更或废止农业承包合同无疑会导致农民权利的减损，于是《行政复议法》第6条第6项规定，“认为行政机关变更或者废止农业承包合同，侵犯其合法权益的”，可以申请行政复议。

7. 行政主体违法集资、征收、摊派或要求履行义务引发的争议。保护公民的合法权益不受侵害，是行政主体的宗旨。显然违法集资、征收财物、摊派费用或者要求履行义务有违这一宗旨。于是《行政复议法》第6条第7项规定，“认为行政机关违法集资、征收财物、摊派费用或者违法要求履行其他义务的”，行政相对人可以申请行政复议。

8. 行政主体不予行政许可的争议。行政相对人符合法律规定的行政许可条件，向有关行政机关申请行政许可，行政机关应该予以受理、审批。因而，《行政复议法》第6条第8项规定，“认为符合法定条件，申请行政机关颁发许可证、执照、资质证、资格证等证书，或者申请行政机关审批、登记有关事项，行政机关没有依法办理的”，行政相对人可以申请行政复议。

9. 行政主体没有依法履行法定职责引发的争议。这里的“法定职责”是指依法履行保护公民人身权、受教育权和公民、法人或其他组织的财产权。如果行政主体没有履行其法定职责就是失职，要承担相应的法律责任。于是《行政复议法》第6条第9项规定，“申请行政机关履行保护人身权利、财产权利、受教育权利的法定职责，行政机关没有依法履行的”，行政相对人可以申请行政复议。

10. 行政主体没有依法履行行政给付引发的争议。行政给付又称行政物质帮助，一般是指在公民年老、疾病或丧失劳动能力等情况下，行政主体依照法律规范赋予其一定物质权益或与物质有关的权益的具体行政行为。在我国，行政给付有抚恤金、社会保障金、最低生活保障费等。为此，《行政复议法》第6条第10项规定，“申请行政机关依法发放抚恤金、社会保险金或者最低生活保障费，行政机关没有依法发放的”，行政相对人可以申请行政复议。

11. 行政主体其他行政行为侵犯公民合法权益引发的争议。《行政复议法》第6条第11项规定，“认为行政机关的其他具体行政行为侵犯其合法权益的”，行政相对人可以申请行政复议。这是一个兜底条款，是指出除了上述10类具体行政行为外的其他具体行政行为，是为了防止上述规定列举不足而作出的补充，是为行政复议今后进一步扩大复议范围留下余地。

（二）可以申请行政复议的特定规范性文件

根据《行政复议法》第7条的规定，公民、法人或其他组织在对具体行政复议申请复议时，可以向行政复议机关申请将特定的规范性文件一并审查。这里，特定的规范性文件包括国务院部门的规定、县级以上地方各级人民政府及其工作部门的规定以及乡、镇人民政府的规定。

从我国行政复议法律规范规定的现状来看，我国并没有建立起实质意义上的抽象行政行为可复议制度。原因有二：其一，《行政复议法》只是采取列举式规定了三种特定的规范性文件，并且规定这些规范性文件不包含国务院部、委员会规章和地方人民政府规章；其二，申请行政复议机关对特定文件的审查，只有在申请对具体行政行为复议时才能提起。抽象行政行为可复议制度的建立意味着和具体行政行为一样，行政相对人认为抽象行政行为侵犯其合法权益，就可以申请行政复议。尽管现阶段我国没有建立实质意义上的抽象行政行为可复议制度，但可以申请对特定的规范性文件进行行政复议，推动了我国行政复议制度的完善。

关于抽象行政行为能否进行复议这一问题，理论界曾存在着“否定说”和“肯定说”这两种截然相反的观点。“否定说”的主要理由是各省级政府已建立了规章效力以下规范性文件的备案审查制度；抽象行政行为问题很难在复议中解决；允许抽象行政行为可复议会引发如何与《行政诉讼法》相衔接等诸多法律问题。而“肯定说”从理论上和实践方面论证了建立抽象行为可复议制度的必要性。

我们认为，建立抽象行政行为可复议制度，无论是对保障行政相对人合法权益，还是对完善行政复议制度都有积极作用，但也要考虑可操作性。因此，我们不主张在现阶段建立抽象行政行为的复议制度，应当立足于我国的现实情况，待时机成熟后逐步扩大可申请审查的规范性文件的范围，最终达到对抽象行政行为复议制度的建立。

三、排除行政复议的范围

排除行政复议的范围是指不允许行政相对人申请行政复议的事项。根据《行政复议法》第 8 条的规定，不能申请行政复议的事项有两类：

（一）对行政机关作出的行政处分或者其他人事处理决定不服的

《行政复议法》第 8 条第 1 款规定："不服行政机关作出的行政处分或者其他人事处理决定的，依照有关法律、行政法规的规定提出申诉。"依照该条规定，相对人不仅对行政处分不能申请复议，而且对其他人事处理决定也不能提起行政复议。

1. 关于行政处分。我国《公务员法》第 56 条规定，行政处分分为警告、记过、记大过、降级、撤职、开除。对于行政处罚，我国《行政监察法》第 38、39 和 41 条分别规定："国家行政机关公务员和国家行政机关任命的其他人员对主管行政机关作出的处分决定不服的，可以自收到处分决定之日起三十日内向监察机关提出申诉，监察机关应当自收到申诉之日起三十日内作出复查决定；对复查决定仍不服的，可以自收到复查决定之日起三十日内向上一级监察机关申请复核，上一级监察机关应当自收到复核申请之日起六十日内作出复核决定"，"监察机关对受理的不服主管行政机关处分决定的申诉，经复查认为原决定不适当的，可以建议原决定机关予以变更或者撤销；监察机关在职权范围内，也可以直接作出变更或者撤销的决定"，"上一级监察机关认为下一级监察机关的监察决定不适当的，可以责成下一级监察机关予以变更或者撤销，必要时也可以直接作出变更或者撤销的决定"。

2. 关于其他人事处理。其他人事处理决定是指行政机关依法对特定公务员的权利义务所作的单方、要式人事行政行为。根据《公务员法》的规定，其他人事处理决定包括：确定公务员级别方面的决定、录用公务员方面的决定、考核与奖励的决定；职务升降与职务任免方面的决定；交流方面的决定方面的决定；回避方面的决定；工资保险福利方面的决定；辞职辞退和退休方面的决定等。相对人对其他人事处理决定不服的，可以依照有关法律、法规的规定提出申诉，而不能通过复议程序解决。

（二）对行政机关对民事纠纷作出的调解或者其他处理不服的

《行政复议法》第 8 条第 2 款规定："不服行政机关对民事纠纷作出的调解或

者其他处理，依法申请仲裁或者向人民法院提起诉讼。”行政机关对民事纠纷的调解或者处理行为，是一类特殊的具体行政行为。它们都是由行政机关以第三者的身份，居中调解或处理民事纠纷。这与行政机关管理行政相对人的行为，在性质上是不同的。当事人对行政机关的调解和处理不服，只是意味着原来的民事纠纷尚未得到解决，并不标志民事纠纷已经转化为行政纠纷。因此，相对人不服行政机关对民事纠纷作出的调解或者其他处理，不能申请行政复议，但可以依法申请仲裁或者向人民法院提起诉讼。

此外，外交、国防等国家行为因为涉及国家秘密等以及很难具体操作，虽然《行政复议法》没有做具体规定，我们认为也应当不能行政复议。纵观世界各国，这类行政行为都不被纳入司法审查和行政复议范围之内。

第三节　行政复议参加人、行政复议机关与管辖

一、行政复议参加人

行政复议参加人包括以自己名义参加复议活动并保护自己合法权益的人和以他人名义参加复议活动、代他人为复议活动并保护其合法权益的人。具体来说行政复议参加人包括行政复议申请人、被申请人、第三人和行政复议代理人。

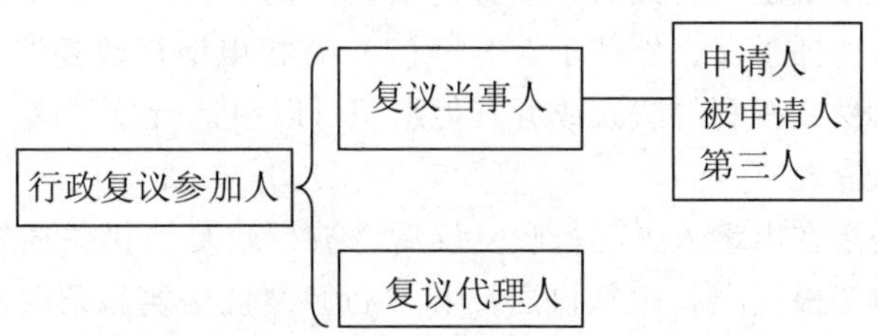

（一）行政复议申请人

行政复议申请人又称为申请人，是指认为行政主体侵犯其合法权益，以自己的名义向行政复议机关提起行政复议申请，要求对特定的具体行政行为进行审查的公民、法人或其他组织。依照相关法律、法规规定，行政复议申请人应当具备以下的条件：

1. 行政复议申请人是行政相对人。包括公民、法人或其他组织。公民是指自然人，包括中国公民、外国公民和无国籍人。法人是指依照法定条件成立的具有民事权利能力和民事行为权利能力，享有民事权利和独立承担民事义务的组织。

其他组织是指不具备法人条件、没有法人资格的组织。如合伙组织、处于筹备中的企事业单位或群众团体、外国在我国设立的从事一定经营活动和社会活动而未取得我国法人资格的组织等。行政机关作为行政管理的主体，不享有行政复议申请人的资格。

2. 行政复议申请人是认为其合法权益受到行政主体作出的具体行政行为侵犯的公民、法人或其他组织。对此，可从两方面来理解：首先，申请人必须是与具体行政行为有利害关系的人。这里的“利害关系”人不仅仅限于受具体行政行为直接影响的相对人，也可以包括受具体行政行为间接影响的相对人。其次，“认为”是行政复议申请人的主观判断，即具体行政行为的损害可以是实际发生的，可以是可能发生的，也可以是根本不可能发生，但只要申请人主观判断其合法权益遭受侵犯就可以依法向行政复议机关申请行政复议。

3. 行政复议申请人是以自己的名义提起行政复议申请的公民、法人或其他组织。如果不是以自己的名义提起行政复议的，则他们可能是复议代理人或法定代表人，而不是复议申请人。

一般情况下，提起行政复议的申请人是具体行政行为侵害的当事人。在特殊情况下，行政复议申请人的资格也可能发生变化。根据《行政复议法》第10条的规定，行政复议申请人资格转移的情况有：（1）有权申请行政复议的公民死亡的，其近亲属可以申请行政复议，此时，近亲属便取得了申请人资格，享有行政复议权。根据法律规定，公民的近亲属包括其配偶、父母、子女、兄弟姐妹、祖父母、外祖父母、孙子女、外孙子女等。（2）有权申请行政复议的法人或者其他组织终止的，承受其权利的法人或者其他组织可以申请行政复议。

（二）被申请人

被申请人是指在申请人提起行政复议后，被行政复议机关通知参加行政复议活动的行政主体。根据《行政复议法》和《行政复议法实施条例》的规定，被申请人有以下几类：

1. 作出具体行政行为的行政机关和法律、法规授权的组织。《行政复议法》第10条第4款规定：“公民、法人或者其他组织对行政机关的具体行政行为不服申请行政复议的，作出具体行政行为的行政机关是被申请人。”《行政复议法实施条例》第11条规定：“公民、法人或者其他组织对行政机关的具体行政行为不服，依照行政复议法和本条例的规定申请行政复议的，作出该具体行政行为的行政机关为被申请人。”

2. 以共同的名义作出具体行政行为的行政机关与法律、法规授权的组织。《行政复议法实施条例》第12条规定：“行政机关与法律、法规授权的组织以共同的名义作出具体行政行为的，行政机关和法律、法规授权的组织为共同被申请人。行政机关与其他组织以共同名义作出具体行政行为的，行政机关为被申请人。”

3. 下级行政机关依照法律、法规、规章规定，批准其作出具体行政行为的上级行政机关。《行政复议法实施条例》第 13 条规定：“下级行政机关依照法律、法规、规章规定，经上级行政机关批准作出具体行政行为的，批准机关为被申请人。”

4. 派出机构、内设机构或者其他组织，未经法律、法规授权，对外以自己名义作出具体行政行为的派出机构等的设立行政机关。《行政复议法实施条例》第 14 条规定：“行政机关设立的派出机构、内设机构或者其他组织，未经法律、法规授权，对外以自己名义作出具体行政行为的，该行政机关为被申请人。”但如果按照有关法律、法规规定，该派出机构以自己名义作出具体行政行为的，该派出机构是被申请人。

5. 行政机关委托的组织作出具体行政行为的，委托的行政机关是被申请人。行政委托与授权不同，受委托只能依据行政机关的委托代表行政机关行使部分行政职权，它不具有行政主体资格，其法律责任必须由委托的行政机关承担。因此，对受委托的组织作出的具体行政行为不服而提起的行政复议，被申请人是委托的行政机关，而不是受委托的组织。

6. 作出具体行政行为的行政主体被撤销的，继续行使其职权的行政主体或撤销该行政机关的行政机关是被申请人。即如果作出具体行政行为的行政主体被撤销的，则由继续行使其职权的行政主体充当被申请人；如果行政主体被撤销后，没有继续行使其职权的行政主体，则由决定撤销该行政机关的行政机关充当被申请人。

（三）行政复议第三人

行政复议第三人是指与行政复议的具体行政行为有利害关系，经行政复议机关批准参加行政复议活动的公民、法人或其他组织。《行政复议法》第 10 条第 3 款规定：“同申请行政复议的具体行政行为有利害关系的其他公民、法人或者其他组织，可以作为第三人参加行政复议。”行政复议第三人必须具备四项条件：第一，必须是与被申请的具体行政行为有利害关系；第二，必须是维护自身合法权益的公民、法人或其他组织；第三，必须是行政复议过程中参与行政复议活动的公民、法人或其他组织；第四，必须是经过行政复议机关批准而参与行政复议活动的公民、法人或其他组织。

行政复议第三人参加行政复议活动的方式，既可以是被通知参加，也可以是自己申请后被批准参加。根据《行政复议法实施条例》第9条的规定，行政复议期间，行政复议机构认为申请人以外的公民、法人或者其他组织与被审查的具体行政行为有利害关系的，可以通知其作为第三人参加行政复议。行政复议期间，申请人以外的公民、法人或者其他组织与被审查的具体行政行为有利害关系的，可以向行政复议机构申请作为第三人参加行政复议。

（四）行政复议代理人

行政复议代理人是指在行政复议活动中，行政机关或行政相对人委托或者依据法律规定或行政复议机关指定的在代理权限范围之内为被代理人行使代理权的人。一般而言，行政复议代理分为法定代理、指定代理和委托代理。因此，行政复议代理人可分为法定代理人、指定代理人和委托代理人三类。

1. 法定代理人。法定代理人是指依据《行政复议法》的规定，代理无民事行为能力或限制民事行为能力的申请人或行政复议第三人进行行政复议活动的人。《行政复议法》第10条规定："有权申请行政复议的公民为无民事行为能力人或者限制民事行为能力人的，其法定代理人可以代为申请行政复议。"其中，自然人的行为能力与其年龄和精神状况有关，不满10周岁的人和不能辨认自己行为的精神病人是无行为能力人；10周岁以上的未成年人和不能完全辨认自己行为的精神病人是限制行为能力人。

2. 指定代理人。指定代理人是指根据行政复议机关的指定，代理无民事行为能力或限制民事行为能力人的申请人或行政复议第三人进行行政复议活动的人。产生指定代理权的前提条件是作为当事人的公民无行为能力或限制行为能力，并且无法定代理人或法定代理人不能行使代理权。

3. 委托代理人。委托代理人是指受行政复议申请人、被申请人或第三人的委托，代理其进行行政复议活动的人。《行政复议法实施条例》第10条规定："申请人、第三人可以委托1至2名代理人参加行政复议。申请人、第三人委托代理人的，应当向行政复议机构提交授权委托书。授权委托书应当载明委托事项、权限和期限。公民在特殊情况下无法书面委托的，可以口头委托。口头委托的，行政复议机构应当核实并记录在卷。申请人、第三人解除或者变更委托的，应当书面报告行政复议机构。"

二、行政复议机关

（一）行政复议机关概念与分类

行政复议机关是指有权对行政争议事项的合法性和适当性依法进行审查的行政机关。行政复议机关是行政复议活动的核心，起主导作用。行政复议机关的成立必须具备三个条件：第一，必须是行政机关，法律法规授权的其他组织不能成为行政复议机关。第二，必须是依法享有行政复议职权的行政机关。《行政复议法》第3条规定："依照本法履行行政复议职责的行政机关是行政复议机关。"这意味着并不是所有的行政机关都能成为行政复议机关。例如乡、镇人民政府因为《行政复议法》没有授予其行政复议职权，因而不能成为行政复议机关。第三，必须是以自己的名义行使行政复议权的行政机关。这意味着行政复议机关不能将其行政复议权交由他人代理。

按照不同的标准，可以对行政复议机关作不同的划分。根据《行政复议法》和其他相关法律规范规定，我国行政复议机关主要有以下类型：

1. 作出原具体行政行为机关的上一级行政机关。如果作出具体行政行为的是省级以下的地方政府，则由该政府的上一级政府作为行政复议机关；如果作出具体行政行为的是省级以下政府的工作部门，则作为行政复议机关的"上一级"行政机关有两种情况：一是指作出具体行政行为的行政机关的同级政府；二是指作出具体行政行为的行政机关的上一级主管部门。我国大多数行政复议案件都是由作出原具体行政行为机关的上一级行政机关作为复议机关。这种复议制度的设计，有利于保证行政复议结果的公正性，也符合行政系统的层级监督原则。

2. 行政复议机关是作出原具体行政行为的行政机关。如《行政复议法》第14条规定，对国务院部门或者省、自治区、直辖市人民政府的具体行政行为不服的，由作出具体行政行为的国务院部门或省、自治区、直辖市的政府作为行政复议机关自行审查。这样规定的理由主要是为了减轻国务院的工作负担。由作出原具体行政行为的行政机关作为复议机关，具有一定的优势，如复议决定快，省时省力，也便利双方当事人进行复议，有利于提高行政效率。但它的缺陷则在于：这实际上是自己审理自己的案件，难以保证复议的公正性。

（二）行政复议机构

行政复议机构是指享有行政复议权的行政机关内部设置的专门负责处理行政复议案件的机构。从这一定义来看，行政复议机构有如下特征：

1. 行政复议机构是行政复议机关内部设立的机构。《行政复议法》第3条规定，行政复议机关负责法制工作的机构就是行政复议机构。

2. 行政复议机构是专门负责行政复议争议案件处理的机构。根据《行政复议法》第3条的规定，行政复议机构履行这些职责：（1）受理行政复议申请；（2）向有关组织和人员调查取证，查阅文件和资料；（3）审查申请行政复议的具体行政行为是否合法与适当，拟订行政复议决定；（4）处理或者转送对可以附带申请复议的特定规范性文件的审查申请；（5）对行政机关违反《行政复议法》的行为依照规定的权限和程序提出处理建议；（6）办理因不服行政复议决定提起行政诉讼的应诉事项；（7）法律、法规规定的其他职责。

3. 各行政复议机构只对其所在的行政复议机关负责。可从两个方面来理解：一是行政复议机构只是行政复议机关的一个内部工作机构，一个组成部分，不具有独立的行政主体地位，不能以自己的名义作出任何行政行为，也不能对外承担法律责任。二是上下级行政复议机关的行政复议机构之间不存在直接领导和监督关系，它们各自对所属的行政复议机关负责。

三、行政复议的管辖

行政复议的管辖是指不同行政复议机关之间受理行政复议案件的分工与权限。确立行政复议管辖，一方面明确了行政复议机关对行政复议案件的分工与权限，可以避免行政复议机关利用管辖不明确相互推诿；另一方面便于行政相对人申请行政复议，维护其合法权益。

（一）确定行政复议管辖的原则

确定行政复议管辖，应当要综合考虑多方面因素。具体说来，这些因素主要有：

1. 便于行政相对人申请行政复议。行政复议的最终目的就是要维护行政相对人的合法权益。要想这一目的的实现，首先要便于行政相对人申请行政复议，尽量避免行政相对人耗费大量的人力、物力。

2. 便于上级行政机关对下级行政机关的监督。从某种意义上说，行政复议就是一种监督活动。行政复议可以促使行政机关依照法律规范来行政，并且也可以促使上级行政机关对下级行政机关进行监督，从而使行政复议活动能够有效地保证行政机关依法行政，实现行政复议的立法目的。

3. 便于行政复议机关高效地处理行政复议案件。行政复议机关高效地处理行政复议案件，首先要充分考虑不同行政复议机关承担处理行政案件的合理性和可能性。这就需要通过管辖来实现。

4. 原则性与灵活性相结合的原则。由于行政复议案件的复杂性和我国行政管理体制的现状，决定了确立行政复议管辖在坚持原则性的同时，应赋予行政复议机关一定的机动性和灵活性，如在复议管辖权不明确或者管辖发生争议时，应采取指定和移送管辖来解决这种问题，以适应复杂多变的实际情况。

（二）行政复议管辖的种类

根据《行政复议法》的规定，行政复议的管辖可分为以下几种：

1. 对政府工作部门的具体行政行为不服的管辖。《行政复议法》第 12 条规定："对县级以上地方各级人民政府工作部门的具体行政行为不服的，由申请人选择，可以向该部门的本级人民政府申请行政复议，也可以向上一级主管部门申请行政复议。对海关、金融、国税、外汇管理等实行垂直领导的行政机关和国家安全机关的具体行政行为不服的，向上一级主管部门申请行政复议。"这包括三种情形：其一是因对县级以上地方各级人民政府工作部门的具体行政行为不服引发的行政复议管辖；其二是因对海关、金融、国税、外汇管理等实行垂直领导的行政机关的具体行政行为不服引发的行政复议管辖；其三是因对国家安全机关的具体行政行为不服引发的行政复议管辖。

2. 对地方各级人民政府及其派出机构的具体行政行为不服的管辖。《行政复议法》第 13 条规定："对地方各级人民政府的具体行政行为不服的，向上一级地方人民政府申请行政复议。对省、自治区人民政府依法设立的派出机关所属的县级地方人民政府的具体行政行为不服的，向该派出机关申请行政复议。"这里的"省、自治区人民政府依法设立的派出机关所属的县级地方人民政府"主要是指尚未实行"地改市"的县级人民政府。

3. 对国务院部门或者省、自治区、直辖市人民政府的具体行政行为不服的管辖。《行政复议法》第 14 条规定："对国务院部门或者省、自治区、直辖市人民政府的具体行政行为不服的，向作出该具体行政行为的国务院部门或者省、自治区、直辖市人民政府申请行政复议。对行政复议决定不服的，可以向人民法院提起行政诉讼；也可以向国务院申请裁决，国务院依照本法的规定作出最终裁决。"这类管辖分为三种情况：其一是对省部级行政机关作出的具体行政行为不服的，必须先向原级行政机关申请行政复议；其二是对省部级行政机关作出的行政复议决定不服的，申请人有权提起行政诉讼；其三，国务院作出的行政复议决定是最终裁决，申请人不得再向法院提起诉讼。

4. 对县级以上地方人民政府依法设立的派出机关的具体行政行为不服的管辖。《行政复议法》第 15 条第 1 款第 1 项规定："对县级以上地方人民政府依法设立的派出机关的具体行政行为不服的，向设立该派出机关的人民政府申请行政复议"。《地方各级人民代表大会和地方各级人民政府组织法》第 68 条规定："省、自治区的人民政府在必要的时候，经国务院批准，可以设立若干派出机关。县、自治县的人民政府在必要的时候，经省、自治区、直辖市的人民政府批准，可以设立若干区公所，作为它的派出机关。市辖区、不设区的市的人民政府，经上一级人民政府批准，可以设立若干街道办事处，作为它的派出机关。"

5. 对政府工作部门依法设立的派出机构以自己的名义作出的具体行政行为不服的管辖。《行政复议法》第 15 条第 1 款第 2 项规定："对政府工作部门依法设立的派出机构依照法律、法规或者规章规定，以自己的名义作出的具体行政行为不服的，向设立该派出机构的部门或者该部门的本级地方人民政府申请行政复议”。这一规定表明，在这些派出机构中，只有依法设立并依照法律、法规或者规章规定，以自己的名义作出具体行政行为的派出机构，才可以成为行政复议的被申请人。申请人对该派出机构作出的具体行政行为不服的，可以选择向设立派出机构的部门申请复议，也可以选择该部门的本级地方人民政府申请复议。

6. 对法律、法规授权的组织的具体行政行为不服的管辖。《行政复议法》第15条第1款第3项规定：“对法律、法规授权的组织的具体行政行为不服的，分别向直接管理该组织的地方人民政府、地方人民政府工作部门或者国务院部门申请行政复议”。被授权的组织因为是以自己的名义独立实施的行政行为，当然要独立承担法律后果。根据谁直接管理谁负责的原则，地方人民政府、地方人民政府工作部门或者国务院部门直接管理的授权组织，则分别由他们各自来管辖行政复议案件。

7. 对两个或者两个以上行政机关以共同的名义作出的具体行政行为不服的管辖。《行政复议法》第15条第1款第4项规定：“对两个或者两个以上行政机关以共同的名义作出的具体行政行为不服的，向其共同上一级行政机关申请行政复议。”包括四种情形：其一，对同一政府所属两个或两个以上行政机关以共同的名义作出的具体行政行为不服提起行政复议的，则由行政机关所属的政府管辖；其二，对不同级别两个或两个以上行政机关以共同的名义作出的具体行政行为不服提起行政复议的，则由行政机关共同上一级行政机关管辖；其三，对两个或两个以上政府以共同的名义作出的具体行政行为不服提起行政复议的，则由政府的共同上一级政府管辖；其四，对行政机关与被授权组织以共同的名义作出的具体行政行为不服提起行政复议的，则由它们共同领导或主管的行政机关管辖。

8. 对被撤销的行政机关在撤销前所作出的具体行政行为不服的管辖。《行政复议法》第15条第1款第5项规定：“对被撤销的行政机关在撤销前所作出的具体行政行为不服的，向继续行使其职权的行政机关的上一级行政机关申请行政复议”。这里的“上一级行政机关”是指与继续行使职权的行政机关有领导或指导关系的上一级行政机关。

9. 行政复议的转送管辖。转送管辖是指行政复议机关在受理行政复议申请后发现其没有管辖权而依法转送有管辖权的行政复议机关管辖。《行政复议法》第18条规定：“依照本法第十五条第二款的规定接受行政复议申请的县级地方人民政府，对依照本法第十五条第一款的规定属于其他行政复议机关受理的行政复议申请，应当自接到该行政复议申请之日起七日内，转送有关行政复议机关，并告知申请人。接受转送的行政复议机关应当依照本法第十七条的规定办理。”其中第15条第2款规定：“有前款所列情形之一的，申请人也可以向具体行政行为发生地的县级地方人民政府提出行政复议申请，由接受申请的县级地方人民政府依照本法第十八条的规定办理。”第17条规定：“行政复议机关收到行政复议申请后，应当在五日内进行审查，对不符合本法规定的行政复议申请，决定不予受理，并书面告知申请人；对符合本法规定，但是不属于本机关受理的行政复议申请，应当告知申请人向有关行政复议机关提出。”从实质上讲，转送管辖是无管辖权的复议机关，在受理了不属于自己管辖的案件后，采取的一种纠正措施，而不是管辖权的转移。转送管辖一般需要具备三个条件：第一，转送的复议机关对被转送的复议申请没有管辖权；第二，转送管辖的复议申请必须是转送的复议机关已经受理的复议案件；第三，受转送的复议机关必须对复议申请有管辖权。

第四节 行政复议的程序

行政复议程序是指关于通过行政复议活动来处理行政争议的步骤、方式和时限的总和。“任何法律制度，如果没有良好的实施程序，其所蕴涵的法律精神也就难以实现。”[1]行政复议程序既保证了《行政复议法》维护行政相对人合法权益的精神的实现，又保证了行政复议活动合法、高效地进行。根据我国《行政复议法》的规定，行政复议程序分为行政复议申请、行政复议受理、行政复议审理、行政复议决定和行政复议执行五阶段。此外，《行政复议法实施条例》对行政复议的调解做了相应规定。

一、行政复议的申请

行政复议的申请是行政复议的启动程序，它是指行政相对人认为行政主体作出的具体行政行为侵犯了其合法权益，向行政复议机关申请对该具体行政行为进行审查以维护其合法权益的意思表示。《行政复议法》和《行政复议法实施条例》对行政复议申请条件、期限和方式都作了明确的规定。

（一）行政复议申请的条件

行政复议申请人申请行政复议必须符合以下条件：（1）必须是认为行政主体作出的具体行政行为侵犯了其合法权益的公民、法人或其他组织；（2）必须有明确的被申请人；（3）必须有具体的事实依据和复议要求；（4）必须是属于行政复议

---

〔1〕 皮纯协：《行政复议法论》，中国法制出版社1999年版，第201页。

法律规范规定的可以申请行政复议的范围；（5）必须属于受理复议机关的管辖范围；（6）必须符合法定的申请期限；（7）符合法律、法规的其他规定。如果相对人已向人民法院提起行政诉讼，人民法院已经依法受理的，则不得申请行政复议。

（二）行政复议申请的期限

行政复议申请的期限是指行政复议法律规范规定的申请人向行政复议机关申请行政复议的法定有效期限。《行政复议法》第 9 条第 1 款规定："公民、法人或者其他组织认为具体行政行为侵犯其合法权益的，可以自知道该具体行政行为之日起六十日内提出行政复议申请；但是法律规定的申请期限超过六十日的除外。"

可见，行政复议的一般期限是 60 天，关于这一期限的计算，《行政复议法实施条例》第 15 条做了细致明确的规定。该 15 条规定的期限有：（1）当场作出具体行政行为的，自具体行政行为作出之日起计算；（2）载明具体行政行为的法律文书直接送达的，自受送达人签收之日起计算；（3）载明具体行政行为的法律文书邮寄送达的，自受送达人在邮件签收单上签收之日起计算；没有邮件签收单的，自受送达人在送达回执上签名之日起计算；（4）具体行政行为依法通过公告形式告知受送达人的，自公告规定的期限届满之日起计算；（5）行政机关作出具体行政行为时未告知公民、法人或者其他组织，事后补充告知的，自该公民、法人或者其他组织收到行政机关补充告知的通知之日起计算；（6）被申请人能够证明公民、法人或者其他组织知道具体行政行为的，自证据材料证明其知道具体行政行为之日起计算。

需要注意，如果是对行政主体不予行政许可的争议、行政主体没有依法履行法定职责的争议或者行政主体没有依法履行行政给付的争议，行政相对人提出申请的期限，《行政复议法实施条例》第 16 条规定，如果有履行期限规定的，自履行期限届满之日起计算；如果没有履行期限规定的，自行政机关收到申请满 60 日起计算；公民、法人或者其他组织在紧急情况下请求行政机关履行保护人身权、财产权的法定职责，行政机关不履行的，行政复议申请期限不受上述规定的限制。

此外，《行政复议法》第 9 条第 2 款规定："因不可抗力或者其他正当理由耽误法定申请期限的，申请期限自障碍消除之日起继续计算"。

（三）行政复议申请的方式

行政复议申请的方式是指行政相对人表达其复议意愿的具体表现形式。

1. 申请方式可以是书面的、口头的或其他形式。根据《行政复议法》第 11 条的规定，申请人申请行政复议，可以书面申请，也可以口头申请；口头申请的，行政复议机关应当当场记录申请人的基本情况、行政复议请求、申请行政复议的主要事实、理由和时间。根据《行政复议法实施条例》第 18、19、20 条的规定，申请人书面申请行政复议的，可以采取当面递交、邮寄或者传真等方式提出行政复议申请。有条件的行政复议机构可以接受以电子邮件形式提出的行政复议申请。

2. 申请书应载明的事项。申请人书面申请行政复议的，应当在行政复议申请书中载明下列事项：（1）申请人的基本情况，包括：公民的姓名、性别、年龄、身份证号码、工作单位、住所、邮政编码；法人或者其他组织的名称、住所、邮政编码和法定代表人或者主要负责人的姓名、职务；（2）被申请人的名称；（3）行政复议请求、申请行政复议的主要事实和理由；（4）申请人的签名或者盖章；（5）申请行政复议的日期。

3. 申请时应提供的证明。根据《行政复议法实施条例》第 21 条的规定，有下列情形之一的，申请人应当提供证明材料：认为被申请人不履行法定职责的，提供曾经要求被申请人履行法定职责而被申请人未履行的证明材料；申请行政复议时一并提出行政赔偿请求的，提供受具体行政行为侵害而造成损害的证明材料；法律、法规规定需要申请人提供证据材料的其他情形。

二、行政复议的受理

行政复议受理是指复议机关对符合条件的复议申请决定立案的程序。根据《行政复议法实施条例》第 28 条的规定，行政复议申请符合下列规定的，应当予以受理：（1）有明确的申请人和符合规定的被申请人；（2）申请人与具体行政行为有利害关系；（3）有具体的行政复议请求和理由；（4）在法定申请期限内提出；（5）属于行政复议法规定的行政复议范围；（6）属于收到行政复议申请的行政复议机构的职责范围；（7）其他行政复议机关尚未受理同一行政复议申请，人民法院尚未受理同一主体就同一事实提起的行政诉讼。

根据《行政复议法》第 17 条的规定，行政复议机关收到行政复议申请后，应当在 5 日内进行审查，对不符合本法规定的行政复议申请，决定不予受理，并书面告知申请人；对符合规定但不属于本机关受理的行政复议申请，应当告知申请人向有关行政复议机关提出。除此规定外，行政复议申请自行政复议机关负责法制工作的机构收到之日起即为受理。此外，根据《行政复议法》第 20 条和《行政复议法实施条例》第 31 条的规定，公民、法人或者其他组织依法提出行政复议申请，行政复议机关无正当理由不予受理的，上级行政机关应当责令其受理；经督促仍不受理的，应当责令其限期受理，必要时也可以直接受理；认为行政复议申请不符合法定受理条件的，应当告知申请人；对于行政复议申请材料不齐或者表述不清楚以及申请人向两个或两个以上有复议管辖权的机关申请行政复议的情况，《行政复议法实施条例》第29、30条做了详细的规定。对行政复议申请材料不齐全或者表述不清楚的，行政复议机构可以自收到该行政复议申请之日起5日内书面通知申请人补正。补正通知应当载明需要补正的事项和合理的补正期限。无正当理由逾期不补正的，视为申请人放弃行政复议申请。补正申请材料所用时间不计入行政复议审理期限。申请人就同一事项向两个或者两个以上有权受理的行政机关申请行政复议的，由最先收到行政复议申请的行政机关受理；同时收到行政复议申请的，由收到行政复议申请的行政机关在10日内协商确定；协商不成的，由其共同上一级行政机关在10日内指定受理机关。协商确定或者指定受理机关所用时间不计入行政复议审理期限。

三、行政复议的审理

行政复议的审理是指行政复议机关受理行政相对人提出的行政复议申请后，对争议的具体行政行为进行全面审查的活动。《行政复议法》和《行政复议法实施条例》就审前准备、审理方式、申请的撤回、复议期间具体行政行为是否停止执行、行政复议的中止和终止等做了明确具体的规定。

（一）审前准备

行政复议审理之前的准备工作主要是送达行政复议文书和收集有关证据。根据《行政复议法》第23条的规定，行政复议机关负责法制工作的机构应当自行政复议申请受理之日起7日内，将行政复议申请书副本或者行政复议申请笔录复印件发送被申请人。被申请人应当自收到申请书副本或者申请笔录复印件之日起10日内，提出书面答复，并提交当初作出具体行政行为的证据、依据和其他有关材料。申请人、第三人可以查阅被申请人提出的书面答复、作出具体行政行为的证据、依据和其他有关材料，除涉及国家秘密、商业秘密或者个人隐私外，行政复议机关不得拒绝。行政复议受理后，应组织2名以上的行政复议人员参加行政复议活动。在必要时，组织2名以上的行政复议人员实施调查核准证据。对行政复议材料进行审阅，发现行政复议申请人或被申请人不符合条件的需要及时更换，需要增加第三人的应及时通知其参加复议活动。此外，还要确定行政复议的审理方式、时间、地点和其他有关事项。

（二）行政复议的审理方式

行政复议的审理方式是指复议机构审理行政争议案件所适用的具体审理形式。《行政复议法》第22规定："行政复议原则上采取书面审查的办法，但是申请人提出要求或者行政复议机关负责法制工作的机构认为有必要时，可以向有关组织和人员调查情况，听取申请人、被申请人和第三人的意见。"而所谓的书面审理是指复议机关通过书面案卷而直接审理复议案件的审理方式。这种方式无需复议双方当事人到庭陈述辩论，而由复议机关直接对复议申请人的申请书和被申请人提出的答辩书以及案件材料、证据进行审查，并视具体情况依法直接作出复议决定。

（三）行政复议申请的撤回

行政复议申请的撤回是指行政复议申请人在复议机构受理后、行政复议决定作出前，经行政复议机关同意而撤回其行政复议申请，终止行政复议审理的制度。根据《行政复议法》和《行政复议法实施条例》的规定：申请人在行政复议决定作出前自愿撤回行政复议申请的，经行政复议机构同意，可以撤回。可见，复议申请的撤回不是申请人随意的行为，需要具备的条件是：申请人撤回申请必须出于自愿；撤回复议申请必须在复议决定作出以前；申请撤回复议申请必须说明理由并经行政复议机构同意。行政复议申请撤回的法律后果是：撤回行政复议申请的，行政复议终止。申请人撤回行政复议申请的，不得再以同一事实和理由提出行政复议申请。但是，申请人能够证明撤回行政复议申请违背其真实意思表示的除外。

（四）行政复议期间具体行政行为是否停止执行的问题

一般而言，为了保障行政主体作出的具体行政行为的有效性，在行政复议期间具体行政行为不停止执行。但是在行政复议期间有特殊的情形，可以停止执行。《行政复议法》第21条规定，行政复议期间有下列情形之一的，可以停止执行：（1）被申请人认为需要停止执行的；（2）行政复议机关认为需要停止执行的；（3）申请人申请停止执行，行政复议机关认为其要求合理，决定停止执行的；（4）法律规定停止执行的。

（五）行政复议的中止和终止

行政复议的中止是指在审理行政复议案件期间由于出现了特殊原因，影响案件的审理，从而暂时停止行政复议案件审理的情形。根据《行政复议法实施条例》第41条的规定，行政复议期间有下列情形之一，影响行政复议案件审理的，行政复议中止：（1）作为申请人的自然人死亡，其近亲属尚未确定是否参加行政复议的；（2）作为申请人的自然人丧失参加行政复议的能力，尚未确定法定代理人参加行政复议的；（3）作为申请人的法人或者其他组织终止，尚未确定权利义务承受人的；（4）作为申请人的自然人下落不明或者被宣告失踪的；（5）申请人、被申请人因不可抗力，不能参加行政复议的；（6）案件涉及法律适用问题，需要有权机关作出解释或者确认的；（7）案件审理需要以其他案件的审理结果为依据，而其他案件尚未审结的；（8）其他需要中止行政复议的情形。行政复议中止的原因消除后，应当及时恢复行政复议案件的审理。行政复议机构中止、恢复行政复议案件的审理，应当告知有关当事人。

行政复议终止是指在审理行政复议案件期间由于出现了特殊原因，导致失去了审理行政复议案件的必要性，从而终止行政复议案件审理的情形。根据《行政复议法实施条例》第42条的规定，行政复议期间有下列情形之一的，行政复议终止：(1)申请人要求撤回行政复议申请，行政复议机构准予撤回的；(2)作为申请人的自然人死亡，没有近亲属或者其近亲属放弃行政复议权利的；(3)作为申请人的法人或者其他组织终止，其权利义务的承受人放弃行政复议权利的；(4)申请人与被申请人依照该条例第40条的规定，经行政复议机构准许达成和解的；(5)申请人对行政拘留或者限制人身自由的行政强制措施不服申请行政复议后，因申请人同一违法行为涉嫌犯罪，该行政拘留或者限制人身自由的行政强制措施变更为刑事拘留的；(6)上述中止情形中按照该条例第41条第1、2、3项规定中止行政复议，满60日行政复议中止的原因仍未消除的，行政复议终止。

四、行政复议的决定

行政复议的决定是指行政复议机关审理行政复议案件后作出的具有法律效力的裁决。根据《行政复议法》与《行政复议法实施条例》的规定，行政复议决定可以分为维持决定，限期履行决定，撤销、变更或确认决定，驳回决定和责令赔偿决定。

(一) 维持决定

维持决定是指复议机关所作的维持被复议的具体行政行为、使被复议的具体行政行为继续发生效力的决定。维持决定应当同时符合以下条件：具体行政行为适用法律、法规、规章和具有普遍约束力的决定、命令正确；具体行政行为依据的事实清楚、证据确凿；具体行政行为程序合法；具体行政行为内容适当。

(二) 限期履行决定

限期履行决定是复议机关认为被申请人有法律、法规和规章规定的职责，但被申请人拒不履行或拖延履行职责，而对其作出的复议决定。在有法定期限的情况下，应当责令其在法定期限内履行职责；如果没有法定期限的，也应当责令其在一个合理的期限里履行职责。

(三) 撤销、变更或确认决定

具体行政行为具有以下情况之一的，复议机关可以作出撤销、变更或确认该具体行政行为违法的决定：(1)具体行政行为主要事实不清、证据不足的；(2)具体行政行为适用法律、法规、规章和具有普遍约束力的决定、命令错误的；

（3）具体行政行为违反法定程序的；（4）具体行政行为超越或者滥用职权的；（5）具体行政行为明显不当的。由于以上原因撤销或确认具体行政行为违法的，复议机关可以责令被申请人在一定期限内重新作出具体行政行为。复议机关责令被申请人在一定期限内重新作出具体行政行为的，被申请人不得以同一事实和理由作出与原具体行政行为相同或基本相同的具体行政行为。

此外，根据《行政复议法》第28条第4项的规定，被申请人自收到申请书副本或申请笔录复印件之日起10日内不提出书面答复、提交当初作出具体行政行为的证据、依据或其他有关材料的，视为该具体行政行为没有证据、依据，复议机关可以决定撤销该具体行政行为。

（四）驳回决定

根据《行政复议法实施条例》第48条的规定，有下列情形之一的，行政复议机关应当决定驳回行政复议申请：（1）申请人认为行政机关不履行法定职责申请行政复议，行政复议机关受理后发现该行政机关没有相应法定职责或者在受理前已经履行法定职责的；（2）受理行政复议申请后，发现该行政复议申请不符合《行政复议法》和《行政复议实施条例》规定的受理条件的。上级行政机关认为行政复议机关驳回行政复议申请的理由不成立的，应当责令其恢复审理。

（五）责令赔偿决定

具体行政行为经复议审查被确认为违法并且造成了申请人合法权益实际损害的，复议机关应作出责令被申请人赔偿损失的复议决定。根据《行政复议法》和《国家赔偿法》的规定，公民、法人或者其他组织申请行政赔偿的，可以在提起行政复议或行政诉讼时一并提出赔偿申请（也可以单独就赔偿问题提出申请）。如果申请人在申请复议时一并提出行政赔偿的申请，复议机关对具体行政行为审查后确认具体行政行为违法并已造成了申请人的实际损害的，就应作出责令申请人赔偿损失的复议决定。申请人在申请行政复议时没有提出行政赔偿请求的，行政复议机关在依法决定撤销或者变更罚款，撤销违法集资、没收财物、征收财物、摊派费用以及对财产的查封、扣押、冻结等具体行政行为时，应当同时责令被申请人返还财产，解除对财产的查封、扣押、冻结措施，或者赔偿相应的价款。

行政复议机关应当自受理申请之日起60日内作出行政复议决定；但是法律规定的行政复议期限少于60日的除外。情况复杂，不能在规定期限内作出行政复议决定的，经行政复议机关的负责人批准，可以适当延长，并告知申请人和被申请人；但是延长期限最多不超过30日。行政复议机关作出行政复议决定，应当制作行政复议决定书，并加盖印章。行政复议决定书一经送达，即发生法律效力。

五、行政复议的调解

行政复议的调解是指在行政复议过程中，行政复议机关按照自愿、合法原则对行政争议事项进行的调解。根据《行政复议法实施条例》第50条的规定，有下列情形之一的，行政复议机关可以按照自愿、合法的原则进行调解：（1）公民、法人或者其他组织对行政机关行使法律、法规规定的自由裁量权作出的具体行政行为不服申请行政复议的；（2）当事人之间的行政赔偿或者行政补偿纠纷。当事人经调解达成协议的，行政复议机关应当制作行政复议调解书。调解书应当载明行政复议请求、事实、理由和调解结果，并加盖行政复议机关印章。行政复议调解书经双方当事人签字，即具有法律效力。调解未达成协议或者调解书生效前一方反悔的，行政复议机关应当及时作出行政复议决定。

六、行政复议的执行

行政复议的执行是指行政复议当事人在行政复议机关作出行政复议决定或双方达成行政复议的调解协议后，对决定或协议的具体内容予以执行的行为。《行政复议法》第32条规定："被申请人应当履行行政复议决定。被申请人不履行或者无正当理由拖延履行行政复议决定的，行政复议机关或者有关上级行政机关应当责令其限期履行。"

可见，就行政复议决定实现的途径来讲，可分为两种：一是被申请人自觉履行行政复议决定；二是对行政复议决定的强制执行，即国家行政机关、人民法院为了保障行政权的合法有效行使和行政管理活动的正常进行，对不履行行政复议决定的当事人所采取的一种强制手段，其目的是迫使当事人履行义务或达到与履行义务相同的状态。根据《行政复议法》第33条的规定，申请人逾期不起诉又不履行行政复议决定的，或者不履行最终裁决的行政复议决定的，按照下列规定分别处理：（1）维持具体行政行为的行政复议决定，由作出具体行政行为的行政机关依法强制执行，或者申请人民法院强制执行；（2）变更具体行政行为的行政复议决定，由行政复议机关依法强制执行，或者申请人民法院强制执行。

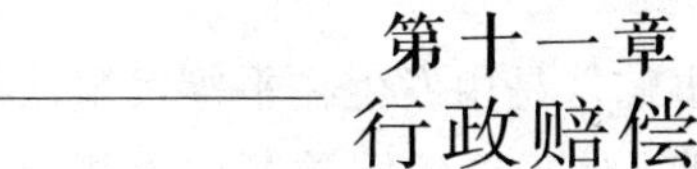

第十一章 行政赔偿

第一节　行政赔偿概述

一、行政赔偿的概念

行政赔偿是国家行政机关和行政机关工作人员在行使职权对公民、法人或其他组织的合法权益造成损害时，由国家承担向受害人赔偿责任的法律制度。

（一）行政赔偿的特征

行政赔偿与其他赔偿制度相比，具有以下特点：

1. 行政赔偿因行政主体的行政行为而引起。只有行政主体才享有行政职权，才能实施行政行为，才能产生行政侵权，从而引起行政赔偿。没有行政主体，就不存在行政侵权，也就不能构成行政赔偿。如立法机关的立法行为、司法机关的司法行为、行政机关的民事行为及行政人员的个人行为等，均不引起行政赔偿。

2. 行政赔偿是行政主体行使职权侵犯公民、法人或其他组织的合法权益。与旧法的第 2 条相比而言，新法删除了“违法”二字，可以看出新法在归责原则的选择中，放弃了旧有的违法归责原则模式，一定程度上弱化了是非评价功能，强化了纠纷化解功能。

3. 行政赔偿是由国家承担的赔偿。因为行政主体及其工作人员是以国家的名义行使行政职权，如果违法行使行政职权侵犯了公民、法人或其他组织的权益，理应由国家承担赔偿责任。虽然我国《国家赔偿法》规定由行政主体作为行政赔偿的义务机关，但赔偿费用是由国家承担，国家才是行政赔偿的主体。

（二）行政赔偿与相关概念的区别

1. 行政赔偿与国家赔偿。根据《国家赔偿法》的规定，我国的国家赔偿包括行政赔偿和刑事赔偿两部分，行政赔偿是国家赔偿的一种形式，国家赔偿与行政赔偿是种属关系。

2. 行政赔偿与行政补偿。行政补偿是指国家对行政机关及其工作人员的合法行政造成相对人合法权益的损害而给予的补偿。首先，二者的引发原因不同。行政赔偿是行使行政职权行为引起的，尤其是违法行为引起的，而行政补偿是合法行为引起的。其次，二者的性质不同。行政赔偿是因行政行为引起的法律责任，而行政补偿并不具有对行政行为的责难。此外，行政赔偿与行政补偿在适用范围、标准、方式等方面也有不同。

3. 行政赔偿与民事赔偿。民事赔偿是由发生在平等民事法律主体之间的侵权行为引起的民事责任。二者的责任主体、责任性质等均不相同，且适用的赔偿原则、标准和程序也有所不同。

4. 行政赔偿与刑事赔偿。行政赔偿与刑事赔偿同属于国家赔偿的一部分，但行政赔偿是行使行政职权引起的赔偿责任，而刑事赔偿是行使审判、检察、侦查、监狱管理职权引起的赔偿责任。二者在赔偿义务机关、赔偿范围、赔偿程序等方面都有所区别。

二、新中国行政赔偿制度的历史沿革

1949 年新中国成立后，开始了社会主义的国家赔偿法律制度的建设。1954 年 1 月的《海港管理暂行条例》第 20 条规定："港务局如无任何法令根据，擅自下令禁止船舶离港，船舶得向港务局要求赔偿由于禁止离港所受之直接损失，并得保留对港务局之起诉权。"同年，1954 年《宪法》第 97 条规定："由于国家机关工作人员侵犯公民权利而受到损失的人，有取得赔偿的权利。"

然而，1957 年后特别是"文革"期间，包括行政赔偿在内的国家赔偿制度被否定。1975 年《宪法》和 1978 年《宪法》均没有规定公民、法人和其他组织有请求国家赔偿的权利方面的内容。

1982 年宪法重申了包括行政赔偿在内的国家赔偿原则，第 41 条规定："由于国家机关和国家工作人员侵犯公民权利而受到损失的人，有依照法律规定取得赔偿的权利"。1986 年《民法通则》第 121 条规定："国家机关或者国家工作人员在执行职务中侵犯公民、法人的合法权益造成损害的，应当承担民事责任。"1989 年 4 月通过的《行政诉讼法》用专章即第九章规定了行政机关的侵权赔偿责任。

随着民主法治的进一步发展，1994 年 5 月 12 日第八届全国人民代表大会常务委员会第七次会议通过《国家赔偿法》，对行政赔偿问题作了专门的规定。2010 年 4 月 29 日第十一届全国人民代表大会常务委员会第十四次会议通过了《关于修改〈中华人民共和国国家赔偿法〉的决定》，对《国家赔偿法》进行了第一次修改，自 2010 年 12 月 1 日起施行。2012 年 10 月 26 日第十一届全国人民代表大会常务委员会第二十九次会议第二次修正，自 2013 年 1 月 1 日起施行。

三、行政赔偿责任的归责原则与构成要件

（一）行政赔偿责任的归责原则

行政赔偿责任的归责原则是指国家承担行政赔偿责任的依据和标准。

关于侵权赔偿责任的归责原则有以下几种：

1. 过错原则。即行政主体及其工作人员在行使行政职权时故意或过失侵犯了公民、法人或其他组织合法权益造成损害时，国家承担行政赔偿责任。如果无过错，国家不予赔偿。

2. 无过错原则。即不以行政主体及其工作人员在行使职权时是否存在过错为构成要件，只要侵犯了公民、法人或其他组织的合法权益造成损害的，国家就得承担行政赔偿责任。

3. 违法原则。即只要国家行政主体及其公务人员违法行使职权并造成损害，无论有无过错国家都必须负责赔偿。

此外，理论界还提出了“违法与明显不当原则”、“公平原则”、“违法与过错原则”等。

根据《国家赔偿法》第2条的规定：“国家机关和国家机关工作人员行使职权，有本法规定的侵犯公民、法人和其他组织合法权益的情形，造成损害的，受害人有依照本法取得国家赔偿的权利。”因此，我国行政赔偿制度在立法上确立了多元归责体系，其中以违法责任原则为主，结果责任原则、过错责任原则等为辅。

这里的“违法原则”，应从以下几方面理解：（1）违法是指行为违法，而不是行为的结果违法，即具体行政行为违法。如果具体行政行为合法，给公民、法人或者其他组织的合法权益造成损害，不存在国家赔偿问题，只存在依法“补偿”的问题。（2）非职权性的行为由其他法律调整，所产生的损害后果不产生国家赔偿责任。如有关国有公共设施的管理、使用以及设置中的损害由民法调整，包括个人行为。（3）“违法”的行为不仅限于法律行为，也包括与行使职权有关的事实行为。行为违法既包括积极的作为，也包括消极的不作为。（4）“违法”不仅限于履行公务过程中的行为，还应包括在履行公务过程之外的违法行使职权或与行使职权有关的违法行为。

（二）行政赔偿责任的构成要件

行政赔偿责任构成要件是指国家承担行政赔偿责任应当具备的条件，所要解决的是国家在什么条件下承担行政赔偿的问题。行政赔偿责任的构成要件包括以下四个方面：

1. 主体必须是作出侵权行为的行政主体及其工作人员。包括经法律、法规授权的组织或行政机关委托的组织行使职权造成的损害，国家也必须承担赔偿责任。行政赔偿责任是行政主体行使行政职权所引发的，只有行政主体及其工作人员才依法享有行政权，非行政主体，即使其实施侵权行为，也只能承担民事责任或刑事责任等其他法律责任。

2. 必须是行使职权时造成的。所谓行使职权，是指行政主体或其工作人员行使职务上的权力所进行的活动。如果行政主体及其工作人员从事与职权无关的民事活动，或因个人行为造成的损害，国家不承担赔偿责任；因国有企业、事业单位对外的生产经营行为造成损害的，国家不负责赔偿；因道路、桥梁等公有设施致害的，国家也不负行政赔偿责任。

3. 损害必须实际发生。损害事实是构成行政赔偿责任的首要条件和前提条件，没有损害事实的发生，赔偿问题也就无从谈起。行政侵权中的损害与民法上的损害基本相同，是指行政侵害行为对公民、法人或其他组织合法权益造成的不利后果。这种不利后果，表现为受害人的死亡、身体伤害、财产损失、精神损害等。

4. 损害事实与侵权行为之间有因果关系。因果关系是指行政主体及其工作人员与特定损害之间的关系，是连接责任主体与损害事实的纽带。也就是说，如果相对人所受损害与违法行为没有因果关系，那么行政主体及工作人员就没有义务对损害负责，国家也不承担行政赔偿责任。

四、行政赔偿的范围

行政赔偿的范围是指国家承担行政赔偿责任的范围。从我国《国家赔偿法》的规定来看，行政赔偿范围包括国家应予赔偿的范围和国家不予赔偿的范围。

（一）国家应予赔偿的范围

国家应予赔偿的范围所要界定的是国家应当在哪些情形下予以行政赔偿的问题。根据《国家赔偿法》第3、4条的规定，行政机关及其工作人员在行使行政职权时侵犯人身权，受害人有取得赔偿的权利。国家应予赔偿的范围包括侵犯公民人身权和侵犯公民、法人和其他组织合法财产权两大类。

1. 侵犯人身权的行政赔偿。人身权包括人身自由权、人格权和身份权。人格权指生命健康权、姓名权、肖像权、名誉权等；身份权指荣誉权和婚姻自主权等。但《国家赔偿法》只列举了人身自由权和生命健康权受侵犯的情形，这就意味着其他侵犯公民人身权的行为排除在行政赔偿范围之外，侵犯公民名誉、荣誉等人身权只能通过赔礼道歉、恢复名誉、消除影响等方式来承担侵权责任。

行政机关及其工作人员在行使行政职权时侵犯公民人身自由权和生命健康权的情形是指：（1）违法拘留或者违法采取限制公民人身自由的行政强制措施的；（2）非法拘禁或者以其他方法非法剥夺公民人身自由的；（3）以殴打、虐待等行为或者唆使、放纵他人以殴打、虐待等行为造成公民身体伤害或者死亡的；（4）违法使用武器、警械造成公民身体伤害或者死亡的；（5）造成公民身体伤害或者死亡的其他违法行为。

2. 侵犯财产权的行政赔偿。财产权包括公民个人财产所有权、继承权、债权、土地使用权和承包经营权、采矿权、宅基地使用权、担保权、租赁权、专利权和著作权等。对法人而言，财产权包括不动产和动产所有权、土地使用权、采矿权、专利权、商标权、租赁权等。但《国家赔偿法》对侵犯财产权进行行政赔偿的只规定了四项：（1）违法实施罚款、吊销许可证和执照、责令停产停业、没收财物等行政处罚的；（2）违法对财产采取查封、扣押、冻结等行政强制措施的；（3）违法征收、征用财产的；（4）造成财产损害的其他违法行为。

（二）国家不予赔偿的范围

根据《国家赔偿法》第5条的规定，国家不承担赔偿责任的范围包括：

1. 行政机关工作人员与行使职权无关的个人行为。行政机关工作人员的行为包括职务行为和个人行为。个人行为是指行政机关工作人员实施的与职权无关的涉及个人感情、利益等因素的行为。因为这类行为不是行政行为，其实施的个人侵权行为，国家当然不承担赔偿责任。

2. 因公民、法人和其他组织自己的行为致使损害发生的。这类损害是由公民、法人和其他组织存在过错所导致的，与行政主体的行政行为没有因果关系，国家不承担行政赔偿责任。

3. 法律规定的其他情形。这是一个兜底条款，目前，该法律条款缺乏明确解释。这里所指的“法律”是狭义的法律，专指全国人大及其常委会制定的规范性文件，不包括法规和规章。

第二节　行政赔偿请求人与赔偿义务机关

在行政赔偿法律关系中有两方当事人：一方是行政赔偿请求人，另一方是赔偿义务机关。

一、行政赔偿请求人

行政赔偿请求人是指因行政主体及其工作人员行使职权侵犯了其合法权益并

造成损害，有权请求国家予以行政赔偿的公民、法人和其他组织。根据《国家赔偿法》的有关规定，行政赔偿请求人有以下几种情形：

（一）受害的公民、法人和其他组织

未成年人及不能辨认或不能完全辨认自己行为的精神病人属于无行为能力人或限制行为能力人，当他们的权益遭到行政机关或其工作人员侵害时，他们的监护人（包括祖父母、外祖父母、父母、兄弟、姐妹、成年子女、配偶等）为法定代理人。但赔偿请求人仍为受到侵害的未成年人和精神病人。

（二）公民死亡，其继承人和其他有扶养关系的亲属有权要求赔偿

在通常情况下，行政赔偿请求人仅限于受害人本人，但受害的公民死亡的，请求人资格可发生转移。其继承人和其他有扶养关系的亲属取得行政赔偿请求人资格。需要指出，行政赔偿请求人资格转移制度不同于行政诉讼原告资格转移制度，具有行政诉讼原告资格的公民死亡的，其近亲属可以取得行政诉讼原告资格，近亲属的范围要比继承人和其他有扶养关系的亲属的范围大。

（三）受害的法人或者其他组织终止的，其权利承受人有权要求赔偿

下列情形不发生赔偿请求权转移：（1）法人或其他组织被行政机关吊销许可证或执照，但该法人或组织仍有权以自己的名义提出赔偿请求，不发生请求权转移；（2）法人或其他组织破产，也不发生赔偿请求权转移，破产程序尚未终结时，破产企业仍有权就此前的行政侵权损害取得国家赔偿；（3）法人或其他组织被主管行政机关决定撤销，也不发生赔偿请求权转移。

二、行政赔偿义务机关

行政赔偿义务机关是指代表国家接受行政赔偿请求、支付行政赔偿费用、参与行政赔偿复议和行政赔偿诉讼的机关。根据《国家赔偿法》的规定，行政机关是行政赔偿的义务机关，分为一般情况下的行政赔偿义务机关和特殊情况下的行政赔偿义务机关。

（一）一般情况下的行政赔偿义务机关

《国家赔偿法》第7条第1款规定："行政机关及其工作人员行使行政职权侵犯公民、法人和其他组织的合法权益造成损害的，该行政机关为赔偿义务机关。"该款表明：谁实施了损害行为，谁就承担行政赔偿义务。通常有两种情况：一种是行政机关实施了损害行为，则该行政机关是行政赔偿义务机关；一种是行政机关的工作人员实施了损害行为，则该工作人员所在的行政机关是行政赔偿义务机关。所谓的"工作人员所在的行政机关"是指工作人员实施损害行为时，其职权所属的行政机关。

（二）特殊情况下的行政赔偿义务机关

1. 共同侵权时的赔偿义务机关。《国家赔偿法》第7条第2款规定："两个以上行政机关共同行使行政职权时侵犯公民、法人和其他组织的合法权益造成损害的，共同行使行政职权的行政机关为共同赔偿义务机关。"从此款规定来看，共同侵权行政机关之间承担连带责任，受害人有权向其中一个行政机关请求行政赔偿。先予以行政赔偿的行政机关，有权向其他行政机关追偿其应当赔偿的部分。

2. 被授权组织在行使所授予行政权力时的赔偿义务机关。《国家赔偿法》第7条第3款规定："法律、法规授权的组织在行使授予的行政权力时侵犯公民、法人和其他组织的合法权益造成损害的，被授权的组织为赔偿义务机关。"

3. 受行政机关委托的组织或者个人在行使受委托的行政权力时的赔偿义务机关。《国家赔偿法》第7条第4款规定："受行政机关委托的组织或者个人在行使受委托的行政权力时侵犯公民、法人和其他组织的合法权益造成损害的，委托的行政机关为赔偿义务机关。"因为受行政机关委托的组织或者个人与委托行政机关之间的关系是代理与被代理的关系，自然由委托行政机关承担行政赔偿责任。

4. 赔偿机关被撤销时的赔偿义务机关。《国家赔偿法》第7条第5款规定："赔偿义务机关被撤销的，继续行使其职权的行政机关为赔偿义务机关；没有继续行使其职权的行政机关的，撤销该赔偿义务机关的行政机关为赔偿义务机关。"该款规定了两种情形：一种是被撤销了但有继续行使其职权的行政机关的，由继续行使其职权的行政机关承担行政赔偿义务；一种是被撤销了但没有继续行使其职权的行政机关的，由撤销该赔偿义务机关的行政机关承担行政赔偿义务。

5. 经复议机关复议而造成侵权的赔偿义务机关。《国家赔偿法》第8条规定："经复议机关复议的，最初造成侵权行为的行政机关为赔偿义务机关，但复议机关的复议决定加重损害的，复议机关对加重的部分履行赔偿义务。"该条规定两种情形：一种是经复议机关复议，但复议机关的复议决定不加重损害的，由最初造成侵权行为的行政机关承担行政赔偿义务；一种是经复议机关复议，复议机关的复议决定加重损害的，由最初造成侵权行为的行政机关和复议机关承担行政赔偿义务，其中复议机关只是对加重的部分承担赔偿义务。

第三节 行政赔偿程序

行政赔偿程序是指行政赔偿请求人提起行政赔偿请求，有关国家机关处理行政赔偿事务所要遵守的步骤、方式、方法和期限的总和。从广义上讲，行政赔偿程序包括行政赔偿请求程序、国家机关处理行政赔偿事务的程序和行政赔偿的内部追偿程序。

一、行政赔偿请求程序

行政赔偿请求是行政赔偿程序的前提，没有行政赔偿请求就不会有行政赔偿程序的启动。根据《行政诉讼法》、《行政复议法》和《国家赔偿法》的规定，行政赔偿请求人提出行政赔偿请求的方式有两种：一种是单独式，一种是附带式。单独式是指单独就行政赔偿向行政赔偿义务机关提起行政赔偿请求；附带式是指在申请行政复议或行政诉讼时一并提起行政赔偿的请求。

行政赔偿请求人提起行政赔偿请求必须具备一定的条件。概括地讲，主要有以下几方面：

第一，请求人必须享有行政赔偿请求权。行政赔偿请求权是指因合法权益受到行政主体及其工作人员违法实施的行政职权行为侵犯并造成损害的公民、法人和其他组织依法享有的请求赔偿义务机关对其所遭受的损害予以赔偿的权利。没有行政赔偿请求权当然不能提起行政赔偿请求。

第二，赔偿请求必须是《国家赔偿法》规定的可以请求行政赔偿的范围。这就意味着法律没有规定的范围，请求人不能享有行政赔偿请求权，自然也就不能向行政赔偿义务机关提起行政赔偿请求。

第三，赔偿请求必须是在法定的期限范围内提出。法律对公民、法人和其他组织的合法权益的救济和保护不是永久的，而是有相应期限的。行政赔偿也概莫能外。所以，赔偿请求必须在法定期限内提出，超过了法定期限的赔偿请求就得不到法律的保护。我国《国家赔偿法》第39条规定，赔偿请求人请求国家赔偿的时效为2年，自其知道或者应当知道国家机关及其工作人员行使职权时的行为侵犯其人身权、财产权之日起计算，但被羁押等限制人身自由期间不计算在内。在申请行政复议或者提起行政诉讼时一并提出赔偿请求的，适用《行政复议法》、《行政诉讼法》有关时效的规定。赔偿请求人在赔偿请求时效的最后6个月内，因不可抗力或者其他障碍不能行使请求权的，时效中止。从中止时效的原因消除之日起，赔偿请求时效期间继续计算。

二、行政赔偿的处理程序

行政赔偿处理程序是指有关国家机关对行政相对人的赔偿请求进行处理的程序。国家机关处理行政赔偿事务的程序包括行政先行处理程序、行政赔偿复议程序和行政赔偿诉讼程序。

（一）行政先行处理程序

我国《行政诉讼法》第67条第2款规定：“公民、法人或者其他组织单独就损害赔偿提出请求，应当先由行政机关解决。”《国家赔偿法》也规定了赔偿请求人要求赔偿，应当先向赔偿义务机关提出。行政赔偿义务机关先行处理的程序包括：

1. 赔偿请求的提出。赔偿请求人根据受到的不同损害，可以同时提出数项赔偿要求。要求赔偿应当递交申请书，申请书应当载明下列事项：受害人的姓名、性别、年龄、工作单位和住所，法人或者其他组织的名称、住所和法定代表人或者主要负责人的姓名、职务；具体的要求、事实根据和理由；申请的年、月、日。赔偿请求人书写申请书确有困难的，可以委托他人代书；也可以口头申请，由赔偿义务机关记入笔录。赔偿请求人不是受害人本人的，应当说明与受害人的关系，并提供相应证明。

2. 赔偿请求的受理。赔偿请求人当面递交申请书的，赔偿义务机关应当当场出具加盖本行政机关专用印章并注明收讫日期的书面凭证。申请材料不齐全的，赔偿义务机关应当当场或者在5日内一次性告知赔偿请求人需要补正的全部内容。

3. 作出行政赔偿处理决定。赔偿义务机关应当自收到申请之日起2个月内，作出是否赔偿的决定。赔偿义务机关作出赔偿决定，应当充分听取赔偿请求人的意见，并可以与赔偿请求人就赔偿方式、赔偿项目和赔偿数额依法进行协商。赔偿义务机关决定赔偿的，应当制作赔偿决定书，并自作出决定之日起10日内送达赔偿请求人。赔偿义务机关决定不予赔偿的，应当自作出决定之日起10日内书面通知赔偿请求人，并说明不予赔偿的理由。

赔偿义务机关在规定期限内未作出是否赔偿的决定，赔偿请求人可以自期限届满之日起3个月内，向人民法院提起诉讼。赔偿请求人对赔偿的方式、项目、数额有异议的，或者赔偿义务机关作出不予赔偿决定的，赔偿请求人可以自赔偿义务机关作出赔偿或者不予赔偿决定之日起3个月内，向人民法院提起诉讼。

（二）行政赔偿复议程序

根据《国家赔偿法》第9条的规定，赔偿请求人要求赔偿，应当先向赔偿义务机关提出，也可以在申请行政复议或者提起行政诉讼时一并提出。对此，《行政复议法》规定，申请人在申请行政复议时可以一并提出行政赔偿请求，行政复议机关对符合《国家赔偿法》的有关规定应当给予赔偿的，在决定撤销、变更具体行政行为或者确认具体行政行为违法时，应当同时决定被申请人依法给予赔偿。申请人在申请行政复议时没有提出行政赔偿请求的，行政复议机关在依法决定撤销或者变更罚款，撤销违法集资、没收财物、征收财物、摊派费用以及对财产的查封、扣押、冻结等具体行政行为时，应当同时责令被申请人返还财产，解除对财产的查封、扣押、冻结措施，或者赔偿相应的价款。

行政赔偿复议的程序和行政复议程序相同。

（三）行政赔偿诉讼程序

行政赔偿诉讼是指相对人认为行政主体及其工作人员违法行使职权侵犯其合法权益，而以行政赔偿义务机关为被告，向人民法院提出行政赔偿诉讼请求，人民法院依照行政诉讼程序，依法审理并作出裁判的活动。

行政赔偿案件经过行政赔偿义务机关先行处理后，赔偿请求人可以单独提起行政赔偿诉讼。公民、法人或其他组织在提起行政诉讼的同时，也可以一并提出行政赔偿请求。

赔偿请求人单独提起行政赔偿诉讼，应当符合下列条件：（1）原告具有行政赔偿请求人资格；（2）有明确的被告；（3）有具体的赔偿请求和受损害的事实根据；（4）加害行为为具体行政行为的，该行为已被确认为违法；（5）赔偿义务机关已先行处理或超过法定期限不予处理；（6）属于人民法院行政赔偿诉讼的受案范围和受诉人民法院管辖；（7）符合法律规定的起诉期限。

赔偿请求人单独提起行政赔偿诉讼，可以在向赔偿义务机关递交赔偿申请书后的2个月期限届满之日起3个月内提出。但是，赔偿义务机关作出赔偿决定时，未告知赔偿请求人诉权或起诉期限，致使赔偿请求人逾期向人民法院起诉的，其起诉期限从赔偿请求人实际知道诉权或者起诉期限时计算，但逾期的期间自赔偿请求人收到赔偿决定书之日起不得超过1年。人民法院收到原告单独提起的行政赔偿起诉状，应当进行审查，并在7日内立案或者作出不予受理的裁定。在7日内不能确定是否可以受理的应当先予受理。审理中发现不符合受理条件的，裁定驳回起诉。当事人对裁定不服的，可以在裁定书送达之日起10日内向上一级人民法院提起上诉。

公民、法人或其他组织在提起行政诉讼的同时，一并提出行政赔偿请求的，其起诉期限按照行政诉讼起诉期限的规定执行。行政诉讼案件的原告可以在提起行政诉讼后至人民法院一审庭审结束前，提出行政赔偿请求。人民法院对当事人在提起行政诉讼的同时一并提出的行政赔偿请求，应当分别立案，根据情况可以合并审理，也可以单独审理。

人民法院审理行政赔偿案件，也适用公开审理（涉及国家秘密、个人隐私和法律另有规定的除外）、合议制度、回避原则、两审终审制度等。人民法院审理行政赔偿案件在坚持合法、自愿的前提下，可以就赔偿范围、方式和数额进行调解。调解成立的，应当制作行政赔偿调解书。调解书与判决书具有同等的法律效力。在一审判决前，原告申请撤诉的，人民法院应当依法予以审查并裁定是否准许。

人民法院审理行政赔偿案件，赔偿请求人和赔偿义务机关对自己提出的主张，应当提供证据。赔偿义务机关采取行政拘留或者限制人身自由的强制措施期间，被限制人身自由的人死亡或者丧失行为能力的，赔偿义务机关的行为与被限制人身自由的人的死亡或者丧失行为能力是否存在因果关系，赔偿义务机关应当提供证据。原告在行政赔偿诉讼中对自己的主张承担举证责任，被告有权提供不予赔偿或减少赔偿数额方面的证据。被告的具体行政行为违法，但尚未对原告的合法权益造成损害的，或者原告的请求没有事实根据或法律根据的，人民法院应当判决驳回原告的赔偿请求。

三、行政追偿程序

行政追偿是指行政赔偿义务机关在向相对人支付了赔偿费用后，对因故意或重大过失而造成国家重大损失的工作人员或者受委托的组织或个人，责令其承担部分或全部赔偿费用的法律制度。《国家赔偿法》第 16 条第 1 款规定，赔偿义务机关赔偿损失后，应当责令有故意或者重大过失的工作人员或者受委托的组织或者个人承担部分或者全部赔偿费用。建立行政追偿制度有利于对在行使行政职权过程中存在故意或重大过失的工作人员进行惩戒，从而杜绝其违法侵权行为，以切实维护公民、法人和其他组织的合法权益。

行政追偿必须具备两个条件：

第一，行政赔偿义务机关已对受害人支付了赔偿费用。这是行政追偿的前提，即只有在行政赔偿义务机关支付了受害人的行政赔偿费用，将请求人的行政赔偿请求权消灭后，才能对存在故意或重大过失的工作人员进行追偿。在行政赔偿义务机关履行赔偿义务之前，追偿权是一种抽象的权利，国家不能行使。

第二，直接实施行政职权行为的工作人员主观上有故意或重大过失。工作人员实施行政职权行为时不可避免存在风险。只有在工作人员主观上故意或重大过失时国家才享有追偿权，是因为其违反了谨慎实施职权行为和一般的注意义务。

此外，《国家赔偿法》第 16 条第 2 款规定，对有故意或者重大过失的责任人员，有关机关应当依法给予处分；构成犯罪的，应当依法追究刑事责任。

第四节　行政赔偿的方式、标准与费用

一、行政赔偿的方式

根据《国家赔偿法》的规定，行政赔偿方式分为财产赔偿方式和非财产赔偿方式两类。

（一）财产赔偿方式

财产赔偿方式是指为弥补受害人遭受的财产方面的损失所设置的赔偿方法，分为金钱赔偿、返还财产和恢复原状三种形式。

1. 金钱赔偿。金钱赔偿是指行政赔偿义务机关以支付货币的形式向受害人履行赔偿义务，弥补受害人财产损失的方法。根据《国家赔偿法》第32条第1款的规定，国家赔偿以支付赔偿金为主要方式。在人身损害赔偿中，金钱赔偿是唯一的财产赔偿方式。

2. 返还财产。返还财产是指行政赔偿义务机关将违法取得的财产返还给受害人的方法。根据《国家赔偿法》第32条第2款的规定，能够返还财产的，予以返还财产。

3. 恢复原状。恢复原状是指行政赔偿义务机关对受害人的财产进行修复，使之恢复到原有的形状和性能的方法。根据《国家赔偿法》第32条第2款的规定，能够恢复原状的，予以恢复原状。

（二）非财产赔偿方式

根据《国家赔偿法》的规定，非财产赔偿方式包括消除影响、恢复名誉和赔礼道歉三种形式。这是为了弥补受害人非财产损害而设立的，是行政赔偿方式中辅助适用的赔偿方式。

消除影响是指行政赔偿义务机关在特定的范围内消除给受害人带来的不良影响。恢复名誉是指行政赔偿义务机关恢复受害人受损的名誉和荣誉。消除影响和恢复名誉两者在实践中常常合并适用。赔礼道歉是指行政赔偿义务机关通过公开的方式向受害人承认过错，表示悔改的方式。

二、行政赔偿的标准

行政赔偿的计算标准，是《国家赔偿法》所确立的根据损害程度确定赔偿金额的准则。没有行政赔偿的计算标准，行政赔偿执法活动失去了统一的尺度，很难保证行政赔偿工作的公平，行政赔偿制度也就流于形式，行政赔偿制度确立的保护受害人合法权益的价值目标就难以实现。根据《国家赔偿法》的规定，我国确定了人身自由权的赔偿计算标准、侵犯生命健康权的赔偿计算标准和财产损害的赔偿计算标准。

1. 人身自由权的赔偿计算标准。根据《国家赔偿法》的规定，行政主体对公民人身自由权的侵犯有两种情形：一是违法拘留或者违法采取限制公民人身自由的行政强制措施的；二是非法拘禁或者以其他方法非法剥夺公民人身自由的。对人身损害的赔偿方式是金钱赔偿方式，其计算标准是每日赔偿金按照国家上年度职工日平均工资计算。根据相关的司法解释，这里的“上年度”，应为赔偿义务机关、复议机关或者人民法院赔偿委员会作出赔偿决定时的上年度；复议机关或者人民法院赔偿委员会决定维持原赔偿决定的，按作出原赔偿决定时的上年度执行。“国家上年度职工日平均工资”数额，应当以职工年平均工资除以全年法定工作日数的方法计算。年平均工资以国家统计局公布的数字为准。

2. 侵犯生命健康权的赔偿计算标准。行政主体对公民生命健康权的侵犯的情形主要有：以殴打、虐待等行为或者唆使、放纵他人以殴打、虐待等行为造成公民身体伤害或者死亡的；违法使用武器、警械造成公民身体伤害或者死亡的；造成公民身体伤害或者死亡的其他违法行为。行政主体侵犯公民的生命健康权，根据《国家赔偿法》第34条的规定，赔偿金按照下列规定计算：（1）造成身体伤害的，应当支付医疗费、护理费，以及赔偿因误工减少的收入。减少的收入每日的赔偿金按照国家上年度职工日平均工资计算，最高额为国家上年度职工年平均工资的5倍；（2）造成部分或者全部丧失劳动能力的，应当支付医疗费、护理费、残疾生活辅助具费、康复费等因残疾而增加的必要支出和继续治疗所必需的费用，以及残疾赔偿金。残疾赔偿金根据丧失劳动能力的程度，按照国家规定的伤残等级确定，最高不超过国家上年度职工年平均工资的20倍。造成全部丧失劳动能力的，对其扶养的无劳动能力的人，还应当支付生活费；（3）造成死亡的，应当支付死亡赔偿金、丧葬费，总额为国家上年度职工年平均工资的20倍。对死者生前扶养的无劳动能力的人，还应当支付生活费；（4）被扶养的人是未成年人的，生活费给付至18周岁止；其他无劳动能力的人，生活费给付至死亡时止。生活费的发放标准，参照当地最低生活保障标准执行。

3. 财产损害的赔偿计算标准。根据《国家赔偿法》第36条规定，侵犯公民、法人和其他组织的财产权造成损害的，按照下列规定处理：（1）处罚款、罚金、追缴、没收财产或者违法征收、征用财产的，返还财产；（2）查封、扣押、冻结财产的，解除对财产的查封、扣押、冻结，造成财产损坏或者灭失的，根据财产的状况进行或恢复原状或给付相应的赔偿金；（3）应当返还的财产损坏的，能够恢复原状的恢复原状，不能恢复原状的，按照损害程度给付相应的赔偿金；（4）应当返还的财产灭失的，给付相应的赔偿金；（5）财产已经拍卖或者变卖的，给付拍卖或者变卖所得的价款，变卖的价款明显低于财产价值的，应当支付相应的赔偿金；（6）吊销许可证和执照、责令停产停业的，赔偿停产停业期间必要的经常性费用开支；（7）返还执行的罚款或者罚金、追缴或者没收的金钱，解除冻结的存款或者汇款的，应当支付银行同期存款利息；（8）对财产权造成其他损害的，按照直接损失给予赔偿。

4. 其他的赔偿规定。根据《国家赔偿法》第35条的规定，具有《国家赔偿法》规定的侵犯人身权情形之一，致人精神损害的，应当在侵权行为影响的范围内，为受害人消除影响、恢复名誉、赔礼道歉；造成严重后果的，应当支付相应的精神损害抚慰金。

三、行政赔偿的费用

行政赔偿的费用是指国家承担行政赔偿责任，用于支付行政赔偿金和恢复原状所支出的费用。根据《国家赔偿法》第37条的规定，赔偿费用列入各级财政预算。赔偿请求人凭生效的判决书、复议决定书、赔偿决定书或者调解书，向赔偿义务机关申请支付赔偿金。赔偿义务机关应当自收到支付赔偿金申请之日起7日内，依照预算管理权限向有关的财政部门提出支付申请。财政部门应当自收到支付申请之日起15日内支付赔偿金。赔偿费用预算与支付管理的具体办法由国务院规定。

2010年12月29日国务院第138次常务会议通过的《国家赔偿费用管理条例》[1]对如何支付行政赔偿费用作了明确的规定。

国家赔偿费用由各级人民政府按照财政管理体制分级负担。各级人民政府应当根据实际情况，安排一定数额的国家赔偿费用，列入本级年度财政预算。当年需要支付的国家赔偿费用超过本级年度财政预算安排的，应当按照规定及时安排资金。国家赔偿费用由各级人民政府财政部门统一管理。国家赔偿费用的管理应当依法接受监督。

赔偿义务机关应当自受理赔偿请求人支付申请之日起7日内，依照预算管理权限向有关财政部门提出书面支付申请，并提交下列材料：（1）赔偿请求人请求支付国家赔偿费用的申请；（2）生效的判决书、复议决定书、赔偿决定书或者调解书；（3）赔偿请求人的身份证明。财政部门收到赔偿义务机关申请材料后，应当根据下列情况分别作出处理：（1）申请的国家赔偿费用依照预算管理权限不属于本财政部门支付的，应当在3个工作日内退回申请材料并书面通知赔偿义务机关向有管理权限的财政部门申请；（2）申请材料符合要求的，收到申请即为受理，并书面通知赔偿义务机关；（3）申请材料不符合要求的，应当在3个工作日内一次告知赔偿义务机关需要补正的全部材料。赔偿义务机关应当在5个工作日内按照要求提交全部补正材料，财政部门收到补正材料即为受理。

---

〔1〕 该条例于2010年12月29日国务院第138次常务会议通过，自公布之日起施行。1995年1月25日国务院发布的《国家赔偿费用管理办法》同时废止。

财政部门应当自受理申请之日起 15 日内，按照预算和财政国库管理的有关规定支付国家赔偿费用。财政部门发现赔偿项目、计算标准违反国家赔偿法规定的，应当提交作出赔偿决定的机关或者其上级机关依法处理、追究有关人员的责任。财政部门自支付国家赔偿费用之日起 3 个工作日内告知赔偿义务机关、赔偿请求人。

赔偿义务机关、财政部门及其工作人员有下列行为之一，根据《财政违法行为处罚处分条例》的规定处理、处分；构成犯罪的，依法追究刑事责任：（1）以虚报、冒领等手段骗取国家赔偿费用的；（2）违反国家赔偿法规定的范围和计算标准实施国家赔偿造成财政资金损失的；（3）不依法支付国家赔偿费用的；（4）截留、滞留、挪用、侵占国家赔偿费用的；（5）未依照规定责令有关工作人员、受委托的组织或者个人承担国家赔偿费用或者向有关工作人员追偿国家赔偿费用的；（6）未依照规定将应当承担或者被追偿的国家赔偿费用及时上缴财政的。

第五编

行政诉讼篇

第十二章
行政诉讼的基本理论

第一节　行政诉讼法概述

一、行政诉讼的概念与特征

（一）行政诉讼的概念

据有的学者介绍，在我国《行政诉讼法》没出台之前，行政法学界关于行政诉讼的定义至少有 14 种。[1] 因为学者研究的角度不同，导致对行政诉讼有不同的认识。《行政诉讼法》第 2 条规定："公民、法人或者其他组织认为行政机关和行政机关工作人员的具体行政行为侵犯其合法权益，有权依照本法向人民法院提起诉讼。"既然我国已用立法的形式确定了行政诉讼的内涵，我们应当以此来理解行政诉讼。据此，行政诉讼可以界定为：公民、法人或其他组织认为行政机关和行政机关工作人员的具体行政行为侵犯其合法权益，依法向法院提起诉讼，由法院对具体行政行为进行审理并作出裁决的诉讼制度。

（二）行政诉讼特征

行政诉讼与刑事诉讼、民事诉讼一起，构成我国三大基本诉讼制度，它们同为诉讼制度，因而具有一些共性，如都由人民法院主持进行，都是为了处理、解决案件，在具体程序上有一些相同之处等。但是，行政诉讼作为一项独立的诉讼制度，有其自己的特征。

1. 行政诉讼中的原告、被告具有恒定性。行政诉讼是公民、法人或其他组织认为行政机关的具体行政行为违法并侵犯了自己的合法权益而提起的，为此，行政诉讼中能够成为原告、享有起诉权的，只能是作为相对一方当事人的公民、法人或其他组织，作出具体行政行为的行政机关没有起诉权，也没有反诉权，只能作为被告应诉。原告和被告的这种身份和地位是恒定而不能变换的。这是行政诉

---

〔1〕 参见杨解君等：《行政法与行政诉讼法》（下），清华大学出版社 2009 年版，第 52 页。

讼在原、被告上的重要特点，它与民事诉讼和刑事诉讼很不相同。

2. 行政诉讼的内容是解决一定范围的行政争议。解决行政争议这是行政诉讼区别于民事诉讼和刑事诉讼的基本特征。所谓“行政争议”是指行政法律关系双方当事人之间的争议，但是，行政诉讼也并不能解决所有的行政争议，它所解决的行政争议限于一定范围之内，通常是指行政管理相对人和行政主体之间的外部行政争议，而行政主体相互之间的和行政主体与其构成单位或工作人员之间的内部行政争议在我国不通过行政诉讼途径解决，不属于行政诉讼的范畴。行政争议的存在是行政诉讼的前提，没有相对人对行政主体具体行政行为的不服和向人民法院提起异议，就不可能发生行政诉讼。

3. 行政诉讼的核心是审查具体行政行为的合法性。行政诉讼直接审查的对象是具体行政行为，而不是其他行政行为，且对具体行政行为的审查限于合法性范围，一般不对具体行政行为的合理性或适当性进行审查。

二、行政诉讼的性质

（一）行政诉讼是一种法律监督制度

建立行政诉讼制度的宗旨之一是“维护和监督行政机关依法行使行政职权”。在行政法制监督体系中，行政诉讼是一项事后法制监督制度，是国家法律监督制度的重要组成部分，其功能主要是监督行政机关以及法律、法规授权的国家组织依法行使职权。人民法院通过对行政案件的审理，发现被诉的具体行政行为违反法律规定、认定违法事实不清或者违反法定程序，可以运用国家司法权，撤销违法具体行政行为，或责成行政机关重新作出具体行政行为，要求被告限期履行职责，还可以向相关行政机关提出司法建议，要求行政机关予以纠正。依法对被诉具体行政行为的合法性进行审查体现了司法权对行政权的监督与制约，是行政法制监督的重要环节。

（二）行政诉讼是一种行政法律救济制度

从行政诉讼的设定上看，是为行政相对人提供保护的救济途径。行政诉讼是在监督行政机关依法行政的同时保护行政相对人的合法权益，在相对人合法权益受到或者可能受到具体行政行为的侵犯时，为相对人提供及时有效的救济。由于行政行为的先定效力，行政相对人在提起诉讼之前根本无法与行政主体对抗。所以没有行政诉讼，不法行政行为侵犯相对人的合法权益时，行政相对人的合法权益无法得到保障。行政诉讼的主要动因也就是行政相对人认为其合法权益被行政主体的行政行为所侵害，向人民法院提出了给予法律救济的要求。如果行政相对人没有提出给予法律救济的要求，如果国家不在救济制度体系中以法律规定司法裁判是最终救济途径，就不可能有行政诉讼。国家建立行政诉讼制度的宗旨之一和终极目的也在于“保护公民、法人和其他组织的合法权益”(《行政诉讼法》第1条)。行政诉讼制度的建立，就是国家顺应行政相对人提出的给予法律救济的要求的结果，行政诉讼活动就是要使被违法的行政行为所侵害的行政相对人的合法权益得到及时、有效的法律救济，从而使违法的行政作为和行政不作为及时得到纠正。

(三) 行政诉讼是国家诉讼制度的一部分

我国有刑事、民事、行政三大诉讼制度，行政诉讼是国家诉讼制度的一部分，行政诉讼是解决行政机关和相对人行政纠纷的一种诉讼制度，属于诉讼的范畴，具有解决纠纷、实施权利救济等诉讼的性质和特征，与民事诉讼、刑事诉讼一样，是构成我国完整的诉讼制度的一个组成部分。

三、行政诉讼法

行政诉讼法则是指有关调整人民法院和当事人及其他诉讼参与人在审理行政案件过程中所进行的各种诉讼活动以及所形成的各种诉讼关系的法律规范的总和。

行政诉讼法有狭义和广义之分。狭义的行政诉讼法仅指行政诉讼法典。在我国即指1989年通过的《行政诉讼法》。广义的行政诉讼法，既包括宪法（包括组织法)、行政诉讼法典以及其他法律法规或者民事诉讼法可适用于行政诉讼的原则、制度和具体规定，还包括最高人民法院有关行政诉讼的司法解释和已经转化为国内法的国际条约。

行政诉讼法的特点包括：

第一，行政诉讼法是我国法律体系中的重要法律部门。行政诉讼法是以行政诉讼为调整对象，人民法院主持下的行政诉讼活动及由此形成的诉讼关系必须依据行政诉讼法进行，它是我国的基本法律之一，这就决定了行政诉讼法在我国法律体系中的重要地位。

第二，行政诉讼法是一部程序法。行政诉讼的主要任务是裁判当事人之间就行政法上的权利义务发生的争执，行政诉讼法就是具体规范人民法院和诉讼参加人在诉讼过程及裁判过程中的各种活动。

第三，行政诉讼法是对国家行政权力监督和制约的法律制度。行政诉讼法是解决行政案件的专门法律，行政诉讼法的法律规定和通过行政案件的审理对行政诉讼法的适用，从主观和客观上都起到对国家行政权力进行监督和制约的作用。

第二节　行政诉讼法的基本原则

行政诉讼法基本原则是指贯穿于整个行政诉讼活动或主要环节，指导整个行政诉讼活动的基本准则。根据《行政诉讼法》第3、4、6、7、8、9、10条的规定，我国行政诉讼的基本原则可概括为：法院依法独立行使行政诉讼审判权原则；以事实为根据，以法律为准绳原则；合议、回避、公开审判和两审终审原则；当事人诉讼地位平等原则；使用本民族语言、文字进行行政诉讼原则；辩论原则；人民检察院法律监督原则。由于这些原则与民事诉讼、刑事诉讼原则是一致的，可以说是我国诉讼的一般性基本原则。因而，反映不出行政诉讼与民事诉讼、刑事诉讼的区别。我们认为，行政诉讼的基本原则应该是行政诉讼所独有的、能够反映其特性的原则。概括地讲，有如下几项：

一、对具体行政行为的合法性审查原则

《行政诉讼法》第5条规定："人民法院审理行政案件，对具体行政行为是否合法进行审查。"这一原则包含了两项内容：其一，人民法院只审查具体行政行为，而不审查抽象行政行为；其二，行政诉讼中人民法院只审查具体行政行为的合法性，而不审查具体行政行为的合理性。

行政诉讼中人民法院之所以只审查具体行政行为而不审查抽象行政行为，这是因为：（1）根据我国宪法、组织法确定的体制，对抽象行政行为的审查监督权交由权力机关和行政机关系统本身行使，故《行政诉讼法》只赋予人民法院对具体行政行为的审查监督权；（2）抽象行政行为涉及政策问题，不宜由法院判断；（3）抽象行政行为涉及不特定的相对人，有时甚至涉及一个或几个地区乃至全国的公民，其争议不宜通过诉讼途径解决。

行政诉讼中人民法院之所以只审查具体行政行为的合法性而不审查具体行政行为的合理性、适当性，这是因为：（1）从法律赋予的职权来看，根据我国宪法，人民法院依法行使审判权，行政机关依法行使行政权。裁定行政行为是否合法的争议属于审判权的范围。确定行政行为在法律范围内如何进行更为适当、更为合理，是行政权的范围。两者不能互相代替。（2）从各自的工作专长来看，人民法院长期进行审判活动，对适用法律最有经验，对法律问题最能作出正确评价。而行政机关长期进行行政活动，对行政管理最为熟悉和最具有行政管理专门知识，对在法律范围内如何实施行政行为更有经验。因此，合法性问题应交由人民法院解决，适当性问题留给行政机关解决。

二、行政诉讼期间不停止执行具体行政行为原则

《行政诉讼法》第44条明确规定，诉讼期间，不停止具体行政行为的执行。具体行政行为不因原告提起诉讼而停止执行，这既是行政行为公定力的体现，也是由现代行政管理的特性决定的。如果具体行政行为一经当事人起诉就予以停止执行，势必破坏行政管理的效率性和连续性，使法律秩序处于不稳定状态。如果遇到起诉情况较多时，甚至会导致行政管理陷入瘫痪，危害社会和公众的利益。

当然，不停止执行原则也不是绝对的。根据《行政诉讼法》第44条的规定，有下列情形之一的，停止具体行政行为的执行：（1）被告认为需要停止执行的；（2）原告申请停止执行，人民法院认为该具体行政行为的执行会造成难以弥补的损失，并且停止执行不损害社会公共利益，裁定停止执行的；（3）法律、法规规定停止执行的。

三、不适用调解原则

人民法院在审理行政诉讼案件时，不能适用调解以及用调解方式结案。《行政诉讼法》第50条明确规定："人民法院审理行政案件，不适用调解。"之所以规定审理行政案件不适用调解，是由行政诉讼中针对的法律关系的性质所决定的。行政案件所反映的法律关系是一种管理与被管理的行政关系，而非平等主体之间的民事关系，这种法律关系的性质决定了行政诉讼中的当事人都不能处分自己的实体权利和义务。

当然，行政诉讼也不是绝对地排除调解，如《行政诉讼法》第67条第3款规定的，赔偿诉讼可以适用调解；此外，不适用调解原则并不意味着在诉讼过程中人民法院不能做协调的工作。

四、举证责任倒置原则

举证责任倒置原则是指作为行政诉讼被告的行政机关负有提供其作出具体行政行为的证据和所依据的规范性文件的责任。《行政诉讼法》第32条规定："被告对作出的具体行政行为负有举证责任，应当提供作出该具体行政行为的证据和所依据的规范性文件。"举证责任倒置是由行政管理活动的特殊性决定的。由于行政诉讼的客体是具体行政行为，作为被告的行政机关是具体行政行为的实施主体，它最清楚其作出具体行政行为的事实与法律依据；相反，行政相对方不易了解具体行政行为的依据。因此，被告具有较强的举证能力，应当负举证责任。

第三节　行政诉讼与行政复议

一、行政诉讼与行政复议的异同点

（一）行政诉讼与行政复议的相同点

二者相同点主要表现在以下几个方面：

1. 都是由行政纠纷引起的。而行政纠纷是自然人或者组织与行政主体之间，甚至行政主体之间或者行政主体与其公务人员之间，在行政权力的运行中发生的争执。当然，目前行政诉讼与行政复议并不能解决所有的行政纠纷。

2. 提起行政诉讼和行政复议的一方只能是作为行政管理的相对人或利害关系人，即提起者，只能是“民”不能是“官”。

3. 被提起者只能是行政主体。

4. 行政行为的合法性都是被审查的重点。

5. 在诉讼或复议期间，被告或被申请人都不得自行向原告或申请人和其他有关组织或者个人收集证据。

6. 在诉讼或复议期间，原则上都不停止具体行政行为的执行。

（二）行政诉讼与行政复议的区别

行政诉讼与行政复议是行政救济制度的重要组成部分，两者的目的和功能是一致的，即都是通过纠正违法的具体行政行为以维护行政相对人的合法权益，都是依照法定程序审查具体行政行为的合法性以及特定规范性文件的制度。但两者有着明显的区别：

1. 受理机关不同。行政诉讼的受理机关是有管辖权的人民法院；而行政复议的受理机关是有管辖权的行政复议机关。

2. 适用程序不同。行政诉讼适用严格的司法程序；行政复议适用的则是“准司法程序”。

3. 审查范围不同。行政诉讼只对具体行政行为的合法性进行审查；而行政复议不但审查具体行政行为的合法性，还审查其合理性、适当性。

4. 受案范围不同。行政诉讼只受理《行政诉讼法》和其他单行法规定的对具体行政行为不服而提起的诉讼请求；而行政复议受案范围明显宽于行政诉讼，不但受理《行政复议法》和其他单行法规定的具体行政行为，还受理在申请对具体行政行为复议时一并提出的对特定规范性文件的行政复议请求。

5. 处理权限不同。主要体现在：（1）人民法院只能对行政处罚显失公平的具体行政行为作出变更判决，而行政复议还可以对明显不当的具体行政行为作出变更决定；（2）人民法院的裁决具有终局裁决的效力，而行政复议机关作出的行政复议决定，除了行政复议法律规范规定的特殊情况外，申请人对行政复议决定不服的，还可以向人民法院提起行政诉讼。

6. 审理方式不同。行政复议原则上采用书面审查的方式；行政诉讼一般采用开庭审理方式（一审必须开庭审理）。

7. 审级不同。行政诉讼实行两审终审制；行政复议实行一级复议制。

此外，行政复议与行政诉讼在当事人称谓、法定期限、受案范围等方面也有所不同。

二、行政诉讼与行政复议的衔接

根据《行政诉讼法》和《行政复议法》等法律规范的规定，行政诉讼与行政复议的衔接关系体现在：

（一）由当事人自由选择

《行政诉讼法》第37条第1款规定："对属于人民法院受案范围的行政案件，公民、法人或者其他组织可以先向上一级行政机关或者法律、法规规定的行政机关申请复议，对复议不服的，再向人民法院提起诉讼；也可以直接向人民法院提起诉讼。"也就是说，除了法律明文规定的特殊情况，行政复议并不是行政诉讼的必经阶段。当事人对行政机关作出的具体行政行为不服的，既可以先向复议机关申请复议，也可以直接向人民法院提起诉讼，由当事人自主选择。当然，一旦当事人作出了选择，而且复议机关或人民法院已经受理的，当事人就不能再改变。例如，当事人已经选择了行政复议，在复议期间就不得另行提起行政诉讼；如选择了行政诉讼，根据司法最终原则，当事人也不可能再回到行政复议程序，此所谓"单项选择"。

（二）行政复议是行政诉讼的前置程序

《行政诉讼法》第37条第2款规定："法律、法规规定应当先向行政机关申请复议，对复议不服再向人民法院提起诉讼的，依照法律、法规的规定。"行政复议是行政诉讼的前置程序必须由法律规定明确规定，例如《行政复议法》第30条第1款规定："公民、法人或者其他组织认为行政机关的具体行政行为侵犯其已经依法取得的土地、矿藏、水流、森林、山岭、草原、荒地、滩涂、海域等自然资源的所有权或者使用权的，应当先申请行政复议；对行政复议决定不服的，可以依法向人民法院提起行政诉讼。"

（三）行政复议为终局裁决的不得提起行政诉讼

当事人即使不服行政复议机关的裁决，也不得提起行政诉讼。例如，《行政复议法》第 14 条规定，对国务院部门或者省、自治区、直辖市人民政府的具体行政行为不服的，向作出该具体行政行为的国务院部门或者省、自治区、直辖市人民政府申请行政复议。对行政复议决定不服的，可以向人民法院提起行政诉讼；也可以向国务院申请裁决，国务院依照本法的规定作出最终裁决。《行政复议法》第 30 条第 2 款规定："根据国务院或者省、自治区、直辖市人民政府对行政区划的勘定、调整或者征用土地的决定，省、自治区、直辖市人民政府确认土地、矿藏、水流、森林、山岭、草原、荒地、滩涂、海域等自然资源的所有权或者使用权的行政复议决定为最终裁决。"再如，根据《公民出境入境管理法》第 15 条的规定，受公安机关拘留处罚的公民对处罚不服的，可以向上一级公安机关申请复议，由上一级公安机关作出最终裁决，也可以直接向人民法院提起行政诉讼。根据《外国人入境出境管理法》第 29 条第 2 款的规定，受公安机关罚款或者拘留处罚的外国人，对处罚不服的，可以向上一级公安机关申请复议，由上一级公安机关作出最终裁决，也可以直接向人民法院提起行政诉讼。

第四节　行政诉讼制度的历史发展

一、大陆法系国家行政诉讼的历史发展

对于大陆法系国家来说，行政诉讼制度被称为行政裁判制度，即设立独立于行政管理机关，又独立于普通法院的行政法院，运用准司法程序解决行政争议的制度。法国和德国是大陆法系的代表，下面介绍这两个国家的行政诉讼制度情况。

（一）法国

法国被誉为"行政法母国"，无论是从其产生最早，或是就其内容，都是大陆法系的典范。法国行政法的产生与其行政诉讼制度密不可分，是以最高行政法院的前身——国家参事院的成立为标志。法国在大革命时期，高等法院为贵族把持，成为反对新政权改革措施的顽固的封建堡垒。因此，法国的分权理论中首先就是司法权不得干预行政管理。资产阶级通过立宪会议在 1790 年的《法院组织法》第 13 条中明确宣告："司法职能和行政职能现在和将来永远分离，法官不能以任何方式妨碍行政机关的活动，也不能审理行政人员的职务活动，违者以渎职罪论。"五年以后，再次发布命令重申："严禁法院管辖任何行政行为，违者依法惩处"。〔1〕这样，从根本上解决了司法权与行政权的分离问题，使得公共行政活

〔1〕 张彩凤：《比较司法制度》，中国人民公安大学出版社 2007 年版，第 205 页。

动不受普通法院的司法管辖。但是，发生在行政活动领域的纠纷确实客观存在的，既然普通法院无权管辖，那只好另辟蹊径，构建新制度。

以国家参事院的建立为标志，法国行政法院的建立经历了以下几个阶段：[1]（1）行政法官时期。这一时期从1790年至1799年。1790年的司法组织法禁止普通法院受理行政案件。公民对于行政活动不服的申诉只能向上级行政机关提出，由行政人员受理，国家元首掌握最后的决定权。这时，裁决行政争议的权限属于行政机关本身，行政官员同时也是法官。（2）保留审判权时期。这一时期从1799年至1870年。1799年拿破仑成立了国家参事院，作为国家元首的咨询机关，受理公民对行政机关的控告案件，并向国家元首提出解决争议的建议，一切裁决均以国家元首的名义作出，国家参事院本身没有裁决权。国家参事院的设立，在法国行政法院发展史上意义重大，因为它第一次在行政系统内部分开实施行政任务和审判任务，使行政官员不再成为自己案件的法官。（3）部长法官制时期，也叫委任审判时期。这一时期从1872年至1889年。1872年5月24日，法国重建在普法战争中一度消失的国家参事院，并赋予了委托审判权，可以以“法国人民”的名义独立行使行政案件的审判权。但是法律并没有剥夺部长的行政审判权，他们对行政案件拥有一般管辖权。法律规定，一切行政案件，除法律另有规定外，必须先由部长裁决，不服部长的决定才能向行政法院起诉。（4）独立审判时期。自1889年至今。1889年，最高行政法院对卡多案件进行判决，该案件被誉为行政法院建立史上决定性的案件。[2] 通过该判例，法国取消了部长法官制，确立了行政法院对行政诉讼的直接管辖权。一切行政诉讼可以直接向最高行政法院提起，最高行政法院的判决为终审判决，不得上诉。至此，独立的行政诉讼制度得以建立。

战后，法国又进一步改革和完善这项制度，主要有：1953年，建立地方行政法院，规定地方行政法庭更新为地方行政法院，成为行政诉讼一般管辖权法院。最高行政法院所管辖的案件以法律为限，成为特定管辖权限的法院。1988年，在全国设立了五个上诉行政法院，再次减轻最高行政法院的负担，推动行政诉讼的进程。至此，法国现代的行政法院进入了成熟期。

作为传统的大陆法系的代表，法国在行政法与行政诉讼法上却独具特色。首先，行政法院不属于司法机关，而是行政机关系列；法官是行政官员，是公务员

---

〔1〕 参见姜明安：《外国行政法教程》，法律出版社1998年版，第61～63页。

〔2〕［英］L. 赖维乐·布朗、［法］让·米歇尔·加朗伯特：《法国行政法》，高秦伟、王锴译，中国人民大学出版社2006年版，第44页。

系列。其次，行政法院在判决时广泛应用判例法，具有英美法系的“遵循先例”的特点。法国行政法中带有普遍性的重要原则几乎都是由判例产生的。例如行政行为无效的理由、行政赔偿责任条件、行政合同制度、公务员的法律地位等重要的法律原则都由判例产生。[1] 而且，一向重视法典化的法国，其行政法没有完整的法典。

（二）德国

德国行政法历史悠久，但是现代意义的行政法制度是在19世纪确立的。在18世纪以前，德国在地方和整个国家，设置了一些调解机构，如行政专家小组，行使行政裁判权。但是这些专家小组由地方行政当局组成。19世纪中期，全德范围内开始建立以法治为基础的宪政国家，这为德国行政法院系统的建立奠定了基础。1863年巴登州率先建立了一个独立的行政法院，之后普鲁士（1872年）、黑森（1875年）、符腾堡（1876年）、拜恩（1879年）等也纷纷建立行政法院。[2] 至1924年，整个德国内建立了二级或三级行政法院体系。1952年联邦德国根据基本法建立了联邦行政法院，并于1960年制定了《行政法院法》取代过去的行政法律，规定在各邦建立统一的行政法院制度。行政法院系统由初级、高等和联邦行政法院构成。1976年德国《行政程序法》的制定和实施表明德国行政法进入到成熟阶段。目前，德国各级行政法院共52所，其中联邦行政法院是最高审级，设在柏林；高等行政法院每州一所，共16所，初等行政法院的数目因州的大小不同而异。[3]

德国行政法院具有大陆法系的特点：一是行政法院隶属于司法系统，不受行政干扰，具有很强的司法性，而非行政性；二是以成文法为主，而非判例法为主。成文法在德国行政法中占主要地位，《行政法院法》和《行政程序法》构成了其完整的行政法基础。

二、英美法系国家行政诉讼的历史发展

英美法系由于不区分公法、私法，基本上所有的争议都由普通法院管辖，并不设立专门的行政法院。

（一）英国

英国号称“宪政母国”，但其行政法概念从产生到发展却经历了一个漫长的

[1] 王名扬：《比较行政法》，北京大学出版社2006年版，第30页。

[2] 参见刘飞：《德国公法权利救济制度》，北京大学出版社2009年版，第45页。

[3] 张彩凤：《比较司法制度》，中国人民公安大学出版社2007年版，第235页。

过程。按照普通法的观念：一切英国人都毫无例外地受普通法和普通法院的管辖，任何公民，非经普通法院按照普通程序判决违法，不能受任何处罚。在反对专制特权的斗争中，作为国王特权的特别法院被议会废除，从而确定了普通法院的地位，对行政的司法控制职能主要由普通法院来承担。由于历史的原因，英国人对独立于普通法院以外的行政法院持不信任态度，认为普通法院是公民自由最可靠的保障，是防止行政机关专横、维系英国法治最有力的工具。[1]

19 世纪末，随着生产力的高速发展，行政管理的范围迅速扩大，英国行政法出现了两个显著的变化：一是委任立法的大量出现。由于议会自身立法程序的复杂性、专业和技术的有限性等原因，面对日新月异的错综复杂的行政管理事项，议会立法难以适应现代化社会发展的需求，议会委托具有实际管理经验和技能的行政机关制定规范性文件，因此委任立法大量发展。二是行政裁判所的迅速发展。由于行政职能的广泛扩张，因行政引起的纠纷也必然增加。为了应对这一类的社会纠纷，行政裁判所的数量也随之增加。裁判所的种类繁多，涉及养老金、卫生保健、社会保险、税务、专利等。其主要职能是行使部分司法权，受理行政机关和公民间涉及上述问题产生的争端。[2]

上述两方面的变化引发了大量行政法问题，为了适应这些变化，司法审查制度得到了丰富和充实，加强了司法对行政的控制。普通法院不仅有权对政府的行政行为进行审查，也对行政裁判所的决定进行审查。英国行政法以委任立法、行政裁判所和司法审查为核心发展起来。

英国行政法的主要特点：一是没有独立的行政法院体系；二是适用普通法规则，程序法优先于实体法。

（二）美国

美国行政法深受英国行政法的影响，最初源于英国普通法和普通法院。和英国一样，美国没有独立的行政法院系统，一切的行政争议最终由普通法院予以解决。在建国初期，美国继承了英国的普通法令状制度，主要以执行令和禁制令作为控制行政行为的手段。这种司法救济制度在美国建国后 100 年中成为美国联邦和州行政法的基础。

然而，到了 19 世纪后期及 20 世纪初期，英国的传统在美国逐渐为一些成文法规定的司法审查所代替或补充。自 19 世纪末期以来，联邦法院逐渐抛弃各种特权令状，而主要根据成文法的规定进行司法审查。在没有任何成文法规定时，法

〔1〕 王名扬：《比较行政法》，北京大学出版社 2006 年版 ，第 32 页。

〔2〕 朱维究、王成栋：《一般行政法原理》，高等教育出版社 2005 年版，第 25 页。

院仍可以利用传统的普通法和衡平法上的救济手段进行司法审查。

在美国，司法审查是指法院审查国会制定的法律是否符合宪法，以及行政机关的行为是否符合宪法及法律。这两种审查在美国都由普通法院执行，在法律没有特别规定时适用一般的诉讼程序。〔1〕

美国的司法审查的演变过程是逐渐简化司法审查的形式和扩大司法审查的范围。虽然特权令状很久以来就是进行司法审查的手段，但是传统的特权令状技术性强，每一特权令状都有一定的技术规则，不利于当事人提起诉讼。后来就加以简化，增加了司法审查的效率。二战以后，尤其是 20 世纪 70 年代以后，美国的司法审查的形式进一步简化和改进，司法审查的范围大为扩张。〔2〕

虽然美国行政法与英国有着密切的关联，但是还是体现了自己的特色：一是司法的二元结构体制，也就是联邦和各州都有自己的司法体系，二者的关系由宪法予以规定，因而由于诉讼的当事人或诉讼标的的不同，受理法院也就不同；二是相对于保守的英国，美国具有更多的创新精神，例如违宪审查制度。

三、新中国的行政诉讼制度的历史沿革与行政诉讼法的修改

（一）新中国的行政诉讼制度的历史沿革

我国的行政诉讼制度发端于《中华民国临时约法》第 49 条，该条规定："法院依法律审判民事诉讼及行政诉讼，但关于行政诉讼及其他特别诉讼，另以法律定之"。但真正独立的行政诉讼制度建立于 20 世纪 80 年代。具体说来，新中国成立后，行政诉讼制度的沿革主要有三个阶段：

第一阶段是 1949 年至 1982 年。1954 年《宪法》第 97 条规定："中华人民共和国公民对于任何违法失职的国家机关工作人员，有向各级国家机关提出书面控告或者口头控告的权利，由于国家机关工作人员侵犯公民权利而受到损害的人，有取得赔偿的权利。"但由于客观原因以及主观方面的原因，这时期只是由宪法做了原则性的规定，没有制定具体行政诉讼程序法律规范。

第二阶段是 1982 年至 1989 年。1982 年宪法第 41 条明确规定建立行政诉讼制度和国家赔偿制度。1982 年 3 月全国人大常委会公布的《民事诉讼法（试行）》第 3 条第 2 款规定："法律规定由人民法院审理的行政案件，适用本法规定。"这一规定确立了我国的行政诉讼制度，初步解决了人民法院审理行政案件程序上的法律依据问题。之后，最高人民法院根据实践中出现的问题，对该款发布了一些

---

〔1〕 王名扬：《美国行政法》，中国法制出版社 2005 年版，第 561 页。

〔2〕 王名扬：《美国行政法》，中国法制出版社 2005 年版，第 565 页。

重要的司法解释，为我国进一步制定行政诉讼法积累了经验。

第三阶段是1989年至今。1989年4月4日第七届全国人民代表大会第二次会议通过《行政诉讼法》，并于1990年10月1日起施行。《行政诉讼法》的颁行，标志着我国全面建立了行政诉讼制度。

（二）行政诉讼法的修改

《行政诉讼法》实施20多年来，对于促进我国的民主法制建设，保护公民、法人和其他组织的合法权益，监督行政机关依法行政起到了重要作用。但现行的行政诉讼制度在实践中也暴露出一些问题，如行政案件数量少、行政案件撤诉率高、行政案件审判难、行政判决执行难等。产生这些问题的原因在于观念上滞后，制度上不足，执法环境不尽如人意等。目前，《行政诉讼法》的修改正在进行中，2013年12月31日，第十二届全国人大常委会第六次会议初次审议了《中华人民共和国行政诉讼法修正案（草案）》，并将之在中国人大网公布，向社会公开征集意见。该《修正案（草案）》涉及如下内容：[1]

1. 保障当事人的诉讼权利。行政诉讼面临的“三难”，最突出的是立案难。为通畅行政诉讼的入口，将从五个方面完善对当事人的诉权保护：（1）明确人民法院和行政机关应当保障当事人的起诉权利；（2）扩大受案范围；（3）明确可以口头起诉，方便当事人行使诉权；（4）强化受理程序约束；（5）明确人民法院的相应责任。

2. 对规范性文件进行附带审查。实践中，有些具体行政行为侵犯公民、法人或者其他组织的合法权益，是地方政府及其部门制定的规范性文件中越权错位等规定造成的。为此，将增加规定：（1）公民、法人或者其他组织认为具体行政行为所依据的国务院部门和地方人民政府及其部门制定的规章以外的规范性文件不合法，在对具体行政行为提起诉讼时，可以一并请求对该规范性文件进行审查；（2）人民法院在审理行政案件中，发现上述规范性文件不合法的，不作为认定具体行政行为合法的依据，并应当转送有权机关依法处理。

3. 改革完善管辖制度。为了解决行政案件审理难问题，减少地方政府对行政审判的干预，将增加规定：（1）高级人民法院可以确定若干基层人民法院跨行政区域管辖第一审行政案件；（2）对县级以上地方人民政府所作的具体行政行为提起诉讼的案件，由中级人民法院管辖。

---

〔1〕参见《关于〈中华人民共和国行政诉讼法修正案（草案）〉的说明》，载 http://npc.people.com.cn/n/2013/1231/c14576-23992318.html.

4. 完善诉讼参加人制度。(1) 明确原告资格，将明确具体行政行为的相对人以及其他与具体行政行为有利害关系的公民、法人或者其他组织，有权作为原告提起诉讼；(2) 进一步明确被告资格，将增加规定：复议机关在法定期限内未作出复议决定，公民、法人或者其他组织起诉原具体行政行为的，作出原具体行政行为的行政机关是被告；(3) 增加诉讼代表人制度，将参照《民事诉讼法》，增加规定：当事人一方人数众多的共同诉讼，可以由当事人推选代表人进行诉讼，以提高司法效率；(4) 细化第三人制度，将增加规定：公民、法人或者其他组织同被诉具体行政行为有利害关系但没有提起诉讼，或者同案件处理结果有利害关系的，可以作为第三人申请参加诉讼，或者由人民法院通知参加诉讼，人民法院判决承担义务的第三人，有权依法提起上诉。

5. 完善证据制度。将作如下补充修改：(1) 明确被告逾期不举证的后果。被告不提供或者无正当理由逾期提供证据，视为没有相应证据；(2) 完善被告的举证制度。为了查明事实，规定在特定情形下，经人民法院准许，被告可以补充证据；(3) 明确原告的举证责任。将规定在起诉被告未履行法定职责的案件中，原告应当提供其向被告提出申请的证据；在行政赔偿和行政机关依法给予补偿的案件中，原告应当对具体行政行为造成的损害提供证据；(4) 完善人民法院调取证据制度；(5) 明确证据的适用规则。

6. 完善民事争议和行政争议交叉的处理机制。根据实践中行政争议与相关民事争议一并审理的做法，将增加规定：(1) 在行政诉讼中，当事人申请一并解决因具体行政行为影响民事权利义务关系引起的民事争议的，人民法院可以一并审理。人民法院决定一并审理的，当事人不得对该民事争议再提起民事诉讼；(2) 当事人对行政机关就民事争议所作的裁决不服提起行政诉讼的，人民法院依申请可以对民事争议一并审理；(3) 在行政诉讼中，人民法院认为该行政案件审理需以民事诉讼的裁判为依据的，裁定中止行政诉讼。

7. 完善判决形式。将作如下补充修改：(1) 以判决驳回原告诉讼请求代替维持判决；(2) 增加给付判决；(3) 增加确认违法或者无效判决；(4) 扩大变更判决范围。

8. 增加简易程序。将增加规定，人民法院审理事实清楚、权利义务关系明确、争议不大的第一审行政案件，可以适用简易程序：(1) 被诉具体行政行为是依法当场作出的；(2) 案件涉及款额为1000元以下的；(3) 当事人各方同意适用简易程序的。发回重审、按照审判监督程序再审的案件不适用简易程序。同时规定，适用简易程序审理的行政案件，由审判员一人独任审理，并应当在立案之日起45日内审结。

9. 加强人民检察院对行政诉讼的监督。将参照《民事诉讼法》，增加规定：（1）最高人民检察院对各级人民法院已经发生法律效力的判决、裁定，上级人民检察院对下级人民法院已经发生法律效力的判决、裁定，发现存在再审法定情形的，应当提出抗诉。（2）地方各级人民检察院对同级人民法院已经发生法律效力的判决、裁定，发现存在再审法定情形的，可以向同级人民法院提出检察建议，并报上级人民检察院备案；也可以提请上级人民检察院向同级人民法院提出抗诉。（3）地方各级人民检察院对审判监督程序以外的其他审判程序中审判人员的违法行为，有权向同级人民法院提出检察建议。

10. 进一步明确行政机关不执行法院判决的责任。为增强法律规定的可执行性，将增加规定：（1）将行政机关拒绝履行判决、裁定、调解书的情况予以公告；（2）拒不履行判决、裁定、调解书，社会影响恶劣的，可以对该行政机关直接负责的主管人员和其他直接责任人员予以拘留。

第十三章 行政诉讼受案范围

第一节 受案范围概述

行政诉讼的受案范围是指行政诉讼法律规范规定的人民法院可受理行政争议案件的范围。行政诉讼受案范围解决的是司法机关与其他国家机关（包括行政机关）之间处理行政争议的分工和权限的问题，反映的是一个国家司法权对行政权监督的深度和广度，也表明一个国家对行政相对人权利救济的深度和广度。

一、确定受案范围的意义

行政诉讼的受案范围涉及司法权、行政权和行政相对人诉权三者之间的关系，这一范围同时决定着司法机关对行政主体行为的监督范围，决定着受到行政主体侵害的公民、法人和其他组织诉讼的范围，也决定着行政终局裁决权的范围。确定受案范围的意义在于：

第一，受案范围是公民、法人和其他组织依法诉讼的法律依据。对行政相对人而言，受案范围可称为“可起诉范围”，它决定着相对人行使行政诉权的范围，在合法权益受到侵害时，只有对属于受案范围内的行政行为，相对人才享有起诉权而获得司法救济。

第二，受案范围是行政机关接受司法审查的依据。对行政主体而言，行政诉讼受案范围实质上是行政行为接受法院的司法审查和监督的范围，在行政诉讼范围内的行政行为，行政主体有义务接受审查，反之则可以予以拒绝。促使行政机关处理行政案件受到司法监督与制约，促使行政机关依法行政。

第三，受案范围是人民法院依法受理案件的依据。对人民法院而言，受案范围可称为“法院的主管范围”，因为司法权与行政权是两种不同的国家权力，司法机关不能代替行政机关行使行政权，同样，行政机关也不能代替司法机关行使司法权。只有在行政诉讼受案范围内的行政行为，人民法院才有权对其进行直接监督。明确受案范围为法院正确履行职责、维护诉权、防止推诿提供了保证，有利于及时、有效地处理行政案件。

二、制约受案范围的因素

就理想状态而言，人们希望法院提供无漏洞的司法保护，以防止行政权对行政相对人权益的损害。但在现实生活中，面面俱到的司法审查既无可能，也无必要，事实上各国都或多或少地将一些行政争议排除在受案范围之外。各国法律制度确定行政诉讼受案范围的大小、宽窄有差异，是考量了诸多因素的结果，诸如国家的政治体制、经济体制、国家机关间的权力结构、法律体系以及法律传统、法律观念、民主法治建设程度、公民行政法律意识等。行政诉讼的受案范围，反映了司法权对行政审查的范围，它是司法权与行政权相互作用、不断制约的结果，是一个国家的政治、经济、文化及法治状况的综合反映。行政诉讼受案范围的制约因素主要有：

（一）设置行政诉讼目的性因素

行政诉讼受案范围的设定有诸多目标，如应最大限度地保护公民、法人或者其他组织的合法权益，因为有权利必有救济，有权力必须监督，是现代法治国家的基本要求；再如，诉讼是法治社会国家强制性解决法律纠纷的最后手段，只要是法律性争议，都可以纳入一国司法的范围内予以解决，唯其如此，才能避免本可以通过诉讼解决的纠纷却被司法拒之门外的现象，避免因法定的正当渠道不通畅而使得人们寻求法外途径解决问题，从而影响社会秩序稳定，妨碍社会发展进步；此外，行政诉讼范围的确立还必须考虑对公共利益维护的问题。可见，确定行政诉讼受案范围不能只考虑某一个因素。如果只考虑某一个因素，例如，仅仅考虑对行政相对人的权利保障和权利救济，那么所有行政行为均可被诉，行政诉讼的受案范围就过于宽泛了。而在某些情况下，如行政行为具有某种特别紧急性、政治性、保密性等，如果允许公民、法人或其他组织对相应行为起诉，由法院对之进行公开的司法审查，就可能不利于保护国家、社会公共利益，甚至损害国家、社会公共利益。在这种情况下，为维护国家利益、社会公共利益，立法者不得不将某些行政行为排除在行政诉讼受案范围之外，而对行政相对人采取其他途径进行救济。

（二）司法机关解决行政争议的能力

法院解决行政争议的能力通常受以下几方面的影响：法院在整个国家机构中的宪法地位；法院在公众中的威信；法院对行政机关进行有效监督的可能性；法院的人、财、物的配置状况；法官的素质；法官进行行政审判的知识、经验；审判人员、组织机构受理行政案件的能力；等等。上述因素直接或间接影响着法院解决行政争议的能力。法院解决行政争议的能力愈低，则行政诉讼的受案范围就会相对缩小，反之亦然。从国外的司法实践来看，如果一国的行政诉讼制度仅仅旨在维护行政法律秩序，就倾向于缩小行政诉讼范围；如果一国的行政诉讼制度旨在维护行政法律秩序和切实解决行政争议，就倾向于扩大行政诉讼范围。

（三）行政机关行使职权的状况及自我约束状况

一个完善制度的形成，除了立法者自身高超的立法技术外，更多的是以不完善的社会背景为前提的，只有在问题广袤繁杂，认识尖锐对立的状态下，制度才有可能设计得比较完善。同样的，只有在行政权力广泛存在并且处于无序状态时，寻求救济的社会需求才会相当普遍，在这种情况下，救济制度的作用就会更加突出，并直接地体现在救济范围的广泛性上；反之，如果一个国家行政机关的自律程度很高，或行政机关行使职权的状况尽善尽美，或者自我约束的机制比较完善，那么行政诉讼就不可能成为一种普遍的社会需求，对行政诉讼制度的建立的迫切性就会降低，行政诉讼受案范围也就没有扩大的必要。由此可见，行政诉讼的社会需求与行政诉讼的受案范围是成正比的。

（四）司法权与行政权的关系

行政诉讼受案范围是对司法审查权的合理界定，它规定着司法权对行政权的制约和监督的程度。确定行政诉讼受案范围时，要正确处理人民法院与行政机关在受理行政案件上的分工，既要考虑到人民法院的承受能力和有利于案件的及时、妥善处理，也要考虑到充分发挥行政机关在处理行政争议上的作用和长处。应将需要通过诉讼程序解决的行政争议纳入行政诉讼的范围，将不宜由人民法院处理的行政争议划归行政机关或其他国家机关处理，包括对某些应当由行政机关作终局裁决的案件，以及因行政机关内部行为而引起的案件，均不应纳入人民法院受案范围。

（五）公民权利意识和民主意识发展的程度

公民权利意识和民主意识的发展程度通常是该国行政诉讼受案范围的决定因素。只有当人们的民主意识更为成熟、更为普遍、更为强烈时，只有当广大公民普遍认为行政诉讼制度成为国家重要诉讼制度时，行政诉讼制度才会随着时代的步伐而前进。因而，公民权利意识强，反映在立法上，则受案范围大；公民权利意识弱，则受案范围小。

此外，还有技术性因素等其他影响因素。

三、受案范围的确定方式

目前，世界各国对行政诉讼受案范围的确定方式主要可分为概括式、列举式和混合式等几种。概括式是由统一的行政诉讼法典对受案范围作了原则性、概括性的规定。概括式的优点是简单、全面、不致发生遗漏，但可能出现规定过于宽泛和不易具体掌握的问题。列举式有肯定的列举和否定的列举两种方法。肯定的列举是由行政诉讼法和其他单项法律、法规对属于行政诉讼受案范围的行政案件加以逐个列举，凡列举的都在行政诉讼的受案范围之内；否定的列举也称排除式，是对不属于行政诉讼受案范围的事项逐个加以列举，凡列举的都被排除在行政诉讼的受案范围之外，未作排除列举的则都是行政诉讼的受案范围。列举式的优点是具体、细致，受案或不受案的界限分明，易于掌握，但却有繁琐且又难以列举全面的弱点。混合式是将上述两种方式混合使用，以发挥各种方式的长处，避免各自的不足，相互弥补。

我国行政诉讼在确定受案范围上基本采取混合的方式。

（一）以概括的方式确立行政诉讼受案的基本界限

即我国《行政诉讼法》第2条规定："公民、法人或者其他组织认为行政机关和行政机关工作人员的具体行政行为侵犯其合法权益，有权向人民法院提起诉讼。"我国最高人民法院在《若干解释》中对行政诉讼受案范围作出了司法解释："公民、法人或者其他组织对具有国家行政职权的机关和组织及其工作人员的行政行为不服，依法提起诉讼的，属于人民法院行政诉讼的受案范围。"这就划定了行政诉讼的基本范围。

值得注意的是，《若干解释》相比于《行政诉讼法》第2条所做的规定而言，其在两个方面做了调整：第一，摒弃了《行政诉讼法》第2条中"具体行政行为"的提法，代之以"行政行为"；第二，在"行政行为的主体"确定上，不再局限于《行政诉讼法》第2条中"行政机关和行政机关工作人员"的规定，而是扩展性地表述为"具有国家行政职权的机关和组织及其工作人员"，用了一个内涵和外延更广更丰富的行政法概念——"行政主体"来表达，由此将获得授权的非行政机关实施的行政行为也收纳了进来，事实上起到了扩大行政诉讼受案范围的作用，使得更多的行政权运用行为被纳入到司法审查监督的范围，同时，也使得行政相对人的合法权益获得了更多的司法保护机会。

（二）以肯定列举的方式列出了具体行政案件

在概括式确定方式规定的统率和指导下，《行政诉讼法》第二章"受案范围"第11条和第12条对行政诉讼受案范围做了列举式规定，通称为"内容列举"，即《行政诉讼法》第11条第1款具体列出的具有典型性的8种行政案件。但这8种案件并不意味着能穷尽行政诉讼受案范围的规定，为此，《行政诉讼法》第11条第2款又概括性地规定：除前款规定外，人民法院受理法律、法规规定可以提起诉讼的其他行政案件。

（三）以否定列举的方式排除了不属于行政诉讼受案范围的事项

这就是《行政诉讼法》第12条对4种不受理事项的规定，以及我国最高人民法院在《若干解释》中根据《行政诉讼法》有关条文的立法本意，对不属于行政行为或行政行为不影响公民、法人或者其他组织权益的几种情况，以司法解释的方式所作的否定列举。

第二节　肯定的受案范围

一、侵犯人身权财产权的案件

根据《行政诉讼法》第11条第1款的规定，公民、法人和其他组织对下列具体行政行为不服提起诉讼的，人民法院应当受理：

1. 对行政处罚行为不服的案件。《行政诉讼法》规定，人民法院受理公民、法人或者其他组织对拘留、罚款、吊销许可证和执照、责令停产停业、没收财产等行政处罚不服提起的行政诉讼。

2. 对行政机关行政强制措施不服的案件。《行政诉讼法》规定，人民法院受理公民、法人或者其他组织对限制人身自由或者对财产的查封、扣押、冻结等行政强制措施不服提起的诉讼。

3. 认为行政机关侵犯法律规定的经营自主权的案件。《行政诉讼法》规定，公民、法人或者其他组织认为行政机关具体行政行为侵犯法律规定的经营自主权的，有权提起行政诉讼。

4. 认为行政机关对要求颁发许可证和执照的申请予以拒绝或者不予答复的案件。《行政诉讼法》规定，人民法院受理公民、法人或者其他组织认为符合法定条件，申请行政机关颁发许可证和执照，行政机关拒绝或者不予答复而提起的诉讼。

5. 认为行政机关不履行保护人身权、财产权法定职责的案件。《行政诉讼法》规定，人民法院受理公民、法人或者其他组织因申请行政机关履行保护人身权、财产权的法定职责，行政机关拒绝履行或者不予答复而提起的诉讼。

6. 认为行政机关没有依法发给抚恤金的案件。《行政诉讼法》规定，人民法院受理公民认为行政机关没有依法发给抚恤金的案件。

7. 认为行政机关违法要求履行义务的案件。《行政诉讼法》规定，人民法院受理公民、法人或者其他组织认为行政机关违法要求履行义务而提起的诉讼。

8. 认为行政机关侵犯其他人身权、财产权的案件。这类案件是除上述案件之外，对涉及人身权、财产权的行政案件的总的概括，是为了防止上述案件列举不足而作出的补充。《行政诉讼法》规定，人民法院受理公民、法人或者其他组织认为行政机关侵犯其他人身权、财产权而提起的诉讼。通说认为，侵犯其他人身权、财产权的案件通常还包括：（1）行政裁决；（2）行政奖励；（3）行政检查；（4）行政合同；（5）行政征收与行政征用；（6）行政确认。

二、法律法规规定可以起诉的其他行政案件

《行政诉讼法》第11条第2款规定："除前款规定外，人民法院受理法律、法规规定可以起诉的其他行政案件。"这就是说，对于其他超出《行政诉讼法》规定的行政案件，只要其他法律、法规规定可以起诉的，也都属于人民法院的受案范围。这是一个概括性的规定，对此，我们可以从以下几个方面理解：这里的"法律法规"，仅限于狭义的"法律、法规"，不包括"规章"；既包括《行政诉讼法》实施之前已有的"法律法规"，也包括在《行政诉讼法》实施后颁布的，还包括将来可能会颁布的有关法律文件；这些法律法规规定的其他可以起诉的案件，是指《行政诉讼法》未列举的行政案件，即上述各项之外的行政案件。这些案件不限于只涉及公民、法人或其他组织的人身权、财产权，还可以是其他的合法权益，如公民的政治权利和自由、其他社会权利。

（一）对行政合同的某些具体行政行为可以提起行政诉讼

行政合同的纠纷解决机制，总的原则是行政合同中的民事争议通过民事纠纷解决机制处理，而其中的行政争议通过行政纠纷解决机制处理。具体而言，对于行政当事人在行政合同中的下列具体行政行为，可以提起行政诉讼：（1）行政当事人选择缔约对象的行为，如某个政府采购合同依法应当采用公开招标的方式确定供应商，但采购人却决定实施邀请招标，如果某个供应商认为这种做法使自己失去了缔约的机会，最终可以通过行政诉讼来解决；（2）行政当事人在合同履行过程中行使其监督指挥权的行为，如对相对方的违法行为给予处罚，相对方当然可以提起行政诉讼；（3）行政机关出于公共利益的需要，单方面决定变更、中止或解除合同的行为；（4）行政合同中约定必须由行政机关实施的其他具体行政行为，如国有土地出让合同中一般都会约定出让方有办理土地使用权证的义务，这就是一种具体行政行为，如果出让方到期并未办理该证件，对方当事人可以提起行政诉讼。

（二）涉及WTO的三类行政案件

为了适应中国加入WTO的要求，行政诉讼受案范围的扩大已是大势所趋。

在《行政诉讼法》本身没有作出全面修改之前，最高人民法院在2002年先后颁布了三个与WTO有关的司法解释，包括《关于审理国际贸易行政案件若干问题的规定》、《关于审理反倾销行政案件应用法律若干问题的规定》、《关于审理反补贴行政案件应用法律若干问题的规定》。这些司法解释将国际贸易行政案件、反倾销行政案件、反补贴行政案件都纳入了行政诉讼的受案范围。

（三）对于某些行政确认的案件

可以这样认为：如果行政机关的确认行为足以引起当事人权利义务关系的变动，就可以提起行政诉讼；反之，即使该行为违法，也不能通过行政诉讼的方式来解决。

（四）其他的可以提起行政诉讼的案件

最高人民法院还通过《若干解释》与其他一系列司法解释增补了一些可以纳入行政诉讼的案件，包括《若干解释》第13条规定，具有下列情形之一的，公民、法人或者其他组织可以依法提起行政诉讼：（1）被诉的具体行政行为涉及其相邻权或者公平竞争权的；（2）与被诉的行政复议决定有法律上利害关系或者在复议程序中被追加为第三人的；（3）要求主管行政机关依法追究加害人法律责任的；（4）与撤销或者变更具体行政行为有法律上利害关系的。

第三节　否定的受案范围

根据《行政诉讼法》第12条和《若干解释》的规定，人民法院不受理公民、法人或者其他组织对下列几类事项提起的诉讼。

一、国防、外交等国家行为

《行政诉讼法》第12条第1项规定，国防、外交等国家行为不属于行政诉讼的受案范围。此处的“国家行为”，根据最高人民法院《若干解释》第2条所作的解释，是指国务院、中央军事委员会、国防部、外交部等根据宪法和法律的授权，以国家的名义实施的有关国防和外交事务的行为，以及经宪法和法律授权的国家机关宣布紧急状态、实施戒严和总动员等行为。国防、外交等国家行为不能被提起行政诉讼，这是各国行政诉讼制度的通例。我国《行政诉讼法》将其排除在行政诉讼的受案范围之外，主要原因在于：（1）国家行为不是具体行政行为，它不是行政机关以自己的名义对单个、特定对象实施的行政管理行为，而是宪法、法律授权的特定主体，代表整个国家，以国家的名义实施的行为；（2）由于是以国家的名义实施，体现的是国家主权的行为，因而不属于人民法院的司法审查范围；（3）国防、外交等国家行为关系到国家和民族的整体利益，即使这种行为会影响某些公民、法人或者其他组织的利益，公民、法人或者其他组织的个别利益也要服从国家的整体利益。

二、抽象行政行为

《行政诉讼法》第12条第2项规定，行政法规、规章或者行政机关制定、发布的具有普遍约束力的决定、命令不属于行政诉讼的受案范围。这里所称的“具有普遍约束力的决定、命令”，是指行政机关针对不特定对象发布的能反复适用的行政规范性文件，被学术界统称为“抽象行政行为”。抽象行政行为目前不能被提起诉讼的原因在于：（1）依照宪法和有关组织法的规定以及我国人民代表大会的政治制度，确认行政机关抽象行政行为是否正确合法并予以撤销、改变的权力，只能是属于国家权力机关或上级行政机关。由此，《行政诉讼法》没有赋予人民法院对其审查、撤销和改变的权力。（2）行政机关抽象行政行为通常针对的都是大范围内、不确定的对象，如果抽象行政行为造成了侵害后，由一个个对象单独提起诉讼的方式来解决似显繁琐，在如何能及时、彻底地解决所有对象合法权益的救济问题上也有一些技术上的困难，由国家权力机关和上级行政机关撤销或改变抽象行政行为，进行一次性的全面解决也不失为一种合适的方式。

三、行政机关对其工作人员的奖惩、任免等决定

《行政诉讼法》第12条第3项规定，行政机关对行政机关工作人员的奖惩、任免等决定不属于行政诉讼受案范围。行政机关对其工作人员的奖惩、任免等决定并不仅指奖惩、任免这两类决定，而是统称行政机关作出的涉及该行政机关公务员权利义务的各类决定。这些决定涉及的是行政机关的内部人事管理关系，属于内部人事管理活动。由此导致的行政纠纷可由行政机关自己处理解决，人民法院不予干预。同时，这类行政行为由于不涉及社会上公民、法人或者其他组织的合法权益问题，公民、法人或者其他组织当然无权就此提起行政诉讼。

四、法律规定的由行政机关最终裁决的具体行政行为

《行政诉讼法》第12条第4项规定，法律规定由行政机关最终裁决的具体行政行为不属于行政诉讼的受案范围。这里所称的“法律”，根据《若干解释》，仅限于全国人民代表大会及其常务委员会制定、通过的规范性文件。我国目前只有极少几部法律根据实际需要作出规定，对某些行政机关具体行政行为引起的行政案件，行政机关所作的裁决是最终的裁决。对于这些已通过法律授予行政机关最终裁决权的行政案件，人民法院将不再受理。

五、公安、国家安全等机关依照刑事诉讼法的明确授权实施的行为

最高人民法院《若干解释》第1条第2款第2项规定："公安、国家安全等机关依照刑事诉讼法的明确授权实施的行为"，不属于人民法院行政诉讼的受案范围，公民、法人或者其他组织不服不得提起行政诉讼。在我国，公安、国家安全等国家机关具有双重的职权身份：既是实施刑事案件侦查等刑事司法活动的机关，又是从事公安、国家安全等方面管理的行政机关；既可对刑事犯罪嫌疑人实施刑事侦查措施等刑事司法行为，又可对一般违反行政法的相对人实施行政处罚、行政强制措施等具体行政行为。这一规定对公安、国家安全等机关的刑事司法行为与其具体行政行为作了区分，人民法院不得受理因不服公安、国家安全等机关依照《刑事诉讼法》明确授权实施的行为而提起的行政诉讼。依我国《刑事诉讼法》的授权，公安、国家安全等机关实施的刑事司法行为主要包括：讯问刑事犯罪嫌疑人、询问证人、检查、搜查、扣押物品（物证、书证）、冻结存款汇款、通缉、拘传、取保候审、保外就医、监视居住、刑事拘留、执行逮捕等。

六、行政机关的调解行为以及法律规定的仲裁行为

行政机关实施调解，需纠纷当事人的自愿申请，不具强制性，调解的最终结果是纠纷当事人之间自愿达成调解协议，其间并不掺杂行政机关自身的意志，不具行政职权的强制性，对当事人也不具有必然的约束力。基于此，行政机关的调解行为具有不可诉性，不在人民法院行政诉讼的受案范围之内。而这里所称的"法律规定的仲裁行为"，仅指全国人大及其常委会制定的法律所规定的仲裁。这类法律规定的仲裁主要是劳动争议仲裁。当事人对仲裁结果不服的，我国《民事诉讼法》已将其纳入了民事诉讼的范围并形成了固定的解决纠纷的制度，为此，法律不再将此类仲裁纳入行政诉讼的受案范围。但是，对于全国人大及其常委会通过的法律之外的其他行政法规、地方性法规、规章所规定的仲裁，当事人对其仲裁决定不服的，则仍可以向人民法院提起行政诉讼。

七、不具有强制力的行政指导行为

行政指导往往以倡导、示范、建议、咨询等为其行为方式，以此来引导行政相对人自愿作出行动，其不具有强制性，行政相对人对行政机关的行政指导行为可以遵从，也可以不响应，完全取决于行政相对人自己的意愿，行政相对人对行政指导不响应的，也不承担任何法律后果。正因为行政指导行为对行政相对人不具有强制性和法律约束力，《行政诉讼法》未将其纳入行政诉讼的受案范围。需要说明的是，如果行政主体名义上是行政指导，但实质上却是以各种方式强迫行

政相对人必须服从，此时就超出了行政指导的范围。对此类具体行政行为不服的，公民、法人或其他组织可以向人民法院提起行政诉讼，人民法院应当受案。

八、驳回当事人对行政行为提起申诉的重复处理行为

重复处理行为通常表现为当事人对行政机关过去作出的、已超过诉讼期间的行政行为不服，向行政机关或者有关部门提出申诉，行政机关经过复查，决定或者表示维持原有的行政行为，驳回当事人的申诉。重复处理行为的主要特征是：(1) 重复处理行为是对原行政处理行为的复查处理；(2) 不是依法定救济程序作出的行为。这主要是为了与行政复议程序中复议裁决维持原具体行政行为的情形相区别，复议程序中维持原行政行为和驳回申请人的请求不属于重复处理行为；(3) 未形成新的行政法律关系，对当事人的权利义务不产生新的影响。重复处理行为实质上是对原行政处理行为的认可或者重申，并没有改变原有的行政法律关系，也没有对当事人的权利义务产生新的影响，或者说没有作出新的具体行政行为。

根据《若干解释》第1条第2款第5项规定：公民、法人或其他组织对"驳回当事人对行政行为提起申诉的重复处理行为"不服提起诉讼的，不属于人民法院行政诉讼的受案范围。

九、对公民、法人或者其他组织权利义务不产生实际影响的行为

此类行为主要是指尚未最终发生法律效力的行政行为、尚未成立的具体行政行为、正在行政机关内部运作的行为、未向当事人送达或者虽已送达又很快被撤销或者被收回的行为、与公民、法人或者其他组织没有形成直接利害关系的行为等。此类行为的主要特征：(1) 没有实际改变当事人的权利义务关系，没有对当事人产生现实的法律后果；(2) 对当事人没有实际造成不利影响，没有或者尚未给当事人的合法权益造成实际的损害；(3) 与当事人没有直接的法律上的利害关系。

第四节　扩大行政诉讼受案范围的发展趋势

目前，行政诉讼受案范围仅局限于涉及人身权和财产权的行为，而没有包括公民的其他权利，如我国《宪法》规定的公民应享有的基本政治权利，即选举权、被选举权，言论、宗教信仰自由等，还有劳动权、休息权、受教育权等社会经济权利，当这些权利受到行政机关的违法侵犯时，却不能得到及时的保护和司法救济；排除抽象行政行为于受案范围之外，行政相对人针对法规、规章或制

定、发布的具有普遍约束力的决定和命令提起的诉讼，法院不予受理，然而在现实生活中，违法执行抽象行政行为的问题愈来愈严重，其产生的不良影响和侵害范围远远大于具体行政行为，甚至比具体行政行为具有更严重的危害性和破坏力；排除内部行政行为于受案范围之外，行政机关对其工作人员作出的奖惩、任免等决定，法院不予受理，使公务人员丧失了权利救济的机会。

随着一个国家法制化水平的提高，人们的权利意识逐步增强，要求通过行政诉讼来保护自身权益的范围也会相应扩大。从这个意义上讲，行政诉讼范围有扩大的趋势。

一、社会主义市场经济的确立和发展成为影响其受案范围的根本动因

当市场经济获得比较充分的发展，政府与企业、公民之间的关系形成权利义务的法律关系的时候，行政相对人才有必要和可能运用行政诉讼的法律武器来维护自身的合法权益。在过去计划经济时代，强调国家利益至上，个人无主体地位，很少出现行政争议，即使出现相对人和行政机关之间的争议，也不需要法院作为第三者来调停，此时，很少或者几乎没有行政诉讼，即使有，其受案范围也非常窄。而市场经济的确立，个人获得了主体地位，个人权利意识已越来越强烈。公民权利意识的增长对于行政案件受案范围的扩大具有最根本的推动作用，是行政诉讼受案范围扩大最深层的原因。人们更关注自己的利益，当其合法权益受到行政机关不法侵害时，越来越多的人选择借助司法救济途径通过行政诉讼维护自己的权利，这就必然会增加司法实践中行政案件的数量。而且随着市场经济的日益完善，在行政案件数量不断增加的同时，又必定会产生出一些新的案件类型，人们要求法院介入给予权利救济，以此对抗行政机关，从而客观上有助于行政案件受案范围的扩大，要求行政诉讼受案范围也越广。可见，社会主义市场经济的确立和进一步发展，无疑会促使我国行政诉讼范围逐步扩大。

二、民主政治成为影响其受案范围的重要动因

中国正在大力推进民主政治建设，“依法治国，建立起社会主义法治国家”已经成为治国方略。这样的民主政治氛围，极大提升了公民的民主意识、法律意识和权利意识。因而，作为相对人，当其合法权益受到侵害时，自然而然地要求得到权利救济。另一方面，鉴于行政权的日益膨胀及其带来的侵犯相对人合法权益的可能性大大增加，势单力薄的相对人希望法院介入，给予行政权必要的监督和制衡。这些都是行政诉讼所能发挥特有作用的地方。

三、行政诉讼受案范围的扩大是依法行政的必然要求

依法行政是现代法治政府的一个标志，依法行政客观上要求坚持法律保留原则和法律优位原则，行政权的运行必须依据法律和法律的授权，行政要受司法的制约，违法的行政行为必须接受司法审查。“行政权力的运用范围在实践中往往体现为行政行为的种类及数量。在不考虑其他影响因素的情况下，行政行为数量越多，则可能纳入受案范围的对象自然会更广。”依法行政的目标会在理论上推动对行政法学中行政行为类型化的研究，而对行政行为类型的科学划分和比较研究又会对实践中行政诉讼受案范围的扩大产生推动作用，从而达到理论与实践的双向互动。

四、行政诉讼受案范围的扩大是我国加入 WTO 后的客观要求

WTO 规则对行政机关行政行为接受司法审查的程度提出了更高的要求，包括一些抽象行政行为都要接受司法审查。如《服务贸易总协定》第 6 条规定，在不违背一国宪政制度的前提下，每一成员国应当保持或者尽快建立切实可行的仲裁或者行政法庭或者程序，在受影响的服务提供者的请求下，对影响服务贸易的行政决定做出迅速审查。如认为根据受影响的服务提供者的请求对影响服务贸易的行政决定进行迅速审查的请求正当有理，应当提供适当的补偿。这些规定表明，在《服务贸易总协定》中，行政机关的具有普遍约束力的决定和命令，依据申请者的要求，可以提起司法审查，如果申请人的请求合理，成员国还将提供相应的救济。这突破了我国现行《行政诉讼法》的规定，将部分抽象行政行为纳入了行政诉讼受案范围。此外，WTO 还要求将行政终局行为转变为司法终局行为，这也将突破现行法律的规定，扩大行政诉讼受案范围。

第十四章 行政诉讼的管辖

第一节 行政诉讼管辖概述

一、行政诉讼管辖的概念

行政诉讼的管辖是指关于人民法院受理第一审行政案件的分工与权限的制度。

行政诉讼管辖和行政诉讼的受案范围不能混淆。受案范围解决的是外部分工问题，解决法院和立法机关、行政机关在审查行政行为方面的权限划分，从宏观上确定整个司法权审理行政案件的范围；管辖解决的是法院内部分工问题，是在行政诉讼受案范围内从微观上确定具体法院审理行政案件的权限。整体上，诉讼中的管辖权是人民法院司法权的实现形式，用来确定一个法院所拥有的权力性质和范围，以及划定可行使职权的地域界限。[1]

在行政诉讼中，管辖法院的确定具有十分重要的意义。首先，明确诉讼管辖，也就是明确了各级、各地人民法院对行政案件的管辖权，使法院得到落实，保证了人民法院真正发挥其审判职能，行使审判权；其次，明确诉讼管辖，可以使各级、各地人民法院各司其职，避免因权限不明而互相争夺或互相推诿，保证行政纠纷的及时解决；再次，明确诉讼管辖，便于当事人依照法律规定向有管辖权的人民法院行使保护请求权，使其诉讼权利得以具体化，避免当事人因不明确管辖而不知道向何处去求告，无法使受损害权利得到救济；最后，明确诉讼管辖，便于国家权力机关、法律监督机关、社会团体以及人民群众等对行政审判进行监督，使人民法院真正做到秉公执法，维护国家法律的尊严。

由于人民法院分为不同的审级，而同一审级的人民法院又分属于不同的地域，第一审案件由哪一层级、哪个地域的人民法院受理，就需要法律作出明确具

---

〔1〕 李红枫："行政诉讼管辖制度现状及对策分析"，载《行政法学研究》2003 年第 1 期。

体的规定。

二、确立行政诉讼管辖的原则

（一）便于当事人参加诉讼原则

所谓便利当事人进行诉讼原则，是指行政诉讼的管辖确定要方便原告、被告双方，尤其是要方便作为原告的行政相对人进行诉讼。方便当事人参加诉讼活动，减轻当事人的负担，是及时解决纠纷、保护当事人利益的需要。这里的“便利”是一个综合的范畴：既有空间上的考虑，又有时间上的考虑；既有经济上的考虑，也有行为上的考虑；既有事实因素，也有法律因素、权利因素。如《行政诉讼法》规定大量一般性的第一审行政案件都由基层人民法院管辖，由于基层人民法院辖区往往是当事人所在地，这一规定就便于当事人进行诉讼活动。

（二）便于人民法院办案原则

该原则就是要求充分考虑人民法院和案件的具体情况，合理地确定最适宜的法院来管辖案件，保证人民法院及时、顺利地完成审判任务。如《行政诉讼法》规定，因不动产提起的行政诉讼由不动产所在地法院管辖，就考虑了不动产的案件能就地审判，便于法院对案件事实的查证、认定以及便于执行的因素。再如，基层人民法院管辖第一审行政案件，就地、就近审判，便于人民法院认定事实；海关、专利权案件，专业性、技术性较强，应由水平与条件更好的中级人民法院管辖，以确保正确地行使审判权。另外，由于各种原因，同一行政案件由不同的法院审判，很可能得出不同的结果。为了维护法律和正义，使案件得以公正处理，在确定管辖时应当排除各种因素的干扰，尽量确定最能秉公执法的人民法院进行审判，以保证案件的审判质量。

（三）均衡人民法院之间负担的原则

行政诉讼在确定管辖时，既要考虑同级人民法院之间审判工作量的合理分工，又要考虑上下级人民法院之间审判力量和审判工作量上的合理分工，使各级人民法院对行政审判工作均衡负担，避免某一个地方或者级别的法院的负担过重，保证案件及时审理，提高办案质量。为此，在确定管辖时，应当从保证案件质量、效果的角度出发，有数量差异地、区分不同难度地进行案件分配，以使各级法院的分工基本均衡。如《行政诉讼法》对不同性质、不同种类的一审行政案件，分别规定由不同级别法院管辖，就是这一原则的体现。

（四）原则性和灵活性相结合的原则

《行政诉讼法》在确定管辖时应当明确、具体，便于人民法院实际操作。在坚持这一原则的前提下，根据行政案件的复杂情况，人民法院灵活地调整有利于行政纠纷解决的管辖。如我国《行政诉讼法》在管辖的具体方式上，既有级别管辖、地域管辖，又有裁定管辖、管辖权转移等规定，就体现了这一原则的法律精神。

第二节　级别管辖

根据《行政诉讼法》的规定，行政诉讼管辖分为法定管辖与裁定管辖两类。法定管辖是指行政诉讼法律明确规定第一审行政案件由哪一个人民法院管辖的权限划分。根据人民法院对行政案件管辖的纵横关系不同，法定管辖又可分为级别管辖和地域管辖两类。裁定管辖是指根据人民法院作出的裁定所确定的管辖，裁定管辖可分为移送管辖、指定管辖和管辖权转移三类。

级别管辖是指不同级别的法院之间第一审行政案件管辖权的划分。它仅指各级普通法院在受理第一审行政案件上的分工，不包括专门法院。《行政诉讼法》在规定方式上采用了“列举式”与“概括式”两种。由于我国人民法院分为基层人民法院、中级人民法院、高级人民法院和最高人民法院。因此，一个案件诉到法院，首先要确定由哪一审级的法院管辖。我国《行政诉讼法》则分别规定了他们各自审理第一审行政案件的权限范围。

一、基层人民法院的管辖

《行政诉讼法》第 13 条规定：“基层人民法院管辖第一审行政案件。”这一规定表明，除由中级人民法院、高级人民法院、最高人民法院管辖的第一审行政案件外，绝大多数行政案件均由基层人民法院作为一审法院。这种“以基层人民法院管辖为原则，以上级人民法院管辖为例外”原则的确立，主要基于以下原因：基层人民法院作为我国的基层法院，它分布于全国各地，数量众多，能承担大量的一般性行政案件的审判工作；基层人民法院所在地一般位于或接近于当事人所在地、行政行为发生地或行政争议的发生地，便于当事人起诉、应诉，也便于人民法院进行调查取证、传唤当事人等诉讼活动，以及执行生效的判决、裁定等；由基层人民法院以一审程序审理大多数行政案件，也可以对广大的社会民众与行政机关执法人员进行生动的法制教育。

二、中级人民法院的管辖

根据《行政诉讼法》第 14 条和最高人民法院相关的司法解释，中级人民法院管辖下列第一审行政案件：

1. 确认发明专利权的案件、海关处理的案件。确认发明专利权的行政案件主要有三种：一是关于是否授予发明专利权的案件；二是关于宣告授予的发明专利权无效或维持发明专利的案件；三是关于实施强制许可的案件。这类案件之所以要由中级人民法院管辖，主要是因为确认发明专利权是一项专业性、技术性很强的业务，需要较高的科技和法律水平。

海关处理的案件主要是指由海关处理的纳税案件和有关因违反海关法被海关处罚的行政案件。这类案件由中级人民法院管辖的主要理由是：其一，海关大多设置在大中城市，职权范围与中级人民法院基本吻合；其二，海关的业务与政策要求较高，由中级人民法院管辖，可以保证办案质量。

2. 对国务院各部门或者省级人民政府所作的具体行政行为提起诉讼的案件。这里的“国务院各部门”是指国务院的部、委和直属机构；这里的“省级人民政府”，包括省人民政府、自治区人民政府和直辖市人民政府。由国务院各部门或者省级人民政府作出的具体行政行为，既包括由它们直接作出的具体行政行为，也包括由它们以复议机关名义作出的复议决定。由于这些行政机关的级别较高，所作的具体行政行为影响较大，涉及面较广，有较强的政策性，由基层法院审理此类案件有一定困难，因而规定由中级人民法院管辖。

3. 国际贸易行政案件。我国入世以后，在我国的国际贸易行政案件大幅度增加。为此，最高人民法院于2002年制定了《关于审理国际贸易行政案件若干问题的规定》，规定以下案件属于国际贸易行政案件：有关国际货物贸易的行政案件；有关国际服务贸易的行政案件；与国际贸易有关的知识产权行政案件；其他国际贸易行政案件。这些国际贸易行政案件由具有管辖权的中级以上人民法院管辖。

4. 本辖区内重大、复杂的案件。所谓重大、复杂案件是指案情复杂、处理难度较大的案件。根据《若干解释》第8条的规定，本辖区内重大、复杂的案件是指以下4种案件：被告为县级以上人民政府，且基层人民法院不适宜审理的案件；社会影响重大的共同诉讼、集团诉讼案件；重大涉外或者涉及香港特别行政区、澳门特别行政区、台湾地区的案件；其他重大、复杂的案件。

不过，实践中对第一类案件中“基层人民法院不适宜审理”的理解经常有所偏差，无法实现司法解释提升此类案件审级的本意。因此，2008年2月1日施行的最高人民法院《关于行政案件管辖若干问题的规定》对中级人民法院管辖的第一审行政案件重新作了调整：（1）被告为县级以上人民政府的案件，但以县级人民政府名义办理不动产物权登记的案件可以除外；（2）社会影响重大的共同诉讼、集团诉讼案件；（3）重大涉外或者涉及香港特别行政区、澳门特别行政区、台湾地区的案件；（4）其他重大、复杂的案件。这样，除了涉及以县级人民政府名义办理的房屋产权登记和土地使用权登记等不动产物权登记的案件外，所有被告为县级以上人民政府的案件都必须由中级人民法院一审审理。

除此之外，中级人民法院管辖的第一审行政案件还包括：涉及集成电路布图设计的行政案件；植物新品种纠纷的行政案件；商标复审案件和反倾销、反补贴行政案件等。

三、高级人民法院的管辖

《行政诉讼法》第 15 条规定：“高级人民法院管辖本辖区内重大、复杂的第一审行政案件。”这里“重大、复杂”的判断，也主要从被告的地位、原告的人数、诉讼标的、所涉重大的政治或经济关系等方面综合考虑。

四、最高人民法院的管辖

《行政诉讼法》第 16 条规定：“最高人民法院管辖全国范围内重大、复杂的第一审行政案件。”最高人民法院是我国最高审判机关，主要负责对全国各级人民法院的审判工作进行指导和监督，并对审判中的法律适用问题进行司法解释，以及审理不服高级人民法院裁判提起的上诉案件。只有在全国范围内有重大影响的第一审行政案件，才由最高人民法院管辖。

第三节　地域管辖

行政诉讼的地域管辖，也称“属地管辖”或“区域管辖”。它是按照人民法院的辖区和当事人住所地来划分同级人民法院之间审理第一审行政案件的分工和权限。根据《行政诉讼法》的规定，地域管辖分为一般地域管辖、特殊管辖地域和共同地域管辖。

一、一般地域管辖

一般地域管辖是指以最初作出具体行政行为的行政主体所在地为标准来确定管辖的人民法院。简单地说，就是行政案件由作为被告的行政主体所在地的人民法院管辖。《行政诉讼法》第 17 条规定：“行政案件由最初作出具体行政行为的行政机关所在地人民法院管辖。经复议的案件，复议机关改变原具体行政行为的，也可以由复议机关所在地人民法院管辖。”该条中的“复议机关改变原具体行政行为的”，是指《若干解释》第 7 条规定的这几种情况：改变原具体行政行为所认定的主要事实和证据的；改变原具体行政行为所适用的规范依据且对定性产生影响的；撤销、部分撤销或者变更原具体行政行为处理结果的。

二、特殊地域管辖

特殊地域管辖就是有法律特别规定的管辖，是一般地域管辖的例外。《行政诉讼法》第18、19条规定了两种特殊地域管辖：

1. 对限制人身自由的强制措施不服提起的行政诉讼，由被告所在地或者原告所在地人民法院管辖。根据《若干解释》第9条的规定，“原告所在地”包括原告户籍所在地、经常居住地和被限制人身自由所在地。所谓经常居住地，是指公民在其户籍所在地之外最后连续居住满1年以上的地方。所谓被限制人身自由地，是指被告行政机关对原告实施收容、拘禁、强制治疗、强制戒毒等被限制人身自由的场所所在地。如果行政机关基于同一事实既对人身又对财产实施行政处罚或者采取行政强制措施的，被限制人身自由的公民、被扣押或者没收财产的公民、法人或者其他组织对上述行为均不服的，既可以向被告所在地人民法院提起行政诉讼，也可以向原告所在地人民法院提起行政诉讼，受诉人民法院可以一并管辖。

2. 对不动产提起的行政诉讼，由不动产所在地人民法院管辖。“不动产”主要是指滩涂、草原、山岭、荒地以及土地上的附着物，如建筑物、山林、水流等。规定这类行政案件由不动产所在地人民法院管辖，既便于人民法院在审理案件过程中对现场进行调查、勘验、收集证据，做到及时、正确地处理案件，也便于人民法院判决、裁定的执行。

三、共同地域管辖

共同管辖是指两个或两个以上人民法院对同一行政案件都有管辖权，由原告选择具体管辖法院的管辖。共同地域管辖是由一般地域管辖和特殊地域管辖派生的一种管辖方式，是对上述两种管辖的有效补充。根据《行政诉讼法》第20条的规定，两个以上人民法院都有管辖权的案件，原告可以选择其中一个人民法院提起诉讼；原告向两个以上有管辖权的人民法院提起诉讼的，由最先收到起诉状的人民法院管辖。出现共同地域管辖的情形有：

1. 经过复议的行政案件，复议机关改变原具体行政行为的，由最初作出具体行政行为的行政机关所在地人民法院或复议机关所在地人民法院管辖，如果复议机关与最初作出具体行政行为的行政机关不在同一行政区域的，两地人民法院都有管辖权，原告可以自由选择其中一个更方便的人民法院提起诉讼。

2. 对行政机关限制人身自由的行政强制措施不服而提起的诉讼，既可以由被告所在地人民法院管辖，也可以由原告所在地人民法院管辖。

3. 分属不同区域的两个以上行政机关共同对原告作出行政处理决定，造成两个以上行政机关所在地的人民法院都有管辖权。

对于两个以上人民法院都有管辖权的行政案件，原告可以选择其中一个法院提起诉讼。如果原告同时向两个或多个法院起诉，则由最先收到起诉状的人民法院管辖。

第四节 裁定管辖

裁定管辖是指在某些特殊情况下人民法院以裁定或决定的方式来确定行政案件管辖的一种制度。根据《行政诉讼法》的规定，裁定管辖分为移送管辖、指定管辖和移转管辖。

一、移送管辖

移送管辖是指人民法院发现受理的案件不属于自己管辖时，而移送有管辖权的人民法院审理的一种管辖形式。《行政诉讼法》第 21 条对此作了规定。移送管辖应具备以下条件：移送案件的人民法院已经受理了案件；移送案件的人民法院自己对该案件没有管辖权；接受移送的人民法院对该案件有管辖权。如受移送的人民法院认为自己也没有管辖权时，也不得再自行移送给其他人民法院或退回移送的人民法院，而应当报请上一级人民法院指定管辖。移送管辖一般发生在同级人民法院之间，是人民法院之间对已受理的案件进行的移送。移送管辖的程序主要是：由受理案件的法院合议庭提出意见，经过院长批准后，以该法院的名义致函移送给有管辖权的人民法院。

二、指定管辖

指定管辖是指有管辖权的人民法院由于特殊原因不能行使管辖权或人民法院对管辖权发生争议而又协商不成的，由它们的共同上一级人民法院以裁定的方式确定管辖的一种形式。《行政诉讼法》第 22 条对此作了规定。指定管辖有两种情形：

1. 由于特殊原因，有管辖权的人民法院不能行使管辖权的，由上级人民法院指定管辖。这里的“特殊原因”主要有事实原因和法定原因。事实原因，如发生地震、水灾、火灾等自然灾害或事故等不可抗力的原因，使得有管辖权的人民法院客观上无法行使管辖权。法定原因，如人民法院遇到当事人申请全体审判人员回避而无法组成合议庭，不能行使管辖权。当出现由于特殊原因不能行使管辖权的，则由上级人民法院指定管辖。

2. 人民法院对管辖权发生争议而又协商不成的，由它们共同上一级人民法院指定管辖。《行政诉讼法》第 22 条第 2 款规定，人民法院管辖权发生争议，由争议双方协商解决。协商不成的，报它们的共同上一级人民法院指定管辖。管辖权发生争议有两种情况：都认为自己有管辖权，双方争夺对案件管辖权；都认为不属于自己管辖，双方对案件相互推诿。在协商不成的情况下，应报请双方共同上一级人民法院来指定由哪一个人民法院受理该案件。

三、移转管辖

移转管辖，也称为管辖权的转移，是指经上级人民法院决定或同意，上级人民法院将行政案件管辖权移交给下级人民法院行使或者下级人民法院将行政案件管辖权移交给上级人民法院行使的法律制度。《行政诉讼法》第23条规定："上级人民法院有权审判下级人民法院管辖的第一审行政案件，也可以把自己管辖的第一审行政案件移交下级人民法院审判。下级人民法院对其管辖的第一审行政案件，认为需要由上级人民法院审判的，可以报请上级人民法院决定。"

移转管辖的主要特点是：首先，这种移转只能发生在对具体行政诉讼案件的管辖权没有争议的情况下，即移交的法院对移交的案件具有管辖权；其次，这种移转只能发生在移交法院受理案件之后；再次，移交法院同受移交法院之间存在直接的上下级的审判监督和指导关系。

移转管辖与移送管辖很相似，但他们之间有明显的区别：首先，移送管辖一般是在同级人民法院之间进行的，它是地域管辖的一种补充形式，其目的是将没有管辖权的法院已受理的行政案件，移送给有管辖权的人民法院；而移转管辖是发生在上、下级法院之间，它是级别管辖的一种变通形式，其目的是为了调整不同级别法院对行政案件的管辖权。其次，移送管辖是受案法院认为自己对某一行政案件没有管辖权而移送给有管辖权的法院审理；移转管辖是有管辖权的法院经上级法院决定或同意，将其受理的行政案件移交给无管辖权的法院，从而使无权管辖的法院取得了管辖权。由于移转管辖重新确定管辖权，因此，必须经由上级人民法院的决定或同意才能移转，否则不得移转。

四、管辖权异议及其处理

管辖权异议是指行政诉讼的当事人认为已经受理案件的法院无权管辖，或者有权管辖但可能导致不利于自己的诉讼后果，要求法院将案件移送有管辖权的法院审理或者转移管辖权的一种诉讼行为。根据《行政诉讼法》和《若干解释》的规定，当事人提出管辖权异议，应当在接到人民法院应诉通知之日起10日内以书面形式提出。对当事人提出的管辖权异议，人民法院应当进行审查。异议成立的，裁定将案件移送有管辖权的人民法院；异议不成立的，裁定驳回。对管辖异议的裁定，当事人可以上诉。

根据《若干解释》的规定，当事人提出管辖权异议，应具备三个条件：第一，提出管辖权异议的主体应当是当事人，即行政诉讼原告、被告和有利害关系的第三人；第二，当事人提出管辖权异议，应当在接到人民法院的应诉通知书之日起10日内以书面形式提出；第三，当事人提出管辖异议，只能采用书面形式，在书面异议中，应当说明异议的内容，如当事人认为受诉法院无管辖权而应当由其他法院管辖，或者认为虽然受诉法院有管辖权，但是由于特殊原因不适宜管辖而应当依法转移管辖权。

对当事人提出的管辖权异议，人民法院应当在案件实体审理之前先行审查管辖权问题，经过审查后作出以下处理：第一，当事人提出的管辖权异议成立的，裁定将案件移送有管辖权的法院审理；第二，当事人提出的管辖权异议不成立的，裁定驳回。当事人对驳回管辖权异议的裁定不服的，根据《若干解释》第63条的规定，可以上诉，上诉法院应当在法定期限内，对上诉进行审查，并作出最终裁定。

第五节　行政诉讼管辖中的问题及改革

一、我国行政诉讼管辖制度的现存问题

从上述对行政诉讼制度的概述可以看出，我国行政诉讼管辖已有基本的体系化规则和架构，但从司法实践来看，在多重因素作用下，我国现行的行政诉讼管辖制度出现了一些问题，比如原则之间的冲突、行政司法权的地方化、行政化以及地方保护主义等，严重影响着行政诉讼的公正与高效。而行政诉讼的公正与高效直接影响行政案件审理的公正性、裁判结果的顺利执行等问题，这关系到当事人合法权益的维护和保障。因此，有必要尽快对我国现行行政诉讼管辖制度进行分析、提高和完善。

（一）“两便原则”之间的冲突

在便于当事人进行诉讼与便于法院公正行使审判权两个因素之间存在着内在的矛盾。如果考虑便于法院公正审判，排除来自其他机关的干扰，就应当由较高级别的法院审理行政案件；如果考虑便于当事人进行诉讼，就应当尽可能地由与当事人住所地较近的基层法院管辖。正是由于立法上没有充分考虑到行政审判中可能受到的法外干预，造成当前级别管辖过低的问题，影响了行政审判权的公正行使。

便于当事人诉讼原则要求尽可能由距离当事人住所地最近的基层人民法院管

辖；便于法院公正行使审判权的原则，要求排除来自行政机关的不利干扰和影响，就应当由异地法院管辖或者由级别较高的法院管辖。而现实情况是，提起行政诉讼的原告，一般是行政机关辖区范围内受其具体行政行为影响的相对人，异地管辖和由级别较高的法院管辖都会增加当事人的诉讼成本，不利于当事人尤其是原告进行诉讼。正是由于立法上没有清楚地分析二者之间的关系，造成了目前我国行政审判中“民告官”告状难、胜诉难、执行难的困境。

（二）“原告就被告”原则的弊端

现行行政诉讼的管辖基本上是依民事诉讼管辖的思路而定的，忽视了行政争议之特殊性而机械地套用。然而争议的性质不同，管辖在不同诉讼形态中的具体确定也应不同。行政争议不同于民事争议之特性在于行政争议之被告恒定，只能是作出行政行为的行政主体，这一特性也因此造就了行政诉讼在程序设计、举证责任分配等诸方面不同于民事诉讼的特性，当然也应包括管辖的确定。行政诉讼管辖的确定应遵循其自有的理念。

“原告就被告”是民事诉讼管辖确定的一个基本原则。最早在罗马法上就已确定：无论是在对物的诉讼中还是在对人的诉讼中，均为原告就被告的审判地。现代各国，尤其是大陆法系国家都继承了这一原则。不仅如此，许多国家在刑事诉讼管辖、行政诉讼管辖的确定上也借鉴了这一原则。民事诉讼“原告就被告”原则的理由一方面在于抑制原告滥行诉讼，使被告受不当诉讼的侵扰；另一方面也有利于法院传唤被告参加诉讼，对诉讼标的物进行保全或勘验，有利于判决的执行。我国现行行政诉讼一般地域管辖的确定也是原因于此。但这种忽视行政诉讼之特性的机械套用是有悖于行政诉讼管辖确定的基本理念的。“原告就被告”原则违背了《行政诉讼法》确定的程序公正、诉讼效率、人性尊严等基本理念。而且，“原告就被告”的一般地域管辖增加了法院独立审判的难度。“原告就被告”的地域管辖不仅在一定程度上让老百姓难以顺利行使起诉权，增加了原告的诉讼支出，而且为司法中的行政干预提供了机会，容易发生打官司争“主客场”的窘境，不便于人民法院独立行使审判权。同时，法院与被诉行政机关属同一辖区，这也正是造成行政案件执行难的根本症结所在。

（三）行政诉讼审判的独立性

现行司法体制的行政化和地方化的弊端深刻制约着行政审判的独立性，集中表现为对行政诉讼管辖制度的影响。目前我国法院设置体制和法官的选任晋升管理制度充满了地方化和行政化色彩，司法独立不过是空谈。行政诉讼被告的特殊性，使得司法不独立在行政诉讼中表现得尤为突出，危害尤为严重，具体表现如下：

1. 法院在外部关系上不独立，这是司法权地方化的影响。我国法院系统是与行政区划对应设置的，司法辖区与行政辖区合一，法院的人事任免和财政供给分别受同级权力机关和行政机关的控制，在实质性权力关系上还受地方党委领导。这样，在现实中造成了地方保护主义、部门保护主义和执行难的现象。行政诉讼是解决行政争议的司法手段，作为被告的行政机关为了维持其行政决定，避免败诉，往往通过上述机关利用工作指导、人事任免、经济控制等权力来贯彻自己的意志，对法院、法官施加压力，从而干预审判权的独立行使。

2. 法院在本系统内部关系上不独立，这是司法权行政化的影响。由于受到政治文化传统的影响，我国的司法体制、司法运行过程、法官制度都带有明显的行政化的色彩。各级法院之间绝不是单纯的审级关系，实际上也和行政机关一样有行政级别，上下级之间存在着领导和服从的关系。上一级法院对下一级法院指导工作，甚至对个案进行“提前介入”，而下一级法院因处于被领导地位而不能不接受来自上级的“指示”，主动地向上一级法院请示汇报已成为通行做法。从法院的内部结构来讲，从院长、副院长、庭长到普通法官形成了一个等级体系，行政职位甚至成为衡量法官能力与水平高低的标准。法官对上级的依附性、遵从性为司法不公提供了温床，独立审判成为空谈。

3. 在法院内部体制上，法官不独立。现行法律规定，行政案件审理实行合议制，必要时实行审委会制。这主要是考虑到行政案件一般比较复杂，实行“两制”便于案件审理，同时贯彻民主集中制原则，以保证司法公正、防止司法腐败。但实际情况是，实行“两制”往往导致审理与裁决相分离，多数案件最后由庭长、院长“把关”、“拍板”。很显然，这种以取消法官独立审判、削弱司法责任为特点的体制，非但不能实现其制度设计的初衷，反而对司法公正起着负面作用。

4. 法官自身没有独立的条件和能力。目前的行政审判队伍中，法官选拔途径各异，素质参差不齐，远没有实现“专业化”、“精英化”，同时法官待遇低，身份地位缺乏法律保障，加之司法地方化、行政化的环境所限，法官不可能做到对外无所畏惧、内心向往尊荣。在人情、金钱、上级命令面前，司法公正、保护人权的价值理念，或已抛之脑后，或已无法顾及。

沈福俊也指出行政诉讼实践中法院与行政机关“非正常关系”主要表现为：一些法院与行政机关在案件发生之前商量应对行政诉讼之策，有些法院在行政诉讼中忽视被诉行政机关的被告地位，一些法院缺乏对行政机关干扰行政审判的“抗干扰”能力，部分法院对诉权设置障碍导致原告维权成本过高，法官违反中立原则为被告“作证”的现象时有发生等。[1]

二、行政诉讼管辖制度的试点改革

在《行政诉讼法》正式修改之前，为了克服上述弊端，最高人民法院先后在多个地方进行改革试点，例如，异地管辖的试点、相对集中管辖的试点等，取得了较好效果。

（一）异地管辖的试点

异地管辖是一种以指定管辖为基础的管辖制度，即当案件重大复杂或有管辖权的人民法院不宜行使管辖权或因其他原因需要异地管辖时，由上级人民法院裁定，指定辖区内其他人民法院或决定自己行使对该案的管辖权。2002 年 7 月，浙江省台州市中院启动了行政诉讼案件的异地交叉管辖改革。基层法院将县级以上人民政府为被告或有 10 名以上原告的行政案件，提交给中院，再由中院指定异地审理。[2] 2004 年 3 月，浙江省法院系统召开了全省中院行政庭长座谈会，会后，省高院即发文将台州做法在全省试验：“凡被告为县级以上人民政府的案件，原告人数为 10 人以上社会影响重大的共同诉讼、集体诉讼案件，由中级人民法院作为一审法院，或者由中院移交、指定其他基层法院审理”。[3]2005 年之后，行政诉讼异地管辖在江苏、安徽、河北等地也开始试行。这些异地管辖的试点，使得审理案件法院的人、财、物与被诉行政机关之间不存在从属关系，地位相对比较中立，通过司法回避，解决了法院的后顾之忧，在一定程度上起到了防止和排除地方非法干预的作用，为人民法院依法独立公正审理行政案件提供了另一种思路。[4]

在总结试点经验的基础上，2008 年 1 月 14 日，最高人民法院《关于行政案件管辖若干问题的规定》（法释［2008］1 号）的司法解释出台，将异地管辖作为一种制度创新，正式开始向全国推广。根据最高人民法院的司法解释，关于指定异地管辖和移转管辖，明确了三个途径：第一个途径是由当事人启动，即当事

---

〔1〕 沈福俊：“行政诉讼视角下法院与行政机关关系的法律规制——以行政诉讼管辖制度的变革为分析起点”，载《法学》2010 年第 4 期。

〔2〕 浙江省高级人民法院课题组：“行政案件管辖问题的调研报告”，载《法律适用》2007 年第 1 期。

〔3〕 章再亮、陈佳：“浙江五年探索‘民告官’异地交叉管辖”，载网易新闻网，http://news.163.com/07/0401/15/3B0JJI7000011SM9_ 2. html.

〔4〕 石愚：“行政诉讼异地管辖制度困境及出路——以重庆市第三中级人民法院行政审判为例”，西南政法大学 2011 年硕士学位论文，第 19 页。

人以案件重大复杂为由或者认为有管辖权的基层人民法院不宜行使管辖权，直接向中级人民法院起诉；第二个途径是由基层人民法院启动，即基层人民法院对其管辖的第一审行政案件，认为需要由中级人民法院审理或者指定管辖的，可以报请中级人民法院决定；第三个途径是由中级人民法院启动，即中级人民法院对基层人民法院管辖的第一审行政案件，根据案件情况，可以决定自己审理，也可以指定本辖区其他基层人民法院管辖。

异地管辖模式有如下特点：第一，异地管辖是对指定管辖和移转管辖规定的灵活运用，最终行使审判权的法院一般是上级法院或者按地域管辖规定本无管辖权的法院；第二，有权行使异地管辖指定权的法院是中级人民法院以上的法院；第三，指定管辖、移转管辖在立法原意上对管辖权的行使是消极的、被动的，而在异地管辖中则是积极的、主动的，这是二者之间的最大区别；第四，进行异地管辖的案件是辖区内有重大影响的案件或是有管辖权的法院不宜审理的案件。异地管辖对于进一步改善行政审判司法环境，保证人民法院依法独立公正审理行政案件，发挥了重要的作用。

（二）相对集中管辖的试点

相对集中管辖仅是对特定区域内的部分行政案件进行集中管辖，即是中级人民法院辖区范围内的部分行政案件集中到一个或几个法院进行审理，包括向上级法院的相对集中和同级法院的相对集中。[1] 2013 年 1 月 4 日最高人民法院颁发了《关于开展行政案件相对集中管辖试点工作的通知》，要求“各高级人民法院应当结合本地实际，确定 1 ~ 2 个中级人民法院进行试点。试点中级人民法院要根据本辖区具体情况，确定 2 ~ 3 个基层人民法院为集中管辖法院，集中管辖辖区内其他基层人民法院管辖的行政诉讼案件”。

结合最高人民法院的试点通知以及各地的试点做法，可将相对集中管辖的做法概括如下：

1. 遴选条件好的基层法院集中受理第一审行政案件。相对集中管辖试点法院的选择，各地一般都按照最高人民法院的要求，考虑其所处地理位置和交通条件，尽可能方便当事人参与诉讼；选定行政审判环境较好、经济发展水平较高地方的基层法院；所选定的法院行政审判力量应相对较强，行政审判的质量相对较高。一般是由中级人民法院在其辖区内选择 1 ~ 3 个基层法院来集中受理行政案件，例如山东省枣庄市中级人民法院将滕州市法院、市中区法院作为行政案件相

---

〔1〕 叶赞平、刘家库：“行政诉讼集中管辖制度的实证研究”，载《浙江大学学报（人文社会科学版）》2011 年第 1 期。

对集中管辖的试点基层法院，其他基层法院不再受理行政案件；江西省抚州市临川区人民法院、南城县人民法院、黎川县人民法院三个法院被确定为行政案件相对集中管辖法院；山西省长治市确定城区、长子、襄垣3个区县法院为全市行政案件集中管辖试点法院，其他10个基层法院不再管辖本地区内一审行政案件；江苏南通中级人民法院根据前期调研情况，确定了港闸区法院、海门市法院和如东县法院为集中管辖法院；等等。

2. 采取多种措施为群众提供方便。各地采取多样化措施来解决相对集中管辖可能给群众带来的不便。例如，在起诉途径上实行多样化，公民、法人或其他组织既可直接向相应的管辖法院提起行政诉讼，也可向本地法院递交诉状，然后由本地法院转交给集中管辖的法院；在上诉途径上实行多样化，当事人对一审裁判结果不服的，既可通过一审法院，也可通过本地法院向中级人民法院提起上诉；针对一些案件当事人到集中管辖法院路程较远可能为其带来诉讼上不便的现实问题，一些集中管辖的法院在案件审理方式上，通过巡回审判，到当地开庭，就地调查、协调的方式予以破解；在办案程序上，根据案件的具体情况，有的相对集中管辖法院按照相关规定适用简易程序审理案件，当事人也可协商一致提出适用简易程序审理的要求，由相应的集中管辖法院作出是否适用简易程序的决定。

3. 对非试点法院行政庭的职能进行重新定位。集中管辖法院确定后，其他基层法院不再管辖本地区内的一审行政诉讼案件，但其行政庭仍予以保留，主要是负责非诉行政执行案件的审查工作，同时协助、配合试点法院做好本地行政案件的协调、处理工作，如诉状的接受和移送工作，代为宣判、送达、调查取证、协调以及配合集中管辖法院做好社会稳定工作以及其他属于行政审判职能的工作。

第十五章 行政诉讼的参加人

行政诉讼参加人是指依法参与行政诉讼活动，享有诉讼权利和承担诉讼义务或者与诉讼争议或结果有利害关系的人。行政诉讼参加人包括当事人和类似于当事人地位的诉讼代理人。当事人包括原告、被告和第三人。诉讼代理人包括法定代理人、指定代理人和委托代理人。当事人与案件有直接的利害关系，是法院裁判结果的权利义务承担者，因而是行政诉讼的核心参加人员。在行政诉讼活动中，除了诉讼参加人外，还有证人、鉴定人、翻译人、勘验人等，称为诉讼参与人。他们在诉讼当中享有一定的诉讼权利，并承担一定的诉讼义务，但他们参加诉讼的目的不是为了保护自身的合法权益，而是为协助人民法院查明案件事实真相，与案件本身没有利害关系，因而他们仅是作为诉讼参与人。

第一节 行政诉讼的原告

行政诉讼的原告是指认为行政主体关及其公务人员作出的具体行政行为侵犯了其合法权益，依法向人民法院提起行政诉讼的公民、法人或其他组织。

一、原告资格的认定

1. 是以自己的名义向人民法院提起行政诉讼的公民、法人或者其他组织。如果不是以自己的名义而是以他人的名义提起诉讼的，不能取得原告资格，而只是代理人。

2. 与被诉的具体行政行为具有法律上的利害关系。这种利害关系，实际上表现为“认为”行政机关的行政行为侵犯了其合法权益。“认为”仅是行为人的一种主观认识，合法权益是否真的受到了侵犯，要待人民法院通过审理后才能作出认定，但作为原告，必须是基于这种认识，然后通过诉状的形式向人民法院提出请求，才能取得原告的资格。

3. 具有法定诉讼权利能力和行为能力。公民的诉讼权利能力自出生到死亡为止都有，但行为能力可能由于年龄或精神状态而有所差异，缺乏完全行为能力的人不能亲自参加诉讼，只能由其法定代理人代为进行。法人或其他组织，诉讼权利能力和行为能力相一致，一般情况下参加诉讼没什么问题，但当其内部的组织或机构充当原告时，就会出现缺乏权利能力和行为能力的情况，这时就只能由可以独立对外的法人或其他组织充当原告。

二、原告资格的转移

原告资格的转移是指有权提起诉讼的公民、法人或者其他组织死亡或终止，其原告资格依法转移给特定的公民、法人或者其他组织的情形。我国《行政诉讼法》第24条对原告资格的转移制度作了规定。

1. 有权提起诉讼的公民死亡，其近亲属可以提起诉讼。即具有原告资格的公民死亡后，其原告资格可转移给近亲属。公民死亡包括自然死亡和宣告死亡。近亲属的范围，根据最高人民法院《若干解释》第11条的规定，“包括配偶、父母、子女、兄弟姐妹、祖父母、外祖父母、孙子女、外孙子女和其他具有抚养、赡养关系的亲属”。在这些近亲属当中，不分先后亲疏，都可承受原告资格。近亲属承受原告资格后，可以自己的名义向法院起诉而不是作为死者的代理人。当然，近亲属也可以拒绝承受原告资格，放弃诉讼权利。承受原告资格的近亲属提起诉讼的，胜诉时可享受死者应享有的权利，败诉时则应履行死者应履行的义务，但对死亡公民的人身处罚以及人身强制措施不能对近亲属执行。

2. 有权提起诉讼的法人或者其他组织终止，承受其权利的法人或组织可以提起行政诉讼。法人或其他组织终止是指法人或其他组织解散、分立或合并等。包括两种情况：一种是自行终止，另一种是因行政决定而终止。自行终止的，原告资格转移到承受其权利的法人或其他组织；因行政决定终止的，原法人或其他组织仍具有原告资格，该法人或组织都有权以自己的名义提起行政诉讼。

三、特殊情况下原告资格的确认

1. 被诉的具体行政行为涉及其相邻权或者公平竞争权的。相邻权是指两个以上相互毗邻的不动产所有人或者使用人，在行使不动产的占有、使用、收益和处分权时，相互之间应当给予便利或者接受限制而发生的权利义务关系。相邻关系属于民事法律关系，但民事主体侵犯他人相邻权的行为很多情况下与行政机关的具体行政行为有关。如果一方民事主体的行为是经行政机关批准或者许可后实施的，拥有相邻权的另一方就无法通过单纯的民事手段来解决，因而可以行政机关的批准或许可行为侵犯其合法权益为由，向人民法院提起行政诉讼。公平竞争权，如在招标投标中，公民、法人或其他组织都有公平竞争的权利，如果行政机关规定投标的某个条件明显是偏向一方当事人而不利于其他投标者的，就属于侵犯公平竞争权的行为，受害者可以提起行政诉讼。

2. 与被诉的行政复议决定有法律上利害关系或者在复议程序中被追加为第三人的。这种情况比较特殊，当事人不是在普通的行政法律关系中出现，而是在复议程序中出现的。因复议机关也是行政机关，其在复议程序中认定的某种法律事实与某相对人有关，或者决定把某相对人追加为复议第三人，也是一种具体行政行为，其行为同样会影响到这些相对人的合法权益，因而他们不服时也可以提起行政诉讼。

3. 要求主管行政机关依法追究加害人法律责任的。现实中，一公民被他人殴打，经报案后公安机关却不予追究打人者的法律责任；某个企业受到相邻工厂排放污染物的侵害，受害企业要求环保部门追究违法者的法律责任，而环保部门却不予追究，这些情形中，受害者不服行政机关决定的，都可向人民法院提起行政诉讼。

4. 与撤销或者变更具体行政行为有法律上利害关系的。行政机关作出具体行政行为后，相关公民、法人或者其他组织是具体行政行为的受益者或者权益得到保护者，而行政机关将该具体行政行为撤销或变更后，使他们的利益受到损害。利益受到损害的相对人对此不服的，可以提起行政诉讼。

5. 合伙企业与合伙组织以及不具备法人资格的其他组织的起诉问题。按照《若干解释》的规定，合伙企业向人民法院提起诉讼的，应当以核准登记的字号为原告，由执行合伙企业事务的合伙人作诉讼代表人；其他合伙组织提起诉讼的，合伙人为共同原告。不具备法人资格的其他组织向人民法院提起诉讼的，由该组织的主要负责人作诉讼代表人；没有主要负责人的，可以由推选的负责人作诉讼代表人。同案原告为5人以上，应当推选1至5名诉讼代表人参加诉讼；在指定期限内未选定的，人民法院可以依职权指定。

6. 联营企业、中外合资或者合作企业的联营、合资、合作各方的起诉问题。对于联营企业、中外合资、中外合作企业这类组织，都是由两个组合体构成，而行政机关的行为，有时侵犯的是企业的整体利益，有时侵犯的却是企业中的一方而不是整个企业的利益。此时如果受害者以整个企业的名义起诉，其内部便首先产生矛盾，作为权益没有受到损害的一方可能不愿意起诉。为解决此问题，《若干解释》第15条规定："联营企业、中外合资或者合作企业的联营、合资、合作各方，认为联营、合资、合作企业权益或者自己一方合法权益受具体行政行为侵害的，均可以自己的名义提起诉讼"。

7. 农村土地使用权人的起诉问题。《若干解释》第16条规定，农村土地承包人等土地使用权人对行政机关处分其使用的农村集体所有土地的行为不服，可以自己的名义提起诉讼。

8. 非国有企业的起诉问题。非国有企业被行政机关注销、撤销、合并等，导致该企业失去权利能力和行为能力，不能对外实施具有法律意义的行为，但在诉讼上，法律仍是承认其诉讼权利能力与诉讼行为能力的。为此，《若干解释》第16条规定，“非国有企业被行政机关注销、撤销、合并、强令兼并、出售、分立或者改变企业隶属关系的，该企业或者其法定代表人可以提起诉讼”。

9. 股份制企业的起诉问题。股份制企业的经营自主权受到行政机关具体行政行为的侵犯，企业的法定代表人一般会以企业的名义提起行政诉讼，但在某些情况下，企业的法定代表人不愿行使诉权，以致股东的权益受损。为此，《若干解释》第17条规定，“股份企业的股东大会、股东代表大会、董事会等认为行政机关作出的具体行政行为侵犯企业经营自主权的，可以企业名义提起诉讼”。

第二节　行政诉讼的被告

行政诉讼的被告是指原告控告其具体行政行为侵犯了原告合法权益而被人民法院通知应诉的行政主体。

一、行政诉讼被告的概念与条件

根据《行政诉讼法》的规定，被告必须具备三个条件：

1. 必须是行政主体。主要是行政机关或者法律、法规授权的组织。行政机关是指行使国家行政职能，依法独立享有与行使行政职权的国家机关，包括乡级人民政府至国务院的各级人民政府及其职能工作部门。由于乡政府一般不设职能部门，故在这一级只能以乡政府为被告。除此之外，法律、法规授权的组织也具有行政诉讼权利能力，可以成为行政诉讼的被告。

2. 必须是原告认为所作出的具体行政行为侵犯了其合法权益的行政主体。只有对特定的行政相对人作出具体行政行为的行政机关或法律、法规授权的组织，才能成为行政诉讼的被告。此处的具体行政行为既包括原处理决定，也包括经复议后改变原处理决定的复议决定。

3. 必须是被人民法院通知应诉的主体。行政机关或法律、法规授权的组织能否成为被告，最终仍需要由人民法院确认。人民法院经过审查，确认被指控的行政机关或法律、法规授权的组织具备上述两个条件，并通知其参加诉讼活动者，才能成为被告。

二、行政诉讼被告的类型

《行政诉讼法》第25条以及《若干解释》第19～22条对被告类型作了规定。

1. 直接起诉的被告。行政诉讼案件有两类：一类是经过行政复议以后再向人民法院起诉的，称为经复议的诉讼案件；另一类是不经过行政复议程序当事人直接向人民法院起诉的，称为直接诉讼案件。《行政诉讼法》第25条第1款规定，公民、法人或者其他组织直接向人民法院提起诉讼的，作出具体行政行为的行政机关是被告。

2. 经过行政复议程序的被告。经过行政复议的案件，是指经过行政复议程序之后，复议申请人对复议结果不服，继而向人民法院提起行政诉讼的案件。经过行政复议程序的案件，被告情况如下：（1）复议机关维持原具体行政行为的，作出原具体行政行为的行政机关是被告。（2）复议机关改变原具体行政行为的，复议机关是被告。这里的"改变"包括：复议机关改变原具体行政行为所认定的主要事实和证据的；复议机关改变原具体行政行为所适用的规范依据且对定性产生影响的；复议机关撤销、部分撤销或者变更原具体行政行为处理结果的。（3）复议机关在法定期限内不作出复议决定，当事人对原具体行政行为不服，向人民法院起诉的，应以作出原具体行政行为的行政机关作为被告。（4）复议机关法定期限内不作出复议决定，当事人对复议机关不履行法定职责不服的，应当以复议机关为被告。

3. 共同作出具体行政行为的被告。《行政诉讼法》第25条第3款规定，两个以上行政机关作出同一具体行政行为的，共同作出具体行政行为的行政机关是共同被告。关于共同行为的认定，实践中通常按照是否以行政机关的共同名义签署（即以公章为准）为判断，如果只有一个行政机关签署，而其他行政机关虽然实质参与但没有签署，则只能认定为签署行政机关的行为。另外，共同被告的构成必须是作出同一具体行政行为的组织都是行政主体，非行政主体不能与行政主体组成共同被告。

4. 法律、法规授权关系中的被告。法律、法规授权组织是指国家机构序列外，经法律、法规授权行使一定职能的组织。《行政诉讼法》第25条第4款明确规定，法律、法规授权组织作出的行政行为，该组织是被告。值得注意的是，从最高人民法院《若干解释》第20～21条的规定看，最高人民法院已把授权法的范围从"法律、法规"扩大到"规章"。因此，行政诉讼法意义上的"授权"是指法律、法规与规章把某一国家行政职权设定给某一组织的行为。

值得注意的是，行政机关在没有法律、法规或者规章规定的情况下，授权其内设机构、派出机构或者其他组织行使行政职权的，应当视为委托。当事人不服提起诉讼的，应当以该行政机关为被告。

5. 行政委托关系中的被告。《行政诉讼法》第25条第4款规定，由行政机关委托的组织所作出的具体行政行为，委托的行政机关是被告。按照一般的委托代理理论，受委托人以委托人的名义进行活动，其行为的后果由委托人承担。这一理论同样适用于行政活动。行政机关在没有法律、法规或合法有效规章规定的情况下，授权某机构或所属职能部门行使行政职权，应视为委托。

6. 行政机关被撤销后的被告。《行政诉讼法》第25条第5款规定，行政机关被撤销的，继续行使其职权的行政机关是被告。至于行政机关被撤销后，没有继续行使其职权的行政机关时，被告如何确定，法律没有明确规定。我们认为应以作出撤销决定的机关或被撤销机关所属人民政府为被告。

7. 行政审批关系中的被告。现实中有时会发生这样的情况，一个行政机关作出的具体行政行为需经上级行政机关批准，为此，最高人民法院《若干解释》第19条规定："当事人不服经上级行政机关批准的具体行政行为，向人民法院提起诉讼的，应当以在对外发生法律效力的文书上署名的机关为被告"。

8. 不具有行政主体资格的组织作出行为时的被告。行政机关组建并赋予行政管理职能的组织，如乡镇的"联防队"、城市的"城管大队"等，它们不具有独立承担法律责任的能力。为此，最高人民法院《若干解释》第20条第1款规定，行政机关组建并赋予行政管理职能但不具有独立承担法律责任能力的机构，以自己的名义作出具体行政行为，当事人不服提起诉讼的，应当以组建该机构的行政机关为被告。

9. 在无授权条件下实施行为时的被告。最高人民法院《若干解释》第20条第2款规定，行政机关的内设机构或者派出机构在没有法律、法规或者规章授权的情况下，以自己的名义作出具体行政行为，当事人不服提起诉讼的，应当以该行政机关为被告。

10. 超越授权范围实施行为时的被告。最高人民法院《若干解释》第20条第3款规定，法律、法规或者规章授权行使行政职权的行政机关内设机构、派出机构或者其他组织，超出法定授权范围实施行政行为，当事人不服提起诉讼的，应当以实施该行为的机构或者组织为被告。

第三节 行政诉讼的共同诉讼人

共同诉讼人指的是共同诉讼案件的当事人。其中原告一方为两个或两个以上的公民、法人或者其他组织的，称之为共同原告；被告一方为两个或两个以上的行政机关或被授权组织的，称之为共同被告。《行政诉讼法》第26条规定："当事人一方或者双方为二人以上，因同一具体行政行为发生的行政案件，或者因同样的具体行政行为发生的行政案件、人民法院认为可以合并审理的，为共同诉讼。"该条规定了必要的共同诉讼和普通的共同诉讼。

一、必要的共同诉讼

必要的共同诉讼是指当事人一方或者双方为二人以上，诉讼标的是同一具体行政行为的诉讼。这种共同诉讼中的当事人即为必要共同诉讼人。

必要的共同诉讼发生的条件，主要有：

1. 当事人一方或者双方各为复数。可能是原告或被告一方为二人以上，也可能原被告双方各为二人以上。在行政诉讼中，原告为二人以上的，通常是二人以上的行政相对人共同实施违法行为，行政机关对之作出具体行政行为，行政相对人不服，提起行政诉讼。被告为二人以上的，往往是同一具体行政行为，是由两个以上行政机关联合或共同作出的，作为行政相对人的公民、法人或其他组织不服，向人民法院提起诉讼，联合或共同作出具体行政行为的行政机关是本案的共同被告。双方当事人各为二人以上的，往往是二个以上的行政相对人实施的违法行为，涉及两个以上行政机关的职权范围，该两个以上行政机关联合或共同作出具体行政行为，两个以上行政相对人不服提起的诉讼，是双方当事人各为二人以上的共同诉讼。实践中，必要共同诉讼人主要有以下几种情形：行政诉讼中共同被处罚的人，成为共同原告；侵权案件中的致害人和受害人均对给予致害人的行政处罚不服，提起诉讼，致害人和受害人是共同原告，尽管两者的诉讼请求相反；其他具体行政行为的共同受害人，均对具体行政行为不服提起诉讼，为共同原告；被指控违法的具体行政行为由两个以上行政机关作出，参与作出的行政机关为共同被告。

2. 必要共同诉讼的标准是诉讼标的同一，即因同一具体行政行为发生的行政案件。同一的具体行政行为，是指行政法律关系的主体虽然是复数，而引起行政法律关系发生、变更、消灭的行政行为是同一的，双方当事人争议的具体行政行为是共同的，不是相类似的。如果行政机关对每一行政相对人作出具体行政行为，即使其内容相同，也不是同一具体行政行为，不能作为必要的共同诉讼。可见，必要的共同诉讼的标准是行政行为本身，即必须是一个独立、完整的具体行政行为，该行为或者是由两个以上行政机关共同作出，或者是一个具体行政行为处理两个以上公民、法人或者其他组织。

3. 共同诉讼的原告、被告为复数时，必须一同起诉或一同被诉。没有一同起诉或一同被诉，人民法院可基于当事人一方的申请或者依职权通知应当参加诉讼的当事人参加诉讼。对必要共同原告，法院有义务通知未起诉的其他共同原告参加诉讼，但如果有原告资格的人不愿起诉，法院不得强行追加，可以通知他们作为第三人参加诉讼。对于必要共同被告，必须共同参加诉讼，原告起诉中有遗漏的，人民法院有权在征求原告同意的基础上追加被告，并通知被告应诉，被追加的被告无权拒绝应诉。

必要共同诉讼是当事人因同一具体行政行为发生争议，不可分离，因而必须实行诉讼主体的合并。必要共同诉讼人中一人的诉讼行为，经全体共同诉讼人同意，对全体发生效力；未经全体同意，只对作出诉讼行为的人发生效力，其他共同诉讼人不受影响，因为共同诉讼人都是独立的法律主体，有独立的诉讼法律地位，一个人的行为对其他共同诉讼人没有法律上的约束力。他们各自以自己的名义参加诉讼，并对各自的行为负责，各自可以提出自己的诉讼请求。

二、普通的共同诉讼

普通的共同诉讼是指当事人一方或者双方为二人以上，因行政诉讼标的是同样的具体行政行为，人民法院认为可以合并审理的行政诉讼。这种共同诉讼的当事人即是普通共同诉讼人。

所谓“同样的具体行政行为”，首先，在行政法律关系中，不是一个具体行政行为而是两个或两个以上行政行为，实质上这是几个案件而非一个案件。其次，共同诉讼人之间在事实上或法律上并无当然的不可分割的联系，仅仅因为诉讼标的属于同一种类，即被诉具体行政行为有相同、相类似的性质，所以在程序上被统一起来。这种行政行为的种类主要有：行政行为的基本事实同类，如均因偷税案件被处罚；或者是处理的法律依据同类，如因在一条拆迁道路上拒不搬迁或违章建筑，均根据同样的拆迁条例而被处罚或强制；或者是具体行政行为的种类、处理手段同类，如均被吊销执照等。

普通的共同诉讼是可分之诉，因此，普通的共同诉讼并不必然引起合并审理，法院既可以分别审理，也可以合并审理，是否合并审理，取决于合并审理的成本及人民法院的裁量权。一般而言，法院要考虑的因素有：一是合并审理案件的具体行政行为必须是同样的具体行政行为，不是同样的具体行政行为不能合并审理；二是合并审理的案件相互之间有联系，或者在事实上、适用法律上有联系，或者是诉讼主体之间有联系，没有任何联系的案件，不能合并审理；三是合并审理更经济，有利于减少案件，简化诉讼程序，避免对同一行政机关作出的两个以上的具体行政行为作出相互矛盾的裁判。

第四节　其他参与人

一、行政诉讼的第三人

（一）第三人的概念与特征

1. 我国《行政诉讼法》第27条规定："同提起诉讼的具体行政行为有利害关系的其他公民、法人或者其他组织，可以作为第三人申请参加诉讼，或者由人民法院通知参加诉讼。"根据这一规定，学术界一般认为，所谓行政诉讼第三人，是指同提起行政诉讼的具体行政行为有利害关系，并可能受到行政诉讼审理结果影响，依本人申请并经批准或由人民法院通知参加诉讼的公民、法人或者其他组织。

2. 行政诉讼第三人一般具有以下特征：

（1）行政诉讼第三人是原、被告以外的公民、法人或者其他组织。第三人既不是原告，也不是被告，而是在原告起诉之后，依申请或者根据人民法院通知而参加到已经开始的诉讼中来的公民、法人或者其他组织。

（2）第三人必须是与被诉的具体行政行为有利害关系。这是第三人参加行政诉讼的根本原因，这里的利害关系是指被诉具体行政行为在客观上已经影响到第三人的权利义务。这是根据《行政诉讼法》第27条得出的非常重要的特征，也是界定行政诉讼第三人的一个重要标准。无论是《行政诉讼法》第27条还是《若干解释》，都没有把利害关系局限在直接利害关系上。只要与被诉具体行政行为有利害关系，无论这种利害关系是法律上的利害关系，还是诉讼结果上的利害关系，都可以参加行政诉讼。

（3）第三人在法律上具有独立的诉讼地位。第三人既不同于原告，也不同于被告，其地位可以类似于原告或被告。第三人参加诉讼的主要目的是为了维护自己的合法权益，基于这个原因，其诉讼地位是独立的，也享有各种诉讼权利。虽然他无权处分原告和被告之间的实体权利和诉讼权利，不能进行放弃或者变更诉讼请求、撤诉等只有原告或者被告才有权进行的诉讼行为，但是，他可以提出与案件有关的诉讼请求，也可以发言、辩论。相应的，对人民法院的一审判决不服，也有权提起上诉。

（4）第三人参加的是他人已经开始的、尚未结束的诉讼。第三人参加诉讼必须以原告、被告之间的诉讼正在进行为前提。如果原告、被告之间的诉讼尚未开始，或者原告、被告之间的诉讼已经审理完结，都不可能存在第三人。

（5）行政诉讼第三人参加诉讼的程序是法定的。根据《行政诉讼法》第27条的规定，行政诉讼第三人参加诉讼的法定方式有两种：一是申请参加诉讼。第三人主动申请参加诉讼，由人民法院决定是否准许。如果人民法院准许，则以书面形式通知第三人，如果未获准许，人民法院则以裁定形式予以驳回申请。二是人民法院依职权通知其参加诉讼。由于第三人与被诉具体行政行为有利害关系，第三人未申请参加诉讼的，人民法院有通知其参加诉讼的职责。如果第三人拒不参加，法院不能强求，必须尊重该第三人的权利与选择。

（二）行政诉讼第三人的情形

1. 行政处罚案件中的第三人。有两类情形：第一类，行政处罚案件中的共同被处罚人。在同一行政处罚案件中，行政机关处罚了两个以上的违法行为人。其中，一部分被处罚人向人民法院起诉，而另一部分被处罚人没有起诉的，可作为第三人参加诉讼。第二类，行政处罚案件中的受害人或被处罚人。被处罚人对行政处罚不服起诉的，受害人可作为第三人参加诉讼；受害人对行政处罚不服起诉的，被处罚人可作为第三人参加诉讼。

2. 行政确认、行政裁决案件中的第三人。在行政机关对土地、矿产、森林等资源所有权归属（以及房屋的所有权等）的裁决案件中，如一方当事人对行政机关的裁决行为不服而起诉的，则另一方与被诉具体行政行为存在利害关系，未起诉的当事人可以作为第三人参加诉讼，以维护自己的合法权益。

3. 两个以上行政机关作出相互矛盾的具体行政行为，非被告的行政机关可以是第三人。

4. 参与作出具体行政行为的非行政机关第三人。在行政管理中，有些具体行政行为由行政机关和非行政机关共同署名作出。非行政机关没有法律的授权不能成为行政诉讼的被告，但由于非行政机关参与了具体行政行为，因而非行政机关与诉讼结果有法律上的利害关系。如果相对人不服，提起行政诉讼，应以行政机关为被告，非行政机关可作为第三人参加诉讼。

5. 经复议案件的第三人。复议决定维持具体行政行为的，行政复议机关可以作为第三人参加诉讼；复议机关改变具体行政行为的，原行政机关可以作为第三人。

二、行政诉讼代理人

（一）行政诉讼代理人的概念与特征

行政诉讼的代理人，是指在代理权限内，以当事人的名义进行行政诉讼活动的人。行政诉讼代理既可能基于法律规定而产生，也可能是由当事人委托而成立。设立行政诉讼代理人制度，是为了协助或帮助当事人进行诉讼，确保其诉讼权利得以实现，维护其合法权益。

行政诉讼代理人具有以下特征：

1. 行政诉讼代理人只能以被代理人的名义进行诉讼活动。如果代理人以自己的名义在行政诉讼中作出行为，则他就成了诉讼当事人而不是代理人。同时，代理人只能代理一方当事人，不能同时代理双方当事人。因为双方当事人的利益是矛盾和冲突的，代理人必须为维护和实现一方当事人的利益而活动。

2. 行政诉讼代理人在代理权限内的诉讼行为，其法律后果归属于被代理人。这是由代理行为的性质所决定的。代理行为是帮助他人所实施的行为，不是为了代理人自己的利益，因此，代理人行为的法律后果要由被代理人承担。当然，如果代理行为越权，代理人要承担相应的责任。

3. 行政诉讼代理人必须具有诉讼行为能力。这是能够成为诉讼代理人，为被代理人提供帮助的首要条件。不具有诉讼行为能力的人，不能成为诉讼代理人。如果诉讼代理人在诉讼过程中丧失诉讼行为能力，就不能继续担当代理人。

（二）行政诉讼代理人的种类

行政诉讼代理人按其代理权产生依据的不同可以分为法定代理人、指定代理人和委托代理人三类。

1. 法定代理人。行政诉讼的法定代理人，是指根据法律的直接规定而享有代理权，代替无诉讼行为能力人进行行政诉讼的人。根据《行政诉讼法》第 28 条的规定，没有诉讼行为能力的公民，由其法定代理人代为诉讼。在行政诉讼中，法定代理人只适用于代理未成年人、精神病人等无诉讼行为能力的原告或第三人的个人进行诉讼，而不适用于法人、其他组织及作为被告的行政主体。法定代理人一般都是对被代理人负有保护和监督责任的监护人，法定代理人和被代理人之间存在着亲权或监护关系，如父母、配偶、子女、兄弟姐妹等。如果被代理人没有作为监护人的亲属，则由未成年人父母所在单位或精神病人所在单位，或者他们住所地的居民委员会、村民委员会作为法定代理人。在行政诉讼中，公民可以成为原告或者第三人，因此，当原告或者第三人为无诉讼行为能力者时，因为不能以自己的行为参加诉讼并维护自己的合法权益，因而就由其法定代理人来维护他们的合法权益。

法定代理为特别代理，法定代理人具有和当事人基本相同的地位。法定代理人可以处分实体权利和诉讼权利，其实施的一切诉讼行为视同当事人的行为。当然，法定代理人不等同于当事人，其诉讼地位也有所区别。如法院确定管辖时是以当事人的住所地为准，而不考虑法定代理人的住所地等。但在日常生活中，存在着法定代理人相互推诿代理责任的现象，为此，法律又规定由人民法院指定其中一人代为诉讼。当被代理人具有了或者恢复了诉讼行为能力，法定代理人也就丧失了代理资格。

法定代理人的代理权因下列情况而归于消灭：（1）被代理的未成年人成年；（2）精神病人恢复正常；（3）代理人死亡或丧失诉讼行为能力；（4）被代理人和代理人之间的收养关系被合法解除；（5）其他法律事实，例如，代理人恶意损害被代理人的合法权益，法院变更代理人。

2. 指定代理人。行政诉讼的指定代理人，是指基于法院指定而享有代理权，代替无诉讼行为能力人进行行政诉讼的人。指定代理人制度同样是为无诉讼行为能力的人设定的，是对法定代理人制度的补充。但指定代理不是基于监护权，也不是基于当事人委托而产生，而是源于人民法院的职权指定。

指定代理人一旦被法院指定即发生法律效力，而不论被代理人是否同意。指定代理人代理权限的大小，依其与被代理人的关系而定：如果指定代理人属于法定代理人范畴的话，则指定代理人可以行使被代理人的所有权利，即全权代理；如果指定代理人不属于法定代理人范畴的话，则指定代理人的代理权限由法院确定。

指定代理人的代理权因下列情形而归于消灭：（1）诉讼代理事项完成，诉讼结束；（2）被代理人产生或恢复诉讼行为能力；（3）法定代理人可以行使代理权等。

3. 委托代理人。行政诉讼的委托代理人，是指受当事人、法定代理人的委托，代理其进行行政诉讼活动的人。《行政诉讼法》第29条第1款规定："当事人、法定代理人，可以委托一至二人代为诉讼。"在行政诉讼中，委托诉讼代理是使用最为普遍的一种代理方式。委托代理人是基于当事人、法定代理人的委托而产生的。委托代理人的代理权是委托人授予的，因此，其代理权仅限于委托人在授权委托书中所确定的授权范围。在司法实践中，委托人的授权可分为一般授权和特别授权。一般授权即只在委托书上证明代理人仅有权代为进行诉讼的行为；特别授权则委托代理人不仅有权代为进行诉讼行为，而且还可以代为处分当事人的某些实体权利。

根据《行政诉讼法》第29条第2款的规定，委托代理人的范围有：（1）律师。律师享有依法查阅本案有关材料，向有关组织和公民调查、收集证据的权利等。但因行政诉讼的特殊性，律师必须在代理权限内进行诉讼代理活动。对准予查阅的庭审材料，可以摘抄，但不得擅自复制，与此同时，还必须要履行一些义务，如对涉及国家机密和个人隐私的材料，应当依照法律规定予以保密。作为被告的诉讼代理人的律师，在诉讼过程中，该律师不得自行向原告和证人收集证据等。律师作为被告的委托代理人时，除非经人民法院许可，在诉讼过程中不得自行取证。(2）社会团体。具体包括工会、共青团、妇联等。社会团体作为委托代理人仅存在于作为行政诉讼原告的代理人这一情形。这主要是考虑到作为原告的行政相对人与作为被告的行政机关相比，力量较弱，为增强其抗辩能力，可委托社会团体做代理人。社会团体接受委托时，该社会团体的法定代表人为委托诉讼代理人。社会团体的法定代表人征得委托人的同意，可以指定该社会团体的成员或者聘请律师作为诉讼代理人。(3）提起诉讼的公民的近亲属。这里的公民即诉讼中的原告。公民的近亲属，如夫妻、子女、兄弟姐妹等，彼此熟悉，关系密切，对案情较为了解，相互之间较为信任，因此，公民委托其近亲属是常见现象。(4）提起诉讼的公民所在单位推荐的人。公民和其所在单位之间往往有密切关系。当公民在诉讼上发生困难时常常希望得到单位的帮助，作为单位来说，也有责任为本单位的职工提供各方面的服务。(5）经人民法院许可的其他公民。如当事人的同事、同学、朋友等。

当事人、法定代理人委托代理的人数是一至二人。当事人委托诉讼代理人，应当向人民法院提交由委托人签名或者盖章的授权委托书。委托书应载明委托事项和具体权限。公民在特殊情况下无法书面委托的，也可以口头委托。口头委托的，人民法院应当核实并记录在卷。被诉机关或者其他有义务协助的机关拒绝人民法院向被限制人身自由的公民核实的，视为委托成立。当事人解除委托或者变更委托的，应当书面报告人民法院，由人民法院通知其他当事人。

委托代理权可以因下列情况而归于消灭：（1）诉讼代理事项完成，诉讼结束；(2）委托人解除委托；（3）受委托人辞却委托；（4）受委托人死亡或者丧失诉讼行为能力。

第十六章
行政诉讼的证据规则

第一节　行政诉讼证据概述

一、行政诉讼证据的概念与特征

行政诉讼的证据是指在行政诉讼过程中，用来证明案件真实情况的一切材料或手段。作为证据的一种，行政诉讼证据具有证据的共同特征，即客观性、相关性和合法性，但内容有所不同。

1. 客观性。客观性是指行政诉讼证据本身必须是客观的、真实的，而不是想象的、虚构的、捏造的。一种违法行为是在诉讼之前，在一定时间、空间和条件下发生的，必然作用于外界事物并引起相应的客观变化，反映这种特定现象的事物或信息就成为揭示案件真相的证据。这些反映客观真实的事物或信息，可能是以实物形式存在，也可能是以证人、鉴定人的思维反映而存在。不论反映形式如何，其内容都必须是真实的。任何以人们主观臆想、猜测、假设的情况都不能成为证据。伪造的、歪曲事实的材料更不能作为诉讼证据。

2. 相关性。相关性又称“关联性”，是指诉讼证据必须与待证的案件事实存在一定的联系。表现在两个方面：（1）与有争议的具体行政行为有联系；（2）同作出具体行政行为所依据的事实有联系。只要同待证事实存在着联系，无论是哪一种形式的联系，都符合关联性的要求。因此，判断有无相关性的标准应当是，由于证据的存在，使得待证事实的真实或虚假变得更为清晰，从而有助于证明待证事实的真相。

3. 合法性。合法性是指证据必须按照法定程序收集和提供，才能够作为诉讼证据。合法性包括：收集证据的合法性，主要是指当事人、诉讼代理人和人民法院在收集证据时应符合法律的要求，不得违反法律的规定；证据形式的合法性，必须以法律规定的存在形式表现出来。

二、行政诉讼证据的种类

根据《行政诉讼法》的规定，我国行政诉讼证据的种类有书证、物证、视听资料、证人证言、当事人陈述、鉴定结论、勘验笔录和现场笔录共七种。

（一）书证

以文字、符号、图表等记载人的思想和行为，或者对物体作描述、记述，其内容能够证明案件真实情况的物品，被称为书证。在形式上是书面，其内容能够反映案件的真实情况，可以证明当事人主张的事实。日常生活中接触到的具有书证性质的物品，如图书、文件、票据、货单、证件等，这些物品只有与某个行政案件具体地发生联系，就具有书证的价值。由于书证具有一定的思想性，既在形式，又在内容上反映案件的事实，作为“白纸黑字”的证明度较高，所以在行政诉讼中常被大量使用。

根据最高人民法院《关于行政诉讼证据若干问题的规定》（以下简称《证据规定》）第10条的规定，当事人向人民法院提供书证的，应当符合下列要求：（1）提供书证的原件，原本、正本和副本均属于书证的原件。提供原件确有困难的，可以提供与原件核对无误的复印件、照片、节录本；（2）提供由有关部门保管的书证原件的复制件、影印件或者抄录件的，应当注明出处，经该部门核对无异后加盖其印章；（3）提供报表、图纸、会计账册、专业技术资料、科技文献等书证的，应当附有说明材料；（4）被告提供的被诉具体行政行为所依据的询问、陈述、谈话类笔录，应当有行政执法人员、被询问人、陈述人、谈话人签名或者盖章。法律、法规、司法解释和规章对书证的制作形式另有规定的，从其规定。

（二）物证

物证是指以其形状、质量、规格、受损坏的程度等来证明案件事实的物品。物证和书证虽然都属于以实物形态表现出来的证据，但二者有明显的不同，主要区别在于：（1）物证是以其存在、外形、特征证明案件事实，书证则是以文书或物品所记载的思想内容证明案件事实；（2）法律对物证无形式上的特定要求，只要能以其存在、外形、特征证明案件事实，就可以作为物证；对书证则不同，法律有时规定必须具备特定形式才具有证据效力。当然，也存在某一实物证据既是书证又是物证的情形，当以刻在该物品上的文字所反映的思想内容证明案件事实时，它是书证，当以该物品的外部特征证明案件事实时，它又是物证。

根据《证据规定》第11条的规定，当事人向人民法院提供物证的，应当符合下列要求：（1）提供原物，提供原物确有困难的，可以提供与原物核对无误的复制件或者证明该物证的照片、录像等其他证据；（2）原物为数量较多的种类物的，提供其中的一部分。

（三）视听资料

视听资料是指利用录音、录像、电子计算机储存的资料和数据等来证明案件事实的证据。一般包括录音录像、电脑储存资料和电视监视资料三大类。录音录像资料，例如运用录音和录像、摄像、制作电影、电视剧、VCD等技术录制的能够在电视、电脑、放音机等机器上将音像反映出来的资料；电脑储存资料，是通过计算机的软件和程序，以计算机语言编制出来的数据资料，通过利用计算机可以将这些资料解析和掌握；电视监视资料，如银行的闭路监视电视自动摄像录下的图像。

视听资料是实物证据的一种，它与同属于实物证据的书证、物证虽然有一定的关系，但有着明显的区别。例如，视听资料与书证的相同之处在于它们都以一定的思想内容来证明案件事实，但视听资料是以音响、图像、数据反映的内容，而不以文字、符号表达的内容证明案件事实，视听资料是以动态而不是静态方式证明案件事实。而视听资料与物证的区别是显而易见的，物证以其外部特征证明案件事实，而视听资料则是以资料中的内容发挥证明作用。

根据《证据规定》第12条的规定，当事人向人民法院提供计算机数据或者录音、录像等视听资料的，应当符合下列要求：（1）提供有关资料的原始载体。提供原始载体确有困难的，可以提供复制件；（2）注明制作方法、制作时间、制作人和证明对象等；（3）声音资料应当附有该声音内容的文字记录。

（四）证人证言

证人是指应当事人的要求和人民法院的传唤到法庭作证的人。证人就案件事实向人民法院所作的陈述为证言。

我国行政诉讼中的证人包括单位和个人两大类，凡是知道案件情况的单位和个人都有义务出庭作证。单位因业务关系而了解案件事实，应由单位的法定代表人、负责人或其授权的人代表单位作证。下列人员不得作为证人：（1）不能正确表达意志的人。（2）诉讼代理人。在同一案件，诉讼代理人的身份与证人的身份是相互冲突的，因而不能既担任诉讼代理人又作为证人。（3）办理本案的审判人员、书记员、鉴定人、翻译人员和检察人员。

根据《证据规定》第13条的规定，当事人向人民法院提供证人证言的，应当符合下列要求：（1）写明证人的姓名、年龄、性别、职业、住址等基本情况；（2）有证人的签名，不能签名的，应当以盖章等方式证明；（3）注明出具日期；（4）附有居民身份证复印件等证明证人身份的文件。

（五）当事人的陈述

当事人的陈述，是指当事人在诉讼中就与本案有关的事实，尤其是作为诉讼请求根据或反驳诉讼请求根据的事实，向人民法院所作的陈述。在诉讼中，当事人向人民法院所作的陈述往往包含多方面的内容，但可能成为诉讼证据的，只是当事人关于案件事实的陈述。

当事人对案件事实陈述的情况不同，证据效力也有所不同，一般可分为以下三种情形：(1) 当事人如在诉讼中以承认对方当事人所主张的事实的方式作出了不利于自己的陈述，该陈述一般具有免除对方当事人证明的效力。(2) 当事人所作的对自己有利的陈述，经其他证据证明为真实后，人民法院可以把当事人的陈述作为认定案件事实的根据之一。(3) 当事人所作的有利于己的陈述，如果未得到其他证据证实，人民法院不得将该陈述作为认定案件事实的根据，该陈述也就无任何证据效力。

（六）鉴定结论

鉴定结论是指鉴定人运用自己的专业知识，根据案件事实的材料，对某些专门性问题进行分析鉴定所得出的结论性意见。行政诉讼中的鉴定，通常有医学鉴定、文书鉴定、会计鉴定、技术鉴定、产品质量鉴定、行为能力鉴定等等。鉴定人有两种，一种是法定鉴定部门的专职鉴定人员；一种是司法机关指定的鉴定部门的专职鉴定人。不论是属于哪一种，都是在接受聘请或指派后，才能以鉴定人身份进行鉴定。

根据《证据规定》第 14 条的规定，被告向人民法院提供的在行政程序中采用的鉴定结论，应当载明委托人和委托鉴定的事项、向鉴定部门提交的相关材料、鉴定的依据和使用的科学技术手段、鉴定部门和鉴定人鉴定资格的说明，并应有鉴定人的签名和鉴定部门的盖章。通过分析获得的鉴定结论，应当说明分析过程。

（七）勘验笔录

勘验笔录是指审判人员在诉讼过程中对与争议有关的现场、物品进行查验、测量、拍照后制作的笔录，是通过勘验、检查等方法形成的证据。行政诉讼中的勘验笔录主要包括物证勘验笔录和人身检查笔录。在行政诉讼中，勘验笔录既是一种独立的证据，也是一种固定和保全证据的方法。

勘验笔录与物证、书证虽有相似之处，但有着明显的区别。

1. 与物证的区别。勘验笔录是审判人员以查看、检验等方式亲自认知现场、物品等，并将认知结果记录下来后形成的证据。这一特点使它既不同于物证，又不同于书证。勘验的对象可能是物品，勘验过程中也要对物证进行拍照，但照片是作为笔录的一部分发挥证明作用的。它既不是物证本身，也不是物证的复制品。

2. 与书证的区别。虽然都是用文字、图表等记载的内容证明案件事实的，但勘验笔录与书证的区别在于：一是制作的时间不同。书证形成于诉讼前，而勘验笔录一般是进入诉讼后才制作。二是制作的主体不同。书证一般由审判人员以外的人制作，而勘验笔录则由审判人员制作或在审判人员的参与、指导下制作。三是反映的内容不同。书证的内容可以反映制作人的主观意志，而勘验笔录则必须是对勘验对象的客观记载，不得渗入勘验人的主观意志。四是能否重新制作不同。书证一旦提交法庭后，即使制作当初内容有遗漏，或者某些重要的问题表述得不清楚，也不存在重新制作的问题；勘验笔录则不同，在必要时可以根据当事人提出的申请或者由人民法院依职权重新勘验并制作新的勘验笔录。

第二节　行政诉讼的举证责任分配与举证期限

《行政诉讼法》和《证据规定》对行政诉讼举证责任分配、人民法院调取、收集证据的规则、质证规则、行政诉讼证据的审核认定规则以及行政诉讼证据的保全规则做了相应的规定。

一、行政诉讼的举证责任分配

举证责任是指对于有待证明的事实向人民法院提出证据加以证明的责任。举证责任是由法律预先规定，承担该责任的当事人必须提供证据证明特定的案件事实，否则承担败诉风险及不利后果的证据制度。

（一）被告承担主要的举证责任

《行政诉讼法》第32条规定："被告对作出的具体行政行为负有举证责任，应当提供作出该具体行政行为的证据和所依据的规范性文件。"对此，可从三方面来理解：（1）具体行政行为是否合法应由被告承担举证责任，行政主体应当举出证据证明自己作出的具体行政行为具有合法性；（2）被告既要对作出的具体行政行为的事实依据举证，又要对作出具体行政行为的法律依据举证；（3）如果被告不能在举证期限内提供作出具体行政行为的事实证据和法律依据来证明其行为的合法性，将承担败诉的法律后果。由被告承担主要举证责任，一方面是保护原告的诉权，另一方面是被告相对于原告而言在举证方面具有优势，尤其由被告负举证责任有利于促进行政主体依法行政。

（二）原告承担必要的举证责任

被告负有举证责任并不意味着原告对所有的案件事实不负举证义务，相反，原告对下列事项承担举证责任：(1) 证明起诉符合法定条件，但被告认为原告起诉超过起诉期限的除外。被告认为原告起诉超过法定期限的，由被告承担举证责任。(2) 在起诉被告不作为的案件中，证明其提出申请的事实。但不包括下列情形：一是被告应当依职权主动履行法定职责的；二是原告因被告受理申请的登记制度不完备等正当事由不能提供相关证据材料并能够作出合理说明的。(3) 在一并提起的行政赔偿诉讼中，证明因受被诉行为侵害而造成损失的事实。(4) 其他应当由原告承担举证责任的事项。

原告可以提供证明被诉具体行政行为违法的证据。原告提供的证据不成立的，不免除被告对被诉具体行政行为合法性的举证责任。

二、举证期限

举证期限是指行政诉讼法律规范规定的向法庭提供证据的期限。《行政诉讼法》和《若干规定》对当事人的举证期限作了规定。

人民法院向当事人送达受理案件通知书或者应诉通知书时，应当告知其举证范围、举证期限和逾期提供证据的法律后果，并告知因正当事由不能按期提供证据时应当提出延期提供证据的申请。当事人在法定期限内，可以向人民法院提供证据。

（一）被告的举证期限

在行政诉讼中，被告对其作出的具体行政行为承担举证责任。被告应当在收到起诉状副本之日起10日内提交答辩状，并提供作出具体行政行为时的证据、依据；被告不提供或者无正当理由逾期提供的，应当认定该具体行政行为没有证据、依据。被告因不可抗力或者客观上不能控制的其他正当事由，不能在规定的期限内提供证据的，应当在收到起诉状副本之日起10日内向人民法院提出延期提供证据的书面申请。人民法院准许延期提供的，被告应当在正当事由消除后10日内提供证据。逾期提供的，视为被诉具体行政行为没有相应的证据。有下列情形之一的，被告经人民法院准许可以补充相关的证据：被告在作出具体行政行为时已经收集证据，但因不可抗力等正当事由不能提供的；原告或者第三人在诉讼过程中，提出了其在被告实施行政行为过程中没有提出的反驳理由或者证据的。

（二）原告或第三人的举证期限

《证据规定》第7条规定："原告或者第三人应当在开庭审理前或者法院指定的交换证据之日提供证据。因正当事由申请延期提供证据的，经法院准许，可以在法庭调查中提供。逾期提供证据的，视为放弃举证权利。"同时，该条第2款规定："原告或者第三人在第一审程序中无正当事由未提供而在第二审程序中提供的证据，法院不予接纳”。

可见，被告的举证期限比原告或第三人的举证期限要短得多，在很大程度上就是为了强化行政主体“先取证、后裁决”的程序规则。

第三节　人民法院证据的调取与保全规则

在行政诉讼过程中，证据的来源除了由原被告方提供外，在特定的情况下可以由法院调取、收集。根据《行政诉讼法》第 34 条第 1 款规定，人民法院有权要求当事人提供或者补充证据。人民法院有权向有关行政机关以及其他组织、公民调取证据。

人民法院调取证据分为两种情况：一是依职权调取证据，如涉及国家利益、公共利益或者其他合法权益的事实认定的事项；涉及依职权追加当事人、中止诉讼、终结诉讼、回避等程序性事项的情形下，人民法院可依照法定职权调取相关证据。二是依申请调取证据，如原告或者第三人在不能自行收集，但能够提供确切线索的情况下，可以申请人民法院调取下列证据材料：由国家有关部门保存而须由人民法院调取的证据材料；涉及国家秘密、商业秘密、个人隐私的证据材料；确因客观原因不能自行收集的其他证据材料。但是人民法院不得为证明被诉具体行政行为的合法性，调取被告在作出具体行政行为时未收集的证据。

一、关于证据的调取

《若干规定》第 22～26 条作了详细的规定。有下列情形之一的，人民法院有权向有关行政机关以及其他组织、公民调取证据：（1）涉及国家利益、公共利益或者他人合法权益的事实认定的；（2）涉及依职权追加当事人、中止诉讼、终结诉讼、回避等程序性事项的。

原告或者第三人不能自行收集，但能够提供确切线索的，可以申请人民法院调取下列证据材料：（1）由国家有关部门保存而须由人民法院调取的证据材料；（2）涉及国家秘密、商业秘密、个人隐私的证据材料；（3）确因客观原因不能自行收集的其他证据材料。人民法院不得为证明被诉具体行政行为的合法性，调取被告在作出具体行政行为时未收集的证据。当事人申请人民法院调取证据的，应当在举证期限内提交调取证据申请书。调取证据申请书应当写明下列内容：（1）证据持有人的姓名或者名称、住址等基本情况；（2）拟调取证据的内容；（3）申请调取证据的原因及其要证明的案件事实。

人民法院对当事人调取证据的申请，经审查符合调取证据条件的，应当及时决定调取；不符合调取证据条件的，应当向当事人或者其诉讼代理人送达通知书，说明不准许调取的理由。当事人及其诉讼代理人可以在收到通知书之日起3日内向受理申请的人民法院书面申请复议一次。人民法院应当在收到复议申请之日起5日内作出答复。人民法院根据当事人申请，经调取未能取得相应证据的，应当告知申请人并说明原因。人民法院需要调取的证据在异地的，可以书面委托证据所在地人民法院调取。受托人民法院应当在收到委托书后，按照委托要求及时完成调取证据工作，送交委托人民法院。受托人民法院不能完成委托内容的，应当告知委托的人民法院并说明原因。

二、证据的保全

证据保全是指在证据有可能灭失或者以后难以获取的情况下，人民法院在诉讼参加人的要求下或主动依职权采取措施对证据予以确定和保护的制度。行政诉讼保全制度对于保证行政诉讼顺利进行有着积极的作用。

《行政诉讼法》第36条规定，在证据可能灭失或者以后难以取得的情况下，诉讼参加人可以向人民法院申请保全证据，人民法院也可以主动采取保全措施。当事人按照法律规定向人民法院申请保全证据的，应当在举证期限届满前以书面形式提出，并说明证据的名称和地点、保全的内容和范围、申请保全的理由等事项。当事人申请保全证据的，人民法院可以要求其提供相应的担保。法律、司法解释规定诉前保全证据的，依照其规定办理。人民法院可以根据具体情况，采取查封、扣押、拍照、录音、录像、复制、鉴定、勘验、制作询问笔录等保全措施。人民法院保全证据时，可以要求当事人或者其诉讼代理人到场。

第四节　行政诉讼证据的质证与认定规则

一、行政诉讼证据的质证

质证是指在人民法院的主持下，当事人及其代理人对证据的合法性、真实性、关联性、有无证明力以及证明力的大小进行辩论的活动。

最高人民法院《若干解释》第31条规定："未经法庭质证的证据不能作为人民法院裁判的根据。"最高人民法院《证据规定》规定，证据应当在法庭上出示，并经庭审质证，未经庭审质证的证据，不能作为定案的依据。但当事人在庭前证据交换过程中没有争议并记录在卷的证据，经审判人员在庭审中说明后，可以作为认定案件事实的依据。当事人申请人民法院调取的证据，由申请调取证据的当事人在庭审中出示，并由当事人质证；人民法院依职权调取的证据，由法庭出示，并可就调取该证据的情况进行说明，听取当事人意见；法庭在质证过程中，对与案件没有关联的证据材料，应予排除并说明理由。法庭在质证过程中，准许当事人补充证据的，对补充的证据仍应进行质证。法庭对经过庭审质证的证据，除确有必要外，一般不再进行质证。在第二审程序中或者按照审判监督程序审理的案件，对当事人依法提供的新的证据，法庭应当进行质证。这里的“新的证据”主要是指以下证据：（1）在一审程序中应当准予延期提供而未获准许的证据；（2）当事人在一审程序中依法申请调取而未获准许或者未取得，人民法院在第二审程序中调取的证据；（3）原告或者第三人提供的在举证期限届满后发现的证据等。此外，在第二审程序中，当事人对第一审认定的证据仍有争议的，法庭也应当进行质证；按照审判监督程序审理的案件，因原判决、裁定认定事实的证据不足而提起再审所涉及的主要证据，法庭也应当进行质证。

当事人应当围绕证据的关联性、合法性和真实性，针对证据有无证明效力以及证明效力大小进行质证。经法庭准许，当事人及其代理人可以就证据问题相互发问，也可以向证人、鉴定人或者勘验人发问。当事人及其代理人相互发问，或者向证人、鉴定人、勘验人发问时，发问的内容应当与案件事实有关联，不得采用引诱、威胁、侮辱等语言或者方式。

在质证过程中，对各类证据要求是不一样的：

1. 对书证、物证和视听资料的质证。《证据规定》第40条规定，对书证、物证和视听资料进行质证时，当事人应当出示证据的原件或者原物。但有下列情况之一的除外：（1）出示原件或者原物确有困难并经法庭准许可以出示复制件或者复制品；（2）原件或者原物已不存在，可以出示证明复制件、复制品与原件、原物一致的其他证据；（3）视听资料应当当庭播放或者显示，并由当事人进行质证。

2. 对证人证言的质证。《证据规定》第41～46条对证人出庭作证制度做了详细的规定。凡是知道案件事实的人，都有出庭作证的义务。有下列情形之一的，经人民法院准许，当事人可以提交书面证言：（1）当事人在行政程序或者庭前证据交换中对证人证言无异议的；（2）证人因年迈体弱或者行动不便无法出庭的；（3）证人因路途遥远、交通不便无法出庭的；（4）证人因自然灾害等不可抗力或者其他意外事件无法出庭的；（5）证人因其他特殊原因确实无法出庭的。不能正确表达意志的人不能作证。根据当事人申请，人民法院可以就证人能否正确表达意志进行审查或者交由有关部门鉴定。必要时，人民法院也可以依职权交由有关部门鉴定。当事人申请证人出庭作证的，应当在举证期限届满前提出，并经人民法院许可。人民法院准许证人出庭作证的，应当在开庭审理前通知证人出庭作证。当事人在庭审过程中要求证人出庭作证的，法庭可以根据审理案件的具体情况，决定是否准许以及是否延期审理。在下列情形中，原告或者第三人可以要求相关行政执法人员作为证人出庭作证：（1）对现场笔录的合法性或者真实性有异议的；（2）对扣押财产的品种或者数量有异议的；（3）对检验的物品取样或者保管有异议的；（4）对行政执法人员的身份的合法性有异议的；（5）需要出庭作证的其他情形。证人出庭作证时，应当出示证明其身份的证件。法庭应当告知其诚实作证的法律义务和作伪证的法律责任。出庭作证的证人不得旁听案件的审理。法庭询问证人时，其他证人不得在场，但组织证人对质的除外。证人应当陈述其亲历的具体事实。证人根据其经历所作的判断、推测或者评论，不能作为定案的依据。

3. 对鉴定结论的质证。根据最高人民法院《证据规定》第 47 条的规定，当事人要求鉴定人出庭接受询问的，鉴定人应当出庭。鉴定人因正当事由不能出庭的，经法庭准许，可以不出庭，由当事人对其书面鉴定结论进行质证。鉴定人不能出庭的正当事由，参照《规定证据》第 41 条的规定。对于出庭接受询问的鉴定人，法庭应当核实其身份、与当事人及案件的关系，并告知鉴定人如实说明鉴定情况的法律义务和故意作虚假说明的法律责任。

4. 对专门性问题的质证。根据最高人民法院《证据规定》第 48 条的规定，对被诉具体行政行为涉及的专门性问题，当事人可以向法庭申请由专业人员出庭进行说明，法庭也可以通知专业人员出庭说明。必要时，法庭可以组织专业人员进行对质。当事人对出庭的专业人员是否具备相应专业知识、学历、资历等专业资格等有异议的，可以进行询问，由法庭决定其是否可以作为专业人员出庭。专业人员可以对鉴定人进行询问。

二、行政诉讼证据的审核认定规则

《行政诉讼法》规定，证据经法庭审查属实，才能作为定案的根据。这就要求法院要对当事人质证后的证据是否具备法定的证据资格、证明力的大小等进行审核。也就是说，法庭应当对经过庭审质证的证据和无需质证的证据进行逐一审查和对全部证据综合审查，遵循法官职业道德，运用逻辑推理和生活经验，进行全面、客观和公正地分析判断，确定证据材料与案件事实之间的证明关系，排除不具有关联性的证据材料，准确认定案件事实。

（一）对证据的审查的内容

对证据的审查包括对证据的合法性审查和真实性审查两个方面。法庭应当从以下方面审查证据的合法性：（1）证据是否符合法定形式；（2）证据的取得是否符合法律、法规、司法解释和规章的要求；（3）是否有影响证据效力的其他违法情形。法庭应当从以下方面审查证据的真实性：（1）证据形成的原因；（2）发现证据时的客观环境；（3）证据是否为原件、原物，复制件、复制品与原件、原物是否相符；（4）提供证据的人或者证人与当事人是否具有利害关系；（5）影响证据真实性的其他因素。

（二）不能作为定案依据的证据材料

经过法庭认定，以下证据材料不能作为定案依据：（1）严重违反法定程序收集的证据材料；（2）以偷拍、偷录、窃听等手段获取，侵害他人合法权益的证据材料；（3）以利诱、欺诈、胁迫、暴力等不正当手段获取的证据材料；（4）当事人无正当事由超出举证期限提供的证据材料；（5）在中华人民共和国领域以外或者在中华人民共和国香港特别行政区、澳门特别行政区和台湾地区形成的未办理法定证明手续的证据材料；（6）当事人无正当理由拒不提供原件、原物，又无其他证据印证，且对方当事人不予认可的证据的复制件或者复制品；（7）被当事人或者他人进行技术处理而无法辨明真伪的证据材料；（8）不能正确表达意志的证人提供的证言；（9）不具备合法性和真实性的其他证据材料。

此外，以违反法律禁止性规定或者侵犯他人合法权益的方法取得的证据，不能作为认定案件事实的依据。被告在行政程序中依照法定程序要求原告提供证据，原告依法应当提供而拒不提供，在诉讼程序中提供的证据，人民法院一般不予采纳。

以下证据不能作为认定被诉具体行政行为合法的依据：（1）被告及其诉讼代理人在作出具体行政行为后或者在诉讼程序中自行收集的证据；（2）被告在行政程序中非法剥夺公民、法人或者其他组织依法享有的陈述、申辩或者听证权利所采用的证据；（3）原告或者第三人在诉讼程序中提供的、被告在行政程序中未作为具体行政行为依据的证据。

复议机关在复议程序中收集和补充的证据，或者作出原具体行政行为的行政机关在复议程序中未向复议机关提交的证据，不能作为人民法院认定原具体行政行为合法的依据。

对被告在行政程序中采纳的鉴定结论，原告或者第三人提出证据证明有下列情形之一的，人民法院不予采纳：（1）鉴定人不具备鉴定资格；（2）鉴定程序严重违法；（3）鉴定结论错误、不明确或者内容不完整。

（三）对一事实有数个证据的，其证明效力认定方法

如果证明同一事实有数个证据的，其证明效力一般可以按照下列情形分别认定：（1）国家机关以及其他职能部门依职权制作的公文文书优于其他书证；（2）鉴

定结论、现场笔录、勘验笔录、档案材料以及经过公证或者登记的书证优于其他书证、视听资料和证人证言；（3）原件、原物优于复制件、复制品；（4）法定鉴定部门的鉴定结论优于其他鉴定部门的鉴定结论；（5）法庭主持勘验所制作的勘验笔录优于其他部门主持勘验所制作的勘验笔录；（6）原始证据优于传来证据；（7）其他证人证言优于与当事人有亲属关系或者其他密切关系的证人提供的对该当事人有利的证言；（8）出庭作证的证人证言优于未出庭作证的证人证言；（9）数个种类不同、内容一致的证据优于一个孤立的证据。此外，以有形载体固定或者显示的电子数据交换、电子邮件以及其他数据资料，其制作情况和真实性经对方当事人确认，或者以公证等其他有效方式予以证明的，与原件具有同等的证明效力。

（四）经法院认定后可以采信的证据情形

在以下这些情形中的证据，经法院认定后可以采信：（1）在庭审中一方当事人或者其代理人在代理权限范围内对另一方当事人陈述的案件事实明确表示认可的，人民法院可以对该事实予以认定。但有相反证据足以推翻的除外。（2）在行政赔偿诉讼中，人民法院主持调解时当事人为达成调解协议而对案件事实的认可，不得在其后的诉讼中作为对其不利的证据。（3）在不受外力影响的情况下，一方当事人提供的证据，对方当事人明确表示认可的，可以认定该证据的证明效力；对方当事人予以否认，但不能提供充分的证据进行反驳的，可以综合全案情况审查认定该证据的证明效力。（4）众所周知的事实、自然规律及定理、按照法律规定推定的事实、已经依法证明的事实和根据日常生活经验法则推定的事实，法庭可以直接认定。（5）原告确有证据证明被告持有的证据对原告有利，被告无正当事由拒不提供的，可以推定原告的主张成立。（6）生效的人民法院裁判文书或者仲裁机构裁决文书确认的事实，可以作为定案依据。但是如果发现裁判文书或者裁决文书认定的事实有重大问题的，应当中止诉讼，通过法定程序予以纠正后恢复诉讼。

经过法庭审核，下列证据不能单独作为定案的依据：（1）未成年人所作的与其年龄和智力状况不相适应的证言；（2）与一方当事人有亲属关系或者其他密切关系的证人所作的对该当事人有利的证言，或者与一方当事人有不利关系的证人所作的对该当事人不利的证言；（3）应当出庭作证而无正当理由不出庭作证的证人证言；（4）难以识别是否经过修改的视听资料；（5）无法与原件、原物核对的复制件或者复制品；（6）经一方当事人或者他人改动，对方当事人不予认可的证据材料；（7）其他不能单独作为定案依据的证据材料。

庭审中经过质证的证据，能够当庭认定的，应当当庭认定；不能当庭认定的，应当在合议庭合议时认定。人民法院应当在裁判文书中阐明证据是否采纳的理由。法庭发现当庭认定的证据有误，可以按照下列方式纠正：（1）庭审结束前发现错误的，应当重新进行认定；（2）庭审结束后宣判前发现错误的，在裁判文书中予以更正并说明理由，也可以再次开庭予以认定；（3）有新的证据材料可能推翻已认定的证据的，应当再次开庭予以认定。

第十七章 行政诉讼程序

行政诉讼的程序是指人民法院审理行政诉讼案件所遵守的步骤、方式和期限的总和，由第一审程序、第二审程序和审判监督程序构成。行政诉讼程序以行政审判活动为内容，与行政审判活动相联系，是为审理行政争议案件而设立的诉讼程序，目的是为了保证审理结果的公正、合理、正确。

这里要注意行政诉讼程序与行政程序的区别，行政程序是指行政主体实施行政行为时必须遵守的方式、步骤、空间、时限，行政程序反映了行政权的运行过程。行政程序与行政诉讼程序是两种不同性质的程序，内容、目的、适用对象、表现形式、违反相应程序的后果都不同。而且行政程序比行政诉讼程序更简便易行，行政程序可能在行政诉讼程序中成为被审查的对象和内容。

第一节　第一审程序

第一审程序是指人民法院从受理行政案件到作出第一审裁判的诉讼程序。与其他程序相比，第一审程序是人民法院解决行政案件的必经程序，也是行政诉讼程序中内容最丰富、体系最完整的审理程序，二审以及再审程序都是在此基础上进行设计的。第一审程序主要由起诉、受理、审理和裁判四个环节组成。

一、行政诉讼的起诉

行政诉讼的起诉是指公民、法人或其他组织认为行政主体作出的具体行政行为侵犯其合法权益的，向有管辖权的人民法院提起行政诉讼，要求人民法院对该具体行政行为的合法性进行审查的活动。

（一）起诉的一般条件

所谓一般条件指无论提起何种诉讼、提出何种诉讼请求，都应当具备的条件。根据《行政诉讼法》第41条的规定，公民、法人或其他组织提起行政诉讼必须具备以下条件：（1）原告是认为具体行政行为侵犯其合法权益的公民、法人或者其他组织。原告是诉讼程序的发动者，原告资格满足与否影响到行政诉讼能否启动。在行政诉讼中，原告一方恒定为公民、法人或者其他组织，因此只有公民、法人或者其他组织才能提起行政诉讼；（2）原告向人民法院提起行政诉讼，必须要明确是哪一个行政主体作出的具体行政行为侵犯了其合法权益。被告是任何案件不可缺少的诉讼当事人，没有明确、适格的被告，就无人应诉，也无人承担被告的义务，人民法院也无法进行审判活动。如果没有明确的被告，起诉也不能成立；（3）有具体的诉讼请求和事实根据。诉讼请求是指原告向人民法院提起行政诉讼时要求和希望达到的诉讼目的，也就是必须向人民法院明确提出保护自己合法权益的具体要求。诉讼请求是诉讼的核心，不告不理的司法原则决定必须有具体的诉讼请求，以便法院审理。当然诉讼请求的提出也要有一定的事实根据，事实根据是指原告起诉的证据材料；（4）属于人民法院受案范围和受诉人民法院管辖。

（二）起诉的时间条件

时间条件是指诉讼时效，具体而言就是诉权行使的有效期间。行政诉讼的诉讼时效大致可以区分为以下几类：（1）一般期限与特殊期限。一般期限是指《行政诉讼法》规定的，适用于其他法律、法规未作明确规定的起诉期限。根据《行政诉讼法》第38条第2款和第39条的规定，申请人不服复议决定的，可以在收到复议决定书之日起15日内向人民法院提起诉讼，复议机关逾期不作决定的，申请人可以在复议期满之日起15日内向人民法院提起诉讼，法律另有规定的除外；直接向人民法院提起诉讼的，应当在知道作出具体行政行为之日起3个月内提出，法律另有规定的除外。特殊期限是指《行政诉讼法》承认的，其他法律、法规规定的起诉期限；（2）行政机关未告知诉权或起诉期限的情形。告知诉权和起诉期限是行政机关的义务。《若干解释》第41条规定，行政机关作出具体行政行为时，未告知公民、法人或者其他组织诉权或者起诉期限的，起诉期限从公民、法人或者其他组织知道或者应当知道诉权或者起诉期限之日起计算，但从知道或者应当知道具体行政行为内容之日起最长不得超过2年。复议决定未告知公民、法人或者其他组织诉权或者法定起诉期限的，适用前款规定；（3）不知道具体行政行为内容的起诉期限。《若干解释》第42条规定，公民、法人或者其他组织不知道行政机关作出的具体行政行为内容的，其起诉期限从知道或者应当知道该具体行政行为内容之日起计算。对涉及不动产的具体行政行为从作出之日起超过20年、其他具体行政行为从作出之日起超过5年提起诉讼的，人民法院不予受理；（4）限制人身自由行为的起诉期限。《若干解释》第43条规定了除斥期间，即被限制人身自由的时间不计算在内。因此，对限制人身自由的行政行为不服而起诉时，诉讼时效从行政行为终了之日起算；（5）期间耽误的处理。我国《行政诉讼法》规定，当事人因不可抗力或者其他特殊情况耽误法定期限的，从障碍消除后的10日内可以申请延长，是否延长由人民法院决定。《若干解释》又进一步对此予以明确规定：当事人因自身以外的原因耽误诉讼时效的，被耽误的时间不计算在内。

（三）起诉的程序

起诉的程序主要涉及起诉前是否必须经过行政复议程序，也就是处理行政复议与行政诉讼两者之间衔接问题。一般处理的原则是当事人自由选择救济手段为主，以行政复议前置为例外。但是，仍需要注意以下三种特殊情形的处理方式：（1）当事人既提起诉讼又申请复议的情况下，法律、法规未规定行政复议为提起行政诉讼的必经程序，公民、法人或其他组织既提起诉讼又申请复议的，由先受理的机关管辖。如果最先受理的机关是复议机关，那么当事人对复议决定不服，仍有权提起行政诉讼，反之如果先受理的机关是司法机关，那么司法机关的裁决就是最终的，当事人再也不能提起行政复议；（2）公民、法人或者其他组织已经申请行政复议，在法定复议期间内又向人民法院起诉的，人民法院不予受理；（3）当事人在复议期间撤回复议申请的处理。法律、法规未规定行政复议为提起行政诉讼的必经程序，公民、法人或其他组织向复议机关申请行政复议后，又经复议机关同意撤回复议申请的，在法定期限内对原具体行政行为提起诉讼的，人民法院应当受理。

二、行政诉讼的受理

行政诉讼的受理是指人民法院通过审查原告的起诉，认为符合法律规定的起诉条件，决定接受其诉讼请求予以立案审查的诉讼行为。《行政诉讼法》和《若干解释》对受理程序、受理条件和不予受理的情形做了详细的规定。

（一）行政诉讼受理的程序

人民法院应当组成合议庭对原告的起诉进行审查。符合起诉条件的，应当在7日内立案；不符合起诉条件的，应当在7日内裁定不予受理。7日内不能决定是否受理的，应当先予受理；受理后经审查不符合起诉条件的，裁定驳回起诉。受诉人民法院在7日内既不立案，又不作出裁定的，起诉人可以向上一级人民法院申诉或者起诉。上一级人民法院认为符合受理条件的，应予受理；受理后可以移交或者指定下级人民法院审理，也可以自行审理。7日的期限是从受诉人民法院收到起诉状之日起计算；因起诉状内容欠缺而责令原告补正的则从人民法院收到补正材料之日起计算。

（二）行政诉讼受理的条件

不同的案件，行政诉讼受理的条件各有不同，《若干解释》对此做了相应的规定。

1. 行政复议是行政诉讼前置程序的情况。法律、法规规定应当先申请复议，公民、法人或者其他组织未申请复议直接提起诉讼的，人民法院不予受理。复议机关不受理复议申请或者在法定期限内不作出复议决定，公民、法人或者其他组织不服，依法向人民法院提起诉讼的，人民法院应当依法受理。法律、法规未规定行政复议为提起行政诉讼的必经程序，公民、法人或者其他组织既提起诉讼又申请行政复议的，由先受理的机关管辖；同时受理的，由公民、法人或者其他组织选择。公民、法人或者其他组织已经申请行政复议，在法定复议期间内又向人民法院提起诉讼的，人民法院不予受理。法律、法规未规定行政复议为提起行政诉讼必经程序，公民、法人或者其他组织向复议机关申请行政复议后，又经复议机关同意撤回复议申请，在法定起诉期限内对原具体行政行为提起诉讼的，人民法院应当依法受理。

2. 原告撤回起诉后又起诉的情况。人民法院裁定准许原告撤诉后，原告以同一事实和理由重新起诉的，人民法院不予受理。准予撤诉的裁定确有错误，原告申请再审的，人民法院应当通过审判监督程序撤销原准予撤诉的裁定，重新对案件进行审理。原告或者上诉人未按规定的期限预交案件受理费，又不提出缓交、减交、免交申请，或者提出申请未获批准的，按自动撤诉处理。在按撤诉处理后，原告或者上诉人在法定期限内再次起诉或者上诉，并依法解决诉讼费预交问题的，人民法院应予受理。

3. 对行政主体重新作出行政决定不服提起诉讼的情况。人民法院判决撤销行政机关的具体行政行为后，公民、法人或者其他组织对行政机关重新作出的具体行政行为不服向人民法院起诉的，人民法院应当依法受理。

4. 对行政主体不作为提起诉讼的情况。公民、法人或者其他组织申请行政机关履行法定职责，行政机关在接到申请之日起60日内不履行的，公民、法人或者其他组织向人民法院提起诉讼，人民法院应当依法受理。法律、法规、规章和其他规范性文件对行政机关履行职责的期限另有规定的，从其规定。公民、法人或者其他组织在紧急情况下请求行政机关履行保护其人身权、财产权的法定职责，行政机关不履行的，起诉期间不受前述规定的限制。

5. 行政主体没有制作或送达法律文书的情况。行政机关作出具体行政行为时，没有制作或者没有送达法律文书，公民、法人或者其他组织不服向人民法院起诉的，只要能证明具体行政行为存在，人民法院应当依法受理。

（三）不予受理或裁定驳回的情形

根据《若干解释》第44条的规定，有下列情形之一的，应当裁定不予受理；已经受理的，裁定驳回起诉：（1）请求事项不属于行政审判权限范围的；（2）起诉人无原告诉讼主体资格的；（3）起诉人错列被告且拒绝变更的；（4）法律规定必须由法定或者指定代理人、代表人为诉讼行为，而没有法定或者指定代理人、代表人为诉讼行为的；（5）由诉讼代理人代为起诉，其代理不符合法定要求的；（6）起诉超过法定期限且无正当理由的；（7）法律、法规规定行政复议为提起诉讼必经程序而未申请复议的；（8）起诉人重复起诉的；（9）已撤回起诉，无正当理由再行起诉的；（10）诉讼标的为生效判决的效力所羁束的；（11）起诉不具备其他法定要件的。上述这些情形如果可以补正或者更正的，人民法院应当指定期间责令补正或者更正；在指定期间已经补正或者更正的，应当依法受理。

三、行政诉讼的审理

《行政诉讼法》和《若干解释》对审理前的准备、开庭审理、撤诉、诉讼的中止和终结以及审理依据做了规定。

（一）审理前的准备

人民法院应当在立案之日起5日内，将起诉状副本发送被告。被告应当在收到起诉状副本之日起10日内向人民法院提交作出具体行政行为的有关材料，并提出答辩状。人民法院应当在收到答辩状之日起5日内，将答辩状副本发送原告。被告不提出答辩状的，不影响人民法院审理。一般说来，在审理期间不停止具体行政行为的执行，但有下列情形的停止具体行政行为的执行：（1）被告认为需要停止执行的；（2）原告申请停止执行，人民法院认为该具体行政行为的执行会造成难以弥补的损失，并且停止执行不损害社会公共利益，裁定停止执行的；（3）法律、法规规定停止执行的。人民法院对于因一方当事人的行为或者其他原因，可能使具体行政行为或者人民法院生效裁判不能或者难以执行的案件，可以根据对方当事人的申请作出财产保全的裁定；当事人没有提出申请的，人民法院在必要时也可以依法采取财产保全措施。人民法院审理起诉行政机关没有依法发给抚恤金、社会保险金、最低生活保障费等案件，可以根据原告的申请，依法书面裁定先予执行。当事人对财产保全或者先予执行的裁定不服的，可以申请复议。复议期间不停止裁定的执行。

此外，法院还需做好是否合并审理的准备工作。《若干解释》规定，有下列情形的人民法院可以合并审理：（1）两个以上行政机关分别依据不同的法律、法规对同一事实作出具体行政行为，公民、法人或者其他组织不服向同一人民法院起诉的；（2）行政机关就同一事实对若干公民、法人或者其他组织分别作出具体行政行为，公民、法人或者其他组织不服，分别向同一人民法院起诉的；（3）在诉讼过程中，被告对原告作出新的具体行政行为，原告不服，向同一人民法院起诉的；（4）人民法院认为可以合并审理的其他情形。

（二）开庭审理

一般来说，人民法院公开审理行政案件，但涉及国家秘密、个人隐私和法律另有规定的除外。

开庭审理前由书记员查明当事人和其他诉讼参与人是否到庭，并宣布法庭纪律。

1. 宣布开庭。开庭审理时，首先由审判长宣布开庭；然后依次核对当事人，宣布案由，宣布审理人员、书记员名单，告知当事人有关诉讼权利义务，询问当事人是否提出回避申请。

2. 法庭调查。法庭调查是开庭审理的中心环节，其任务是通过核对各种证据材料，审查证据的证明效力以便认定案件事实。法庭调查依下述顺序进行：第一，当事人陈述。法庭依原告、被告、第三人及他们各自的诉讼代理人的顺序进行询问，并分别听取他们的陈述。在询问时应紧紧围绕双方所争执的焦点和与案件有关的情况进行。第二，告知证人的权利义务、证人作证、宣读未到庭证人证言。第三，宣读鉴定结论。当事人及法定代理人经审判长许可，可以向鉴定人发问。第四，出示书证、物证和视听资料。第五，宣读勘验笔录、现场笔录。

3. 法庭辩论。法庭辩论是开庭审理的重要阶段，是在审判人员主持下，当事人根据案件已经查明的事实和根据，用口头辩论方式陈述各自对诉讼争议和事实的看法、理由以及依据，以明确是非和责任。法庭辩论的一般顺序为：先由原告及其诉讼代理人发表辩论意见，再由被告及其代理人、第三人及其代理人发表辩论意见，接着各方相互辩论。法庭辩论终结，由审判长按照原告、被告、第三人的先后顺序征询各方最后意见。审判长宣布法庭辩论结束。

4. 合议庭评议与宣判。合议庭评议案件时，首先应确定案件事实是否全部查清，在此基础上再进一步判明被告所作具体行政行为是否合法有效。合议庭评议实行少数服从多数的原则。合议庭评议结束后，可以当庭宣判也可以定期宣判。当庭宣判的，应当在10日内发送判决书；定期宣判的，宣判后立即发给判决书。宣告判决时必须告知当事人上诉权、上诉期限和上诉的法院。

（三）审理中几种情况的处理

1. 撤诉。行政诉讼中的撤诉分为申请撤诉和视为撤诉两种情况。

申请撤诉。根据《行政诉讼法》第51条的规定，人民法院对行政案件宣告判决或者裁定前，原告申请撤诉的，或者被告改变其所作的具体行政行为，原告同意并申请撤诉的，是否准许，由人民法院裁定。

视为申请撤诉。视为申请撤诉一般适用于下列情况：经人民法院合法传唤，原告无正当理由拒不到庭的；原告在法定期限内未交诉讼费，又不提出缓交申请的。视为申请撤诉也应由法院作出裁定。

不论是原告申请撤诉还是视为申请撤诉，一旦经人民法院裁定批准，均产生一定的法律后果。在实体法上产生的法律后果是诉讼请求不能实现；在程序法上产生的法律后果是终结诉讼程序，使诉讼法律关系归于消灭。关于原告申请撤诉后能否就同一诉讼标的再行起诉的问题，《若干解释》中规定，“人民法院裁定准许原告撤诉，原告再起诉的，人民法院不予受理”；“原告在法定期限内未预交诉讼费，又不提出缓交诉讼费用申请的，按自动撤回起诉处理，原告在起诉期间内再次起诉，人民法院应予受理”。

2. 缺席判决。根据《行政诉讼法》第 48 条的规定，缺席判决原则上适用于被告。对被告适用缺席判决的条件是“被告无正当理由拒不到庭”。根据最高人民法院的有关规定，人民法院裁定不准许原告撤诉，如果原告仍拒不到庭的，人民法院可以比照《行政诉讼法》第 48 条的规定作出缺席判决。缺席判决只能在案件事实已经全部查清的情况下才能依法作出。

3. 诉讼中止。诉讼中止是指在行政诉讼进行过程中，由于存在和发生了某种无法克服或难以避免的特殊情况，致使诉讼无法继续进行而暂时停止的一种法律制度。根据《若干解释》第 51 条的规定，应当中止诉讼的情形包括：原告死亡，需要等待其近亲属表明是否参加诉讼的；原告丧失诉讼行为能力，尚未确定法定代理人的；作为一方当事人的行政机关、法人或者其他组织终止，尚未确定权利义务承受人的；一方当事人因不可抗力的事由不能参加诉讼的；案件涉及法律适用问题，需要送请有关机关作出解释或者确认的；案件的审判须以相关民事、刑事或者其他行政案件的审理结果为依据，而相关案件尚未审结的；其他应当中止诉讼的情形。中止诉讼时人民法院应当作出裁定。中止诉讼的原因消除后，应恢复诉讼程序。

4. 诉讼终结。诉讼终结是指在行政诉讼进行期间，因存在和发生了某种特殊情况，使诉讼无法进行或者继续进行已无实际意义，从而结束正在进行的行政诉讼程序的一种法律制度。诉讼终结与诉讼中止的区别在于：前者是完全结束对案件的审理，以后不再恢复诉讼程序；后者只是诉讼程序的暂时中断，待障碍消除后还要恢复诉讼程序。根据《若干解释》第 52 条的规定，在诉讼过程中，终结诉讼包括以下情形：原告死亡，没有近亲属或者近亲属放弃诉讼权利，或者诉讼中止满90日，其近亲属仍不表明是否参加诉讼的；作为原告的自然人丧失诉讼行为能力，尚未确定法定代理人，诉讼中止满90日，仍无人继续诉讼的；作为原告的法人或者其他组织终止后，其权利义务的承受人放弃诉讼权利，或尚未确定权利义务承受人，中止诉讼满90日，仍无人继续诉讼的。诉讼终结时，人民法院应当制作裁定书，裁定书一经送达即发生法律效力，当事人不得提出上诉，终结诉讼的法律后果是人民法院不再对该案进行审理，原告不得就同一事实和理由及同一诉讼标的再行起诉。

（四）审结期限

人民法院经过审理，根据不同情况，分别作出维持判决、撤销判决、履行判决、变更判决、驳回原告诉讼请求判决和确认判决等。

根据《行政诉讼法》第57、60条的规定，第一、二审行政案件的审结期限不同。对于第一审行政案件，“人民法院应当在立案之日起3个月内作出第一审判决。有特殊情况需要延长的，由高级人民法院批准，高级人民法院审理第一审案件需要延长的，由最高人民法院批准”。所谓特殊情况，一般是指案件事实比较复杂，短期内不易查清，或者当事人有特殊原因无法出庭等情况。对于第二审行政案件，人民法院应当在收到上诉状之日起2个月内审结。基层人民法院申请延长办案期限，应当直接报请高级人民法院批准，同时报中级人民法院备案。法律规定行政案件审限的目的在于有效地保证人民法院对行政案件的及时审结。

第二节　第二审程序

行政诉讼第二审程序，又称上诉审程序，是指上一级人民法院依照法律规定，根据当事人对第一审人民法院作出的裁判或判决不服，而在法定期限内向一审法院的上一级人民法院提起的上诉，对一审的人民法院作出的尚未生效的判决或裁定重新进行审理，并作出裁判的程序。

一、第二审程序的特点

（一）第二审程序由当事人上诉而引起

第二审程序是一种独立的审判程序，但并非是每一个行政诉讼案件都必须经过的程序。只有当事人不服一审判决、裁定，在法定期间内，以合法的形式提出上诉的案件，才经过第二审程序。无论是作为原告的公民、法人或者其他组织，还是作为被告的行政机关均可引起第二审程序；而且，一审程序中作为与被诉具体行政行为有直接利害关系的第三人，也可以上诉从而引起第二审程序。第二审程序其基础是行政诉讼法律关系中当事人的上诉权，这与第一审程序不同，第一审程序是基于公民、法人或者其他组织合法的起诉而发生，因而只有作为行政相对人的公民、法人或者其他组织的起诉行为才可能引起第一审程序，而作为管理者的行政主体不能引起一审程序的发生。此外，上诉必须是针对尚未发生法律效力的第一审判决、裁定。如果第一审判决、裁定已经生效，则当事人无权上诉，即使上诉也不会引起第二审程序的发生。

（二）第二审程序由第一审人民法院的上一级人民法院适用

对上诉案件适用第二审程序进行审判的，只能是第一审人民法院的上一级人民法院。上级人民法院适用第二审程序审判上诉案件，是上级人民法院对下级人民法院行使监督权的具体表现。与第一审不同的是，适用第一审程序的审判机关是对第一审行政案件具有管辖权的人民法院，人民法院适用第一审程序审判行政案件，是各级人民法院对行政案件行使管辖权的具体体现。

（三）适用第二审程序所作的判决、裁定，是终审判决、裁定，不得再提起上诉

第二审人民法院适用二审程序所作的判决、裁定，是终审判决、裁定，一经作出，即发生法律效力，当事人即应执行，否则将可能导致人民法院的强制执行。对二审判决与裁定尽管可以提起申诉，但不能停止执行。而第一审人民法院适用第一审程序所作的判决、裁定，在法定期间是不发生执行力的，其法律后果在于超过法定期限后即对当事人产生拘束力，而在法定期限内当事人提出上诉，不发生任何法律效力。

二、第二审程序的具体环节

《行政诉讼法》和《若干解释》对第二审程序的提起、受理、审理和裁判等都做了相应规定。

（一）上诉的提起

《行政诉讼法》规定，当事人不服人民法院第一审判决的，有权在判决书送达之日起15日内向上一级人民法院提起上诉。当事人不服人民法院第一审裁定的，有权在裁定书送达之日起10日内向上一级人民法院提起上诉。逾期不提起上诉的，人民法院的第一审判决或者裁定发生法律效力。此外，《若干解释》还规定，第一审人民法院作出判决和裁定后，当事人均提起上诉的，上诉各方均为上诉人。诉讼当事人中的一部分人提出上诉，没有提出上诉的对方当事人为被上诉人，其他当事人依原审诉讼地位列明。当事人提出上诉，应当按照其他当事人或者诉讼代表人的人数提交上诉状副本。

当事人上诉，可以直接向原审人民法院提出，也可以向第二审人民法院即原审法院的上一级法院提出。直接向二审法院提出的，二审法院应当在5日内将收到的上诉状交原审法院。

（二）上诉的受理和撤回

二审法院收到上诉状后，通过法定程序对上诉条件进行审查，诉讼主体合格，符合上诉条件的，应当予以受理，并在5日内将上诉状副本送达被上诉人，被上诉人应在收到上诉状副本后10日内提出答辩状。

如果通过原审人民法院上诉的，原审人民法院收到上诉状后，应当在5日内将上诉状副本送达其他当事人，对方当事人应当在收到上诉状副本之日起10日内提出答辩状。原审人民法院应当在收到答辩状之日起5日内将副本送达当事人。原审人民法院收到上诉状、答辩状，应当在5日内连同全部案卷和证据，报送第二审人民法院。已经预收诉讼费用的，一并报送。

上诉的撤回。二审法院自受理上诉案件至作出二审裁判之前，上诉人可以向二审法院申请撤回上诉。撤回上诉应提交撤诉状。撤回上诉是否准许，应由二审法院决定。经审查，法院认为上诉人撤回上诉没有规避法律和损害国家、社会、集体和他人利益，符合撤诉条件的，应当准许撤诉。

不准许撤回上诉的情形有：（1）发现行政机关对上诉人有胁迫的情况或者行政机关为了息事宁人，对上诉人做了违法让步的；（2）第二审程序中，行政机关改变原具体行政行为，而上诉人因行政机关改变原具体行政行为而申请撤回上诉的；（3）双方当事人都提出上诉，只有一方当事人提出撤回上诉的；（4）原审人民法院的裁判确有错误，应予以纠正或发回重审的。

（三）上诉的审理

二审法院审理上诉案件，首先应当组成合议庭。合议庭应当全面审查一审法院的判决或裁定认定的事实是否清楚，适用法律、法规是否正确，诉讼程序是否合法，有无违反法定程序，同时还要审查被诉具体行政行为是否合法。审查不受上诉人在诉状中的上诉范围和上诉内容的限制。行政诉讼的二审审理方式可分为两种：（1）书面审理。二审的书面审理适用于一审裁判认定事实清楚的上诉案件。二审法院经过一审法院报送的案卷材料、上诉状、答辩状、证据材料等进行审查，认为事实清楚的，可以不再传唤当事人、证人和其他诉讼参与人到庭调查核实，只通过书面审理后，即可作出裁判。（2）开庭审理。当事人对原审人民法院认定的事实有争议的，或者第二审人民法院认为原审人民法院认定事实不清楚的，第二审人民法院应当开庭审理。二审法院开庭审理与一审相同。

(四) 上诉的审结及期限

根据《行政诉讼法》第61条的规定，人民法院审理上诉案件，按照下列情形，分别处理：原判决认定事实清楚，适用法律、法规正确的，判决驳回上诉，维持原判；原判决认定事实清楚，但是适用法律、法规错误的，依法改判；原判决认定事实不清，证据不足，或者由于违反法定程序可能影响案件正确判决的，裁定撤销原判，发回原审人民法院重审，也可以查清事实后改判。当事人对重审案件的判决、裁定，可以上诉。

此外，《若干解释》第68、69、70条还规定了第二审人民法院经审理认为原审人民法院不予受理或者驳回起诉的裁定确有错误，且起诉符合法定条件的，应当裁定撤销原审人民法院的裁定，指令原审人民法院依法立案受理或者继续审理。第二审人民法院裁定发回原审人民法院重新审理的行政案件，原审人民法院应当另行组成合议庭进行审理。第二审人民法院审理上诉案件，需要改变原审判决的，应当同时对被诉具体行政行为作出判决。

关于二审人民法院对一审人民法院判决中遗漏诉讼请求的问题，《若干解释》第71条做了专门的规定，即：(1) 原审判决遗漏了必须参加诉讼的当事人或者诉讼请求的，第二审人民法院应当裁定撤销原审判决，发回重审；(2) 原审判决遗漏行政赔偿请求，第二审人民法院经审查认为依法不应当予以赔偿的，应当判决驳回行政赔偿请求；(3) 原审判决遗漏行政赔偿请求，第二审人民法院经审理认为依法应当予以赔偿的，在确认被诉具体行政行为违法的同时，可以就行政赔偿问题进行调解；调解不成的，应当就行政赔偿部分发回重审；(4) 当事人在第二审期间提出行政赔偿请求的，第二审人民法院可以进行调解；调解不成的，应当告知当事人另行起诉。

人民法院审理上诉案件，应当在收到上诉状之日起2个月内作出终审判决。有特殊情况需要延长的，由高级人民法院批准，高级人民法院审理上诉案件需要延长的，由最高人民法院批准。二审法院作出的裁判是终审裁判，当事人不得上诉。如果法院对已发生法律效力的裁判依法进行再次审理则属于审判监督程序。

第三节 审判监督程序

审判监督程序是指人民法院认为已发生法律效力的行政案件裁判确有错误，依法进行再次审理的程序，又称为再审程序。

一、审判监督程序与二审程序的关系

两者的共同点，都是以人民法院已经作出的裁判为基础，都是对人民法院的

审判工作进行监督、保证办案质量的程序。两者的区别在于：

（一）提起的主体不同

提起审判监督程序的主体必须是法律明文规定的各级人民法院院长和上级人民法院、最高人民法院以及各级人民检察院。当事人的申诉并不能直接或必然引起审判监督程序的发生。而提起上诉的主体，则是享有上诉权的当事人，并且当事人的上诉必然引起第二审程序的发生。

（二）提起的法定理由不同

提起审判监督程序必须具有法定理由，即人民法院已经发生法律效力的判决、裁定确有错误，有关主体才能提起审判监督程序，且提起不受期限的限制。当然，当事人申请再审是有期限要求的。根据《若干解释》的规定，有下列情形之一的，属于判决、裁定确有错误：（1）原判决、裁定认定的事实主要证据不足；（2）原判决、裁定适用法律、法规确有错误；（3）违反法定程序，可能影响案件正确裁判；（4）其他违反法律、法规的情形。而上诉只要是当事人不服一审人民法院的判决、裁定，即可在法定期限内提起，它并不以一审判决、裁定违反法律、法规为前提。

（三）审理的对象不同

审判监督程序审理的对象是已经生效的判决、裁定，特定情况下，行政赔偿调解书也可以成为提起审判监督程序的对象。而第二审程序审理的对象则是尚未生效的第一审判决、裁定。

（四）审理的主体不同

适用审判监督程序审理的行政案件，既可以由原审人民法院审理，也可以由原审人民法院的上级人民法院审理。而适用第二审程序审理的行政案件，只能由第一审人民法院的上一级人民法院审理。

二、审判监督程序的提起

在审判监督程序中，有以下几类主体可以提起再审：

（一）人民法院院长提交本院审判委员会讨论决定再审

各级人民法院院长对本院已经发生法律效力的判决、裁定，发现违反法律、法规，认为需要再审的，应当提交审判委员会讨论决定是否再审。这实际上是把对本院审判活动的监督权交给院长和审判委员会共同行使。

（二）上级人民法院提审或者指令下级人民法院再审

这里的上级人民法院也包括最高人民法院在内。上级人民法院对下级人民法院已经发生法律效力的判决、裁定发现违反法律法规的，有权提起再审。上级法院提起再审可以采用提审，也可以采用指令再审的方式。

（三）人民检察院抗诉

相对于人民法院的自我监督而言，人民检察院的审判监督属于外部监督。为使这种外部监督能充分得到实现，法律确立了自上而下的监督规则和程序：除最高人民检察院可以依法对最高人民法院的生效判决、裁定提出抗诉外，只能由上级人民检察院依法对下级人民法院的生效判决、裁定向同级人民法院提出抗诉。（1）最高人民检察院对各级人民法院，上级人民检察院对下级人民法院已经发生法律效力的判决、裁定，发现违反法律、法规规定的，应当按照审判监督程序提起抗诉。（2）同级人民检察院对同级人民法院生效的判决、裁定，发现违反法律、法规规定的，应报请上级检察院按照审判监督程序提起抗诉。人民法院对人民检察院提起抗诉的案件必须进行再审。凡人民检察院按照审判监督程序提出抗诉的，必须制作抗诉书，并将其送交有关人民法院。人民法院开庭审理抗诉案件时，应当通知人民检察院派员出庭。

值得注意的是，当事人虽然可以申请再审，但其自身并不必然引起该程序的发生，只是为该程序的提起提供线索，但是否再审，则取决于人民法院。《行政诉讼法》第62条规定："当事人对已经发生法律效力的判决、裁定，认为确有错误的，可以向原审人民法院或者上一级人民法院提出申诉，但判决、裁定不停止执行。"根据《若干解释》的规定，当事人申请再审，应当在判决、裁定发生法律效力后2年内提出。当事人对已经发生法律效力的行政赔偿调解书，提出证据证明调解违反自愿原则或者调解协议的内容违反法律规定的，可以在2年内申请再审。人民法院接到当事人的再审申请后，经审查，符合再审条件的，应当立案并及时通知各方当事人；不符合再审条件的，予以驳回。

三、再审案件的审理程序

根据《若干解释》的规定，再审案件的审理应当遵循如下的程序：

（一）人民法院审理再审案件，应当另行组成合议庭

按照审判监督程序决定再审的案件，应当裁定中止原判决的执行；裁定由院长署名，加盖人民法院印章。上级人民法院决定提审或者指令下级人民法院再审的，应当作出裁定，裁定应当写明中止原判决的执行；情况紧急的，可以将中止执行的裁定口头通知负责执行的人民法院或者作出生效判决、裁定的人民法院，但应当在口头通知后10日内发出裁定书。

（二）人民法院应根据不同案件分别适用不同的程序予以审理

人民法院按照审判监督程序再审的案件，发生法律效力的判决、裁定是由第

一审人民法院作出的，按照第一审程序审理，所作的判决、裁定，当事人可以上诉；发生法律效力的判决、裁定是由第二审人民法院作出的，按照第二审程序审理，所作的判决、裁定是发生法律效力的判决、裁定；上级人民法院按照审判监督程序提审的，按照第二审程序审理，所作的判决、裁定是发生法律效力的判决、裁定。根据法律规定，凡原审人民法院审理再审案件，必须另行组成合议庭。

四、再审案件的审理期限

再审案件按照第一审程序审理的，人民法院应当在立案之日起 3 个月内作出第一审判决。再审案件按照第二审程序审理的，人民法院应当在收到上诉状之日起 2 个月内作出终审判决。如果有特殊情况需要延长的，由高级人民法院批准，高级人民法院审理上诉案件需要延长的，由最高人民法院批准。

第十八章 行政诉讼的法律适用

第一节 行政诉讼法律适用概述

一、行政诉讼法律适用的概念

行政诉讼的法律适用是指人民法院审理行政案件，依据法律、法规，参照规章，对具体行政行为的合法性进行审查、评价和作出裁判的活动。

行政诉讼法律适用主要解决人民法院对被诉具体行政行为合法性进行审查的法律依据问题。我国没有统一的行政实体法，这就给行政审判法律适用带来了诸多困难，加之行政法律规范的制定主体呈现多元化的趋势，行政法律规范等级和效力不一样，所以，这些行政法律规范是否都属于人民法院行政诉讼法律适用对象，它们对人民法院行政审判的约束力和效力如何认定等，都是行政诉讼过程中应当首先解决的问题。

二、行政诉讼法律适用的特征

与刑事诉讼、民事诉讼和行政机关在行政执法活动中的法律适用相比，行政诉讼法律适用具有以下三个特点：

（一）行政诉讼法律适用的主体只能是享有行政审判职权的人民法院

在行政诉讼中，人民法院依据行政法律、法规对行政案件作出裁判，而行政主体根据管理需要，具体运用行政法规范对行政管理事务作出处理，行政主体是法律适用的主体。行政诉讼法律适用与民事诉讼、刑事诉讼法律适用不同，表现在行政诉讼法律适用的主体只能是享有行政案件审判权的人民法院，而民事诉讼、刑事诉讼法律适用的主体既可以是普通人民法院，也可以是专门人民法院。

（二）行政诉讼法律适用是人民法院对行政案件的第二次法律适用

人民法院适用有关法律规范对具体行政行为的合法性进行审查，其实质是对行政机关适用法律、法规的情况进行监督。而民事诉讼和刑事诉讼的法律适用则不具有上述特点，人民法院直接适用民事法律规范或者刑事法律规范对当事人争议事项作出裁决。

（三）行政诉讼法律适用具有多样性

根据我国《行政诉讼法》的相关规定，行政诉讼法律适用有“依据”和“参照”两种形式。关于“依据”，该法规定，人民法院审理行政案件，以法律、行政法规、地方性法规、自治条例和单行条例为依据；关于“参照”，该法第53条规定，人民法院审理行政案件，参照行政规章。根据有关法律和司法解释的规定，人民法院审理行政案件，对《行政诉讼法》没有规定的，可以参照《民事诉讼法》的有关规定。

（四）是对法律规范的最终适用，具有最终的法律效力

根据司法最终解决的原则，行政诉讼法律适用是对法律规范的最终适用，具有最终的法律效力。行政诉讼法律适用的效力不仅高于行政主体在行政执法中的法律适用，而且也高于行政复议机关在审理行政复议案件中的法律适用，所以行政诉讼法律适用的效力体现了司法审判最终解决行政争议的精神。

第二节　行政诉讼法律适用规则

按照《行政诉讼法》的规定，我国行政诉讼法律适用的依据是法律、法规，并参照规章。

一、法律、法规及自治条例、单行条例是行政审判的依据

行政审判的依据是指人民法院审理行政案件，对具体行政行为合法性进行审查和裁判的标准和尺度。作为审理依据的规范，人民法院审理行政案件时“必须遵循”，即“必须直接适用”，人民法院无权拒绝适用。如果人民法院认为“待适用的审理依据”不合法的，则只能送请有权机关作出解释或者确认，而无权自行判断该依据的合法性。[1]我国行政审判的依据是法律和法规，其中，法规包括行政法规、地方性法规、自治条例和单行条例。经济特区法规作为一种特殊的地方性法规，也属于行政诉讼的审理依据。

人民法院审理行政案件必须以法律、法规为依据，这是由法律、法规的制定机关在我国国家机构体系中的地位决定的。除行政法规由国务院制定外，法律和其他法规都是由相应的人民代表大会或其常务委员会制定的。根据人民代表大会制度，国家审判机关由人民代表大会产生，对它负责，受它监督。因此，作为国

〔1〕季宏：《行政法与行政诉讼法学》，知识产权出版社2010年版，第249页。

家审判机关的人民法院不能自行否定由人民代表大会或其常委会制定的法律、法规的效力。既然人民法院不能自行否定地方性法规的效力，自然也不能自行否定效力高于地方性法规的行政法规。

二、司法解释的直接适用

最高人民法院司法解释，即审判解释，是指最高人民法院根据法律和有关立法精神，结合审判工作实际需要，对于人民法院在审判过程中如何具体应用法律的问题所进行的具有普遍约束力的解释，它是对法律的具体化。最高人民法院的审判解释权，是根据1981年《全国人民代表大会常务委员会关于加强法律解释工作的决议》、《人民法院组织法》第33条获得的。司法解释是我国法律的重要组成部分，在当前调整社会关系、指导我国各级人民法院审判工作，对我国法律具体条文的补充与扩展，加强社会主义法制建设有着非常重要的作用。在法律存在着漏洞的情况下，司法解释具有填补漏洞的作用。作为法律授予最高人民法院的一项权力，司法解释虽然不属于创制性立法，但具有执行性立法的性质。因此，司法解释自然成为各级人民法院行政审判的法律依据。《若干解释》第52条第1款规定，“人民法院审理行政案件，适用最高人民法院司法解释的，应当在裁判文书中援引”。

三、规章的参照适用

行政诉讼的审理参照，是指人民法院审理行政案件，对被诉具体行政行为的合法性进行审查和裁判时，在符合法定条件的情形下必须遵循的标准、尺度。作为审理参照的规范，人民法院并非无条件适用，而是有条件的适用。人民法院的审理参照是行政规章，包括部门规章和地方政府规章。参照的部门规章，除《行政诉讼法》第53条规定明确提及的国务院部委规章外，还包括国务院其他部门根据法律和国务院的行政法规、决定、命令制定、发布的规章；可以参照的地方政府规章，除《行政诉讼法》第53条规定明确提及的地方政府规章外，还包括经济特区所在地的市的人民政府制定的规章。

这里的“参照”与“依据”有着明显的不同：依据是指人民法院审理行政案件时，必须适用该规范，不能拒绝适用；参照则是指在某些情况下可以适用，在某些情况下也可以不予适用。如果行政机关的具体行政行为是根据不符合法律、行政法规的明确规定或原则精神的规章作出的，人民法院就可以不适用该规章。

规章不能作为审判依据而只能作为参照的原因：第一，行政机关制定规章并且执行规章，人民法院又将其作为行政审判法律适用的依据，实际上是人民法院在行政审判中以行政机关的抽象行政行为去判断其具体行政行为是否合法，结果导致行政机关为自己的行为制定人民法院进行司法审查的标准，这样行政机关既是“裁判员”，又是“运动员”，这是违背法理精神的。第二，制定规章主体的多层次性，必然导致规章质量的参差不齐。如果允许规章作为人民法院审判行政案件法律适用的依据，将不利于人民法院公正合理地审理行政案件。

但另一方面，行政审判还要对规章进行“参照”，离开了对规章的参照，行政审判往往难以进行。原因在于：目前规章数量众多，在我国行政管理中起着非常重要的作用，不少行政管理行为是依据规章的规定作出的，适用频率很高，尤其在法律、法规对某一行政管理事项没有明确规定时，规章更是许多具体行政行为作出的主要依据。因此，人民法院离开了规章去审理行政案件，是很难对具体行政行为的合法性进行审查的。而且，规章毕竟是法定的国家行政机关依法制定的，是我国法律体系的组成部分。所以，行政审判对符合法律、法规规定的规章赋予“参照”地位是适宜的。

四、其他规范性文件的参考适用

其他规范性文件是指规章以下的具有普遍约束力的行政决定、命令的总称。其他规范性文件不属于法的范畴，因此对法院没有强制约束力。但在实际中，很多规范性文件成为行政机关进行行政管理的重要依据，行政机关的大量具体行政行为是依照其他规范性文件作出的。因此，要审理这些具体行政行为的合法性，就必须以这些其他规范性文件为依据。所以，最高人民法院的《若干解释》第 62 条第 2 款的规定赋予了其他规范性文件在行政诉讼中适用的可能性，即“人民法院审理行政案件，可以在裁判文书中引用合法有效的规章及其他规范性文件”。

第三节　行政诉讼法律适用冲突的适用规则

行政诉讼法律适用冲突是指人民法院在审判行政案件的过程中，发现对同一法律事实或关系，有两个或两个以上的法律文件作出了并不相同的规定，法院适用不同的法律规定就会产生不同的裁判结果。

一、行政诉讼法律适用冲突的主要冲突形式

（一）特别冲突

特别冲突是指特别法律规定与普通法律规定之间的冲突，如对港、澳、台同胞出入境管理的特别规定不同于对一般公民的普通规定。

（二）层级冲突

层级冲突是指不同效力等级的行政法律规范就同一法律事项的规定不一致而

产生的法律适用冲突，具体包括：法律与宪法的冲突；行政法规与宪法、法律的冲突；地方性法规与法律的冲突；自治条例、单行条例与法律的冲突；地方性法规与行政法规的冲突；规章与法律、行政法规、地方性法规的冲突；不同层级地方性法规之间的冲突；不同层级规章之间的冲突等。

（三）平级冲突

平级冲突是指制定机关不同但效力等级相同的法律规范就同一法律事项规定不一致而产生的法律适用的冲突，具体包括：部门规章之间的冲突；部门规章与地方政府规章的冲突；同一层级地方政府规章之间的冲突；同一层级地方性法规之间的冲突；行政法规之间的冲突；法律之间的冲突等。

（四）新旧法冲突

新旧法冲突是指新的行政法律规范与旧的行政法律规范对同一法律事项的规定不一致而产生的是适用新法还是适用旧法的法律适用冲突。新旧行政法律规范冲突常常发生在某一旧的行政法律规范被修订后的一段时间内。

（五）区际冲突

区际冲突是指不同行政区域的法律规范对同一法律事项有不同的规定而产生的法律适用冲突。区际冲突有两种情况：一是大陆行政法律规范与港、澳、台行政法律规范的适用冲突，这类冲突是由历史的特殊性形成的；二是不同行政区域的法律适用冲突，如省与直辖市之间行政法律规范的适用冲突等。

二、冲突解决规则

按照《行政诉讼法》及相关法律规范的规定，选择法律适用一般应遵循下列原则：

（一）区际冲突适用“属地管辖”原则

当我国不同行政区域的行政法律规范发生适用冲突时，适用“属地管辖”原则。即发生在我国港、澳、台地区的行政案件，适用在港、澳、台地区施行的法律规范；发生在大陆的行政案件，则适用当地施行的法律规范。此外，此类法律适用冲突还可以通过双方协议来解决。

（二）高层级法律文件的规范优于低层级法律文件的规范

即在低层级法律文件的规范与高层级法律文件的规范发生冲突的情况下，人民法院一般优先适用高层级法律文件的法律规范。

（三）新的法律文件的规范优于旧的法律文件的规范

在新旧法并存、新法与旧法不一致时，人民法院一般优先适用新法的法律规范。但如果特定事项发生在新法生效之前的，原则上适用旧法，当然，新法明确规定有溯及力的除外。

（四）特别法规范优于普通法规范

在特别法律规范与普通法律规范发生冲突时，人民法院适用法律的一般原则是特别法优于普通法，即优先适用特别法的法律规范。应当注意的是，冲突的特别法与普通法必须处于同一效力层级上，如果特别法效力层级低于普通法，而特别法的特别规定又未经高层级法的授权，这种情况下人民法院应适用普通法。

（五）同级冲突需要送请或报请解释、裁决

《行政诉讼法》规定，人民法院认为地方人民政府制定、发布的规章与国务院部、委制定、发布的规章不一致的，以及国务院部、委制定、发布的规章之间不一致的，由最高人民法院送请国务院作出解释或者裁决。国务院作出的解释或裁决具有法律效力，人民法院应作为判案依据。

第十九章 行政诉讼的裁判与执行

第一节 行政诉讼判决

判决是指人民法院对当事人之间行政争议的实体问题所作的决定。

一、一审判决及适用条件

根据《行政诉讼法》第54条和《若干解释》第56、57、58条的规定，行政诉讼第一审判决可以分为维持判决、撤销判决、履行判决、变更判决、驳回原告诉讼请求判决和确认判决六种判决形式。

（一）维持判决

《行政诉讼法》第54条第1项规定，具体行政行为证据确凿，适用法律、法规正确，符合法定程序的，判决维持。因此，人民法院作出维持判决的条件是：第一，证据确凿，即具体行政行为认定的事实清楚，证据确实充分；第二，适用法律、法规正确，即具体行政行为对认定的事实定性准确，对法律、法规的引用正确；第三，符合法定程序，即具体行政行为遵循了法定的步骤、顺序、方式和时限等强制性的行政程序。

（二）撤销判决

撤销判决分为全部撤销、部分撤销、判决全部或者部分撤销的同时判决被告重新作出具体行政行为三种具体形式。《行政诉讼法》第54条第2项规定，具体行政行为有下列情形之一的，人民法院判决撤销或者部分撤销，并可以判决被告重新作出具体行政行为：主要证据不足的；适用法律、法规错误的；违反法定程序的；超越职权的；滥用职权的。人民法院在判决撤销被诉具体行政行为时涉及行政复议决定的，《若干解释》第53条规定："复议决定维持原具体行政行为的，人民法院判决撤销原具体行政行为，复议决定自然无效。复议决定改变原具体行政行为错误，人民法院判决撤销复议决定时，应当责令复议机关重新作出复议决定"。

此外，依据《若干解释》第59条的规定，对于被人民法院判决撤销的违法的被诉具体行政行为，给国家利益、公共利益或者他人合法权益造成损失的，可以分别采取以下方式处理：一是判决被告重新作出具体行政行为；二是责令被诉行政机关采取相应的补救措施；三是向被告和有关机关提出司法建议；四是发现违法犯罪行为的，建议有权机关依法处理。

而《行政诉讼法》第55条规定，人民法院判决被告重新作出具体行政行为，被告不得以同一事实和理由作出与原具体行政行为基本相同的具体行政行为。如果被告违反这一规定，仍以同一事实和理由重新作出与原具体行政行为基本相同的具体行政行为，人民法院应当根据《行政诉讼法》第54条第2款第2项及第55条的规定判决撤销或者部分撤销该重新作出的具体行政行为，并根据《行政诉讼法》第65条第3款的规定，认定行政机关拒绝履行判决、裁定，并对其采取相应措施。但人民法院以违反法定程序为由，判决撤销被诉具体行政行为的，行政机关重新作出具体行政行为不受此限。而且，被告重新作出的具体行政行为与原具体行政行为的结果相同，但主要事实或者主要理由有改变的，不属于“与原具体行政行为基本相同”的情形。

（三）履行判决

履行判决是指人民法院对被告不履行或拖延履行法定职责作出的责令其在一定期限内履行的判决。《行政诉讼法》第54条第3项规定，被告不履行或者拖延履行法定职责的，判决其在一定期限内履行。适用履行判决必须具备以下条件：被告对行政相对人负有履行法定职责的义务；行政相对人向负有法定职责的行政机关提出了合法的申请；被告具有不履行或者拖延履行法定职责的客观事实。人民法院判决被告履行法定职责，被诉行政机关必须按判决所确定的内容和履行期限履行其法定职责。

履行判决一般适用于以下案件：一是公民、法人或者其他组织认为符合法定条件申请行政机关颁发许可证和执照，行政机关拒绝颁发或者不予答复的；二是公民、法人或者其他组织申请行政机关履行保护人身权、财产权的法定职责，行政机关拒绝履行或者不予答复的；三是公民认为行政机关没有依法发给抚恤金的。为了避免被告不及时作出具体行政行为，将会给国家利益、公共利益或者当事人利益造成损害的情况发生，《若干解释》第60条规定：“人民法院判决被告重新作出具体行政行为，如不及时重新作出具体行政行为，将会给国家利益、公共利益或者当事人利益造成损失的，可以限定重新作出具体行政行为的期限”。人民法院判决被告履行法定职责，应当指定履行的期限，因情况特殊难于确定期限的除外。

（四）变更判决

变更判决是指人民法院对于被告作出的显失公平的行政处罚决定，运用国家审判权予以改变的判决。《行政诉讼法》第 54 条第 4 项规定，行政处罚显失公正的，可以判决变更。该规定在赋予人民法院司法变更权的同时，也对行使条件作了限制：一是变更判决只能适用于行政处罚行为，对于其他具体行政行为则无权变更。二是变更判决只能适用于显失公正的行政处罚行为，并非适用于所有的行政处罚行为。所谓行政处罚显失公平是指行政处罚行为虽然形式上不违法，但处罚结果明显不公正，损害了公民、法人或者其他组织的合法权益，表现为行政机关行使自由裁量权严重不当。但变更判决不能适用于主要证据不足，适用法律、法规错误，超越职权，违反法定程序的行政处罚。三是人民法院判决变更，不宜加重对行政相对人的处罚，但利害关系人同为原告的除外。例如，甲致乙轻微伤害，公安机关对甲给予行政处罚，加害人甲认为处罚太重，受害人乙认为处罚过轻，甲、乙均向人民法院提起行政诉讼。人民法院决定合并审理，则利害关系人甲与乙同为原告，在这种情况下，人民法院可以变更公安机关的处罚决定，加重对甲的处罚。此外，对于行政机关应给予处罚而没有给予处罚的人，法院在判决中不得直接给予行政相对人处罚。

（五）驳回诉讼请求判决

驳回原告诉讼请求的判决，是指人民法院不支持原告的诉讼请求，直接作出否定原告诉讼请求的一种判决形式。《若干解释》第 56 条规定，有下列情形之一的，人民法院应当判决驳回原告的诉讼请求：起诉被告不作为理由不能成立的；被诉具体行政行为合法但存在合理性问题的；被诉具体行政行为合法，但因法律、政策变化需要变更或者废止的；其他应当判决驳回诉讼请求的情形。驳回诉讼请求判决实质上是对被诉具体行政行为的间接肯定，具有维持判决所不能替代的功能和作用。

（六）确认判决

确认判决是指人民法院通过对被诉具体行政行为合法性进行审查，确认被诉具体行政行为合法或者违法的一种判决形式。《若干解释》第 57 条规定，人民法院认为被诉具体行政行为合法，但不适宜判决维持或者驳回诉讼请求的，可以作出确认其合法或者有效的判决。有下列情形之一的，人民法院应当作出确认被诉具体行政行为违法或者无效的判决：被告不履行法定职责，但判决责令其履行法定职责已无实际意义的；被诉具体行政行为违法，但不具有可撤销内容的；被诉具体行政行为依法不成立或者无效的。此外，根据《若干解释》第 58 条的规定，被诉具体行政行为违法，但撤销该具体行政行为将会给国家利益或者公共利益造成重大损失的，人民法院应当作出确认被诉具体行政行为违法的判决，并责令被诉行政机关采取相应的补救措施；造成损害的，依法判决承担赔偿责任。

二、二审判决及适用条件

行政诉讼第二审判决是指第二审人民法院依照第二审程序审理行政案件所作出的判决。我国实行两审终审制，因此第二审判决又称终审判决。根据《行政诉讼法》的规定，二审判决只有两种形式：维持原判和改判。

维持原判是指二审人民法院通过对上诉案件的审理，确认一审判决认定事实清楚，适用法律、法规正确、从而作出驳回上诉人上诉，维持一审判决的判决。维持原判必须同时具备两个条件：一是原判决认定事实清楚，即一审判决对具体行政行为合法性裁决有可靠的事实基础和确凿的证据支持；二是适用法律、法规正确，即一审法院适用法律、法规恰如其分。

改判是指二审人民法院直接改正第一审判决的错误内容的判决形式。改判适用于两种情形：一是原判决认定事实清楚，但适用法律、法规错误。此时，二审人民法院依法更正一审判决的内容。二是原判决认定事实不清，证据不足，或者由于违反法定程序可能影响案件正确判决的，第二审人民法院可以在查清事实后改判。当然，第二审人民法院也可撤销原判，发回原审人民法院重审。当事人对重审案件的判决，裁定不服的可以提起上诉。依法对一审判决作出改判。

二审法院作出的判决是终审裁判，当事人不得上诉。如果法院对已发生法律效力的判决依法进行再次审理则属于审判监督程序。

三、再审程序的裁判

根据《行政诉讼法》和《若干解释》的规定，再审案件的裁判有以下几种情况：

1. 人民法院经过再审审理，认为原审判决认定事实清楚，适用法律、法规正确的，应当裁定撤销原中止执行的裁定，继续执行原判决。

2. 对原审法院受理、不予受理或者驳回起诉错误的处理。根据《若干解释》的规定，第一审人民法院作出实体判决后，第二审人民法院认为不应当受理的，在撤销第一审人民法院判决的同时，可以发回重审，也可以径行驳回起诉；第二审人民法院维持第一审人民法院不予受理裁定错误的，再审法院应当撤销第一审、第二审人民法院裁定，指令第一审人民法院受理；第二审人民法院维持第一审人民法院驳回起诉裁定错误的，再审法院应当撤销第一审、第二审人民法院裁定，指令第一审人民法院审理。

3. 人民法院审理再审案件，发现生效裁判有下列情形之一的，应当裁定发回作出生效判决、裁定的人民法院重新审理：（1）审理本案的审判人员、书记员应当回避而未回避的；（2）依法应当开庭审理而未经开庭即作出判决的；（3）未经合法传唤当事人而缺席判决的；（4）遗漏必须参加诉讼的当事人的；（5）对与本案有关的诉讼请求未予裁判的；（6）其他违反法定程序可能影响案件正确裁判的。

4. 人民法院审理再审案件，认为原生效判决、裁定确有错误，在撤销原生效判决或者裁定的同时，可以对生效判决、裁定的内容作出相应裁判，也可以裁定撤销生效判决或者裁定，发回作出原生效判决、裁定的人民法院重新审判。

第二节　行政诉讼裁定

一、行政诉讼裁定的含义与特征

行政诉讼的裁定是指人民法院在审理行政案件过程中就行政程序问题所作出的判定。与行政判决相比，行政诉讼裁定具有以下特点：

1. 裁定是人民法院解决程序问题的审判行为，是对程序问题作出的判定。所谓程序问题有两方面的内容：一是在人民法院主持下，人民法院指挥当事人和其他诉讼参与人按照法定程序进行诉讼活动所发生的问题；二是人民法院依照法定程序审理行政案件过程中所发生的问题。而判决是人民法院审理案件终结时，就实体问题所作出的判定。

2. 裁定在行政诉讼进行中的任何阶段都可以作出；而判决只能在案件审理终结时才能作出。

3. 裁定所适用的法律依据是程序性规范；而判决所适用的法律依据主要是实体性规范。

4. 裁定是一种不要式的审判行为。裁定在形式上既可以是书面的，也可以是记入笔录的口头形式；而判决则必须是符合特定格式的书面形式。

5. 裁定作出后，如果当事人不服，除了对法律规定的不予受理、驳回起诉、管辖异议等少数一审裁定可以上诉外，一般不享有上诉权；而一审判决作出后，如果当事人不服，除了最高人民法院的一审判决外，一般都享有上诉权。

二、行政诉讼裁定的运用

根据《行政诉讼法》和《若干解释》第63条的规定，下列范围适用裁定：不予受理；驳回起诉；管辖异议；终结诉讼；中止诉讼；移送或者指定管辖；诉讼期间停止具体行政行为的执行或者驳回停止执行的申请；财产保全；先予执行；准许或者不准许撤诉；补正裁判文书中的笔误；中止或者终结执行；提审、指令再审或者发回重审；准许或者不准许执行行政机关的具体行政行为；其他需要裁定的事项。

1. 不予受理。根据《行政诉讼法》的规定，公民、法人或者其他组织向人民法院提出行政诉讼，人民法院经过审查，认为起诉符合法律规定的条件，应当在7日内立案；不符合起诉条件的，应当在7日内作出不予受理的裁定。对人民法院作出的起诉不予受理的裁定，当事人有权向上一级人民法院提起上诉。

2. 驳回起诉。人民法院受理案件后，发现原告的起诉不符合起诉条件，应当裁定驳回原告的起诉。驳回起诉裁定与不予受理裁定性质相同，解决的都是程序意义上的诉权，即都是对起诉条件的否定，本身并没有解决实体意义上的诉讼请求。二者区别主要在于不予受理裁定适用于人民法院审查起诉时，尚未立案前；而驳回起诉则适用于人民法院已经受理了案件，在立案后。驳回起诉同不予受理裁定一样，影响到当事人程序意义上的诉权，因而当事人对驳回起诉的裁定不服，有权提出上诉。

3. 管辖异议。被告有权在接到人民法院应诉通知之日起10日内以书面形式向人民法院提出管辖异议，经人民法院审查，认为异议成立的，裁定将案件移送有管辖权的人民法院，异议不成立的，裁定驳回异议。当事人对管辖异议裁定不服，可以向上一级人民法院提出上诉。

4. 中止和终结诉讼。由于中止和终结诉讼都涉及诉讼程序的进程问题，因而要以裁定的形式作出。

5. 移送或指定管辖。人民法院受理案件后，发现自己对该案没有管辖权，从而将案件移送给有管辖权的人民法院审理，称为移送管辖；人民法院由于特殊原因不能行使管辖权或者人民法院之间对管辖权发生争议，由上级人民法院指定某个下级人民法院管辖，为指定管辖。对于移送管辖和指定管辖，人民法院均应采用裁定的形式作出。

6. 诉讼期间停止具体行政行为的执行或者驳回停止执行的申请。原告向人民法院提出停止执行被诉具体行政行为的申请，人民法院应当根据《行政诉讼法》第44条第2款的规定裁定是否停止被诉具体行政行为的执行，如人民法院认为相应的具体行政行为的执行会造成难以弥补的损失，并且停止执行不损害社会公共利益的，裁定停止具体行政行为的执行，否则人民法院应裁定驳回原告停止具体行政行为执行的申请。

7. 财产保全和先予执行。财产保全是指人民法院为保障将来的行政诉讼判决得到执行，在诉讼过程中依当事人申请或者依职权采取的限制有关财产处分或者转移的强制措施。先予执行是指人民法院在作出判决前，由负有结付义务的当事人，先行履行义务的制度。财产保全和先予执行虽然与当事人的实体权益相关，但这些行为本身并不是对具体行政行为合法性的判断，不影响行政诉讼实体问题的解决，因而不使用判决而使用裁定。

8. 准许或者不准许撤诉。撤诉成立与否，关系到诉讼程序能否继续进行的问题，虽然撤诉是当事人的一项诉讼权利，但当事人对该权利的处分又是相对的。因此，人民法院应当对原告的撤诉行为进行审查，并作出准许或者不准许的裁定。

9. 补正裁判文书中的笔误。裁判书中的笔误，是指裁判书内容中有错写、误算，或者正本与原本个别地方不符合，或者用词不当，致使裁判文书内容与其本意不符等情况，补正裁判文书的笔误是纠正文字上的失误，属于程序问题，适用裁定的形式。

10. 中止或者终结执行。中止或终结执行涉及的是执行程序，符合法律规定的中止或者终结执行条件的，人民法院应使用裁定中止执行或终结执行。

11. 提审或者指令再审。根据《行政诉讼法》第 63 条第 2 款的规定："上级人民法院对下级人民法院已经发生法律效力的判决、裁定，发现违反法律、法规规定的，有权提审或者指令下级人民法院再审。"上级人民法院提审或者指令再审时，应使用裁定。

12. 撤销原判，发回重审。第二审人民法院审理上诉行政案件，经审查认为原判决认定事实不清，证据不足，或者由于违反法定程序可能影响案件正确判决的，裁定撤销原判，发回原审人民法院重新审理。

13. 其他需要裁定的事项。如对是否准许执行行政机关的具体行政行为等，要用裁定的形式。

第三节　行政诉讼决定

一、行政诉讼决定的概念与特征

行政诉讼决定，是指人民法院为了保证行政诉讼的顺利进行，依法对行政诉讼中发生的某些特殊事项所作的处理决定。

与行政判决和行政裁定相比，行政诉讼决定具有以下特点：

1. 行政诉讼决定所解决的是发生在行政诉讼中的某些特殊问题，它不同于行政判决所解决的是双方当事人争议的实体问题，也不同于行政裁定所解决的是诉讼过程中发生的程序问题。它所解决的问题是发生在行政诉讼中的某些特殊事项，这些事项往往具有紧迫性。

2. 行政诉讼决定的作用是为了保证案件的正常审理和诉讼程序的正常进行，或者为案件审理和诉讼活动的正常进行创造必要的条件，而不是对案件的实体问题作最终的结论和处理。

3. 行政诉讼决定不是对案件的审判行为，不能依上诉程序提起上诉，当事人对决定不服，只能申请复议。

二、行政诉讼决定的运用

根据《行政诉讼法》和《若干解释》的相关规定，决定主要有以下几种：

1. 有关回避的决定。人民法院以口头或者书面方式作出是否回避的决定，申请人对决定不服，可以申请人民法院复议一次，但不停止执行。

2. 有关采取强制措施的决定。诉讼参与人或者其他人员有妨害诉讼的违法行为，人民法院可以根据情节轻重，作出训诫、责令具结悔过的行政强制措施，对于训诫、责令具结悔过的强制措施，通常由审判长当庭作出口头决定，并记入笔录；对于采取罚款、拘留的强制措施，应当由合议庭作出书面决定，并报人民法院院长批准，当事人不服的，可以申请复议。

3. 有关延长诉讼期限的决定。公民、法人或者其他组织因不可抗力或者其他特殊情况耽误法定期限的，在障碍消除后的10日内，可以申请延长期限，是否准许，由人民法院决定。对于下级人民法院需要延长审理期限的申请，由高级人民法院和最高人民法院作出是否延长审理期限的决定。

4. 再审的决定。合议庭已经审结的行政案件，裁判发生法律效力后，若发现违反法律、法规的规定，认为需要再审的，由法院院长提交审判委员会讨论决定是否再审。审判委员会决定再审的，院长应当按照审判委员会的决定作出再审的决定。

5. 对重大、疑难行政案件的处理决定。合议庭审理的重大、疑难的行政案件，经评议后，合议庭应报告院长，由院长提交审判委员会讨论决定，制作判决，向当事人宣告和送达。

6. 执行程序的决定。执行过程中，案外人对执行标的提出异议的，由执行员进行审查，认为有理由的，报请院长批准中止执行，由合议庭审查或审判委员会作出决定。

此外，可以就如下事项作出决定：有关指定管辖的决定；确定第三人的决定；指定法定代理人的决定；对律师以外的当事人和其他诉讼代理人查阅庭审材料的决定；强制执行生效的判决和裁定；确定诉讼费用的承担；确定不公开审理等。

行政诉讼决定一经宣布，立即生效。对决定不服的，不得提出上诉。法律规定可以申请复议的（例如，对有关回避事项和采取拘留、罚款强制措施等决定），当事人可以申请复议一次，但复议期间不停止决定的执行。

第四节　行政诉讼执行

一、行政诉讼执行的含义与特征

行政诉讼执行是指法定有权机关对人民法院已经生效的行政判决、裁定的执行。根据《行政诉讼法》第 65 条的规定，我国行政诉讼执行制度具有如下特征：

1. 行政诉讼执行依据是发生法律效力的人民法院的判决或裁定。这有两层意思，一方面，人民法院判决或裁定以外的有法律效力的决定，不是行政诉讼执行的依据；另一方面，人民法院的判决或裁定，只有在发生法律效力以后才能成为行政诉讼执行的依据。此外，需要说明的是，《行政诉讼法》第 65 条所规定的“人民法院发生法律效力的判决、裁定”仅指行政判决、裁定，不包括刑事及民事判决、裁定。我国 1989 年《行政诉讼法》颁行后的最初几年，人们对于行政诉讼执行的含义存在一些模糊认识，这些模糊认识集中体现在把《行政诉讼法》第八章“执行”条文的所有内容，都当作是对行政诉讼执行制度的规定。实际上，尽管《行政诉讼法》第八章“执行”仅有第 65 条、第 66 条两个条文，但是它们却规定了性质迥异的两种执行制度。其一，行政诉讼执行制度，即第 65 条规定的人民法院或相关有权行政机关对人民法院已经生效的行政判决、裁定的执行；其二，对未经行政诉讼却具有强制执行力的具体行政行为的执行制度，即第 66 条规定的人民法院或相关有权行政机关对公民、法人或者其他组织拒不履行具有强制执行力的具体行政决定的执行。然而，当时有人认为，行政诉讼执行的条件之一是必须具有执行根据（这一判断当然是正确的），而“所谓执行根据，是指申请执行人据以申请执行和人民法院或者有执行权的行政机关据以采取执行措施的法律文书。作为执行根据的法律文书包括人民法院制作的行政判决、裁定等法律文书和行政机关制作的表达具体行政行为的法律文书”。[1] 这显然是把《行政诉讼法》第 65 条、第 66 条分别规定的行政诉讼执行制度，以及有权机关对未经诉讼的具体行政行为的强制执行混为一谈，把它们都当作了行政诉讼执行

〔1〕 韩国章：“论行政诉讼执行程序”，载《行政论坛》1995 年第 6 期。

制度。

2. 行政诉讼执行主体不仅包括人民法院，还包括具有行政强制执行权的相关行政机关。这一点与对未经行政诉讼却具有强制执行力的具体行政行为的执行相同。《行政诉讼法》第 65 条第 2 款规定："公民、法人或者其他组织拒绝履行判决、裁定的，行政机关可以向第一审人民法院申请强制执行，或者依法强制执行。"2011 年制定的《行政强制法》没有关于行政机关执行人民法院行政判决、裁定的规定，但《行政强制法》的相关规定与《行政诉讼法》第 65 条第 2 款的规定并不冲突。《行政强制法》第 34 条、第 53 条分别规定了具有行政强制执行权的行政机关和没有行政强制执行权的行政机关，如何实现行政机关作出的发生法律效力的行政决定的问题。就算不考虑《行政诉讼法》的法律位阶高于《行政强制法》，进而认为两者处于同一法律位阶，〔1〕仅按照"新法优于旧法"原则来考察《行政强制法》第 34 条、第 53 条与《行政诉讼法》第 65 条第 2 款的关系，后者的规定也继续有效。"新法"遗漏了行政机关应该如何执行人民法院的行政判决、裁定的事项，或者避免重复"旧法"的规定。新法的优先适用涉及不到《行政诉讼法》第 65 条第 2 款，相反，该款与《行政强制法》相关规定互补，构成具有强制执行权的行政机关强制执行事项的完整谱系。

3. 行政诉讼执行对象不仅包括公民、法人和其他组织，还包括行政机关。既然行政诉讼执行是对人民法院行政判决、裁定的执行，自然就存在判定行政机关败诉的情形。这样的行政判决生效后，行政机关在规定的期限内不履行判决义务，法院执行机构应对其采取相应的强制执行措施。这时人民法院对于行政机关是主动依法采取一些必要措施以促使行政机关履行判决义务的执法者。虽然实践中这种情况不常发生，但我国《行政诉讼法》第 65 条对其有明确的规定。在我国，行政机关败诉的原因主要有以下几种：违反法定程序，忽略了对当事人权益

---

〔1〕 我国《立法法》第 78 条规定："宪法具有最高的法律效力，一切法律、行政法规、地方性法规、自治条例和单行条例、规章都不得同宪法相抵触。"第 79 条规定："法律的效力高于行政法规、地方性法规、规章。行政法规的效力高于地方性法规、规章。"《行政诉讼法》与《行政强制法》都是我国狭义的法律，故而通常认为两者处于同一法律位阶。然而，《立法法》第 7 条不容忽视："全国人民代表大会和全国人民代表大会常务委员会行使国家立法权。全国人民代表大会制定和修改刑事、民事、国家机构的和其他的基本法律。全国人民代表大会常务委员会制定和修改除应当由全国人民代表大会制定的法律以外的其他法律；在全国人民代表大会闭会期间，对全国人民代表大会制定的法律进行部分补充和修改，但是不得同该法律的基本原则相抵触。"这蕴涵了全国人大制定的法律在位阶上高于全国人大常委会制定的法律的意旨。《行政诉讼法》是由全国人大制定的，而《行政强制法》是由全国人大常委会制定的。

的保护；适用法律错误；对申请资料中的事实认定错误。

二、行政诉讼执行管辖

行政诉讼执行管辖所要解决的问题是，已经发生法律效力的行政判决、裁定，根据法律由何地何级别哪个机关来执行。根据《若干解释》第85条的规定，发生法律效力的行政判决书、行政裁定书、行政赔偿判决书和行政赔偿调解书，由第一审人民法院执行。一审人民法院认为情况特殊需要由二审人民法院执行的，可以报请二审人民法院执行；二审人民法院可以决定由其执行，也可以决定由一审人民法院执行。

据此，在我国，对行政诉讼判决、裁定的执行机关，原则上是原行政案件的第一审人民法院，也就是说，行政诉讼执行管辖与行政诉讼管辖密切相关。《行政诉讼法》第三章规定的行政诉讼的管辖制度，归纳起来有：普通法院管辖；不动产所在地法院管辖；申请人所在地基层人民法院管辖。中级人民法院管辖的一审案件有：专利管理机关依法作出的处理决定和处罚决定，由被执行人住所地或财产所在地的省、自治区、直辖市有权受理专利纠纷案件的中级人民法院执行；国务院各部门、各省、自治区、直辖市政府和海关依照法律法规做出的处理决定和处罚决定，由被执行人住所地或财产所在地的中级人民法院执行。〔1〕

需要指出的是，由于第一审人民法院与被告行政机关之间的复杂关系，这种以由第一审人民法院负责执行为原则的规定就使得行政机关对人民法院执行工作的干预程度加大。因此应明确第二审人民法院的执行义务，有必要规定在某些情况下行政诉讼执行当由第二审人民法院来完成。对于应当由第二审人民法院执行的案件，理论上而言，不能再返回第一审人民法院执行，因为由第二审人民法院执行，在权威上和执行能力上都比第一审人民法院强，能更好地保障人民法院裁判的顺利和有效执行。〔2〕另外，最高人民法院的司法解释没有涉及《行政诉讼法》第65条第2款规定的，即有强制执行权的行政机关来执行人民法院行政判决、裁定时的管辖问题。这并不是最高人民法院司法解释存在漏洞，而是没有必要解释。因为公民、法人或者其他组织拒绝履行判决、裁定的，肯定是指行政诉讼原告败诉的情形，此时，有强制执行权的行政机关依法强制执行，该行政机关就是原具体行政行为的作出机关。

---

〔1〕 2008年2月1日施行的《最高人民法院关于行政案件管辖若干问题的规定》有更加具体的规定。

〔2〕 向忠诚、罗永琳："行政机关与行政诉讼执行"，载《广西社会科学》2006年第10期。

三、行政诉讼执行时间

《行政诉讼法》第 65 条没有明确规定行政诉讼执行时间，仅在第 3 款规定："行政机关拒绝履行判决、裁定的，第一审人民法院可以采取以下措施：……（二）在规定期限内不执行的，从期满之日起，对该行政机关按日处五十元至一百元的罚款"。"规定期限"通常是人民法院在具体行政判决、裁定中确定的期限，且该执行措施仅适用于"行政机关拒绝履行判决、裁定"的情况。最高人民法院的《若干解释》第 84 条补充规定指出，申请人是公民的，申请执行生效的行政判决书、行政裁定书、行政赔偿判决书和行政赔偿调解书的期限为 1 年；申请人是行政机关、法人或者其他组织的，申请执行的期限为 180 日。

人民法院在接到执行申请书后，就要对执行申请书和执行根据进行审查，通过审查进一步了解案情，并且通知被执行人在指定期限内履行义务。如被执行人在该期间内仍未履行或拒绝履行义务，则人民法院就要开始执行措施。采取执行措施后，义务人履行义务的，则在内容上不再存在可执行标的，执行程序终结。

四、行政诉讼执行措施

行政诉讼执行措施指执行机构运用国家强制力依法强制义务人履行生效行政判决、裁定中确定的义务时所运用的法律手段。根据适用对象的不同，可分为对公民、法人或其他组织的执行措施和对行政机关的执行措施。

对公民、法人或其他组织的执行措施：如前所述，此时的执行机构可分为人民法院和有强制执行权的行政机关。人民法院为执行机构时的执行措施，我国《行政诉讼法》并没有规定，可参照《民事诉讼法》有关执行措施的规定。执行措施有：查询、冻结、划拨被执行人的存款；扣留、提取被执行人的收入；查封、扣押、冻结、拍卖、变卖被执行人的财产等。在实施这些对财产的措施时，应当保留被执行人及其所抚养家属的生活必需品。其他的措施还有强制被执行人交付法律文书指定的财物或票证；强制执行法律文书指定的行为等。行政机关为执行机构时所采取的执行措施可根据有关行政实体法的相关规定，通常有加处罚款；加收滞纳金；拍卖查封、扣押的财产或将冻结的存款划拨抵缴罚款等。

对行政机关的执行措施：执行机构为人民法院。《行政诉讼法》第 65 条第 3 款中列举的行政机关拒绝履行判决、裁定时，第一审人民法院可以采取的措施有划拨行政机关账户内存款、罚款、司法建议和追究刑事责任四种。第一，对应当归还的罚款或者应当给付的赔偿金，通知银行从该行政机关的账户内划拨。这种措施适用的情形有两种：应当归还的罚款拒绝归还的及应当支付的赔偿金拒绝支付的。第二，在规定期限内不执行的，从期满之日起，对该行政机关按日处 50 元至100元的罚款。其目的就是为了督促行政机关及时履行生效判决、裁定中所确定的义务。第三，向该行政机关的上一级行政机关或者监察、人事机关提出司法建议。接受司法建议的机关，根据有关规定进行处理，并将处理情况告知人民法院。第四，拒不执行判决、裁定，情节严重构成犯罪的，依法追究主管人员和直接责任人员的刑事责任。其中，真正属于直接执行措施的是划拨行政机关账户内存款和罚款两种，且罚款已不属于对生效行政判决、裁定的执行，其在性质上属于执行罚。司法建议和追究刑事责任不是严格意义上的强制执行措施，因为其本身没有明确的约束和强制内容。